"十二五"普通高等教育汽车服务工程专业规划教材

Qiche Jiance yu Zhenduan Jishu
汽车检测与诊断技术

(第二版)

陈焕江　崔淑华　主编

人民交通出版社股份有限公司
China Communications Press Co.,Ltd.

内容提要

本教材由全国高校汽车服务工程专业教学指导分委员会组织编写，为"十二五"普通高等教育汽车服务工程专业规划教材，主要介绍了汽车检测与诊断的基础知识和汽车整车、汽车发动机、汽车底盘、汽车车身及附件的技术状况检测和故障诊断的基本原理、基本方法，以及有关汽车检测诊断设备的结构、工作原理和使用方法等。

本教材既可作为高等院校汽车服务工程专业和其他相关专业本科生"汽车检测与诊断"课程的教材，也可供汽车检测诊断行业、汽车维修行业、汽车运输行业的技术人员和管理人员参考。

图书在版编目(CIP)数据

汽车检测与诊断技术 / 陈焕江　崔淑华主编. —2版. —北京：人民交通出版社股份有限公司，2015.6

ISBN 978-7-114-12173-9

Ⅰ.①汽…　Ⅱ.①陈…　②崔…　Ⅲ.①汽车—故障检测　②汽车—故障诊断　Ⅳ.①U472.9

中国版本图书馆 CIP 数据核字(2015)第 070380 号

"十二五"普通高等教育汽车服务工程专业规划教材

书　　名：	汽车检测与诊断技术（第二版）
著 作 者：	陈焕江　崔淑华
责任编辑：	夏　犇　郭　跃
出版发行：	人民交通出版社股份有限公司
地　　址：	(100011)北京市朝阳区安定门外外馆斜街 3 号
网　　址：	http://www.ccpress.com.cn
销售电话：	(010)59757973
总 经 销：	人民交通出版社股份有限公司发行部
经　　销：	各地新华书店
印　　刷：	北京市密东印刷有限公司
开　　本：	787×1092　1/16
印　　张：	20.5
字　　数：	490 千
版　　次：	2009 年 6 月　第 1 版 2015 年 7 月　第 2 版
印　　次：	2021 年 6 月　第 5 次印刷
书　　号：	ISBN 978-7-114-12173-9
定　　价：	45.00 元

(有印刷、装订质量问题的图书由本公司负责调换)

前言
Qianyan

《汽车检测与诊断技术》根据全国高校汽车服务工程专业教学指导分委员会(筹)教材编写规划编写,自2009年6月第一版出版以来,数次重印,在全国许多高等院校的汽车服务工程专业和其他相关专业的教学中得以广泛应用。

《汽车检测与诊断技术》紧密结合汽车服务工程专业的教学需求和现代汽车检测与诊断技术快速发展的实际情况;力求反映汽车行业、汽车检测诊断和维修行业、汽车运输行业的新技术、新发展;特别是结合了现行汽车检测诊断标准和汽车维修质量标准。本次修订再版过程中,在总结并坚持《汽车检测与诊断技术》(第一版)优点的基础上,根据汽车技术和汽车检测诊断技术的发展,结合我们在实际教学中的学术积累和教学经验积累,《汽车检测与诊断技术》(第二版)在以下方面进行了更新。

1. 章节编排上,由原来的四章改为五章。新增第一章"概论",介绍了汽车检测诊断的基本概念、基本方法、检测诊断参数、诊断周期和汽车检测站等;其他章节也作了一定调整。以使本书内容更为完整且系统性和逻辑性更好。

2. 结合最新颁布的汽车检测诊断领域的标准法规,对全书内容,特别是在汽车动力性即底盘输出功率检测、汽车燃油经济性检测、汽车环保性能检测等方面做了较大幅度更新;结合汽车技术及其汽车检测诊断技术的发展进步,删减了原书中较为陈旧的内容,增加了汽车发动机和汽车底盘的电控系统检测诊断的内容。由于在各章节中都新增了一些知识点,使全书内容更趋完善。

3. 更正了原书中存在的少量错误以及不当之处。

本书由长安大学陈焕江教授和东北林业大学崔淑华教授主编。其中,第一章和第四章第四、五节由崔淑华教授编写;第二章和第三章由陈焕江教授编写;第四章第一节、第二节和第三节由东北林业大学李冰讲师编写;第五章由长安大学肖梅副教授编写;陈焕江负责统稿。参加编写的还有邱兆文、王来军、陈昊、赵伟、何天仓、朱彤、沈小燕、徐婷、马壮林等。编写过程中,长安大学汽车综合性能检测站董元虎教授、汽车学院运输工程实验室李春明高级工程师等提供了大量资料,提出了许多宝贵建议;长安大学汽车学院和东北林业大学交通学院有关领导对本教材的出版非常关心并提供了许多帮助,对此深表谢意。

由于编者水平有限,书中难免有不足之处,恳请使用本教材的师生提出宝贵意见,以便再版修订。

编 者

2015年3月

目 录
Mulu

第一章　概论 …………………………………………………………………… 1
　第一节　汽车检测与诊断技术简介 ………………………………………… 1
　第二节　汽车检测与诊断技术基础 ………………………………………… 3
　第三节　汽车检测站 ………………………………………………………… 15
第二章　汽车整车技术状况检测 ……………………………………………… 23
　第一节　汽车外观和整车技术参数检测 …………………………………… 23
　第二节　汽车底盘输出功率检测 …………………………………………… 28
　第三节　汽车燃油经济性检测 ……………………………………………… 40
　第四节　汽车转向轮侧滑量检测 …………………………………………… 51
　第五节　汽车制动性能检测 ………………………………………………… 56
　第六节　点燃式发动机汽车排放污染物检测 ……………………………… 65
　第七节　压燃式发动机汽车自由加速烟度检测 …………………………… 73
　第八节　汽车前照灯检测 …………………………………………………… 76
　第九节　汽车噪声和喇叭声级检测 ………………………………………… 84
　第十节　车速表检测 ………………………………………………………… 91
第三章　汽车发动机技术状况检测与故障诊断 ……………………………… 95
　第一节　发动机综合性能检测 ……………………………………………… 95
　第二节　发动机电控系统的基本检查和故障自诊断 ……………………… 100
　第三节　发动机功率检测 …………………………………………………… 124
　第四节　发动机汽缸活塞组检测与诊断 …………………………………… 130
　第五节　发动机点火系统检测与诊断 ……………………………………… 138
　第六节　汽油机燃油供给系统检测与诊断 ………………………………… 160
　第七节　柴油机燃油供给系统检测与诊断 ………………………………… 179
　第八节　发动机冷却系统检测与诊断 ……………………………………… 205
　第九节　发动机润滑系统检测与诊断 ……………………………………… 209
　第十节　发动机异响诊断 …………………………………………………… 220
第四章　汽车底盘技术状况检测与故障诊断 ………………………………… 227
　第一节　汽车转向系统检测与诊断 ………………………………………… 227
　第二节　汽车传动系统检测与诊断 ………………………………………… 238

  第三节 汽车行驶系统的检测与诊断 ………………………………………… 263
  第四节 汽车制动系统检测与诊断 …………………………………………… 286
  第五节 电子控制驱动防滑转系统的检测与诊断 ………………………………… 298
第五章 车身及附件的检测与诊断 ……………………………………………………… 302
  第一节 车身的检测与诊断 …………………………………………………… 302
  第二节 安全气囊系统的检测与诊断 …………………………………………… 308
  第三节 汽车空调系统检测与诊断 …………………………………………… 311
  第四节 汽车电子组合仪表的检测与诊断 ……………………………………… 315
  第五节 客车防雨密封性检测 …………………………………………………… 317
参考文献 ……………………………………………………………………………………… 321

第一章 概 论

汽车检测与诊断是科学确定汽车技术状态,识别、判断故障部位和原因的综合性技术;检测诊断结果是汽车合理使用、适时维护和正确修理的技术依据。

第一节 汽车检测与诊断技术简介

一、基本概念

1. 相关术语

汽车检测与诊断技术是研究汽车检测方法、检测原理、诊断理论,在汽车不解体(或仅卸下个别零部件)的条件下,确定汽车技术状况及故障部位、原因的一门学科。汽车检测主要以确定汽车使用性能和技术状况为目的,汽车诊断以确定故障的部位和原因为目的。汽车检测与诊断技术的相关术语如下。

(1)汽车检测:确定汽车技术状况或对其工作能力的检查。

(2)汽车故障:汽车部分或完全丧失工作能力的现象。

(3)故障现象:故障的具体表现。

(4)故障树:表示故障因果关系的分析图。

(5)故障率:行驶到某里程的汽车,在该里程之后单位里程内发生故障的概率。

(6)诊断参数:供诊断使用,表征汽车、总成及机构技术状况的参数。

(7)诊断标准:对汽车诊断的方法、技术要求和限值等的统一规定。

(8)诊断周期:汽车诊断的间隔期。

(9)汽车技术状况:定量测得的表征某一时刻汽车外观和性能的参数值的总和。

(10)汽车检测站:从事汽车检测工作的事业性或企业性机构。

2. 汽车检测与诊断的目的

汽车检测与诊断的目的主要体现在两个方面,一方面是对汽车技术状况进行全面检查,确定汽车技术状况是否满足有关技术标准的要求及与标准相差的程度,以决定汽车是否能够继续上路行驶或采取何种措施延长汽车的使用寿命;另一方面是对汽车出现的故障进行检测与诊断,通过检测与诊断查找故障的确切部位和发生的原因,从而确定排除故障的方法。

汽车维修作业后的竣工检验和定期或不定期进行的安全性能检测与诊断、综合性能检测与诊断,属于上述前一种检测与诊断。对汽车运行中故障的检测与诊断和汽车维修前及维修过程中的检测与诊断,则属于后一种检测与诊断。

二、汽车检测与诊断的基本方法

汽车诊断是由检查、分析、判断等一系列活动组成的,其基本方法如下。

1. 人工经验诊断法

人工经验诊断法是通过路试方法和对汽车或总成工作情况的观察,凭借诊断人员丰富的经验和理论知识,利用简单工具以及通过眼看、手摸、耳听等手段,边检查、边试验、边分析,进而对汽车技术状况进行定性分析或对故障部位和原因进行判断的方法。这种诊断方法不需专用仪器设备,可随时随地进行,具有资金投入少、诊断速度快等优点;但对诊断人员的经验依赖性强,要求诊断人员有丰富的实践经验和较高的技术水平,并存在准确性差、无法进行定量分析等缺点。

2. 现代仪器设备诊断法

现代仪器设备诊断法是在不解体情况下,利用专用仪器和设备对汽车、总成或机构进行测试,获取汽车的各种数据,并通过对诊断参数测试值、变化特性曲线、波形等的分析判断,定量确定汽车的技术状况或确定汽车故障部位和原因。其优点是诊断速度快、准确性高、能定量分析;缺点是资金投入较大、需要固定的检测诊断空间及基本设施等。

3. 自诊断法

自诊断法是指利用汽车电控单元(ECU)的自诊断功能进行故障诊断的方法。即利用监测电路来检测传感器、执行器以及微处理器的各种实际参数,并将其与存储器中的标准数据进行比较,从而判定系统是否存在故障。当判定系统存在故障时,电控单元将故障信息以故障码的形式存入存储器,并向驾驶员发出警示信号。

在实际检测诊断工作中,上述三种方法是相辅相成的。

三、汽车检测与诊断技术的发展

检测与诊断技术是随着汽车技术和现代科学技术特别是电子技术的发展逐渐发展起来的应用技术。

1. 国外发展概况

20 世纪 50 年代,发达国家首先开发了以故障诊断和性能调试为主、功能单一的检测或诊断设备,如发动机分析仪、发动机点火系故障诊断仪和汽车道路试验速度测试仪等;20 世纪 60 年代发展成为既能进行维修诊断、又能进行性能检测的综合检测技术;进入 20 世纪 70 年代以后,随着计算机技术的发展,出现了检测诊断过程和数据采集处理自动化的汽车性能检测仪器和设备。在此基础上,相继建立汽车检测站和检测线。

1977 年,美国通用公司在轿车上采用了发动机点火控制的随车诊断装置,然后,福特、日产、丰田等公司陆续开发了具有自行诊断功能的随车诊断装置,随车诊断成为汽车电器故障诊断的主流技术。与此同时,具有诊断复杂故障能力的车外诊断设备——汽车专家诊断系统问世。

20 世纪 90 年代,汽车自诊断技术飞速发展。车载诊断系统(On-Board Diagnostic,OBD)自问世以来得到了不断地改进和完善,相继出现了 OBD—I 和 OBD—II。从 1996 年起,美国法规要求所有在本国销售的新轿车和轻型载货汽车必须装备 OBD—II 系统。

2000 年至今,国外汽车诊断设备发展的主要特征是直接采用各种自动化的综合诊断技术,扩大诊断范围,提高对复杂故障的诊断与预测能力。

经过多年发展,发达国家在汽车检测管理上实现了"制度化",建设了汽车检测网,负责新车的登记和在用车技术状况检测及维修车辆质量监控。在检测基础技术方面已实现了"标准化",以标准数据为准则判断汽车的技术状况。对检测设备也建立了完善的标准规定并向"智能化、自动化"方向发展,对检测设备使用周期、技术更新等也有具体要求。

2. 国内发展概况

早期的汽车故障诊断,主要依靠检测人员的知识和经验分析判断汽车故障。20 世纪六七十年代,相关科研单位和企业对检测设备进行了有组织的研制工作,先后研制开发了反力式汽车制动试验台、惯性式汽车制动试验台、发动机综合检测仪、汽车综合性能检验台(具有制动性检测、底盘测功、速度测试等功能)。

20 世纪 80 年代,机动车保有量迅速增加,保证车辆运行安全和降低环境污染成为重要课题,汽车检测与诊断技术成为国家"六五"期间重点推广项目。交通部门开始有计划地在公路运输系统筹建汽车综合性能检测站。到 20 世纪 90 年代初,除交通、公安系统外,其他行业系统和部分大专院校,都建立了一定数量的汽车检测站。进入 21 世纪以后,基本形成了全国性的汽车检测网,汽车维修企业使用的检测诊断设备也日益增多。

国家标准 GB 21861—2008《机动车安全技术检验项目和方法》、GB 18565—2001《营运车辆综合性能要求和检验方法》、GB/T 26765—2011《机动车安全技术检验业务信息系统及联网规范》颁布实施以来,汽车检测站控制系统都进行了升级改造,实现了检测设备联网、检测过程自动控制、检测数据及时存储和检测报告自动生成打印等功能。

3. 汽车检测与诊断技术的发展趋势

汽车诊断与检测技术是随着汽车技术和维修市场的发展需求而发展的。在科学技术高速发展的今天,人类越来越重视自身安全的保障和自然界的生态平衡,可持续发展受到广泛关注。因此,今后汽车诊断设备的发展将向安全性能、排放性能和新结构汽车的诊断方向,以及多功能综合式和自动化方向发展,同时测试仪表也将向更加精密和小型化、可随车装设且实时显示等方向发展。

随着汽车结构的日趋复杂和电子控制程度的提高,对汽车故障的准确诊断和排除的难度也就越来越大。集现代电子技术、自动化控制技术、信息技术、计算机技术,特别是人工智能技术于一体的故障诊断与检测技术在汽车使用与维修工程中将得到越来越多的应用,是汽车检测诊断与维修理论研究的重要领域和前沿课题。

随着技术和管理的进步,今后汽车检测将实现更大范围的网络化,实现信息资源共享、硬件资源共享、软件资源共享。实现全国性的汽车综合性能检测站的联网,交通运输管理部门可以即时了解各地区车辆技术状况。

汽车诊断技术的发展远景是实现汽车故障的预测预报,通过预测可以预知汽车或其总成的未来技术状况,并确定其剩余的工作寿命和运行潜力,预报无故障期限,做到事先预防和减少危险性故障。

第二节 汽车检测与诊断技术基础

一、汽车技术状况的变化规律

汽车技术状况是定量测得的表示某一时刻汽车外观和性能的参数值的总和。随着行驶里程增加,汽车技术状况逐渐变差,致使动力性、经济性和可靠性变差。汽车技术状况变化规律可分为渐发性和偶发性两种。

1. 汽车技术状况渐发性变化规律

渐发性变化规律是指汽车技术状况的变化随汽车行驶里程或工作时间呈单调变化,从而可用函数式表示其变化规律。如果使用合理,则汽车技术状况的变化大多是按行驶里程或工作时间而逐渐平缓地发生变化。其变化规律可用 n 次多项式或幂函数加以描述。

(1) n 次多项式。

$$y = a_0 + a_1L + a_2L^2 + \cdots + a_nL^n$$

式中: y——汽车技术状况参数值;
L——汽车工作状况参数,即汽车行程或汽车工作时间;
a_0——汽车技术状况的初始参数值;
$a_1, a_2, \cdots, a_n$——待定系数。

在实际应用时, n 次多项式中一般取第一至第四项,其计算精度已足够。

(2) 幂函数。

$$y = a_0 + a_1L^b$$

式中: a_1, b——确定汽车技术状况变化程度的系数。

对于主要因零件磨损所引起的汽车技术状况参数的变化规律,可用幂函数加以描述。

汽车技术状况参数值渐发性变化的例子有:汽车零件因磨损而导致的配合间隙变化量;冷却系统和润滑系统中沉淀物的积累值;润滑油消耗率及润滑油中机械杂质含量等。当汽车技术状况呈渐发性变化规律时,可根据其单调性,通过对上述参数变化量的测量,来确定汽车的技术状况,并预测汽车故障的发生。

2. 汽车技术状况偶发性变化规律

偶发性变化规律也称为随机性变化规律,它表示汽车、总成出现故障或达到极限状态的时间是随机的、偶发的,没有严格的对应关系,没有必然的变化规律,对其变化过程独立地进行观察所得的结果呈现不确定性,但在大量重复观察中又具有一定的统计规律。

汽车技术状况参数的随机变化是各影响因素具有随机性的反映。当给定汽车技术状况参数的极限值时,该随机变化表现为汽车技术状况参数达到极限值所对应的行程是变化的,如图 1-1 所示;而在同一行程下,汽车技术状况参数也存在明显差异。显然,只有掌握汽车的随机变化规律,才能正确地确定汽车的技术状况,才能有针对性地进行汽车定期检测,合理地制订诊断标准和诊断周期,从而更精确地把握汽车检测和维护作业的良机。

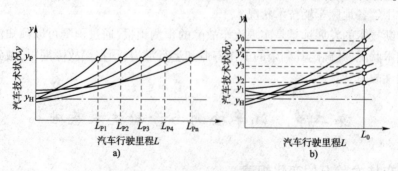

图 1-1 汽车技术状况的随机变化

y_P-技术状况参数的极限值;y_a-技术状况参数的许用值;y_H-技术状况参数的名义值

研究表明,汽车偶发性故障遵循指数函数分布规律,而汽车使用寿命的变化情况,服从威布尔分布。

二、汽车故障及形成原因

汽车或总成发生故障是指其功能的丧失或性能的降低。例如,发动机轴瓦烧损和拉缸属于功能丧失的破坏性故障,而汽车制动距离超标则属于性能降低的故障。

1. 汽车故障的类型

根据存在形式和发生过程,汽车故障有多种类型。

1) 按照故障存在时间可分为间断性故障和永久性故障

间断性故障只是在引发其发生的原因短期存在的条件下才显现,而永久性故障则只有在更换某些零部件后才能使其得以排除。例如,发动机供油系气阻使供油中断而造成的功能丧失为间断性故障。气阻由于供油系温度过高而产生,冷却后气阻自然消失,供油功能就得以恢复;发动机拉缸造成的功能丧失则须在更换缸套、活塞、活塞环并排除引起拉缸的原因后才恢复,属于永久性故障。

2) 按照故障发生快慢可分为突发性故障和渐发性故障

突发性故障是指发生前无任何征兆的故障,其特点是故障的发生有偶然性;渐发性故障则是由于零件磨损、疲劳、变形、腐蚀、老化等原因使技术状况劣化而引起的,是逐渐发展的过程,能够通过早期诊断进行预测。例如,车轮掉入坑中使钢板弹簧折断具有突发性质,而汽缸磨损引起的敲缸是渐发性的。

3) 按照故障是否显现可分为功能故障和潜在故障

导致功能丧失或性能降低的故障为功能故障;正在逐渐发展但尚未对功能产生影响的故障属潜在故障。例如,汽车前轴和传动轴出现裂纹,当未扩展到极限程度时,为潜在故障。值得重视的是,潜在故障一旦对功能产生影响,常常具有突发性质,对汽车的安全行驶极其不利。

4) 按故障存在的系统可分为汽车电气故障和机械故障

现代汽车电气故障又分为数字电路故障和模拟电路故障,数字电路故障目前可方便地通过专用检测诊断设备(如汽车解码器)进行高效快速的诊断,而模拟电路故障一般是借助经验或通过电路模拟得到故障征兆,然后通过测试进行确诊。汽车机械故障范围较广,通常是利用汽车运行过程中的二次效应所提供的信息,如温升、噪声、润滑油状态、振动及各种物理或化学特性的变化来进行诊断。

另外,汽车故障还可分为人为故障和自然故障。人为故障是由于使用不当造成的,而自然故障是由于自然磨损、老化等因素造成的。

2. 汽车故障形成的基本原因

汽车故障形成的基本原因是零件失效。

零件失效是汽车使用过程中诸多内在原因综合作用的结果。主要有零件之间相互摩擦而产生的磨损;零件与有害物质接触而产生的腐蚀;零件在交变荷载作用下产生疲劳;零件在外载、温度和残余内应力作用下发生变形;橡胶及塑料等非金属零件和电气元件因长时间使用由于材料受物理、化学和温度变化的影响而老化;由于偶然事件造成零件损伤等。这些原因使零件原有尺寸和几何形状及表面质量发生改变,破坏了零件原来的配合特性和正确位置关系,从而引起汽车或总成技术状况变坏。

除上述形式外,汽车零部件失效形式还有失调、烧蚀、沉积等。失调是指某些可调元件或调整间隙由于调整不当,或在使用中偏离标准值而引起相应机构功能降低或丧失的故障形式。零部件在强电流、强火花作用下会发生烧蚀,其正常工作性能将降低或丧失。磨屑、尘土、积炭、油料结胶和水垢等沉积在某些零件工作表面,可引起其工作能力降低或丧失。

3. 影响汽车故障形成的因素

影响汽车故障形成或零件失效的主要因素为:工作条件恶劣、设计制造缺陷和使用维修不当三个方面。此外,外界环境(如道路、气候、季节等)和使用强度(如车速、荷载等)也是汽车故障发生和技术状况变化的影响因素。

汽车零件工作条件包括零件的受力状况和工作环境。汽车运行时,许多零件(如活塞、曲轴、齿轮和轴承等)在动态应力下工作,承受着冲击和交变应力,从而加速零件的磨损或变形而引发故障。若零件的载荷超过其允许承受能力,则会导致零件失效。而零件在不同的环境介质和不同的温度下工作,容易引起零件的腐蚀磨损、磨料磨损以及热应力引起的热变形、热疲劳等失效。某些工作介质还可以使汽车零件材料脆化、高分子材料老化而引发故障。

设计制造缺陷主要是指零件因设计不合理、选材不当、制造工艺不良而存在的先天不足,是汽车零件失效的主要原因之一。

汽车在使用过程中的超载、润滑不良、滤清效果不好、违反操作规程、汽车维护和修理质量不良等,都会引起汽车零件的早期损坏。

三、故障树分析方法

汽车是由多个不同功能的子系统构成的复杂机电系统,要对其进行技术性能诊断、确定故障部位及故障产生的原因,需要科学有效的诊断分析方法,故障树分析法是进行汽车故障原因分析的常用方法。

1. 故障树分析法

故障树分析法(Fault Tree Analysis,FTA),是一种将系统故障形成的原因由总体至部分按树枝状逐渐细化的逻辑分析方法。采用该方法时,首先把所研究系统的故障作为分析目标,而后分析确定导致目标故障的所有直接事件,再分析确定导致下一级事件发生的所有直接因素,逐级分析,直到出现无须再深究的因素为止。其目的是确定故障的原因、影响因素及发生概率。

在汽车故障诊断中运用故障树分析法,是根据汽车工作特性与技术状况之间构成的逻辑关系树枝状图形,来对产生故障的原因进行定性分析,并能用逻辑代数运算对故障出现的条件和概率进行定量分析。它可对汽车的故障进行预测和诊断,找出其薄弱环节,提前采取技术措施,使汽车的技术状况处于良好状态。

2. 故障树的建立

1) 符号定义

故障和引起故障的原因统称为事件。根据事件性质的不同,将事件分为四类,即:故障事件、暂不分析和发生概率很小的事件、偶发性非故障事件、基本事件四类。由于汽车的各系统和零部件之间相互联系,因此上述事件之间也是相互关联的。事件间的关系通常有两种:"与"和"或"逻辑关系。常用事件符号和事件间的逻辑关系符号,见表1-1。

常用事件符号和事件间的逻辑关系符号　　　　　表 1-1

符　号	名　称	含　义
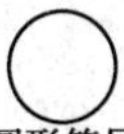 圆形符号	基本事件	表示初始事件,不能再分解的故障事件,即故障事件发生的根本原因
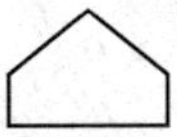 屋形符号	非故障事件	表示事件是偶尔发生的
 矩形符号	故障事件	表示包括除基本事件外所有要分析的故障事件和引发故障事件的原因事件(中间事件)
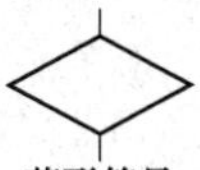 菱形符号	省略事件	表示暂时不分析或发生概率极小的事件
 $x_1, x_2, \ldots, x_n$ 或门符号(AND)	"与"逻辑关系	事件 $x_1, x_2, \ldots, x_n$ 同时发生,事件 A 才发生
 $x_1, x_2, \ldots, x_n$ 或门符号(AND)	"或"逻辑关系	事件 $x_1, x_2, \ldots, x_n$ 有一个发生,事件 A 就会发生

2) 建立故障树

把要分析的顶事件即故障事件扼要地写在矩形框内,置于故障树的最顶端,并用"T"表示作为故障树的第一级,称为顶事件;在顶事件下面,通过分析写出引起顶事件直接原因的事件,作为故障树的第二级,用"A"表示;以下继续分析还可列出第三级、第四级等,直到列出最基本原因的初始事件为止,并用"X"表示;分析过程中,暂时不分析的省略事件用"D"表示。根据上、下级事件之间的关系,用"或"、"与"逻辑门符号连接,这样便形成了故障树。在故障树图中,每一级事件都是上一级事件的直接原因,同时又是下一级事件的直接结果,上、下级事件之间存在着"或"、"与"的逻辑关系。图 1-2 为发动机不能起动的故障树。

3) 故障树定性分析

定性分析就是分析系统出现某种故障(顶事件)有多少种可能性。这可以通过对故障树的分析,确定系统的最小割集的方法来解决。

若故障树的某几个底事件的集合发生时,将引起顶事件发生,则这个集合就称为割集。在故障树的割集中,若去掉其中任一项底事件后就不再是割集的,称为最小割集。由于最小割集发生时,其顶事件必然发生,因此故障树的全部最小割集的完整集合则代表了顶事件发生的所有可能性。

在故障诊断中,最小割集的意义在于它指出了消除顶事件所需要的最少的维修工作内容。同时,通过最小割集可以发现系统的最薄弱环节,找出系统维修工作的重点。

4) 故障树定量分析

定量分析的目的是估计故障事件(顶事件)出现的概率,以评价系统的可靠性。

汽车故障的发生具有随机性,属偶然事件,其发生的可能性大小可用发生概率的大小度量。运用概率论中的"和"事件与"积"事件的概率计算公式,则可以根据基本事件的发生概率,逐级推算,直至求出故障事件的发生概率。

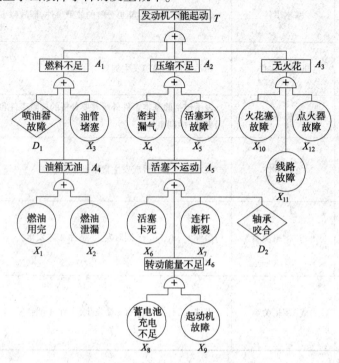

图1-2　发动机不能起动的故障树

若基本事件 $x_1, x_2, \cdots, x_n$ 间相互独立,并已知发生的概率 $P(x_i)$,则

当逻辑关系为"与"连接时,事件 $X = x_1 \times x_2 \times \cdots \times x_n$ 的发生概率为:

$$P(X) = \prod_{i=1}^{n} P(x_i)$$

当逻辑关系为"或"连接时,事件 $X = x_1 + x_2 + \cdots + x_n$ 的发生概率为:

$$P(X) = 1 - \prod_{i=1}^{n}[1 - P(x_i)]$$

四、汽车检测诊断参数及标准

1. 汽车诊断参数

汽车诊断参数是供诊断用的,表征汽车、总成及机构技术状况的指标。

有些结构参数(如磨损量、间隙量等)可以表征机构的技术状况,但在不解体情况下直接测量汽车、总成和机构的结构参数往往受到限制。因此,在检测诊断汽车技术状况时,需要采用与结构参数有关而又能表征技术状况的间接指标(量),该间接指标(量)称为诊断参数。可以看出,诊断参数既与结构参数紧密相关,又能够反映汽车的技术状况,是一些可测的物理量和化学量。

2. 诊断参数的分类

1)工作过程参数

指汽车、总成及机构工作时输出的一些可供测量的物理量和化学量,或指体现汽车或总成功能的参数,往往能表征诊断对象工作过程中总的技术状况,适合于总体诊断。工作过程参数本身就是汽车某一方面功能的体现。

2) 伴随过程参数

指伴随汽车、总成或机构工作过程间接出现的一些可测量的参数,如振动、噪声、异响、过热等。伴随过程参数一般不直接体现汽车或总成的功能,但可间接反映对象的技术状况,常用于复杂系统的深入诊断。

3) 几何尺寸参数

几何尺寸参数是诊断对象具体状态的表征,能反映诊断对象的具体结构要素是否满足要求,可反映汽车总成及机构中配合零件之间或独立零件的技术状况。例如,配合间隙、自由行程、圆度、圆柱度、端面圆跳动、径向圆跳动、车轮定位参数等。

虽然每一类诊断参数都有不同的含义,但都是用来描述汽车或总成技术状况的状态参数。这些状态参数与汽车或总成的结构参数变化有一定的函数关系,因此可通过检测状态参数的变化来描述结构参数的变化,从而达到不解体诊断汽车的目的。在确定汽车技术状况或判断某些复杂故障时,需采用不同类型的诊断参数进行综合诊断。

汽车常用诊断参数见表 1-2。

汽车常用诊断参数表　　　　　　　　　　表 1-2

诊断对象	诊断参数	诊断对象	诊断参数
汽车整车	最高车速(km/h) 最大爬坡度(%) 加速时间(s) 驱动轮输出功率(kW) 驱动轮驱动力(N) 汽车燃油消耗量(L/100km) 侧倾稳定角(°)	汽油机供给系统	空燃比 过量空气系数 电喷发动机喷油器的喷油量(mL) 电喷发动机各缸喷油不均匀度(%) 电动汽油泵泵油压力(kPa) 喷射系统压力(kPa) 喷射系统保持压力(kPa) 喷射时间(ms)
发动机总体	额定转速(r/min) 额定功率(kW) 最大转矩(N·m) 最大转矩的转速(r/min) 怠速转速(r/min) 燃油消耗率(g/kW·h) 单缸断火(油)时功率下降率(%) 发动机 HC、CO、NO_x 浓度排放量 发动机微粒(PM)排放率(g/m^3、g/km) 柴油机烟度 R_b 值和光吸收系数 K (m^{-1})	柴油机供给系统	输油泵输油压力(kPa) 喷油泵高压油管最高压力(kPa) 喷油泵高压油管残余压力(kPa) 喷油器针阀开启压力(kPa) 喷油器针阀关闭压力(kPa) 喷油器针阀升程(mm) 各缸供油不均匀度(%) 供油提前角(°) 各缸供油间隔(°) 每一工作循环供油量(mL/工作循环)
曲柄连杆机构	汽缸压力(MPa) 汽缸间隙(mm) 曲轴箱窜气量(L/min) 汽缸漏气量(kPa) 汽缸漏气率(%) 进气管真空度(kPa) 进气管压力(kPa)	传动系统	传动系游动角度(°) 传动系机械传动效率(%) 滑行距离(m)

续上表

诊断对象	诊断参数	诊断对象	诊断参数
配气机构	气门间隙(mm) 凸轮轴转角(°) 配气相位(°)	制动系统	制动距离(m) 地面制动力(N) 左右车轮制动力差值(N) 制动阻滞力(N) 制动协调时间(s) 驻车制动力(N) 充分发出的平均减速度(m/s²) 产生最大制动力时的踏板力(N) 制动完全释放时间(s) 汽车制动滑移率(%)
点火系统	蓄电池电压(V) 初级电路电压(V) 次级电路电压(V) 各缸点火电压(kV) 各缸短路点火电压(kV) 各缸断路点火电压(kV) 电子点火器闭合角(°) 各缸点火波形重叠角(°) 点火提前角(°) 火花塞电极间隙(mm) 电容器容量(μF)	转向系统	转向盘自由转动量(°) 转向盘操纵力(N) 最小转弯直径(m) 转向轮最大转角(°)
润滑系统	机油压力(kPa) 机油温度(℃) 机油理化性能指标变化量 清净性系数变化量 机油污染指数 介电常数变化量 金属微粒的体积分数(%) 机油消耗量(L/100km)	行驶系统	车轮侧滑量(m/km) 车轮静不平衡量(g) 车轮动不平衡量(g) 车轮径向圆跳动量(mm) 车轮横向圆跳动量(mm)
冷却系统	冷却液温度(℃) 散热器冷却液入口与出口温差(℃) 风扇传动带张力(N/mm) 风扇离合器接合、断开时的温度(℃) 电动风扇开启、停转时的温度(℃) 节温器主阀门开始开启和全开时的温度(℃) 节温器主阀门全开时的升程(mm)	其他	前照灯光发光强度(cd) 光轴偏移量(mm) 车速表指示误差 喇叭声级(A声级)(dB) 客车车内噪声级(A声级)(dB) 驾驶员耳旁噪声级(A声级)(dB)

3. 诊断参数的特征与选择

为了保证诊断结果的可信性和准确性,其诊断参数应满足以下原则或特性。

1) 灵敏性

灵敏性通常用诊断参数的灵敏度来表示。灵敏度指诊断参数相对于诊断对象技术状况的变化率：

$$K_t = \frac{dT}{dy}$$

式中：K_t——诊断参数灵敏度；
　　　dy——技术状况微小变化量；
　　　dT——诊断参数 T 相对于 dy 的变化量。

K_t 值越大，表明诊断参数的灵敏性越好。优先选择 K_t 值高的诊断参数可以提高汽车诊断的可靠性。

2）单值性

单值性是指在诊断对象技术状况变化的过程中，诊断参数 T 与技术状况参数 y 具有一一对应关系，即诊断参数没有极值：

$$\frac{dT}{dy} \neq 0$$

否则，将出现同一诊断参数值对应不同的技术状况，或同一技术状况对应不同的诊断参数值，导致无法对诊断对象的技术状况进行判断。

3）稳定性

稳定性是指在相同的测试条件下，多次测得同一诊断参数的测量值，具有良好的一致性。诊断参数的稳定性越好，其测量的离散度（方差）越小。因此，诊断参数的稳定性可用均方差来衡量：

$$\sigma_T(y) = \sqrt{\frac{\sum_{i=1}^{n}[T_i(y) - \overline{T}(y)]^2}{n-1}}$$

式中：$\sigma_T(y)$——诊断参数测量值的均方差；
　　　$T_i(y)$——诊断参数的第 i 次测量值，$i=1,2,\cdots,n$；
　　　$\overline{T}(y)$——诊断参数的 n 次测量值的平均值；
　　　n——测量次数。

4）信息性

信息性是指诊断参数对汽车技术状况包含的信息量，表明通过测量所能获得的信息数量及其诊断的可靠程度。诊断参数的信息性越强，则诊断结论越可靠。

若 T_1 和 T_2 分别表示诊断对象无故障和有故障时诊断参数的取值，则多次测量条件下，T_1 和 T_2 的取值满足 $T_1 > T_2$ 或 $T_1 < T_2$，即二者取值不能有交叉。二者相差越大，信息性越好。若分别以 $f_1(T)$ 和 $f_2(T)$ 表示无故障诊断参数的分布函数和有故障诊断参数的分布函数，则 $f_1(T)$ 和 $f_2(T)$ 的重叠区域越少，诊断结论出现误差的可能性越小，诊断参数的信息性越强，如图 1-3 中，诊断参数 T 的信息性强，诊断参数 T' 的信息性弱，而诊断参数 T'' 的信息性差。

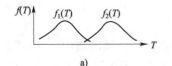
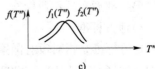

图 1-3　诊断参数的信息性
a) T 的信息性强；b) T' 的信息性弱；c) T'' 的信息性差

诊断信息性强弱可以表示为：

$$I(T) = \frac{|\overline{T}_1 - \overline{T}_2|}{\sigma_1 + \sigma_2}$$

式中：$I(T)$——诊断参数 T 的信息性；

$\overline{T}_1$——无故障时诊断参数 T 的平均值；

$\overline{T}_2$——有故障时诊断参数 T 的平均值；

σ_1——无故障时诊断参数 T 的均方差；

σ_2——有故障时诊断参数 T 的均方差。

$I(T)$ 越大，说明诊断参数的信息性越好，越能表明汽车技术状况的特征，其诊断结果越可靠。

5）经济性

经济性是指所确定的诊断参数在用于实际诊断时，其投资费用的多少。经济性高的诊断参数，所需要的诊断作业费用低。如果诊断作业费用很高，这种诊断参数是不可取的，它没有经济意义。

6）方便性

方便性是指所确定的诊断参数用于实际诊断时，其操作使用的方便程度。方便性好的诊断参数，其设备应简单，工艺应简便，测量应便捷。

4．汽车检测诊断标准

汽车诊断标准是对汽车诊断的方法、技术要求和限制的统一要求。汽车诊断标准分为国家标准、行业标准、地方标准和企业标准。

1）国家标准

国家标准指由国家标准化主管机构批准发布，且在全国范围内统一的标准。国家标准分为强制性国标(GB)和推荐性国标(GB/T)。强制性国标是保障人体健康、人身及财产安全的标准和法律及行政法规规定强制执行的国家标准；如 GB 7258—2012《机动车运行安全技术条件》、GB 18285—2005《点燃式发动机汽车排气污染物排放限值及测量方法(双怠速法及简易工况法)》等。推荐性国标是指生产、检验、使用等方面，通过经济手段或市场调节而自愿采用的国家标准；如 GB/T 18344—2001《汽车维护、检测、诊断技术规范》、GB/T 18276—2000《汽车动力性台架试验方法和评价指标》等。

2）行业标准

由各主管部、委(局)批准发布，在该部门范围内统一使用的标准，称为行业标准。行业标准在一定范围内具有强制性和权威性。GA 801—2013《机动车查验工作规程》、GA 802—2014《机动车类型 术语和定义》等是公安部颁布的行业标准；JT/T 478—2002《汽车检测站计算机控制系统技术规范》、JT/T 198—2004《营运车辆技术等级划分和评定要求》等是原交通部颁布的行业标准；HJ 437—2008《车用压燃式、气体燃料发动机与汽车车载诊断(OBD)系统技术要求》、HJ/T 291—2006《汽油车稳态工况法排气污染物测量设备技术要求》等是环境保护部颁布的行业标准。

3）地方标准

地方标准是指对没有国家标准而自行制定的公共标准，在本行政区域内适用。如：北京市地方标准 DB 11/122—2002《在用汽油车稳态加载污染物排放限值及测量方法》。

4）企业标准

企业标准是对企业范围内的技术要求、管理要求和工作要求所制定的标准。企业标由企业制定,并报当地标准化行政主管部门或行业主管部门备案,在本企业范围内使用。企业标准一般以"Q"作为企业标准的开头。

在汽车故障诊断过程中,大量采用汽车制造厂通过技术文件对汽车某些参数所规定的标准,主要涉及汽车的结构参数,如气门间隙、配气相位、车轮定位角、点火提前角等。汽车结构参数一般在设计阶段确定,并在样车或样机的台架或运行试验中修订,与汽车使用可靠性、使用寿命和经济性有关。

五、汽车检测诊断周期的确定

诊断周期是指汽车诊断的间隔期,以汽车行驶里程或使用时间表示。科学确定诊断周期,对于保障汽车技术状况具有重要的作用。理想诊断周期的确定,应满足技术和经济两方面的条件。

1. 确定诊断周期应考虑的因素

1) 零件或总成故障率的差异

汽车各子系统的工作强度不同,各机构或总成的故障率及故障间隔里程不相同。即使是同一总成、机构内的不同零件,其故障率和故障平均间隔里程也有所不同。从可靠性出发,通常取总成内故障概率最大的零部件的故障平均间隔时间作为制订诊断周期的依据。另外,由于汽车是由许多总成、机构组成,不可能对每一个总成或机构都规定一个诊断周期,一般以诊断周期相近为原则进行组合,将诊断周期相近的机构或总成确定在同一诊断周期内,执行与现行维护制度类似的分级诊断。

2) 不同总成或系统的重要性差异

与汽车行车安全相关的系统,如转向系统和制动系统等,在确定诊断周期时,要首先满足其可靠性的要求,而诊断的经济性则只占据次要地位。因此,对于与汽车行车安全相关的系统或机构,不能仅以计算结果作为诊断周期确定的依据,而应从安全角度出发,以保证有足够高的可靠度为条件来确定诊断周期,因而,其诊断周期常较其他系统或机构的诊断周期短。现代快速检测诊断技术的发展为此提供了条件。

3) 车辆技术状况的差异

汽车的新旧程度、行驶里程及技术状况等级的不同也是影响诊断周期确定的因素。车辆使用时间短或行驶里程少、刚大修过的车辆、技术状况等级为一级的车,其诊断周期长,反之则短。对于车辆数较大的汽车运输企业,在确定最佳诊断周期时,应按照车型、使用年限、技术状况等级进行分类,使处于同一类别的车辆无故障行驶里程相差较小,并据此分别确定每一类车辆的诊断周期。

4) 车辆使用条件的差异

汽车的使用条件如气候条件、道路条件、装载条件、燃润料质量、驾驶技术等条件对诊断周期的确定也有一定影响。在气候恶劣、道路状况差、超载行驶、拖挂行驶、燃润料质量得不到保障、驾驶技术不佳等使用条件下,车辆的诊断周期会缩短,反之则长。因此,汽车的最佳诊断周期应综合考虑汽车使用条件和其他因素来确定。

2. 推荐的汽车诊断周期

《汽车运输业车辆技术管理规定》(交通部13号令)规定,车辆技术管理应坚持预防为主和技术与经济相结合的原则;对运输车辆实行择优选配、正确使用、定期检测、强制维护、视情修理、合理改造、适时更新和报废的全过程综合性管理。同时规定,车辆二级维护前应进行检测诊断和技术评定,根据结果,确定附加作业或小修项目,结合二级维护一并进行;车辆修理应根据车辆检测诊断和技术鉴定的结果,视情按不同作业范围和深度进行。因此,汽车二级维护周期实际上也可作为推荐的汽车诊断周期。

由于受地域、汽车使用条件、车辆结构性能、制造水平不同等因素的影响,我国对各种车型的二级维护周期没有统一的规定。目前,汽车二级维护周期基本上是依据生产厂家汽车使用说明书的规定、车况、具体使用条件来确定。通常,中型货车的二级维护周期约为 10000~15000 km,轿车的二级维护周期约为 30000km。

3. 诊断周期的计算确定

理想的诊断周期应符合技术与经济相结合原则,保证车辆完好率最高而消耗的费用最少。

分析表明,实现汽车单位费用最少和技术完好率最高,二者是一致的。设 $M[U(\tau)]$ 为诊断周期 τ 时检测诊断和维修费用的数学期望,$M[V(\tau)]$ 为诊断周期 τ 时汽车或机构工作时间的数学期望,则最佳诊断周期应满足:

$$\frac{d}{dt}\left[\frac{M[U(\tau)]}{M[V(\tau)]}\right]=0$$

整理上式,可以得到最佳诊断周期的一般公式:

$$\frac{F'(\tau)}{[1-F(\tau)]^2}\int_0^\tau [1-F(L)]dL + \ln[1-F(\tau)] - \frac{C_z}{C_x} = 0$$

式中:$F(\tau)$——诊断周期内 τ 不发生故障的概率;
$F'(\tau)$——诊断周期内 τ 发生故障的概率;
$F(L)$——诊断参数达到极限标准值时的概率分布密度;
C_z——完成计划检测诊断和维护的费用;
C_x——完成计划外小修的费用;
τ——所求的最佳诊断周期。

最佳诊断周期的计算较为烦琐,为方便起见,可用图解法确定最佳诊断周期。图解时,需引入一个最佳系数 $t=\tau/\bar{L}$,即最佳诊断周期 τ 与故障间平均行程 $\bar{L}$ 的比值。

在正常使用期内,汽车的失效形式服从指数函数分布规律,此时其最佳系数 t 与费用比 C_z/C_x 的关系曲线如图 1-4 所示。从图中可以看出,随 C_z/C_x 增加,t 逐渐增加,使得 τ 向故障间平均行程 $\bar{L}$ 靠近,这说明检测诊断和维护费用增加时,能有效地抑制故障发生,因此,可以延长检测诊断周期。

利用大量的统计资料,根据图 1-4 所示曲线可图解出最佳诊断周期。首先从统计资料中得到费用比值 C_z/C_x,然后从图中得到对应的最佳系数 t 值,再由 $\tau=t/\lambda$ 确定最佳诊断周期,其中 λ 为单位里程(时间)内发生故障的比率。例如:已知 $C_z/C_x=0.40$,$\lambda=10^{-4}$ km^{-1},

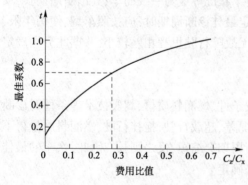

图 1-4 指数函数分布规律时最佳系数与费用比的关系曲线

从图中可查到 $t=0.80$,则最佳诊断周期为:$\tau=t/\lambda=0.80/10^{-4}=8000$km。

第三节　汽车检测站

一、汽车检测站的类型

汽车检测站采用现代检测设备和方法，检测汽车各种参数、诊断汽车可能出现的故障，为全面、准确评价汽车的使用性能和技术状况提供可靠的依据。汽车检测站按不同分类方法，可以分为多种类型。

1. 按服务功能分类

按照服务功能，汽车检测站可分为安全检测站、环保检测站、维修检测站和综合检测站。

1) 安全检测站

汽车安全技术检测站"是指在中华人民共和国境内，依法接受委托，从事机动车安全技术检验，并向社会出具公正数据的机构。"

根据《中华人民共和国道路交通管理条例》的规定，汽车安全检测站对在道路上行驶的机动车辆进行安全和环保技术检测工作。承担下列任务：

①机动车申请注册登记时的初次检验。

②机动车定期检验。

③机动车临时检验。

④机动车特殊检验，包括肇事车辆、改装车辆和报废车辆等技术检验。

根据国家的有关法规，汽车安全检测站定期对车辆进行安全和环保项目的检测时，一般进行总体检测，并与国家有关标准比较，给出"合格"或"不合格"的结果，而不进行具体的故障诊断和分析。其检测诊断工作通常在检测项目固定的检测线上进行。

2) 环保检测站

环保检测站是承担在用车辆排气排放污染物定期检测任务的汽车检测站。环境保护部《机动车环保检验合格标志管理规定》(2009)要求，对按照国家有关在用机动车污染物排放标准，经定期检验合格的机动车，核发机动车环保检验合格标志。

3) 维修检测站

维修检测站通常由汽车运输企业或维修企业建立，其作用是为车辆维修提供技术服务，以汽车性能检测和故障诊断为主要内容。在汽车维修前，检测站通过对汽车技术状况的检测和故障诊断，可以确定汽车维护的附加作业、小修项目以及车辆是否需要大修；在汽车维修后，检测站通过对汽车的技术性能检测，可以监控汽车的维修质量。

4) 综合检测站

汽车综合性能检测站指"按照规定的程序、方法，通过一系列技术操作行为，对在用汽车综合性能进行检测(验)评价工作并提供检测数据、报告的社会化服务机构。"综合性能检测站的主要任务有：

①依法对在用运输车辆的技术状况进行检测诊断。

②依法对车辆维修竣工质量进行检测。

③接受委托，对车辆改装、改造、延长报废期及其有关新工艺、新技术、新产品和科研成果鉴定等项目进行检测，提供检测结果。

综合检测站既能进行车辆安全、环保方面的性能检测，又能承担汽车维修中的技术检测与诊断，还可承担科研、制造和教学等单位或部门的有关汽车性能的试验和参数测定工作。根据汽车综合检测站的职能，可分为 A 级检测站、B 级检测站和 C 级检测站。

A 级检测站能对汽车的安全性、动力性、可靠性、经济性、环保特性等方面进行全面的检测，并能对车辆的技术状况及维修质量进行鉴定，能全面承担检测站的任务。其检测内容包括：制动、侧滑、灯光、转向、车轮定位、车速、车轮动平衡、底盘输出功率、燃料消耗、发动机功率和点火系状况，以及异响、磨损、变形、裂纹、噪声、排气污染物等状况。

B 级检测站能对在用车辆技术状况、车辆维修质量进行检测和评定。其检测内容包括：制动、侧滑、灯光、转向、车轮动平衡、燃料消耗、发动机功率和点火系状况，以及异响、变形、噪声、排气污染物等状况。

C 级检测站能对在用车辆的技术状况进行检测。其检测内容包括：制动、侧滑、灯光、转向、车轮动平衡、燃料消耗、发动机功率及异响、噪声、排气污染物等状况。

2. 按规模分类

根据检测站的规模可分为大、中、小三种类型。其中，大型检测站检测线多，自动化程度高，年检能力大，且可检测的车型多，一般为某地区的检测中心。中型检测站至少有两条检测线，目前国内地市级及以上的城市建成或正在筹建的检测站多为这种类型。小型检测站主要是指服务对象单一的检测站，能承担的检测任务有限，一般设有一条或两条作用相同的检测线。如果是一条检测线时，它往往可兼顾大、小型汽车的检测；如果是两条检测线时，往往其一专检小型汽车，其二则大、小型汽车兼顾。

3. 按自动化程度分类

按检测线的自动化程度可分为手动式、全自动式和半自动式三种类型。

①手动检测站的各检测设备，由人工手动控制检测过程，从各单机配备的指示装置上读数，笔录检测结果或由单机配备的打印机打印检测结果，多适用于维修检测站。

②全自动检测站利用微机控制系统将检测线上各检测设备连接起来，除车辆上部和下部的外观检查工位仍需人工检查外，其他所有工位上的检测过程可实现自动控制，使设备的启动与运转、数据采集、分析判断、存储、显示和集中打印报表等过程实现自动化。检测人员可在主控制室通过闭路电视监控系统观察各工位的检测情况，并通过检测程序向受检车辆的驾驶员和检测员发出各种操作指令。每一项检测结果均能在主控制室内的电脑显示器和各工位上的检验程序指示器上同时显示，使各工位检测员和驾驶员均能随时了解每一项检测结果。

③半自动检测站的自动化程度或范围介于手动和全自动检测站之间，一般是在原手动检测站的基础上将部分检测设备（如侧滑试验台、制动试验台等）与微机联网以实现自动控制，而另一部分检测设备（如废气分析仪、前照灯检测仪）仍然手动操作。当微机联网的检测设备因故不能进行自动控制时，各检测设备仍可手动使用。

二、汽车检测站检测流程和工位布置

1. 汽车检测站组成及基本要求

汽车检测站由检测车间、业务大厅、停车场、试车道路及辅助设施等组成。

1）检测车间

检测车间是检测站的核心，检测线设置其内。根据检测站的功能定位、所承担的检测项目及执行的技术标准，检测车间一般设有单条、双条或多条检测线。检测线的规划设置应充分考虑与业务厅、待检车辆停车场、已检车辆停车场、试车道路、车辆出入、行人及行车安全以及其他配套设施的位置和功能相匹配。在检测线上的各检测工位的空间、各工位间的安全距离应根据所检测车型的最大长度确定,保证既能形成流水作业,又使各工位间不相互干涉;在检测线出入口处应有足够长的引车道和醒目的交通标志,以保证车辆进出安全。检测车间应设有非工作人员行走区域,并有安全防护装置,以保证检测工作的安全进行。

检测站根据需要可设置多个检测车间,如安全线检测车间、综合检测车间、外检车间、测功车间等,对汽车进行分门别类的检测。

2) 业务大厅

业务大厅是检测站的办公场地,车辆的报检、打印报表、办证等都在业务大厅内完成。大厅内通常将车辆检测程序、检测收费标准等信息明示。

3) 停车场

停车场是被检车辆停车的场地,一般分为待检车辆停车区和已检车辆停车区,二者有明显的标识加以区分或分开设置。待检车辆和已检车辆的行驶路线不能有相互交叉和碰头现象,以保证检测车辆的有序、安全行驶。

4) 试车道路

试车道路用于汽车的道路试验,主要承担委托检测或争议仲裁检测。试车道路的长度和宽度、坡度、路面材质等,应符合相应技术标准的规定。从安全角度考虑,试验车的行驶方向应与检测车辆行驶方向一致,避免交叉和会车,且试验道路区域应有明显警示标志。

5) 辅助设施

检测站的辅助设施是为车辆检测提供服务和保障的各种设施的总称,一般包括检测所需的能源供给设施、办公设施、职工休息生活设施以及车辆调修设施等。

2. 汽车综合检测站检测流程和工位布置

1) 综合检测站的检测内容

综合检测站的检测内容分为五类,即:综合性能检测、安全环保性能检测、修理质量检测、二级维护竣工检测、委托检测。各检测类别的检测项目见表1-3,各项目的检测参数见表1-4。

汽车综合检测站检测项目　　　　　表1-3

检测类别	检测项目
综合性能检测	发动机性能、汽车动力性能、行车制动性能、驻车制动性能、前照灯特性、车速表、车轮定位、车轮动平衡、转向性能、侧滑量、排放污染物含量、噪声、轴荷、客车防雨密封性、悬架特性、可靠性、外观等
安全环保性能检测	制动性能、前照灯特性、车速表、侧滑量、排放污染物含量、噪声、轴荷、可靠性、外观等
修理质量检测	发动机性能、制动性能、前照灯特性、车速表、车轮定位、转向性能、侧滑量、排放污染物含量、轴荷、客车防雨密封性、可靠性、外观等
二级维护竣工检测	发动机性能、制动性能、车轮定位、转向性能、车轮动平衡、侧滑量、排放污染物含量、轴荷、外观等
委托检测	委托检测项目由用户指定,可以是检测线上的任何检测项目,也可以是路试检测项目

汽车综合性能检测参数　　　　　　　　　　　　表 1-4

检测项目	检测参数
发动机性能	发动机无负荷功率、急速转速、汽缸压力、启动电压、启动电流、蓄电池内阻、稳定电压、柴油机供油压力、喷油压力、针阀开启压力、燃油雾化质量、汽油点火提前角、配气相位、断电器触点闭合角、多缸点火波形重叠角、点火电压、单缸断火转速下降、供油泵供油量、供油均匀性、曲轴箱污染物等
动力性	校正驱动轮输出功率、滑行距离、整车加速时间
制动性能	行车制动力、同轴制动力平衡、车轮阻滞力、制动协调时间、驻车制动力等
前照灯特性	基准中心高度、远光灯发光强度、光轴偏移量
车速表	车速表示值误差
车轮定位	车轮前束、车轮外倾角、主销后倾角、主销内倾角、前轴偏角、后轴偏角等
转向性能	转向盘自由转动量、转向盘操纵力、转向轮转角
侧滑量	车轮横向侧滑量
排放污染物含量	点燃式发动机: HC、CO、CO_2、NO_X、O_2 压燃式发动机: 微粒、烟度值、光吸收系数
噪声	喇叭声级、客车车内噪声、车辆定置噪声、驾驶员耳旁噪声
轴荷	轴质量、整车质量
悬架特性	悬架吸收率、悬架效率
车轮平衡	车轮动不平衡量、车轮静不平衡量
客车防雨密封性	客车门窗泄漏量
可靠性	①发动机异响：敲缸、活塞销、连杆轴瓦、曲轴轴瓦和气门等； ②底盘异响：离合器、变速器、传动轴和主减速器等； ③总成及零件紧固：发动机（附离合器）、底盘传动系、转向装置、悬架装置、制动器（系）、轮胎螺栓（母）、半轴螺栓（母）、备胎、车轴 U 形螺栓（母）、油箱螺栓（母）等； ④主要部件间隙：车轮轮毂、传动轴万向节、传动轴轴承、传动轴花键、转向横直拉杆球头、万向节主销、钢板弹簧衬套（销）、减振器杆件衬套（销）、传动轴跳动量等； ⑤重要部位缺陷：承载轴（桥）裂纹、转向系杆件（臂）裂纹、悬架弹性组件裂纹、车架裂纹、制动管路磨损、老化、皲裂等
外观	① 车辆唯一性确认：车牌（号码、颜色、车主信息）、整备质量或座位数、车型类别、整车外廓尺寸、厂牌型号和出厂编号（或 VIN 代码）、车架号码、悬架型式、发动机型式/号码、驱动形式、燃油种类、车身颜色、制动形式、车辆轴数、前照灯制式等； ②整车装备完整有效性基本检验：车容、漆面、后/侧视镜、车门/行李舱门/车窗及门窗玻璃、车门手把/车门锁/行李舱锁、安全门/安全窗/安全带、灭火器、刮水器/洗涤器、灯光/仪表/信号装置及控制、车内地板、车身外缘对称部位左右偏差、车身对称部位高度差、左右轴距差、挡泥板、轮胎气压、轮胎规格及胎冠花纹深度、牵引车与挂车连接机构、可见螺栓/管/线紧固、漏油/漏水/漏气/漏电、离合器操纵装置自由行程、行车制动系统操纵装置自由行程、应急制动系统操纵装置自由行程、驻车制动系统操纵装置自由行程等

2）综合检测线的工位布置

汽车综合检测站的检测线按一定顺序布置检测流程，将检测项目设置成多工位，形成综合检测线。典型的工位设置及布局方案如图 1-5。各工位主要检测内容、项目、设备见表 1-5。

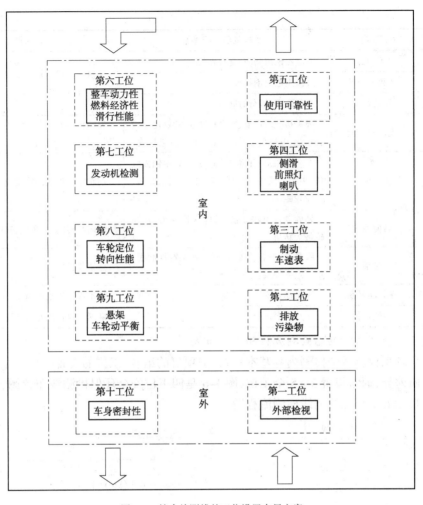

图 1-5 综合检测线的工位设置布局方案

各工位检测内容及设备 表 1-5

工 位	检测内容	主要检测项目或参数	主要检测设备
第一工位	外部检视	车辆唯一性确认、整车装备完整有效性检查	钢卷尺、钢直尺、轮胎压力表、轮胎花纹深度尺
第二工位	排放污染物	点燃式发动机:HC、CO、NO_x	排气分析仪、发动机转速监测仪器
		压燃式发动机:烟度、光吸收系数	滤纸式烟度计、不透光烟度计
第三工位	制动	轴荷、制动力、制动力平衡、车轮阻滞力、制动协调时间、驻车制动力	滚筒反力式制动试验台或平板式制动试验台
	车速表	车速表示值误差	汽车车速表试验台
第四工位	侧滑	转向轮侧滑量	侧滑检验台
	前照灯	基准中心高度、远光光强、远近光光束中心偏移量	前照灯检测仪
	喇叭	喇叭噪声	声级计
第五工位	使用可靠性	发动机异响、底盘异响、总成紧固螺栓及铆钉紧固、主要部件间隙、重要部位缺陷	底盘间隙检测仪、地沟、扭力扳手、专用手锤和专用设备

续上表

工 位	检测内容	主要检测项目或参数	主要检测设备
第六工位	整车动力性	驱动轮输出功率、加速性能	底盘测功机、油耗仪、大气压力表、温度计、湿度计
	燃料经济性	百公里燃料消耗量	
	滑行性能	滑行距离、滑行时间	
第七工位	发动机检测	发动机技术性能、发动机性能参数、电子控制系统、电喷系统、汽缸压力、机油污染指数	发动机综合性能检测仪、润滑油质分析仪、汽缸压力表
第八工位	车轮定位	车轮前束值/张角、车轮外倾角、主销内倾角、主销后倾角、推力角、转向20°时的张角、车轮轮距	前轮定位仪或四轮定位仪
	转向性能	转向盘自由转动量、转向盘操纵力、转向轮最大转角	转向盘转向力/角仪、转向轮转角仪
第九工位	悬架	吸收率、左右轮吸收率差、悬架特性曲线、悬架效率、左右轮悬架效率差	悬架装置检测台
	车轮动平衡	车轮动平衡	就车式车轮动平衡仪
第十工位	车身密封性	车身淋雨试验	淋雨试验台或专用装置

3. 汽车安全环保检测站检测流程和工位布置

各安全环保检测线的检测内容基本一致,但项目的组合、工位的设置因检测站实际情况的不同有所差异,通常设置3~5个工位,图1-6是四工位安全环保检测线布置图,图1-7是五工位全自动安全环保检测线检测流程图。

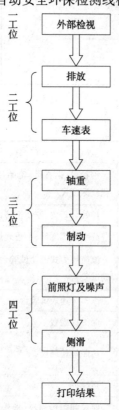

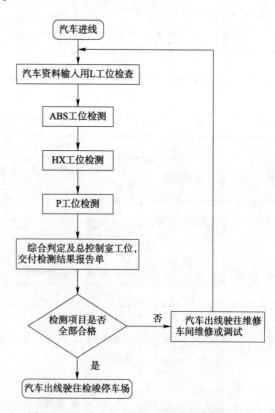

图1-6 四工位安全环保检测线布置图　　图1-7 五工位全自动安全环保检测线检测流程图

1) 四工位安全环保检测线各工位的检测内容和设备基本情况

一工位,即车辆外部检视工位。该工位一般设置在室外,主要进行车辆唯一性确认、整车装备完整有效性检查等,需要人工辅以简单量具进行。

二工位,即排放、车速表检测工位。该工位检测项目是包括汽车排放污染物检测、车速表检测、车底外观检查、汽车底盘间隙检测等。配置的主要设备有:不分光红外线分析仪、不透光烟度计、车速表校验试验台、汽车底盘间隙检测台等。车底外观检查需要配有地沟。

三工位,即轴重制动检测工位。该工位进行汽车轴重和制动性能检测,其主要检测项目是汽车各轴的轴重、各轮制动力、同轴车轮制动力平衡、车轮阻滞力、驻车制动力和制动协调时间。工位配置的主要设备有:制动试验台、轴重仪或带有轴重检测功能的制动试验台。

四工位,即前照灯、噪声及侧滑量检测工位。本工位检测项目是前照灯发光强度、光束照射方向、喇叭声级、前轮侧滑量等。工位配置的主要设备有:汽车前照灯检测仪、声级计和双滑板式侧滑试验台。

2) 五工位全自动安全环保检测线的工位设置和检测内容

(1) 汽车资料输入及安全装置检查工位。

该工位主要录入被检车辆资料并发送至检测线主控微机、进行汽车上部的灯光和安全装置等外观检查,简称 L 工位。具体检查内容包括:汽车上部的灯光、安全装置、防护装置、操纵装置、工作仪表和车身等是否装备齐全、工作正常、连接可靠和符合规定,检查的重点是灯光和安全装置。

工位上的设备包括:进线指示灯、汽车资料录入计算机、工位测控计算机、检验程序指示器、轮胎自动充气机、轮胎花纹测量器、检测手锤、不合格项目输入键盘、电视摄像机、光电开关等。

(2) 侧滑、制动、车速表工位。

该工位主要进行侧滑量检测、轴重检测、制动检测和车速表检测,简称 ABS 工位。工位配置的主要设备包括:工位测控计算机、侧滑试验台、轴重计或轮重仪(与反力式滚筒制动试验台配套使用。若反力式滚筒制动试验台本身配备轴重测量装置或采用惯性式平板制动试验台,则不必再配备轴重计或轮重仪)、制动试验台、车速表试验台及车速检测申报开关(或遥控器)、检验程序指示器、光电开关、反光镜等。

(3) 灯光、排放工位。

该工位主要进行前照灯检测、排气检测、烟度检测和喇叭声检测,简称 HX 工位。检测项目包括前照灯发光强度和光轴偏斜量、汽油车怠速排放污染物或柴油车光吸收系数或烟度、喇叭声级。工位上配置的设备包括:工位测控计算机、前照灯检测仪、排气分析仪和烟度计、声级计、检验程序指示器、停车位置指示器、光电开关、反光镜等。

(4) 车底检查工位。

该工位是对车辆底部的外观检查,由检测人员在地沟内对车辆底盘各装置及发动机的连接是否牢固可靠、有无弯扭断裂、松旷、漏油、漏水、漏气、漏电等现象进行人工检查,见表1-6。工位配置的设备包括:工位测控计算机、检验程序指示器、地沟内举升平台、检测手锤、不合格项目输入键盘、对讲话筒及扬声器、光电开关、车辆到位报警灯或报警器、电视摄像机等。

(5) 综合判定及总控制室工位。

该工位是对检测完毕的车辆进行结果判定,由主控制计算机根据各工位检测结果进行综合判定,并可打印检测结果报告单。工位上配置的设备包括:主控制计算机、打印机、监视器(电视摄像机显示器)、控制台、稳压电源和不间断电源等。

汽车安全环保检测线检测内容　　　　　表1-6

检测部位	检测内容
上部	远光灯、近光灯、制动灯、倒车灯、牌照灯、示宽灯、辅助灯、标志灯、室内灯；车厢、座位、车门、车窗、车身、漆面、后视镜、下视镜、侧视镜、风窗玻璃、刮水器、喇叭、轮胎、轮胎螺栓、离合器、变速器、制动踏板自由行程、驻车制动操纵杆、转向器自由转动量、油箱、油箱盖、挡泥板、防护网及连接装置、电器导线、起动机、发电机、蓄电池、灭火器、仪表、仪表灯、机油低压报警器、半轴螺栓、座椅安全带等
底部	发动机及其连接、车架、前梁、转向器的转向轴及其万向节、转向器支架、转向垂臂、转向器、转向主销及其轴承、纵横拉杆、前悬架连接、前吊耳销子、后悬架连接、后吊耳销子、各部杆系、各种软管、油路、气路、电路、储气筒、传动轴、万向节、伸缩节、中间支承、离合器及操纵机构、变速器、主传动器、减振器、钢板弹簧夹及U形螺栓、排气管及消声器、制动系拉杆、驻车制动器、后桥壳、缓冲器、保险杠、牵引钩、漏油、漏水、漏气、漏电、油箱蓄电池固定等

第二章 汽车整车技术状况检测

整车性能参数检测的目的是确定汽车整车技术状况。当确定整车性能参数的变化情况后,再据此进行汽车各系统的深入检测和诊断。

根据 GB 7258—2012《机动车运行安全技术条件》和 GB 18565—2001《营运车辆综合性能要求和检验方法》,汽车整车性能检测的主要项目包括:底盘输出功率检测、燃油经济性检测、制动性能检测、转向操纵性能检测、照明和信号装置检测、排放和噪声检测、悬架性能检测、异响的检测与诊断等。

第一节 汽车外观和整车技术参数检测

外观和整车技术参数检测是汽车检测诊断的重要内容,包括汽车外观、结构、质量、通过性和稳定性等技术参数的检测。

一、汽车外观检测

1. 整车外观检测的项目

1)车辆标志

车辆标志包括车辆的商标、铭牌、发动机型号和出厂编号、底盘型号及出厂编号。

车辆铭牌应置于车辆前部易于观看之处。客车铭牌应置于车内前乘客门的上方。车辆铭牌应标明厂牌、型号、发动机功率、总质量、载质量或载客人数、出厂编号、出厂日期及厂名等。

发动机型号和出厂编号应刻印在发动机汽缸体侧平面上。

底盘型号和出厂编号应刻印在金属车架易见部位。

2)漏水检查

发动机运转及停车时,水箱、水泵、缸体、缸盖、暖风装置及所有连接部位均不得有明显渗漏水现象。

3)漏油检查

机动车连续行驶距离不小于10km,停车5min后观察,不得有明显渗漏油现象。

4)车体周正的检查

GB 7258—2012《机动车运行安全技术条件》规定:车体应周正,车体外缘左右对称部位高度差应小于等于40mm。

2. 整车外观检测的方法

将送检车辆停放在外观检视工位。首先目测检查,观察是否有严重的横向或纵向歪斜等现象,再用高度尺(或钢卷尺)、水平尺检测是否超过规定值。同时检查车架和车身是否变形,悬架是否断裂或刚度下降,轮胎装配及气压是否正常等。如果有异常,即使车体歪斜未超过规定值,亦应予以排除;否则,歪斜会越来越严重,可引起操纵不稳、行驶跑偏、中心转移、轮胎磨损加剧等。

二、汽车结构参数检测

1. 汽车的主要结构参数

1) 外廓尺寸

汽车外廓尺寸指车辆的长度、宽度及高度,见图2-1。

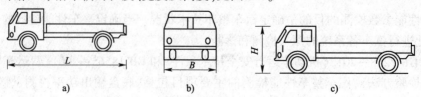

图2-1　车辆的外廓尺寸
a) 车辆长度; b) 车辆宽度; c) 车辆高度

车辆长度指垂直于车辆的纵向对称平面并分别抵靠在汽车前、后最外端突出部位的两垂直面之间的距离。

车辆宽度指平行于车辆纵向对称平面并分别抵靠车辆两侧固定突出部位(除去后视镜、侧面标志灯、示位灯、转向信号灯、挠性挡泥板、折叠式踏板、防滑链以及轮胎与地面接触部分的变形)的两平面之间的距离。

车辆高度指在车辆无装载质量时,车辆支承水平地面与车辆最高突出部位相抵靠的水平面之间的距离。

2) 轴距和轮距

汽车轴距指在直线行驶时,汽车同侧相邻两轴的车轮落地中心点到车辆纵向对称平面的两条垂线间的距离。

汽车轮距指在支承平面上,同轴左右车轮两轨迹中心间的距离(轴两端为双轮时,为左右两条双轨迹中线间的距离)。

3) 前悬和后悬

汽车前悬指通过两前轮中心的垂面与抵靠在车辆最前端(包括前拖钩、车牌及任何固定在车辆前部的刚性部件)并垂直于车辆纵向对称平面的垂面之间的距离。

汽车后悬指通过车辆最后端车轮的轴线的垂面与抵靠在车辆最后端(包括牵引装置、车牌及固定在车辆后部的任何刚性部件)并垂直于车辆纵向对称平面的垂面之间的距离。

2. 汽车结构参数检测方法

测量汽车的结构尺寸参数时,须将车摆正,放在水平干燥的柏油或水泥路面上,用简单量具测量或直接测量车的外廓尺寸、内部尺寸及人机工程参数。

3. 汽车外廓尺寸界限

① 车辆高≤4m。

② 车辆宽≤2.5m。

③ 车辆长:二轴货车≤9.0m,三轴货车≤12.0m;二轴客车≤12.0m,三轴客车≤13.7m

铰接式客车≤18m;半挂汽车列车≤16.5m;全挂汽车列车≤20m。

④GB 7258—2012《机动车运行安全技术条件》规定:客车及封闭式车厢的车辆,其后悬应小于等于轴距的65%,专项作业车和轮式专用机械车,在保证安全的情况下,后悬可按客车后悬核算,其他车辆的后悬应小于等于轴距的55%。车长小于16m的发动机后置的铰接客车,在保证安全的情况下,后悬可不超过轴距的70%。机动车的后悬均应小于等于3.5m。后悬从最后一轴的中心线往后计算,客车的后悬以车身外蒙皮尺寸计算,如后保险杠突出于后背外蒙皮,则以保险杠尺寸计算。

三、汽车质量参数检测

1. 汽车质量的测定

车辆先从一个方向驶上秤台,依次测量前轴、后轴质量。当台面较大时,可依次测量前轴、整车和后轴质量。然后,车辆再从反方向驶上秤台,按上述程序重复测试前述几个参数。以两次平均值作为测量结果。为保证测量精度,秤台入口地面应与台面保持在同一水平面。

测量时,车辆要停稳,发动机熄火,变速器置于空挡,制动器放松。货厢内的载荷物装载应均匀,驾驶员和乘客座椅上放置65kg的沙袋代替乘员质量。

2. 质心位置参数测试

1)质心纵向水平位置检测方法

质心纵向水平位置参数(图2-2)指质心距前轴中心线的水平距离L_1(m)和质心距后轴中心线的水平距离L_2(m)。根据前后轴的轴载质量m_1、m_2和轴距L,可计算出L_1和L_2。

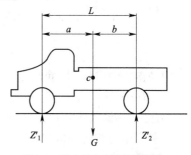

$$L_1 = \frac{m_2 \cdot L}{m_1 + m_2}$$

图2-2 质心纵向水平位置测定

$$L_2 = \frac{m_1 \cdot L}{m_1 + m_2}$$

2)质心横向水平位置测定方法

对于前、后轴轮距相等的汽车,在地中衡上分别测量出左、右侧车轮负荷,据此可计算出质心的横向位置(图2-3)。

$$B_1 = \frac{B \cdot F_{Zr}}{G}$$

$$B_2 = \frac{B \cdot F_{Zl}}{G}$$

式中:B_1——质心至左侧车轮距离,m;
B_2——质心至右侧车轮连线距离,m;
G——汽车重量,N;
F_{Zl}——左侧车轮负荷总和,N;
F_{Zr}——右侧车轮负荷总和,N。

3)质心高度的测定方法

质心高度指质心距车辆支承平面的垂直距离h_g(m)。用侧倾试验台测定质心高度的方法如下。

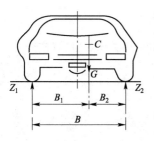

图2-3 质心横向水平位置测定

（1）试验准备。

试验设备：侧倾试验台、车轮负荷计等。试验前应将侧倾试验台的台面调整到水平状态。车辆处于整备质量状态；车门、窗应完全关闭，座椅调整到标准位置上；轮胎气压充至技术条件中的规定值；试验中应采取措施防止汽车侧倾时燃料、润滑油及冷却液等泄漏；如果试验车辆装用空气弹簧悬架，应将悬架调整到标准技术状态后锁死。

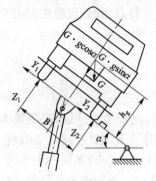

将汽车驶上侧倾试验台，用台面侧下部的车轮抵挡装置（防侧滑挡块）挡住车轮（图2-4），防止汽车在台面上侧向滑动。另外，还要使用钢丝绳对汽车进行保护性约束，以防止汽车翻出试验台面。但正常实验时，钢丝绳应处于自由状态。

（2）侧倾试验。

用液压举升机构举起试验台面及被试汽车，使其向右倾斜。侧倾角每增大5°时，用车轮负荷计测量一次车轮负荷。缓慢举升试验台，直到汽车左侧车轮负荷为零或左侧车轮脱离试验台面时为止。向右侧的倾斜试验共进行三次，且要求每次测量结果的相对误差不大于1%。

图2-4 侧倾法测汽车质心高度

如果汽车质心位于汽车纵向对称平面内，则可根据举升角度直接计算出质心高度，即：

$$h_g = \frac{B}{2} \cdot \cot\alpha_{max}$$

式中：h_g——质心高度，m；

B——轮距，m；

α_{max}——最大侧倾角，°。

若汽车质心的横向位置不处于车辆纵向对称平面内，则应使汽车再向左倾斜，重复上述试验步骤。

分别取向左、向右侧倾三次所测最大倾角的算术平均值作为汽车侧倾角的测量结果，而后据此计算质心高度，计算式为：

$$h_g = \frac{B_l}{\tan\alpha_l} \quad \text{或} \quad h_g = \frac{B_r}{\tan\alpha_r}$$

式中：B_l、B_r——分别为质心距左、右轮的距离，m；

α_l、α_r——分别为向左、右倾斜时，所测最大倾角的算术平均值，°。

根据向左、向右侧倾角计算出的质心高度应相等。若不相等则取其均值作为质心高度的测定结果。

四、通过性参数检测

1. 测量条件

①测量场地应具有水平坚硬覆盖层的支承表面，其大小应适合汽车做全圆周行驶。

②汽车转向轮应以直线前进状态置于测量场地上。

③汽车轮胎气压应符合设计要求。

④汽车前轮最大转角应符合该车的技术条件规定。

2. 测量仪器、设备

①高度尺：量程0~1000mm，最小刻度0.5mm。

②离地间隙仪:量程0~500mm,最小刻度0.5mm。
③角度尺:量程0°~18°,最小刻度1°。
④钢卷尺:量程0~20m,最小刻度1mm。
⑤行驶轨迹显示装置。
⑥水平仪。

3. 测量部位及荷载状况

1) 接近角、离去角、纵向通过角的测量

测量部位如图2-5,测量的荷载状况分别为空车和满载两种状况。

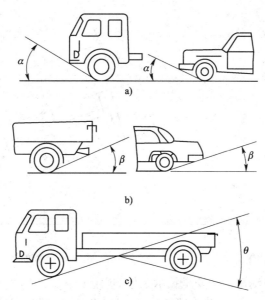

图2-5 接近角、离去角、纵向通过角的测量

2) 最小离地间隙测量

测量支承平面与车辆中间部分最低点的距离且指明最低点部件,测量的荷载状况为满载,见图2-6。

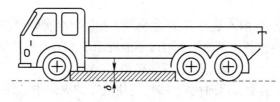

图2-6 最小离地间隙测量

3) 汽车转弯直径的测定

汽车转弯直径(图2-7)的测定步骤如下:

在前外轮和后内轮胎面中心的上方,在车体离转向中心最远点和最近点垂直地面方向,分别装置行驶轨迹显示装置。

汽车以低速行速,转向盘转到极限位置,保持不动,待车速稳定后启动显示装置,使各测点分别在地面上显示出封闭的运动轨迹之后,将车开出轨迹外。

用钢卷尺测量各测点在地面上形成的轨迹圆直径,应在互相垂直的两个方向测量,取算术平均值作为测试结果。

汽车向左转和向右转各测定一次。

五、汽车稳定性参数的测试

汽车停放在坡度角为α的侧向坡道上时,其受力情况如图2-8所示。随着α增大,左侧车轮的荷载 Z_1 增大;右侧车轮的荷载 Z_2 减小。侧翻临界角 $α_f$ 为:

$$\tan α_f = \frac{B}{2 \cdot h_g}$$

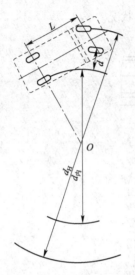

图2-7 最小转弯直径和内轮差　　　　图2-8 汽车的侧翻

GB 7258—2012《机动车运行安全技术条件》规定如下。

①客车在乘客区满载、行李舱空载的情况下测试时,向左侧和右侧倾斜最大侧倾稳定角均应大于等于28°(对专用校车均应大于等于32°);且除定线行驶的双层(公共)汽车外,在空载、静态条件下,向左侧和右侧倾斜最大侧倾稳定角均应大于等于35°。

②罐式汽车和罐式挂车在满载、静态状态下,向左侧和右侧倾斜最大侧倾稳定角应大于等于23°。

③其他机动车在空载、静态状态下,向左侧和右侧倾斜最大侧倾稳定角应大于等于:三轮机动车25°;总质量为整备质量的1.2倍以下的机动车30°;总质量不小于整备质量的1.2倍的专项作业车和轮式专用机械车32°;其他机动车35°。

在倾斜试验台上检验静态横向稳定性时,应使汽车的纵向中心线平行于倾斜试验台转轴的中心线,将汽车制动后,用绳索在汽车将出现滑移或翻倒的反方向上拴住,但绳索上不应预先施加拉力。然后,将试验台缓慢而稳定地倾斜,当倾斜角达到规定的值时,车辆不翻倒为合格。如若测取某车辆的最大横向稳定角,则将倾斜试验台继续缓慢而稳定地倾斜,当汽车出现侧滑或翻转时,即刻从试验台倾斜角度指示盘上记下读数值。以同样的方法,左右倾斜各2~3次,然后取其平均值作为车辆的最大横向稳定角。

第二节　汽车底盘输出功率检测

汽车的动力性既可以通过整车道路试验测定,也可以用驱动车轮输出功率或驱动力作为参数,在检测站室内条件下用底盘测功试验台检测。

底盘输出功率检测又称底盘测功,其主要目的是评价汽车动力性;同时,通过对比驱动轮输出功率和发动机输出功率,可估计传动效率以评价汽车传动系统的技术状况。

一、汽车底盘测功机的功能

①测试汽车驱动轮的输出功率。
②测试汽车的加速能力。
③测试汽车的滑行能力。
④测试汽车传动系的传动效率。
⑤检测及校正车速——里程表。
⑥间接测试汽车发动机的功率。

另外,辅以油耗计、废气分析仪、异响检测仪等设备,还可以对汽车的燃油经济性、废气排放性能和汽车发动机及底盘运转过程中的异响进行检测。

由此可见,底盘测功机是汽车底盘综合性能检测设备。

二、汽车底盘测功机的构造

底盘测功机由滚筒装置、测功装置、飞轮机构、测速装置、控制与指示装置等构成。其机械部分的结构见图2-9。

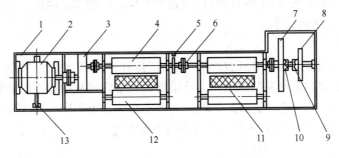

图2-9 底盘测功机机械部分结构示意图
1-框架;2-电涡流测功机;3-变速器;4-主动滚筒;5-速度传感器;6-万向节;7、8-飞轮;9、10-电磁离合器;11-举升器;12-从动滚筒;13-压力传感器

1. 滚筒装置

测功试验时,驱动轮置于滚筒装置上滚动,驱动滚筒旋转。滚筒装置的作用相当于能够连续移动的路面,用于支撑车轮并传递功率、转矩、速度。滚筒装置有单滚筒和双滚筒两种类型,见图2-10。滚筒直径、表面状况和两滚筒(双滚筒)的中心距是影响底盘测功机性能的重要参数。

驱动轮由一个滚筒支撑的底盘测功机称为单滚筒底盘测功机,其滚筒直径较大,多在1500~2500mm,有的可达4000mm。滚筒直径越大,滚筒表面曲率越小。车轮在滚筒上滚动与在平路上行驶类似,轮胎与滚筒表面的接触面积大,滑转率小,行驶阻力小,因而测试精度高。但大滚筒试验台制造成本大,占地面积大,车轮在滚筒上的安放定位比较困难,使用不太方便。因此,单滚筒底盘测功机一般用于科研单位、大专院校和汽车制造部门。

驱动轮由两个滚筒支撑的底盘测功机称为双滚筒底盘测功机,其滚筒直径一般在185~400mm。由于滚筒半径小,表面曲率大,因而轮胎与滚筒表面的接触面积与在平路上行驶时相比小得多。接触面间比压和变形较大,滑转率大,从而使滚动阻力增大,测试精度降低。但双滚筒底盘测功机具有车轮在滚筒上安放定位方便和制造成本低等优点,因而适用于汽车维修、检测等生产企业,其中单轴双滚筒式汽车底盘测功机应用较为广泛。

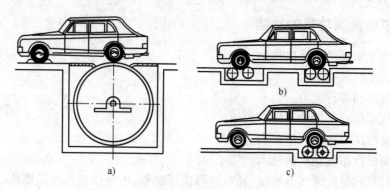

图 2-10 滚筒装置的结构简图
a) 单轴单滚筒式;b) 双轴双滚筒式;c) 单轴双滚筒式

滚筒表面的状况越接近路面状况越好。在汽车底盘测功机上,目前应用最多的滚筒类型是光滚筒,但光滚筒附着系数较低。

双滚筒底盘测功机的滚筒中心距应依据滚筒直径合理选取,应保证汽车试验时不会发生向前(或向后)越出滚筒的现象。当滚筒中心距一定时,若汽车车轮直径过大,则相应安置角过小,试验时很不安全;车轮直径过小时,则无法进行测试。因此,一定规格的底盘测功机只适用于某一范围内的车型。

2. 测功装置

测功装置用于测量驱动轮输出功率。测功试验时,汽车驱动轮运转驱动滚筒,其车身静止不动,其外部阻力为驱动轮的滚动阻力及滚筒机构旋转过程中产生的摩擦力等,这些阻力之和比汽车在道路上行驶时受到的车轮阻力要小得多,同时不产生空气阻力和坡度阻力。因此,用底盘测功机检测汽车的动力性,必须用加载装置模拟汽车在道路上行驶时受到的各种阻力,测功装置也是一个加载装置。

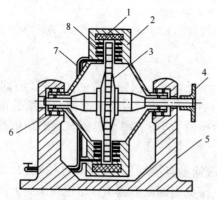

图 2-11 水冷电涡流测功器结构示意图
1-励磁线圈;2-定子;3-转子;4-联轴器;5-底座;6-轴承;
7-冷却水管;8-冷却室水沟

根据动力传递介质的不同,常用测功装置有水力测功器、电力测功器和电涡流测功器三类。测功器主要由定子和转子构成。其中:测功器转子与底盘测功机滚筒相连,而测功器定子可绕其主轴线摆动。图 2-11 为常用水冷电涡流测功器的结构示意图。

水力测功器用水作为加载制动介质。水填充在测功器定子和转子之间,转子转动时对其起阻碍作用,形成制动力矩,并把该力矩传递给定子。通过调节进出水量控制水面高度,改变转子转动阻力矩的大小,可获得不同大小的制动力矩。

电力测功器作为负载使用时,其作用相当于直流发电机;而作为驱动机械使用时,其作用相当于直流电动机。利用电子控制的电力测功器可以模拟汽车行驶阻力和加速惯性力。

检测站使用的底盘测功机多采用电涡流测功器。电涡流测功器定子内部沿圆周布置有励磁线圈和涡流环,转子外圆上有均匀分布的齿槽,齿顶与涡流环间留有空气隙。当励磁线圈接通直流电时,在其周围形成磁场,因而磁力线通过定子、气隙、涡流环和转子形成闭合磁路。由于通过转子齿顶的磁通量比通过齿槽的磁通量大,因此,转子旋转时,通过定子内圈涡流环上某点的磁通呈周期性变化,而磁通的变化可以在定子涡流环内产生感应电流(涡电流)以阻止磁通的变化。涡电流和励磁线圈形成的磁场相互作用,使转子受到一个制动力矩(与滚筒旋转方向相反),起到加载作用。图2-12为电涡流测功器的外特性曲线图。

3. 飞轮机构

测功试验时,仅发动机、传动系和驱动轮旋转,并不产生平移动能。飞轮系统用于该平移动能。通过模拟在运行速度变化时汽车平移动能的变化,反映汽车在非稳定工况下的运行阻力,进行非稳定工况的性能试验(如加速性能、滑行性能等)。通常,飞轮机构采用离合器以实现与底盘测功机滚筒的自由结合。而没有配置飞轮机构的底盘测功机,则只能测定稳定工况下汽车驱动轮的输出功率。

飞轮转动惯量大小应按照使底盘测功机滚筒和飞轮机构在测试时的动能与汽车在道路上以相同车速行驶的动能等效的原则确定。由于车型不同,汽车质量和车轮规格也不同。若要检测不同类型的汽车,就必须按车型配备具有不同转动惯量的飞轮,并通过飞轮的组合形成若干个转动惯量级的飞轮组,飞轮的个数可根据底盘测功机需要检测的汽车质量范围及检测精度确定。

4. 测量装置

1) 测力装置

测力装置用于测量驱动轮作用在测功机滚筒上的转矩和驱动轮的驱动力,主要由测功器外壳、测力臂、测力传感器及信号处理电路等组成,如图2-13所示。测功器外壳(定子)用轴承安装在轴承座上,外壳可在轴承座上绕转子轴转动。测力臂的一端装在外壳上,另一端作用于测力传感器。

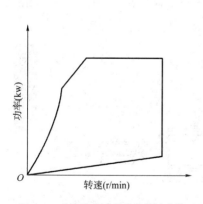

图2-12 电涡流测功机的外特性曲线

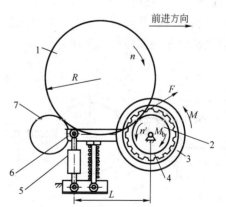

图2-13 测力传感器工作原理
1-车轮;2-前滚筒;3-涡流机定子(外壳);4-涡流机转子;
5-测力传感器;6-力臂;7-后滚筒

电涡流测功器工作时,电涡流与其磁场的相互作用对转子形成制动力矩 M_b,作用方向与转子旋转方向相反。同时,外壳(定子)也受到一个与 M_b 大小相等、方向相反的力矩 M,

迫使外壳连同固定在其上的测力臂转动,使之对测力传感器产生压力或拉力。测力传感器在拉力或压力作用下产生应变,通过应变放大器,产生一定的输出电压,从而将压(拉)力信号转变成电信号。该电信号由显示装置显示出来,经过标定即可表示作用于滚筒上的驱动力矩或驱动力的大小。

2) 测速、测距装置

在测功机上进行底盘输出功率试验、加速试验、等速试验、滑行试验和燃油经济性试验时,都必须测得试验车速和行驶距离。测速装置由测速传感器、中间处理装置和指示装置构成。常用测速传感器有光电式、磁电式、霍尔传感器和测速发电机等类型。

光电式测速装置由光电传感器、计数器和控制电路构成。光电传感器包括光源、光电盘、光电池。光电盘安装在从动滚筒一端,由滚筒带动旋转,光源和光电池固定在光电盘两侧,光源发出的光线,可通过光电盘上的孔照在光电池上转化为电能。试验时,滚筒带动光电盘旋转,把持续发出的光线切割成光脉冲,从而在光电池的两极间产生电脉冲,如图2-14a)所示。在控制电路的控制下,计数器记录试验过程中产生的电脉冲数。光电盘的孔数是定值,所以每接收孔数相等的电脉冲数时,表明滚筒旋转一圈,因此根据电脉冲数和滚筒圆周长,可折算得到汽车驶过的距离。显然,根据单位时间产生的电脉冲数,可折算得到试验车速。

磁电式测速传感器由信号盘齿轮和磁头(感应线圈及永久磁铁)等组成,如图2-14b)所示。信号盘齿轮是带齿的薄圆盘,固装在滚筒轴上;磁头由感应线圈及永久磁铁组成,固定在机架上。当信号盘齿轮随滚筒旋转时,其上的齿依次越过固定磁头,引起磁阻的变化,感应线圈中的磁通量随之变化,使磁电传感器输出交变的感应电动势,即信号电压。将信号电压放大及整形后,转化为脉冲信号输入处理装置,通过测量脉冲频率或周期即可得到车速的测量值。

5. 反拖装置

反拖装置提供原动力,驱动汽车驱动轮和传动系运转,以检测测功机滚筒系统机械损失、汽车传动系机械损失及车轮在滚筒上的滚动阻力。

反拖装置由反拖电动机、离合器及测力装置组成,如图2-15所示。反拖电动机通过离合器与滚筒轴连接,其转速可通过变频调速装置调节,使反拖速度在0~100 km/h的范围内变化,以模拟汽车的实际运行车速。

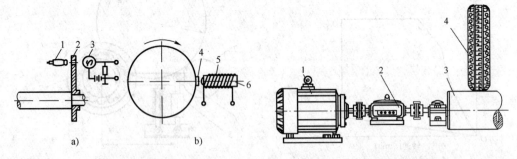

图2-14 测速装置
1-光源;2-圆盘;3-光电池;4-齿轮;5-感应线圈;6-永久磁铁

图2-15 反拖装置
1-反拖电动机;2-转矩计;3-滚筒;4-轮胎

测力装置有电功率表和测力传感器两种形式,用于测定被检汽车和底盘测功机传动系的阻力。电功率表测定反拖电机消耗的电功率,再测定反拖车速,经过换算求出反拖阻力。测力传感器可直接测定反拖阻力,其原理与电涡流测功机的测力装置的原理相同。反拖电动机外壳浮动支承在轴承座上,外壳(定子)受反力矩作用便可转动,从而对固装定位的测力传感器施加压力或拉力。

6. 控制系统

大多数底盘测功机采用全自动控制方式,能够自动测试在任一车速下汽车底盘输出功率,整个测试过程由计算机控制。

控制系统一般由控制柜、计算机及控制软件等组成,其原理如图2-16所示。通过控制软件可实现数据采集与处理、结果输出、测功器的载荷控制和其他附件的控制等。

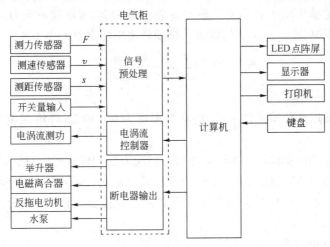

图2-16 控制系统结构图

7. 其他附属装置

此外,底盘测功机还配置有举升、锁定、引导、安全、冷却风机等附属装置。举升和滚筒锁定装置的功能是便于被测汽车驶入和驶出滚筒;引导装置用于引导驾驶员按提示进行操作;安全装置包括左右挡轮、纵向约束装置等,用于保障检测作业安全;冷却风机用于防止试验过程中发动机和车轮过热。

三、底盘测功机的工作原理

1. 驱动轮输出功率检测

1) 检测原理

测功试验时,驱动轮驱动滚筒旋转,并经滚筒带动测功器的转子旋转。当定子上的励磁线圈通以直流电时(以电涡流测功器为例),所产生磁场的磁力线通过转子、空气隙、涡流环和定子构成闭合磁路。磁通的强弱与激磁线圈匝数和所通过的电流强弱有关。由于通过转子齿顶的磁通量比通过齿槽的磁通量大,因此转子旋转时,通过定子内圈涡流环上某点的磁通呈周期性变化。通过涡流环的磁通量的周期性变化将在定子涡流环内产生周期性感应电流,以阻止磁通的变化。由于定子涡流环是整体式的,因此产生的感应电流是封闭的,称为涡电流。涡电流产生的磁场与励磁磁场相互作用,产生了与转子旋转方向相反的转矩,从而对滚筒起到了加载作用。测出该转矩和转子转速,便可据此换算得到由驱动轮通过滚筒传递给测功器转子的驱动功率。

对转子施加制动力矩的同时,定子受到与制动力矩大小相同但方向相反的力矩作用,力图使可绕主轴摆动的定子顺着转子旋转方向摆动。在测功机定子上安装一定长度的测力杠杆,并在其端部下方安装压力传感器,压力传感器便会受压力作用而产生与其成正比的电信号。显然,该压力与杠杆长度(压力传感器至测功器主轴的距离)之积便是定子(或转子)所受力矩的数值。在滚筒稳定旋转时,该力矩与驱动轮驱动力对滚筒的驱动力矩相等。据此,可求出车轮作用在滚筒(其半径为已知常数)上的驱动力的大小。

底盘测功机的测速装置和测距装置可以测出滚筒的旋转速度或车速以及驱动轮在滚筒上驶过的距离。

由压力传感器和测速传感器传来的电信号输入到控制装置,经计算机处理后,在指示装置上显示出驱动轮输出功率 P_k(kW)、驱动轮驱动力 F(N)或滚筒驱动力矩 M_b(N·m)和车速 v(km/h)或滚筒转速 n(r/min)的数值。驱动轮输出功率 P_k(kW)等于:

$$P_k = \frac{F \cdot v}{3600} = \frac{M_b \cdot n}{9545}$$

2)环境条件和检测工况

底盘测功应在以下环境条件下进行:环境温度为 0~40℃;环境湿度为 <85%;大气压力为 80~100kPa。

根据 GB/T 18276—2000《汽车动力性台架试验方法和评价指标》的规定,在底盘测功机上检测驱动轮输出功率时,检测工况采用汽车发动机额定转矩和额定功率时的工况,即发动机全负荷与额定扭矩转速和额定功率转速所对应的直接挡(无直接挡时,指传动比最接近于1的挡)车速构成的工况。

3)检测结果分析

驱动轮输出功率的检测值取决于发动机输出功率、传动系传动效率、滚动阻力损失功率和底盘测功机传动效率等因素。由于受滚筒表面曲率的影响,驱动轮在测功机滚筒上滚动时的滚动阻力比在良好路面上行驶时的滚动阻力大,所消耗的功率可达所传递功率的15%~20%。在传动系技术状况良好的情况下,汽车传动系的功率损失约占发动机输出功率的10%~20%。

把汽车在规定检测工况下的校正驱动轮输出功率与相应发动机输出总功率的百分比与标准值进行比较可以评价在用汽车的动力性。

(1)实测驱动轮输出功率。

实测驱动轮输出功率指在实际环境状态下,利用底盘测功机测得的汽车驱动轮的输出功率。

(2)驱动轮输出功率的校正。

发动机额定功率为在标准环境状态和额定转速下输出的功率。标准环境状态定义为:大气压 P_0 = 100kPa;相对湿度 ϕ_0 = 30%;环境温度 T_0 = 298K(25℃);干空气压 P_{s0} = 99kPa。其中:干空气压是基于总气压 100kPa,水蒸气分压 1kPa 经计算而得到的。

因实际测试环境与标准环境差别较大,在不同测试环境下测得的驱动轮输出功率将明显不同。因此,须将驱动轮输出功率实测值校正为标准环境状态下的功率,以保证汽车驱动轮功率检测结果的可靠性。其校正公式为:

$$P_0 = \alpha \cdot P$$

式中:P_0——校正功率,即标准环境状态下的功率,kW;

α——校正系数,汽油机 α_a、柴油机 α_d,可用计算法或图表法求得;

P——实测功率,kW。

①汽油车驱动轮输出功率校正系数 α_a。

计算公式为:
$$\alpha_a = (99/p_s)^{1.2} \cdot (T/298)^{0.6}$$
$$p_s = p - \phi \cdot p_{sw}$$

式中：p_s——试验时的干空气压,kPa;

　　　T——试验时的环境温度,K;

　　　p——测试环境下的大气压,kPa;

　　　ϕ——测试环境下的大气湿度,%;

　　　p_{sw}——测试环境下的饱和蒸气压,kPa。

②柴油车驱动轮输出功率校正系数 α_d。

计算公式为:
$$\alpha_d = (f_a)^{f_m}$$
$$f_a = (99/p_s)^{1.2} \cdot (T/298)^{0.7}$$
$$f_m = 0.036 \cdot g_c/(r - 0.04)$$

式中：f_a——大气因子;

　　　f_m——发动机因子;

　　　g_c——校正的比排量循环供油量,mg/(L·循环);

　　　r——增压比,压缩机出口压力与进口压力之比(自然吸气发动机 $r=1$)。

(3)计算校正驱动轮输出功率与相应发动机输出总功率的百分比。

采用规定工况下校正驱动轮输出功率与相应的发动机输出总功率的百分比为指标可以评价在用汽车动力性。即：

$$\eta_{VM} = P_{VMO}/P_M$$
$$\eta_{VP} = P_{VPO}/P_e$$

式中：η_{VM}——汽车在额定转矩工况下的校正驱动轮输出功率与额定转矩时发动机功率的百分比,%;

　　　η_{VP}——汽车在发动机额定功率工况下的校正驱动轮输出功率与额定功率的百分比,%;

　　　P_{VMO}——汽车在发动机额定转矩工况下的校正驱动轮输出功率,kW;

　　　P_{VPO}——汽车在发动机额定功率工况下的校正驱动轮输出功率,kW;

　　　P_M——发动机在额定转矩工况下的输出功率,kW;

　　　P_e——发动机的额定输出功率,kW。

(4)在用汽车动力性的评价

根据 GB/T 18276—2000《汽车动力性台架试验方法和评价指标》,驱动轮输出功率限值见表2-1。在用汽车动力性应满足的条件为：

$$\eta_{VM} \geq \eta_{Ma} \quad \text{或} \quad \eta_{VP} \geq \eta_{Pa}$$

式中：η_{Ma}——汽车在发动机额定转矩工况下的校正驱动轮输出功率与额定转矩时发动机功率的百分比的允许值,%;

　　　η_{Pa}——汽车在发动机额定功率工况下的校正驱动轮输出功率与发动机额定功率的百分比的允许值,%。

根据 GB 18565—2001《营运车辆综合性能要求和检验方法》,轿车动力性按额定转矩工况进行检测和评价,其他车辆应在两种合格条件中任选一种工况进行检测和评价。

汽车驱动轮输出功率限值　　　　　　　　　　　　　表 2-1

汽车类型	汽车型号		额定转矩工况		额定功率工况	
			直接挡检测车速 V_m(km/h)	校正驱动轮输出功率/额定转矩功率的限值 η_{Ma}(%)	直接挡检测速度 V_p(km/h)	校正驱动轮输出功率/额定转矩功率的限值 η_{Pa}(%)
载货汽车	1010、1020 系列	汽油车	60	50	90	40
	1030、1040 系列	汽油车	60	50	90	40
		柴油车	55	50	90	45
	1050、1060 系列	汽油车	60	50	90	40
		柴油车	50	50	80	45
	1070、1080 系列	柴油车	50	50	80	45
	1090 系列	汽油车	40	50	80	45
		柴油车	55	50	80	45
	1100、1110 系列 1120、1130 系列	柴油车	50	45	80	40
	1140、1150、1160 系列	柴油车	50	50	80	40
	1170、1190 系列	柴油车	55	50	80	40
半挂列车[①]	10t 半挂列车系列	汽油车	40	50	80	45
		柴油车	50	50	80	45
	15t、20t 半挂列车系列	柴油车	45	45	70	40
	25t 半挂列车系列	柴油车	45	50	75	40
客车	6600 系列	汽油车	60	45	85	35
		柴油车	45	45	75	40
	6700 系列	汽油车	50	40	80	35
		柴油车	55	45	75	35
	6800 系列	汽油车	40	40	85	35
		柴油车	45	45	75	35
	6900 系列	汽油车	40	40	80	40
		柴油车	60	45	85	45
客车	6100 系列	汽油车	40	50	85	35
		柴油车	40	45	85	35
	6110 系列	汽油车	60	45	85	35
		柴油车	55	45	80	35
	6120 系列	柴油车	60	40	90	35
轿车	夏利、富康		95/65[②]	40/35[②]	-	
	桑塔纳		95/65[②]	45/40[②]	-	

注：5010—5040 系列厢式货车和罐式货车驱动轮输出功率的允许值按同系列普通货车的允许值下调 2%；其他系列厢式货车和罐式货车驱动轮输出功率的允许值按同系列普通货车的允许值下调 4%。
① 半挂列车是载载质量分类。
② 为汽车变速挡使用三挡时的参数值。

2. 汽车加速能力和滑行能力检测

用台架试验检测汽车加速能力和滑行距离时,其测试精度首先取决于飞轮机构、滚筒装置及其他旋转部件的旋转动能与汽车行驶动能的接近程度。

道路试验时,车速 v(m/s)与汽车动能 A(J)的关系为:

$$A = \frac{1}{2}mv^2 + \frac{1}{2}(J_k + J_r)\omega^2 + A_0$$

式中:m——汽车质量,kg;

$\quad\omega$——车轮角速度,rad/s;

$\quad J_k$——前车轮转动惯量,kg·m²;

$\quad J_r$——后车轮转动惯量,kg·m²;

$\quad A_0$——汽车传动系统旋转动能,J。

台架试验时,汽车及滚筒、飞轮机构和其他主要旋转零件具有的动能 A' 为:

$$A' = \frac{1}{2}J\omega_f^2 + \frac{1}{2}J_0\omega_0^2 + \frac{1}{2}J_h\omega_h^2 + \frac{1}{2}J_r\omega^2 + A_0$$

式中:J——飞轮转动惯量,kg·m²;

$\quad\omega_f$——飞轮角速度,rad/s;

$\quad J_0$——滚筒转动惯量,kg·m²;

$\quad\omega_0$——滚筒角速度,rad/s;

$\quad J_h$——测功器转子转动惯量,kg·m²;

$\quad\omega_h$——转子角速度,rad/s。

令:$A = A'$,$\dfrac{\omega_0}{\omega} = \dfrac{r}{r_0} = K_0$,$\dfrac{\omega_f}{\omega_0} = K_f$,$\dfrac{\omega_h}{\omega_0} = K_h$。注意到:$v = r\cdot\omega$,则飞轮机构的转动惯量应满足:

$$J = \frac{mr^2 + J_k - J_0 K_0^2 - J_h K_h^2 K_0^2}{K_f^2 K_0^2}$$

式中:r、r_0——车轮滚动半径、滚筒半径,m;

$\quad K_0$——滚筒与车轮间速比;

$\quad K_f$——飞轮与滚筒间速比;

$\quad K_h$——测功机转子与滚筒间速比。

汽车在底盘测功机上试验时,驱动轮驱动滚筒旋转,但整车处于静止状况。要测试汽车在一定速度区间内的加速时间,必须以具有相应转动惯量的飞轮机构模拟汽车行驶时的动能。汽车在滚筒上加速时,滚筒及飞轮机构转速的提高使滚筒及飞轮机构的旋转动能相应增加,从而消耗驱动轮输出功率,表现为汽车的加速阻力。滚筒圆周速度从某一值上升到另一值的时间与汽车路试时在相应速度区间的加速时间相对应。加速时间的长短则反映其加速能力的大小。

滑行距离指汽车加速至某一预定车速后挂空挡,利用汽车具有的动能来行驶的距离。同理,以汽车底盘测功机滚筒机构作为活动路面,由于滚筒装置和飞轮机构具有的动能与汽车道路试验时具有的动能相等,因此摘挡滑行后,储存在滚筒装置、飞轮机构中的动能释放出来驱动汽车驱动轮和传动系统旋转,滚筒继续转过的圆周长与汽车路试时的滑行距离相对应。

汽车在底盘测功机滚筒上做滑行试验时,滚动阻力与道路试验时的滚动阻力有一定差别。根据 GB 18565—2001《营运车辆综合性能要求和检验方法》,用底盘测功机检测滑行距离时应遵循的要求为:汽车轮胎气压应符合规定值,传动系润滑油油温不低于50℃;同时,应根据测试汽车的基准质量选定底盘测功机飞轮的相应当量惯量,当底盘测功机所配备的飞轮系统的惯量级数不能准确满足测试汽车的当量惯量需要时,可选配与测试汽车整备质量最接近的转动惯量级,但应对检测结果作必要的修正;将试验车辆驱动轮置于底盘测功机的滚筒上,起动汽车,按引导系统提示加速至高于规定车速(30km/h)后,置变速器于空挡,利用汽车试验台系统存储的功能,使其运转直至车轮停止转动;记录汽车从30km/h开始的滑行距离。测得的滑行距离应满足的规定值见表2-2。

车辆滑行距离要求　　　　　　　　　　　表2-2

汽车整备质量 M (kg)	双轴驱动车辆的滑行距离(m)	单轴驱动车辆的滑行距离(m)
$M < 1000$	≥104	≥130
$1000 \leq M \leq 4000$	≥120	≥160
$4000 < M \leq 5000$	≥144	≥180
$5000 < M \leq 8000$	≥184	≥230
$8000 < M \leq 11000$	≥200	≥250
$M > 11000$	≥214	≥270

3. 传动系传动效率检测

把汽车驱动轮输出功率与发动机输出的有效功率进行比较,可按下式求出传动系的传动效率。

$$\eta = \frac{P_K}{P_e} = \frac{P_K}{P_K + P_c}$$

式中:P_K——驱动轮输出功率;

　　　P_e——发动机有效功率;

　　　P_c——传动系损失功率。

利用测功机反拖可测得传动系损失功率,其测试方法详见本书第四章第二节。然后以反拖装置或电力测功器作为动力,反拖底盘测功机滚筒、汽车驱动轮和传动系,测出传动系所消耗的功率后,可根据在相同转速下测得的汽车驱动轮输出功率,求出发动机输出功率和汽车传动系的机械效率。

4. 车速表检测

用底盘测功机进行车速表检测时,将汽车驱动轮置于滚筒上,并以某一预定车速行驶,当测功机测速装置所显示的车速达到该车速时,检查车速表指示值,二者比较便可检测出车速表误差。根据 GB 7258—2012《机动车运行安全技术条件》的规定:车速表指示车速 v_1(km/h)与实际车速 v_2(km/h)间应满足如下关系:

$$0 \leq v_1 - v_2 \leq (v_2/10) + 4$$

由于汽车底盘测功机具有车速检测功能,所以在装备有底盘测功机的汽车检测站,可以不再配备车速表试验台。

5. 其他项目的检测

利用底盘测功机滚筒装置作为活动路面,以测功器的制动力矩模拟汽车的行驶阻力,以飞轮系统模拟汽车的平动动能,则凡是汽车在运行中进行的检测和诊断项目,在配备所需仪器设备后均可在底盘测功机上进行。如:采用油耗计测试汽车在各种工况下的油耗;采用废气分析仪测试汽车在各种工况下的废气成分和烟度;采用发动机综合测试仪测试发动机点火提前角或供油提前角,观测发动机点火波形或柴油机供油波形;利用异响诊断分析仪诊断各总成或系统的异响;以及检测各总成工作温度和电气设备工作情况等。

四、底盘测功机的使用方法

1. 准备工作

1)被测车辆的准备

①调整发动机供油系和点火系至最佳工作状态。

②检查发动机的机油压力。

③检查传动系、车轮的连接情况并紧固。

④清洁轮胎、检查轮胎气压是否符合规定。

⑤运行走热全车,使之达到正常热状态。

2)汽车底盘测功机的准备

①对于水冷测功机,将冷却水阀打开。

②接通电源,根据被测车型选择测试功率的挡位。

③用三角铁抵住停在地面上的车轮前方,进行必要的纵向约束。

④将冷却风扇置于被测汽车前方 0.5m 处,对发动机吹风,防止发动机过热。

2. 测试方法

1)测试工况的选择

首先根据所测车型按要求设定检测车速(表 2-1)。必要时还可以选择汽车常用车速(如经济车速)进行试验。车速 v 和发动机转速 n 之间的关系为:

$$v = 12 \times 10^{-5} n \cdot \pi \cdot r / i$$

式中:v——试验车速,km/h;

n——选定试验工况发动机转速,r/min;

i——传动系转动比;

r——轮胎的滚动半径,mm。

滑行试验时,试验初始车速应满足有关标准规定(一般取 30km/h)。

进行燃油经济性和排放性能试验时,试验工况应与有关标准规定的试验循环一致。

2)功率测试方法

①设定试验车速或力矩。

②起动发动机,由低速挡逐渐换入最高挡,逐渐踩下加速踏板,使节气门全开。

③调节底盘测功机加载装置的负荷,使试验车速稳定在设定车速。

④发动机转速稳定后,读取和记录仪表指示的功率值。

⑤每个试验车速下重复测试三次,取功率的平均值。

3)注意事项

①磨合期的新车或大修车不宜进行底盘测功。

②测功时,应注意各种异响和发动机冷却液温度及轮胎表面温度。

③被测汽车前严禁站人,以确保安全。

第三节　汽车燃油经济性检测

燃油经济性指汽车以最少的燃油消耗完成单位运输工作的能力。汽车的燃油消耗量除与发动机燃油供给系的技术状况有关外,还与曲柄连杆机构、配气机构、点火系、润滑系、冷却系和汽车底盘的传动系、行驶系、转向系等有关,因此是一个综合性评价指标。

一、汽车燃油经济性的评价指标

燃油经济性常用单位行程的燃油消耗量评价,即在一定运行工况下,汽车行驶每单位里程(常用百公里为单位)所消耗燃油的升数(L/100km)。根据试验时工况不同,主要表示方法有等速百公里油耗和循环百公里油耗两种。

1. 等速百公里油耗

等速百公里油耗指在额定荷载下汽车以最高挡在水平良好路面上等速行驶100km的燃油消耗量。试验时,通常可把汽车以某种速度等速行驶一定的距离所测得的燃油消耗量(L)折算成汽车在该车速下的等速百公里燃油消耗量。乘用车常用90km/h和120km/h的燃油消耗量(L/100km)来评价其燃油经济性。

2. 循环百公里油耗

循环百公里油耗是按规定的循环试验工况来模拟汽车实际运行工况所折算成的汽车百公里燃油消耗量。循环试验工况包括了换挡、怠速、加速、减速、匀速、离合器脱开等汽车运行工况。车型不同时,汽车的实际运行工况也会有所不同。因此,循环工况百公里燃油消耗量试验的多工况试验循环、规范也不一样。

循环工况百公里油耗能较实际地反映汽车的运行工况,从而较全面评价汽车燃油经济性。

二、常用油耗仪工作原理

燃油消耗量由油耗仪测量。按测试方法,油耗仪可分为容积式油耗仪、质量式油耗仪、流量式油耗仪和流速式油耗仪。

1. 容积式油耗仪

容积式油耗仪测量发动机运转时累计消耗燃料的总容积。

行星活塞式油耗传感器的流量变换机构由十字形配置的四个活塞和曲轴构成,如图2-17所示。在泵油压力作用下,燃油推动活塞往复运动,4个活塞各往复运动一次则曲轴旋转一周,完成一个进、排油循环。活塞在油缸中处于进油行程或是排油行程,取决于活塞相对于进、排油口的位置。图2-17a)表示活塞1处于进油行程,来自曲轴箱的燃油通过通道P_1推动其上行,并使曲轴作顺时针旋转。此时,活塞2处于排油行程终了,活塞3处于排油行程中,燃油从活塞3上部经通道P_3从排油口E_3排出,活塞4处于进油终了位置。当活塞和曲轴的位置如图2-17b)时,活塞1处于进油行程终了位置,活塞2处于进油行程,通道P_2导通,活塞3处于排油行程终了位置,活塞4处于排油行程,燃油从通道P_4经排油口E_4排出。图2-17c)和图2-17d)的进排油状态及曲轴旋转方向如图中箭头所示。如此循环往复,曲轴每旋转一圈,各缸分别泵油一次,从而具有连续定容量泵油的作用。曲轴旋转一周的泵油量为:

$$V = 4\frac{\pi d^2}{4}2h = 2h\pi d^2$$

式中：V——四缸泵油量，cm^3；

h——曲轴偏心距，cm；

d——活塞直径，cm。

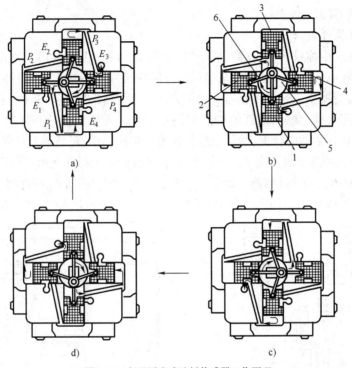

图 2-17　行星活塞式油耗传感器工作原理

1、2、3、4-活塞；5-曲轴；6-连杆；P_1、P_2、P_3、P_4-油道；E_1、E_2、E_3、E_4-排油口

信号转换装置由主动磁铁、从动磁铁、转轴、光栅、发光二极管和光敏管等组成，见图 2-18。主动磁铁装在曲轴端部，从动磁铁装在转轴端部，两磁铁相对安装但磁铁之间留有间隙，其作用在于构成磁性联轴器；光栅固定在转轴上，由转轴带动旋转；光栅两侧相对位置上固定有发光二极管和光敏管，光敏管用于接收发光二极管发出的光线，光栅位于二者之间，其作用是把发光二极管发出的连续光线转变为光脉冲。当曲轴转动时，通过磁性联轴器带动转轴及光栅旋转，光栅在发光二极管和光敏管之间旋转，使光敏管接收到光脉冲，由于光敏管的光电作用，将光脉冲转换为电脉冲信号输入到计量显示装置。显然，该电脉冲数与曲轴转过的圈数成正比，从而经过运算处理，在显示装置上显示出燃油的消耗量。

现代四活塞式车用油耗仪多采用由微机控制的具有运算功能的智能化计量显示仪表，以微机为控制核心，可以测定各种类型发动机油耗的累计流量、瞬时流量、道路行驶流量和累计时间等参数，并具有定时间、定容积、定质量等功能，可以对数据进行运算、处理、存储、显示和打印。

测出累计消耗燃油的总容积后，根据在此时间内汽车的行驶里程亦可将其转化为单位行驶里程的燃油消耗量。

2. 质量式油耗仪

质量式油耗仪测量消耗一定质量的燃油所用的时间，根据在此时间内汽车的行驶里程可将其转化为单位行驶里程所消耗燃油的质量,依据测试状态下燃油的密度可换算得到汽车单位行驶里程所消耗燃油升数。单位时间内的燃油消耗质量计算式为:

$$G = 3.6 \frac{q}{t}$$

式中:q——燃油质量,g;
$\quad\quad t$——测量时间,s;
$\quad\quad G$——燃油消耗量,kg/h。

质量式油耗仪由称量装置、计数装置和控制装置构成,见图2-19。称量装置的秤盘上装有油杯,燃油经电磁阀加入油杯。电磁阀的开闭由装在平衡块上的行程限位器拨动两个微型限位开关进行控制。光电传感器由两个光敏二极管(图2-19中5、10)和装在棱形指针上的光源组成,用于确定燃油消耗的始点和终点信号。光敏二极管(图2-19中5)为固定式,光敏二极管装在活动滑块上,滑块通过齿轮齿条机构移动,齿轮轴与鼓轮相连,计量的燃油量通过转动鼓轮从刻度盘上读出。计量开始时,光源的光束射在光敏二极管(图2-19中5)上,光敏二极管发出信号使计数器开始计数。随着油杯中燃油的消耗,指针移动。当光束射到光敏二极管(图2-19中10)上时,光敏二极管(图2-19中10)发出信号,使计数器停止计数。

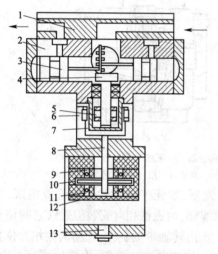

图2-18 LCH-1型流量传感器结构图
1-缸盖;2-缸体;3-活塞及连杆;4-曲轴;5-主动磁铁;6-从动磁铁;7-密封罩;8-从动轴;9-发光二极管;10-光栅;11-光敏管;12-线路板;13-插座

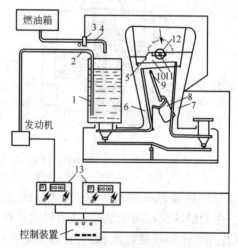

图2-19 质量式油耗仪
1-油杯;2-出油管;3-电磁阀;4-加油管;5、10-光敏二极管;6、7-限位开头;8-限位器;9-光源;11-鼓轮机构;12-鼓轮;13-计数器

三、油耗仪的连接

为保证检测结果可靠性,把油耗仪的油耗传感器连接在燃油供给系统中时应保证:
① 油耗传感器测量的燃油全部进入燃烧室,不会产生二次计数。
② 进入油耗传感器的燃油不夹杂任何气体,以保证测量准确。

1. 油耗传感器的连接位置

油耗传感器的安装位置随发动机供油系的不同而异。

对于采用电控燃油喷射系统的汽油发动机,油耗传感器应串接在燃油滤清器与燃油分配管之间。但为避免对回油量的重复计量,需采用一个三通阀来构成一个回路(图2-20),

把从燃油压力调节器经回油管流回燃油箱的燃油,改接在油耗传感器与燃油分配管之间。

油耗传感器在柴油发动机供油系中的连接如图2-21所示。油耗传感器接在油箱到高压油泵之间的油路上,回油管路则用三通阀接在油耗传感器的出油管路上,以免重复计量。采用双油耗仪也可避免重复计量,即在输油管路和回油管路上分别安装一只油耗传感器,实际燃油消耗则为输油管路油耗仪的测量值减去回油管路上油耗仪的测量值。

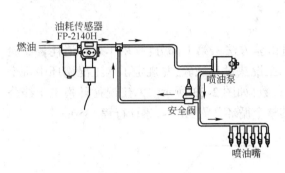

图2-20 油耗传感器在电喷汽油车供油系中的安装

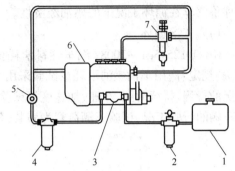

图2-21 油耗仪在柴油机供油系中的安装
1-油箱;2-粗滤器;3-输油泵;4-细滤器;5-油耗传感器;6-喷油泵;7-喷油器

油耗仪的电源线必须夹紧在蓄电池极桩上。油耗仪传感器串接到供油管路后,传输信号的电缆线应插入油耗仪传感器的插座上,另一端插入计量显示仪表输入插座上。

2. 油路中空气泡的排除

在安装油耗传感器后,必须把油路中的空气泡排除干净。

油耗传感器壳体上设有放气螺钉,可以排除油耗传感器内的气体。

排除空气泡时,可采用手动泵泵油,同时卸开油管接头,连续泵油直至泵出的油不含气泡为止。

油耗传感器的进出油管应为透明塑料管,以便观察燃油流中有无气体。当管路中不断产生气泡时,应认真检查并消除密封不良的部位。

在油耗传感器进口处串接气体分离器(图2-22),可以在测试过程中消除气泡对测量结果的影响。当混有气体的燃油进入气体分离器浮子室时,气体会迫使浮子室内的油平面下降,使针阀打开,气体排入大气,从而除去气泡。

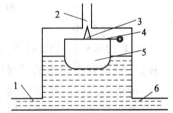

图2-22 气体分离器简图
1-进油管;2-排气管;3-针阀;4-浮子室;5-浮子;6-出油管

四、汽车燃油经济性检测试验工况

1. 稳态工况

稳态工况,即等速行驶工况,是汽车运行的基本工况。通常在变速器最高挡的最小稳定车速至90%最高车速的范围内,以10的整数倍均匀选取至少5个试验车速,作为试验车在恒定荷载下燃油消耗量测试的稳态(等速)行驶工况。

根据GB/T 12545.1—2008《汽车燃料消耗量试验方法 第1部分:乘用车燃料消耗量试验方法》,乘用车、轻型车的常用稳态(等速)试验工况为90km/h和120km/h,其试验荷载为:整备质量加180kg。当车辆的50%载质量大于180kg时,车辆试验质量为整备质量加50%的载质量。

根据 GB 18565—2001《营运车辆综合性能要求和检验方法》，用底盘测功机检测汽车等速百公里燃油消耗量时，检测车速为：轿车 60km/h，其他车辆 50km/h；实验时的基准质量为车辆满载。

2. 循环工况

循环工况用于模拟汽车在不同条件下的实际运行工况，以试验所得的百公里燃油消耗量评价汽车在循环工况下的燃油经济性。

1) 六工况循环

GB/T 12545.1—2008《汽车燃料消耗量试验方法 第1部分：乘用车燃料消耗量试验方法》规定：商用车辆燃油消耗量试验采用六工况法循环试验，并规定了六工况循环中每个工况的行程、持续时间、车速、加速度等试验参数，如图2-23所示。六工况循环模拟干线公路车辆的行驶工况，试验车辆荷载为满载，其整个循环共需96.2s，累计行程1350m。

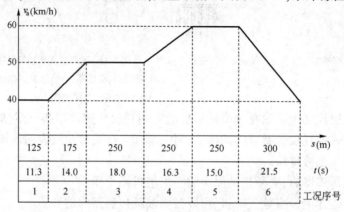

图 2-23 载货汽车六工况试验循环试验规范

2) 四工况循环

GB/T 12545.1—2008《汽车燃料消耗量试验方法 第1部分：乘用车燃料耗量试验方法》规定：城市客车燃油消耗量试验采用四工况法循环试验，并规定了四工况循环中每个工况的运转状态、行程、持续时间、挡位和换挡车速等试验参数，如图2-24所示。四工况循环模拟城市公交客车站间的行驶工况，试验车辆荷载为65%载质量，其整个循环共需72.5s（或75.7s），累计行程700m。

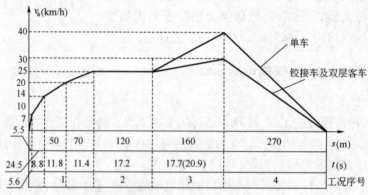

图 2-24 城市客车四工况试验循环试验规范

3) 十五工况循环

根据 GB/T 12545.1—2008《汽车燃料消耗量试验方法 第1部分：乘用车燃料消耗量试

验方法》，乘用车模拟城市运行工况燃油消耗量试验采用十五工况法循环试验，并规定了十五工况循环中每个工况的运转次序、加速度、速度、每次运转时间、变速器挡位等试验参数，如图2-25所示。十五工况循环模拟乘用车、轻型汽车在城市道路上的运行工况，试验车辆荷载为车辆基准质量，即：整备质量加100kg，其整个循环共需195s。

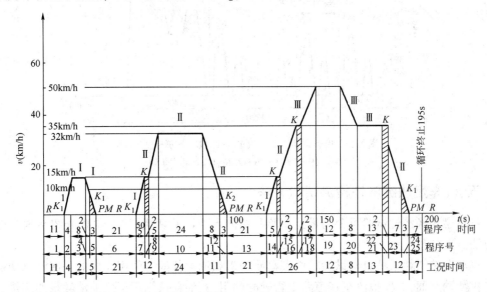

图2-25 乘用车十五工况循环试验规范

K-离合器分离；K_1、K_2-离合器分离，变速器接合1挡或2挡；Ⅰ、Ⅱ、Ⅲ-变速器1挡、2挡、3挡；PM-空挡；R-急速（图中阴影表示换挡）

4）十三工况循环

十三工况循环用于模拟乘用车和轻型汽车在市郊条件下行驶时汽车的运行工况。见图2-26所示。试验车辆荷载为车辆基准质量，即：整备质量加100kg，其整个循环共需400s。

5）乘用车和轻型汽车燃油经济性试验的多工况循环

GB 19578—2004《乘用车燃料消耗量限值》中规定的乘用车燃油消耗量限值试验规范由试验1部和试验2部构成，如图2-27所示。试验1部包括4个市区运转循环；试验2部是1个市郊运转循环。其中：市区运转循环为十五工况循环，用来模拟市区条件下汽车的行驶工况；市郊运转循环为十三工况循环，用来模拟市郊条件下汽车的行驶工况。

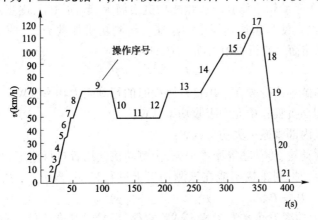

图2-26 十三工况循环试验规范

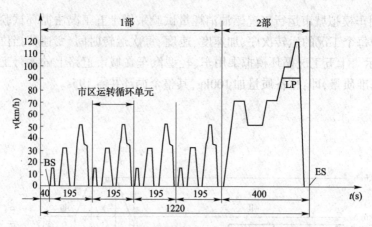

图 2-27 用于乘用车、轻型汽车测试的多工况循环试验规范
BS-取样开始；ES-取样结束；LP-低功率车辆

五、汽车燃油经济性检测试验方法

汽车燃油经济性试验可分为道路试验和室内台架试验两类，以下主要介绍室内台架试验方法。

汽车燃油消耗量的台架试验是由底盘测功机和油耗仪配合使用完成的。底盘测功机用于提供活动路面，并模拟汽车在道路上行驶时的阻力；油耗仪则用于燃油消耗量的测量。

1. 稳态工况燃油消耗量台架检测

1）检测环境条件

根据 GB 18565—2001《营运车辆综合性能要求和检验方法》，用底盘测功机检测汽车等速百公里燃油消耗量时的测试条件为：环境温度 0～40℃；环境湿度小于 85%；大气压力 80～110kPa。

2）台架和车辆的准备

(1) 测试前，车辆应预热至正常温度状态，车辆轮胎规格和气压应符合该车技术条件的规定。

(2) 应把底盘测功机预热到正常工作温度，底盘测功机和油耗仪应符合使用要求，工作正常。

(3) 测量并记录环境温度、大气压力和燃料密度。

3）等速百公里燃油消耗量检测方法

(1) 在底盘测功机上设定检测车速。轿车：60km/h；其他车辆：50km/h。

(2) 将被测汽车驱动轮平稳驶至底盘测功机滚筒上，起动汽车，逐步加速并换至直接挡（无直接挡至最高挡），使车速达到规定的车速。给测功机加载 P_{PAU}，使其模拟汽车满载等速行驶在平坦良好路面时的行驶阻力功率 P，即：

$$P = P_{PAU} + P_{PL} + P_F$$

式中：P——汽车满载等速行驶在平坦良好路面时的行驶阻力功率，kW；

P_{PAU}——底盘测功机吸收单元的吸收功率，kW；

P_{PL}——测功机内部摩擦损失功率，kW；

P_F——汽车驱动轮、传动系等摩擦损失，由测功机使用者自行测定。

当 $P_{PL} + P_F \geq P$ 时，则车辆不能在该测功机上进行检测；当 $P_{PL} + P_F < P$ 时，则需调整 P_{PAU}，使 $P_{PAU} + P_{PL} + P_F = P$。

其中：行驶阻力功率 P 可按有关规定试验测得，试验时基准质量为车辆满载；也可以按汽车在平坦良好路面等速行驶所消耗的功率值计算得到。

在台架试验汽车的等速百公里燃油消耗量时,合理确定测功机的加载量,以模拟汽车在平直道路上以规定车速行驶时所受到的阻力极其重要。此时,汽车克服滚动阻力和空气阻力所消耗的驱动轮功率为:

$$P_k = \left(G \cdot f + \frac{1}{21.15} \cdot C_D \cdot A \cdot V^2 \right) \cdot \frac{V}{3600}$$

式中:P_k——驱动轮输出功率,kW;

G——汽车总重,N;

f——滚动阻力系数;

C_D——空气阻力系数;

A——迎风面积,m^2;

V——试验车速,km/h。

在汽车底盘测功机上试验时,汽车驱动轮输出功率应等于底盘测功机加载装置的加载功率与测功机内部摩擦阻力功率之和。对某一固定结构的底盘测功机而言,摩擦阻力功率为一常数。因此,合理确定公式中各个系数并求出试验车速下的驱动轮功率后,便可据此确定测功机的模拟加载量。

(3)待车速稳定后开始测量,测量不低于500m距离的燃油消耗量。连续测量2次并记录。

(4)计算等速百公里燃油消耗量和2次检测结果的算术平均值。

2. 循环工况燃油消耗量台架检测

循环工况燃油消耗量测试,须在具有可模拟汽车行驶动能的飞轮机构并采用自动控制的底盘测功机上,按规定试验循环进行。其测试结果取决于:

(1)飞轮机构对道路实验时汽车在相应车速下的行驶动能的模拟精度。底盘测功机飞轮机构转动惯量所应满足的要求与进行汽车加速能力和滑行能力试验时相同。

(2)汽车在底盘测功机上运行循环试验工况的准确性。

根据 GB/T 12545.1—2008《汽车燃料消耗量试验方法 第1部分:乘用车燃料消耗量试验方法》,乘用车模拟城市工况循环燃油消耗量试验应在底盘测功机上进行,其试验循环工况如前面2-25所示。

车辆试验质量:M_1类车辆的试验质量为整车整备质量加上100kg;N_1类车辆试验为整车整备质量加上180kg;当车辆的50%装载质量大于180kg时,测试质量为整车整备质量加上50%的装载质量(包括测量仪器和人员的质量)。

燃油消耗量的测量值由两个连续的模拟城市工况循环所消耗的燃料量来决定。进行循环之前,应使发动机在规定条件下进行足够次数(至少进行5次循环)的模拟城市工况试验,直到其工作温度稳定,特别应使机油温度稳定。发动机温度应保持在制造厂规定的正常工作范围内。

为了便于测量燃油消耗量,两个连续的模拟城市工况循环之间的间隔时间(怠速状态)不应超过60s。

试验结果:按模拟城市工况循环测量的燃油消耗量应等于按上述规定进行的3次连续测量的算术平均值。如果进行3次试验后的燃油消耗量极限值与平均值之差超过5%,则按上述规定继续试验,直至获得至少5%的测量精度为止。

根据测量结果和十五工况循环的累计行程,可以折算得到所测汽车在城市工况循环下的百公里燃油消耗量。

GB/T 19233—2008《轻型汽车燃料消耗量试验方法》规定,在底盘测功机上模拟市区和市郊行驶工况进行汽车燃油消耗量试验;GB 19578—2004《乘用车燃料消耗量限值》规定,乘用车燃油消耗量限值试验规范由两部分构成,试验1部包括4个模拟市区条件下汽车的行驶工况循环(十五工况),试验2部是1个模拟市郊条件下汽车的行驶工况循环(十三工况),如前图2-27所示。其试验车辆荷载为车辆基准质量,即:整备质量加100kg。

汽车燃油消耗量室内模拟试验不受道路、气象条件的限制,可模拟复杂的汽车行驶工况,可采用质量法、容积法、碳平衡法中的任一方法测量燃油消耗量,试验条件可控,试验结果重复性好,可同时进行燃油经济性和排放污染物试验。

室内台架试验的主要不足是:能模拟汽车复杂行驶工况的底盘测功机价格昂贵;不易准确模拟汽车的道路行驶阻力;底盘测功机用电惯量或机械惯量均难以准确、实时的模拟汽车加、减速行驶时的惯性阻力。如若设定底盘测功机模拟的行驶阻力与试验车道路试验时的实际行驶阻力差别太大,就会明显降低测试结果的可靠度和可比性。

3. 燃油消耗量检测结果处理

1) 燃油消耗量测试数据的重复性

汽车的燃油消耗量测试数据必须满足的要求为:

$$\frac{Q_{max} - Q_{min}}{Q_A} \leq R$$

式中:Q_{max}——百公里燃油消耗量量测试数据中的最大值,L/100km;

Q_{min}——百公里燃油消耗量量测试数据中的最小值,L/100km;

Q_A——百公里燃油消耗量量测试数据中的算术平均值,L/100km;

R——比例系数,其取值见表2-3。

比例系数 R 的取值   表2-3

试验次数 n	2	3	4	5	10
R	0.053	0.063	0.069	0.073	0.085

若测试数据的重复性达不到上述要求,必须排除测试仪器及发动机或底盘的有关故障后重新进行检测。

2) 燃油消耗量测试数据的修正

在测试条件下测得的汽车燃油消耗量测试数据应修正为标准状态下的数值。标准状态指:气温20℃;气压100kPa;汽油密度0.742g/mL;柴油密度0.830g/mL。修正公式为:

$$Q_c = \frac{Q_A}{C_1 \times C_2 \times C_3}$$

$$C_1 = 1 + 0.0025 \cdot (20 - T)$$

$$C_2 = 1 + 0.0021 \cdot (p - 100)$$

$$C_3 = 1 + 0.8 \cdot (0.742 - \rho) \text{(汽油车)}$$

$$C_3 = 1 + 0.8 \cdot (0.830 - \rho) \text{(柴油车)}$$

式中:Q_c——修正后的燃油消耗量,L/100km;

Q_A——实测的燃油消耗量均值,L/100km;

C_1——环境温度修正系数;

C_2——大气压力修正系数;

C_3——燃油密度修正系数;

T——试验时的环境温度,℃;
p——试验时的大气压力,kPa;
ρ——试验时的燃油密度,g/mL。

4. 燃油消耗量检测注意事项

1)为使汽车燃油经济性检测结果准确可靠,应注意以下几点。

①发动机冷却液温度应在80~90℃范围内,温度过高时应采用冷却风扇降温;轮胎气压应符合规定,误差不超过±0.01MPa,且左右轮胎的花纹一致;被测车底盘温度应随室温变化严格控制。室温低于10℃时,底盘温度应控制在25℃以上。

②试验仪器的精度应满足要求,车速测定仪器和燃油流量计的精度为0.5%;计时器的最小读数为0.1s。

③正确连接抽耗仪,并注意排除油路中的空气泡。

④测试车速、挡位、荷载、试验循环等应满足 GB/T 12545.1—2008《汽车燃料消耗量试验方法 第1部分:乘用车燃料消耗量试验方法》的规定。

2)为保证台架试验汽车燃油经济性时的安全,应注意以下几点。

①被测车辆旁必须配备性能良好的灭火器。

②油耗仪所用油管应透明、耐油、耐压,油管接头用合格的环形夹箍,不得用铅丝缠绕,并确保无渗漏。

③拆卸油管时,必须用沙盘接油,不许用棉纱或其他易燃物接油,不许燃油流到发动机排气管上。

④测试时,发动机罩应打开,以便观察有无渗漏现象;测试完毕安装好原管路后起动发动机,在确保无任何渗漏时,方可盖上发动机罩。

六、汽车燃油消耗量限值

1. 乘用汽车燃油消耗量限值

GB 19578—2004《乘用车燃料消耗量限值》规定了国产乘用车的燃油消耗量限值,见表2-4。试验工况为模拟市区工况循环的试验1部和模拟市郊工况循环的试验2部构成的多工况循环(图2-27);其试验荷载采用基准质量,即:汽车整备质量加100kg。表中第一阶段执行日期:新车型式认证为2005年7月1日,在生产汽车为2005年7月1日;第二阶段执行日期:新车型式认证为2008年1月1日,在生产汽车为2009年1月1日。

乘用车燃油消耗量限值 表2-4

整车整备质量(CM)(kg)	第一阶段(L/100km)	第二阶段(L/100km)	整车整备质量(CM)(kg)	第一阶段(L/100km)	第二阶段(L/100km)
$CM \leq 750$	7.2	6.2	$1540 < CM \leq 1660$	11.3	10.2
$750 < CM \leq 865$	7.2	6.5	$1660 < CM \leq 1770$	11.9	10.7
$865 < CM \leq 980$	7.7	7.0	$1770 < CM \leq 1880$	12.4	11.1
$980 < CM \leq 1090$	8.3	7.5	$1880 < CM \leq 2000$	12.8	11.5
$1090 < CM \leq 1205$	8.9	8.1	$2000 < CM \leq 2110$	13.2	11.9
$1205 < CM \leq 1320$	9.5	8.6	$2110 < CM \leq 2280$	13.7	12.3
$1320 < CM \leq 1430$	10.1	9.2	$2280 < CM \leq 2510$	14.6	13.1
$1430 < CM \leq 1540$	10.7	9.7	$2510 < CM$	15.5	13.9

2. 轻型商用汽车燃油消耗量限值

GB 20997—2007《轻型商用车辆燃料消耗量限值》规定了国产的轻型商用车的燃油消耗量限值,试验工况为模拟市区工况循环的试验1部和模拟市郊工况循环的试验2部构成的多工况循环(图2-27),试验荷载采用基准质量,即:汽车整备质量加100kg。自2008年2月1日起,新认证基本型车及其变型车应符合第二阶段限值要求;自2009年1月1日起,在2008年2月1日前认证车型的在生产车及其变型车应符合第一阶段要求;自2011年1月1日起,适用于本标准的所有车辆应符合第二阶段限值的要求。表2-5为N_1类汽油车燃油消耗量限值。

N_1类汽油车辆燃油消耗量限值　　　　　　　　　　　　　　　　　　表2-5

最大设计总质量 M(kg)	发动机排量 V(L)	第一阶段限值 (L/100km)	第二阶段限值 (L/100km)
2000≤M	全部	8.0	7.8
2000<M≤2500	V≤1.5	9.0	8.1
	1.5<V≤2.0	10.0	9.0
	2.0<V≤2.5	11.5	10.4
	V>2.5	13.5	12.5
2500<M≤3000	V≤2.0	10	9.0
	2.0<V≤2.5	12.0	10.8
	V>2.5	14.0	12.6
M>3000	V≤2.5	12.5	11.3
	2.5<V≤3.0	14.0	12.6
	V>3.0	15.5	14.0

3. 营运车辆燃油消耗量限值

JT 711—2008《营运客车燃料消耗量限值及测量方法》和JT 719-2008《营运货车燃料消耗量限值及测量方法》规定,营运车辆燃油消耗量限值用综合燃油消耗量指标 Q 表示。

$$Q = (\bar{Q}_{0i} \cdot k_i)$$

式中:Q——综合燃油消耗量,L/100km;

$\bar{Q}_{0i}$——在第 i 个车速下校正后的满载等速燃油消耗量,L/100km;

k_i——在第 i 个车速下的满载等速燃油消耗量权重系数。

营运柴油客车和载货汽车的燃油消耗量限值见表2-6和表2-7。2008年9月1日开始执行第一阶段限值,2010年3月1日后开始执行第二阶段限值。营运汽油客、货车燃油消耗量限值为相应总质量柴油客、货车限值的1.15倍。各个车速下的满载等速燃油消耗量权重系数见表2-8、表2-9。

营运柴油客车燃油消耗量限值(单位:L/100km)　　　　　　　　　表2-6

车型	车长 L (m)	第一阶段		第二阶段	
		高级车	中级及普通级车	高级车	中级及普通级车
特大型	L>12	28.5	28.0	28.0	27.0
大型	11<L≤12	27.1	22.8	24.4	20.5
	10<L≤11	26.5	21.7	23.9	19.5
	9<L≤10	25.0	19.4	22.5	17.5

续上表

车型	车长 L (m)	第一阶段		第二阶段	
		高级车	中级及普通级车	高级车	中级及普通级车
中型	8 < L ≤ 9	21.5	17.3	19.4	15.6
	7 < L ≤ 8	20.0	16.7	18.0	15.0
	6 < L ≤ 7	17.1	14.3	15.4	12.9
小型	L ≤ 6	14.4	12.0	13.0	10.8

部分营运柴油汽车和自卸汽车燃油消耗量限值（单位：L/100km） 表2-7

车辆总质量 M(kg)	第一阶段		第二阶段	
	柴油汽车	自卸汽车	柴油汽车	自卸汽车
3500 < M ≤ 5000	12.6	12.4	11.3	11.2
5000 < M ≤ 7000	16.3	15.4	14.7	13.9
7000 < M ≤ 9000	18.8	18.3	16.9	16.5
9000 < M ≤ 11000	21.5	20.7	19.4	18.6
11000 < M ≤ 13000	23.8	22.7	21.4	20.4

营运客车在各规定车速下的满载等速燃油消耗量权重系数 表2-8

车速		40	50	60	70	80	90	100
特大型	高级	—	0.03	0.02	0.02	0.20	0.55	0.18
	中级及普通型	0.05	0.10	0.25	0.30	0.30	—	—
大型	高级	—	0.01	0.02	0.02	0.15	0.55	0.25
	中级及普通型	0.05	0.10	0.25	0.30	0.30	—	—
中型	高级	—	0.05	0.05	0.05	0.20	0.60	0.05
	中级及普通型	0.05	0.10	0.30	0.30	0.25	—	—
小型	高级	—	0.02	0.04	0.04	0.30	0.30	0.30
	中级及普通型	0.05	0.10	0.30	0.30	0.25	—	—

营运货车在各规定车速下的满载等速燃油消耗量权重系数 表2-9

车速(km/h)		30	40	50	60	70	80
k_i	汽车（单车）	—	0.05	0.05	0.10	0.20	0.60
	自卸汽车（单车）	0.05	0.10	0.25	0.30	0.30	—
	半挂汽车列车	—	0.05	0.10	0.10	0.50	0.25

根据 GB 18565—2001《营运车辆综合性能要求和检验方法》，用底盘测功机在规定检测车速、规定模拟荷载工况下测得的汽车百公里燃油消耗量不得大于该车型原厂规定的相应车速等速百公里燃油消耗量的110%。JT/T 198—2004《营运车辆技术等级划分和评定要求》规定，在上述工况下，其一级车的百公里燃油消耗量应小于该车型制造厂规定的相应车速等速百公里燃油消耗量的103%，而二、三级车则应小于110%。

第四节 汽车转向轮侧滑量检测

汽车转向轮定位的车轮外倾与车轮前束两个参数配合不恰当时，汽车转向轮出现横向滑动量，不仅不能保持稳定的直线行驶状态，而且行驶阻力增大，并加剧转向轮轮胎胎面的不正常磨损，因此应对汽车转向轮的侧滑量进行检测。

一、转向轮定位和侧滑

转向轮定位是转向轮静态安装后形成的一组几何角度与尺寸数值,包括主销后倾角、主销内倾角、车轮外倾角和前束。

转向节主销轴线或假想的主销轴线(某些独立悬架的汽车无实际主销)在纵向平面内向后倾斜,与铅垂线所形成的夹角称为主销后倾角,见图2-28a)所示。主销后倾角的作用在于当转向轮受外力影响偏离直线行驶方向时,形成稳定力矩而自动回正。

转向节主销轴线或假想的主销轴线在横向平面内向内倾斜,与铅垂线所形成的夹角称为主销内倾角,见图2-28b)所示。主销内倾角亦有使车轮自动回正的作用,同时可使转向轻便。

转向轮安装时并非垂直于路面,而是向外倾斜一个角度,车轮中心平面与铅垂线的夹角称为外倾角,见图2-28c)所示。转向轮外倾具有使转向轻便的作用;同时可使转向轮适应路面拱形,防止轮胎表面内外磨损不匀;此外,还能减小轴端小轴承及轮毂紧固螺母的负荷,以延长其使用寿命。

转向轴上两转向轮并非平行安装的,其两转向轮前边缘距离 B 小于后边缘距离 A,其差值即为前束,见图2-28d)所示。前束的作用是:克服车轮外倾所带来的不利影响,防止汽车直线行驶时,转向轮在地面上出现边滚边滑现象,从而减小轮胎磨损和滚动阻力。当前束值的大小与车轮外倾角的大小不相适应时,转向轮就会产生侧滑。

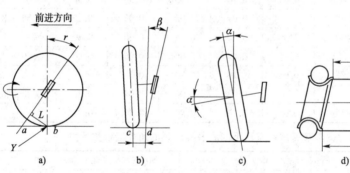

图2-28 转向轮定位示意图

a)主销后倾;b)主销内倾;c)转向轮内倾;d)转向轮前束

若转向轮仅有外倾,则在纯滚动时,车轮将向外运动,如果转向轮在转向轴约束下做直线运动,车轮与地面间必然会产生边滚边滑现象;另外,如果转向轮仅有前束,则车轮纯滚动时,将向内运动,若在车轴约束下做直线运动,车轮与地面间也会产生边滚边滑现象。只有使具有外倾的转向轮同时具有适当的前束值,才能使二者在运动学上产生的不良效应相互平衡,使汽车直线行驶时,转向轮做纯滚动而不产生边滚边滑现象。因此,转向轮外倾与转向轮前束匹配不当是产生转向轮侧滑的主要原因。

二、侧滑量检测原理

目前,国内广泛采用滑板式侧滑试验台检测汽车转向轮的侧滑量,其基本原理是:若转向轮外倾和前束配合不当,则汽车直线行驶时,转向轮将处于边滚边滑状态,轮胎与地面间由于滑动摩擦的存在而产生相互作用力。若使汽车驶过可以横向自由滑动的滑板,则该作用力将使滑板产生侧向滑动,侧滑量大小则反映了汽车转向轮外倾和前束的匹配情况,但并不能表示外倾和前束的具体数值。常用滑板式侧滑试验台有双板式和单板式两种类型。

1. 双滑板侧滑试验台检测原理

双滑板装置中的双滑动板互不连接,均通过滚动装置支撑并可在横向自由滑动,但在沿汽车行驶的纵向受约束不能移动。

若转向轮仅有前束而没有外倾角,则汽车直线行驶时,两转向轮具有向内收缩靠拢的趋势。假定将两个只有前束而没有外倾的转向轮用一根可自由伸缩的轴连接起来,则车轮向前直线滚动一段距离后,由于前束的作用,两只车轮将向里收拢,互相靠近。而实际上,汽车前轴是不可能缩短的,转向轮由于前轴的约束而保持直线行驶。此时,若使两转向轮驶过底部装有滚轮可自由滑动的滑板,意味着地面可以横向伸缩,则由于车轮轮胎与滑板之间的摩擦系数很大,足以避免车轮在滑板上横向滑移,因而两侧滑板则会在车轮与滑板间的相互作用力作用下而使滑板反方向移动,即左、右滑板分别向外滑移,见图2-29b)。

通常,滑板向外滑动的数值记为正,而向内滑动的数值记为负。因此,前束可引起正侧滑。由前束引起的单个车轮的平均侧滑量 S_1 为:

$$S_1 = \frac{L' - L}{2}$$

式中:L——滑板静态时两板外侧间距,mm;

L'——滑板侧滑后两板外侧间距,mm。

与上述情况相反,若转向轮只有外倾而没有前束,当通过滑板时,侧滑板将向内侧滑移,即转向轮外倾可引起负前束,见图2-29a)。由外倾引起的单个车轮的平均侧滑量 S_2 亦可由上式求出。

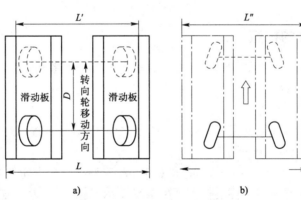

图2-29 双滑板侧滑检测原理
a) 外倾引起的侧滑;b) 前束引起的侧滑

汽车转向轮同时存在着外倾与前束,因此在两转向轮通过可以左右滑动的滑板时,其侧滑量 S 是前束和外倾两者的综合结果,即 $S = S_1 - S_2$。只有在外倾与前束配合得当时,二者产生的侧向力相互抵消,才能保持车轮无侧滑,此时滑动板也无侧滑,即 $S = 0$。若两者配合不当,则侧向力失去平衡,车轮将沿着较大侧向力的方向侧滑,从而产生侧滑量,此时 $S \neq 0$。当 $S > 0$ 时,两转向轮向外侧滑;当 $S < 0$ 时,两轮向内侧滑。

2. 单滑板侧滑试验台检测原理

单滑板侧滑试验台仅用一块滑板,如图2-30所示。其单滑板通过滚动装置支撑并在横向可以自由滑动,但在沿汽车行驶的纵向受约束而不能移动。

使汽车左转向轮从单滑板上通过,右转向轮从地面上行驶。若右转向轮正直行驶无侧滑,而左转向轮具有侧滑角α产生侧滑时,通过车轮与滑动板间的附着作用就会带动滑动板向左移动距离b,如图2-30a)所示;而若右转向轮具有侧滑角β,同样右转向轮相对左转向轮也会侧滑,从而引起滑动板向左移动的距离为c,如图2-30b)所示。在左、右转向轮同时产生侧滑量b和c时,则滑动板的移动距离为两转向轮侧滑量之和,即$S=b+c$。

因此,采用单滑板式侧滑试验台检测汽车的侧滑量时,虽然一侧车轮从滑动板上通过,但测量的结果并非是单轮的侧滑量,而是左、右转向轮侧滑量的综合反映。根据这一侧滑量可以计算出每一边车轮的侧滑量,即单转向轮的侧滑量为:

$$S=\frac{b+c}{2}$$

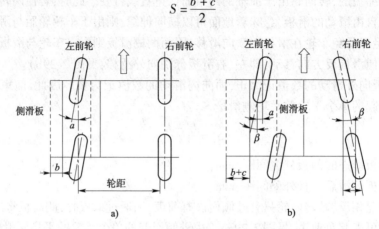

图2-30 单滑板侧滑量检测原理
a) 单轮引起的侧滑;b) 双轮引起的侧滑

三、侧滑试验台的构造

目前,国内采用的大多数侧滑试验台是双板联动式侧滑试验台,其结构由试验台主体、指示装置和报警装置构成。

1. 试验台主体

试验台主体由框架、左右侧滑板、连杆机构、复位装置、滚轮装置、导向装置、锁止装置和位移传感器等构成,如图2-31所示。

侧滑板的长度一般有500mm、800mm和1000mm三种。为增大轮胎与滑板间的附着系数,侧滑板常用花纹钢板制造。侧滑板下部用滚轮支承,受力后可左右摆动;侧滑板下部还装有导向装置,用以限制侧滑板的纵向位移,但允许侧滑板的左右位移。为使侧滑量检测后,侧滑板能够回到初始位置,侧滑板或连杆机构上装有复位弹簧。锁止装置用于在不工作时限制侧滑板的左右位移,以防止意外损坏。双滑板侧滑试验台的左右滑板只能做同时向内或同时向外的等量位移,位移传感器装于其中一块滑板上。

2. 侧滑量测量装置

侧滑量测量装置是一个位移传感器,用于将车轮侧滑引起的侧滑板位移量变成电信号送给侧滑量显示装置。常用的位移传感器有电位计、差动变压器两种形式。

电位计式位移传感器的工作原理如图2-32所示。在电位计两端加上一定的电压,当滑动触点随侧滑板移动时,可将侧滑板移动量变为电位计触点的位移,导致电位计阻值的变化。触点的输出电压与位移量成正比,并传递给侧滑量显示装置。

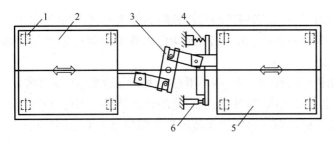 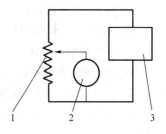

图 2-31 侧滑试验台主体　　　　　　　图 2-32 电位计式位移传感器原理
1-滚轮;2-左滑板;3-连杆机构;4-复位弹簧;5-右滑板;6-位移传感器　　　1-电位计;2-指示计;3-稳压电源

差动变压器式位移传感器由初级线圈、次级线圈和衔铁等组成,可将被测信号的变化转换成线圈互感系数变化,如图 2-33 所示。在初级线圈接入交流激励电压 U_1,衔铁处于中间位置时,次级线圈输出电压 U_2 为零。当侧滑板带动位移传感器的拨杆移动时,引起衔铁位移,导致线圈互感系数变化,进而引起输出电压 U_2 变化。该电压变化反映车轮侧滑量。

3. 侧滑量指示装置

汽车侧滑试验台采用电气式指示装置,采用指针指示、数码管显示或液晶显示,并有峰值保持功能,有些侧滑试验台还可打印检测结果。从传感器传来的反映侧滑板位移量的电信号,经放大处理后传送给指示装置。指示装置标定时,按汽车直线行驶 1km 每侧滑 1m 为 1 个刻度。若侧滑板长度为 1000mm,则侧滑板侧向位移 1mm 时,显示 1 个刻度;侧滑板长度为 500mm 时,侧滑板每侧向位移 0.5mm,则对应于 1 个刻度。检测人员从指示装置上就可获知转向轮侧滑量的定量数值和侧滑方向。图 2-34 为电气式指示装置。

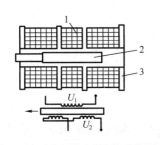 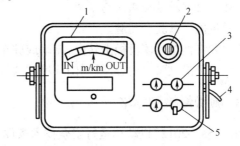

图 2-33 差动变压器式位移传感器的原理　　　图 2-34 电气式指示装置
　　1-初级线圈;2-铁芯;3-次级线圈　　　　1-指示仪表;2-报警用蜂鸣器或信号灯;3-电源指示灯;4-导线;5-电源开关

4. 报警装置

为快速表示检测结果是否合格,当侧滑量超过规定值时(多于 5 格刻度),报警装置能根据侧滑板限位开关发出的信号,用蜂鸣器或信号灯报警,因而无需再读取仪表数值,以节省检测时间。

四、影响转向轮侧滑量检测结果的因素

(1)转向轮外倾与前束匹配不当。侧滑量检测结果正是两者匹配情况的反映。

(2)汽车轮毂轴承间隙过大,左右松紧度不一致,转向节主销和衬套磨损过度,横、直拉杆球头松旷,左右悬架性能差异,前、后轴不平行等,都会影响侧滑量。因此,检测侧滑量之前,应首先消除上述因素,而当车辆的侧滑量不合格时,也应在这些方面查找原因。

(3)轮胎气压不符合规定;左、右轮胎气压不等,花纹不一致;轮胎磨损过大及严重偏

磨；轮胎上有水、油或花纹中嵌有小石子，都会影响轮胎与滑板间的作用力，影响侧滑量。

（4）汽车通过侧滑板的速度。车速过快时，由于冲击作用，侧滑量检测结果会显著增大，一般试验车速以3~5km/h为宜。

（5）转向轮通过侧滑板的方向是否与侧滑板垂直。当不垂直时，侧滑量检测结果显著增大。

此外，车身、车架、前后轴变形也会影响汽车转向轮侧滑量的检测结果。因此，汽车转向轮侧滑量实际上是一个综合性评价指标。对于引起汽车转向轮侧滑量过大的原因应进行综合分析。

五、侧滑试验台的使用方法和注意事项

1. 准备工作

①轮胎气压符合规定。

②清理轮胎，轮胎表面应无油污、泥土、水，花纹凹槽内无石子嵌入。

③检查试验台导线连接情况，打开电源开关，仪表复零。

④打开试验台锁止装置，检查侧滑板是否滑动自如，能否复位。滑板复位后，检查指示装置是否指示零点。

2. 转向轮侧滑量检测方法

①汽车以3~5km/h的速度垂直平稳驶过侧滑板，不得转向和制动。

②转向轮完全通过侧滑板后，读取仪表显示值或打印侧滑量读数。

③检测结束后，锁止侧滑板并切断电源。

3. 转向轮侧滑量检测注意事项

①避免侧滑试验台超载。

②不允许汽车在侧滑板上转向、制动或驻车。

③保持侧滑试验台内、外及周围环境的清洁。

六、侧滑量检测标准

GB 7258—2012《机动车运行安全技术条件》规定：对前轴采用非独立悬架的汽车，其转向轮的横向侧滑量，用侧滑台检验时侧滑量值应在±5m/km之间。常用轿车的前轮侧滑量一般在±3m/km之间。规定侧滑量方向为外正内负。

车轮侧滑量是反映车轮前束与车轮外倾综合作用的参数，因此当侧滑量超标时，应根据其侧滑性质重点查找车轮前束与车轮外倾的匹配情况。侧滑量超标时，若指针指向IN边（或读数为正），则表明前束太大或外倾角太小甚至车轮内倾；若指针指向OUT边（或读数为负），则表明前轮外倾角太大或前束过小甚至负前束。总之，车轮侧滑量超标，则说明车轮外倾与前束匹配不当，应加以调整。

通常车轮的外倾角不可调整，因此调整时只能调前束。绝大多数情况下的侧滑不合格都可以通过前束调整得到解决，但侧滑调整合格后并不一定说明其车轮定位符合设计要求。为确保行车安全，还应当检测并调整车轮定位。

第五节 汽车制动性能检测

制动性能直接影响汽车行驶、驻车的安全性，是保证汽车安全行车的重要因素之一，因

此也是汽车检测诊断的重点。

一、汽车制动性能检测参数和标准

GB 7258—2012《机动车运行安全技术条件》规定了汽车制动系所应满足的基本要求和行车制动系、应急制动系、气压制动系、液压制动系、储气筒、制动管路和制动报警装置等所应满足的要求。根据该标准，可以用路试和台试两种方法检测汽车的制动性能：路试时，既可以检测制动距离和制动稳定性，也可以检测制动减速度、制动协调时间和制动稳定性；台试主要检测制动力、制动协调时间和左右轮制动力差。检测汽车制动性能时，可选择路试或台试两种检测方法之一，采用制动距离、制动减速度、制动力三类检测指标之一进行检测。但当机动车经台架检测后对其制动性能有质疑时，可用规定的路试检测进行复试，并以满载路试的检测结果为准。

1. 制动距离法检测标准

用制动距离和制动稳定性可以评价汽车的制动性能。

1）制动距离

制动距离 s 指在规定的初速度下急踩制动踏板时，从脚接触制动踏板（或手接触制动手柄）起至机动车停住时止机动车驶过的距离，包括在制动器起作用时间内驶过的距离 s_2 和在汽车以最大减速度持续制动时间内所驶过的距离 s_3。

2）制动稳定性

制动稳定性要求是指制动过程中机动车的任何部位不允许超出规定宽度的试验通道的边缘线，所应满足的要求（试验通道宽度）见表2-10。

制动距离和制动稳定性要求 表2-10

机动车类型	制动初速度（km/h）	满载检验制动距离要求（m）	空载检验制动距离要求（m）	试验通道宽度（m）
三轮汽车	20	≤5.0		2.5
乘用车	50	≤20.0	≤19.0	2.5
总质量不大于3500kg的低速货车	30	≤9.0	≤8.0	2.5
其他总质量不大于3500kg的汽车	50	≤22.0	≤21.0	2.5
铰接客车、铰接式无轨电车、汽车列车	30	≤10.5	≤9.5	3.0
其他汽车	30	≤10.0	≤9.0	3.0

制动距离检测法主要适用于制动性能的道路试验，试验应在平坦、硬实、清洁、干燥且轮胎与路面间的附着系数不低于0.7的水泥或沥青路面上进行，主要检测仪器是能够测出车辆的行驶距离、时间、速度和制动初速度、制动距离、制动时间的五轮仪、非接触式多功能速度检测仪等。

使用能够准确模拟汽车行驶动能并以滚筒作为活动路面的惯性式制动试验台（图2-41），也可在室内台架实验条件下测得汽车的制动距离。

2. 制动减速度法检测标准

用制动减速度、制动协调时间和制动稳定性可以评价汽车的制动性能。

1)制动减速度

用制动减速度评价汽车的制动性能,是以汽车充分发出的平均减速度 FMDD 作为参数的,即:

$$FMDD = \frac{v_b^2 - v_e^2}{25.92 \cdot (s_e - s_b)}$$

式中:v_b——$0.8v_0$,试验车速,km/h;

　　v_e——$0.1v_0$,试验车速,km/h;

　　s_b——试验车速从 v_0 到 v_b 之间车辆驶过的距离,m;

　　s_e——试验车速从 v_0 到 v_e 之间车辆驶过的距离,m。

FMDD 是机动车制动过程中制动减速度的一个较稳定的平均值。当制动过程比较平稳,制动减速度比较稳定时,也可以认为充分发出的平均减速度是采样时段的平均加速度,即:

$$FMDD \approx \frac{(v_b - v_e)}{3.6 \cdot t_{bm}}$$

式中:t_{bm}——车速由 v_b 降至 v_e 所用的时间,s。

汽车道路试验中,在规定初速度下急踩制动踏板时,充分发出的平均减速度 FMDD 和制动稳定性应满足的要求见表2-11。可采用速度分析仪、制动减速度仪测出有关参数后,再计算出充分发出的平均减速度。

表2-11 制动减速度和制动稳定性要求

机动车类型	制动初速度(km/h)	满载检验充分发出的平均减速度(m/s²)	空载检验充分发出的平均减速度(m/s²)	试验通道宽度(m)
三轮汽车	20	≥3.8		2.5
乘用车	50	≥5.9	≥6.2	2.5
总质量不大于3500kg 的低速货车	30	≥5.2	≥5.6	2.5
其他总质量不大于3500kg 的汽车	50	≥5.4	≥5.8	2.5
铰接客车、铰接式无轨电车、汽车列车	30	≥4.5	≥5.0	3.0
其他汽车	30	≥5.0	≥5.4	3.0

2)制动协调时间

制动协调时间为:在急踩制动踏板时,从脚接触制动踏板(或手触动制动手柄)时起至机动车减速度(或制动力)达到标准中规定的机动车充分发出的平均减速度(或制动力)的75%时所需的时间。

制动协调时间的检测值应满足:液压制动的汽车不应大于0.35s;气压制动的汽车不应大于0.60s;汽车列车和铰接客车、铰接式无轨电车不应大于0.8s。

3)制动稳定性

制动过程中,机动车的任何部位不允许超出表2-11中规定宽度的试验通道的边缘线。

制动减速度法也主要适用于汽车制动性能的道路试验,主要检测仪器是五轮仪、非接触式多功能速度检测仪和减速度仪等。

使用能够准确模拟汽车行驶动能并以滚筒作为活动路面的惯性式制动试验台(图

2-41),也可在室内台架实验条件下测得汽车的制动减速度。

3. 制动力法检测标准

汽车制动距离取决于制动力的大小和制动器起作用时间的长短,因此可以采用制动力和制动协调时间评价汽车的制动性能;同时,为使汽车具有良好的制动稳定性,左、右车轮的制动力必须满足平衡要求。利用制动力作为诊断参数时,可以通过台架试验分别对汽车的行车制动性能和驻车制动性能进行检测。

1)制动力

汽车、汽车列车在制动试验台上测出的制动力应符合表2-12的要求。对空载检验制动力有质疑时,可用表中规定的满载检验制动力要求进行检测。

台试检测制动力要求　　表2-12

机动车类型	制动力总和与整车质量的百分比(%)		轴制动力与轴荷的百分比(%)	
	空载	满载	前轴	后轴
三轮汽车	—	—	—	≥60
乘用车、总质量不大于3500kg的货车	≥60	≥50	≥60	≥20
铰接汽车、铰接式无轨电车、汽车列车	≥55	≥45	—	—
其他汽车	≥60	≥50	≥60	≥50

2)制动力平衡

在制动力增长全过程中同时测得的左右轮制动力差的最大值,与全过程中测得的该轴左右轮最大制动力中大者(当后轴及其他轴,制动力小于该轴轴荷的60%时为与该轴轴荷)之比,对新注册车和在用车应分别符合表2-13的规定。

台试检验制动力平衡要求　　表2-13

	前轴	后轴(及其他轴)	
		轴制动力大于等于该轴轴荷60%时	制动力小于该轴轴荷60%时
新注册车	≤20%	≤24%	≤8%
在用车	≤24%	≤30%	≤10%

3)制动协调时间

液压制动的汽车不应大于0.35s;气压制动的汽车不应大于0.60s;汽车列车和铰接客车、铰接式无轨电车不应大于0.8s。

4)车轮阻滞力

进行制动力检验时,汽车、汽车列车各车轮的阻滞力应小于等于轮荷的10%。

5)驻车制动性能

机动车空载且乘坐一名驾驶人,使用驻车制动装置制动时,驻车制动力的总和应大于等于该车在测试状态下整车质量的20%,但总质量为整备质量1.2倍以下的机动车应大于等于15%。

利用台架试验检测汽车制动性能时,由于可测出车轮制动力大小,因此可据此分别分析各车轮的制动能力和制动器的技术状况。同时,台架试验速度快,占地面积小。因此,在汽车检测站广泛采用制动试验台以制动力为参数来检测汽车的制动性能。

二、单轴反力式滚筒制动试验台结构及工作原理

1. 单轴反力式滚筒制动试验台的结构

反力式滚筒制动试验台由滚筒装置、驱动装置、举升装置、测量装置、指示与控制装置等组成,如图2-35所示。

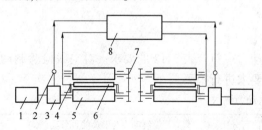

图2-35 单轴反力式滚筒制动试验台简图
1-电动机;2-压力传感器;3-减速器;4-电磁传感器;
5-滚筒;6-第三滚筒;7-链传动;8-测量指示仪表

为同时测试左、右车轮的制动力,滚筒装置、驱动装置和测量装置是左、右对称,独立设置的,而控制装置和显示装置则是公用的。

1) 滚筒装置

滚筒装置由左、右独立设置的两对滚筒构成,滚筒两端由滚筒轴承支承并安装在机架上,前、后滚筒间常采用链传动。驱动装置驱动后滚筒,并通过链条带动前滚筒旋转。滚筒装置作为活动路面,支撑被测车辆,传递动力,使车轮旋转,并在制动试验时传递制动力。

滚筒直径一般在105~300mm,其线速度在0.1~5km/h。滚筒直径大时,轮胎在滚筒上滚动时变形小,滚动阻力小,但所需电动机功率大、体积大;滚动直径小时,则体积小,电动机功率小,但车轮滚动阻力大。为提高滚筒与轮胎间的附着系数,需对滚筒表面进行专门处理。

有的滚筒制动试验台在主、从动滚筒之间设置一直径较小,既可自转又可上下摆动的第三滚筒,平时由弹簧使其保持在最高位置。在检测时被检车辆的车轮置于主、从动滚筒上同时压下第三滚筒,并与其保持可靠接触。控制装置通过转速传感器,即可获知被测车轮的转动情况。当被检车轮制动,转速下降至接近抱死时,控制装置根据转速传感器送出的相应电信号使驱动电动机停止转动,以防止滚筒剥伤轮胎,并保护驱动电动机。第三滚筒除了上述作用外,有的试验台上还将其作为安全保护装置使用,只有当两个车轮制动测试单元的第三滚筒同时被压下时,制动试验台驱动电动机的电路才能接通。

2) 驱动装置

驱动装置由电动机和减速器(扭力箱)构成,如图2-36所示。减速器外壳由轴承浮动安装在支架上,可以绕后滚筒中心线摆动。电动机输出的转矩和转速经减速器减速增扭后,驱动滚筒装置的后滚筒旋转,前滚筒与后滚筒由链传动连接而同步旋转。

3) 举升装置

主、从动两滚筒之间设置有举升装置,便于汽车驶入、驶出制动试验台。该装置通常由举升器、举升平板和控制开关等组成。常用的举升器有气压式、电动螺旋式和液压式三种形式。

4) 测量装置

制动力测量装置主要由测力杠杆和传感器组成,如图2-36所示。测力杠杆一端与传感器连接,另一端与减速器壳体连接。被测车轮制

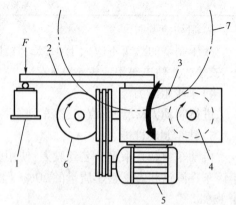

图2-36 测力装置和驱动装置示意图
1-压力传感器;2-测力杠杆;3-减速器;4-主动滚筒;
5-电动机;6-从动滚筒;7-车轮

时,测力杠杆与减速器壳体将一起绕主动滚筒(或绕减速器输出轴)轴线摆动。传感器将测力杠杆传来的与制动力成比例的力(或位移)转变成电信号输送到指示与拉制装置。传感器有电阻应变片式、自整角电机式、电位计式和差动变压器式等多种类型。

5)控制与指示装置

现代制动试验台的电子控制装置主要由计算机、放大器、A/D 转换器、数字显示器和打印机等组成,其控制框图如图 2-37 所示。

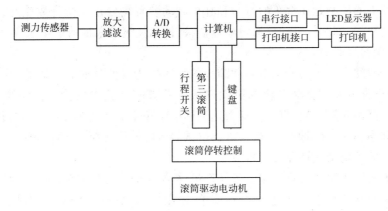

图 2-37 计算机控制框图

2. 单轴反力式滚筒制动试验台工作原理

汽车制动性能检测过程及工作原理如图 2-38 所示。被检汽车驶上制动试验台,车轮置于主、从动滚筒之间,放下举升器(或压下第三滚筒,装在第三滚筒支架下的行程开关被接通)。起动电动机,经减速器、链传动和主、从动滚筒带动车轮低速旋转,待车轮转速稳定后,驾驶员踩下制动踏板。车轮在车轮制动器的摩擦力矩 T_μ 的作用下开始减速旋转。此时电动机驱动的滚筒对车轮轮胎周缘的切线方向作用制动力 T_{x1}、T_{x2},以克服制动器摩擦力矩,维持车轮继续旋转。与此同时,车轮轮胎对滚筒表面切线方向附加一个与制动力反向等值的反作用力 F'_{x1}、F'_{x2},在 F'_{x1}、F'_{x2} 形成的反作用力矩作用下,减速器壳体与测力杠杆一起朝滚筒转动相反方向摆动,测力杠杆一端的力或位移经传感器转换成与制动力大小成比例的电信号。从测力传感器送来的电信号经放大滤波后,送往A/D 转换器转换成相应数字量,经计算机采集、存储和处理后,检测结果由指示装置显示或打印出来。在制动过程中,当左、右车轮制动力大于某一值时,计算机即开始采集

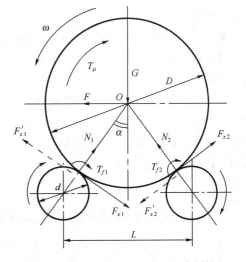

图 2-38 车轮在试验台上试验时的受力简图

G-车轮所受的荷载;F-车桥对车轮轴的水平推力;N_1、N_2-滚筒对车轮的支反力;F_{x1}、F_{x2}-滚筒对轮胎的切向摩擦力,$F = N\varphi$;F'_{x1}、F'_{x2}-车轮对滚筒的切向反作用力;φ-滚筒与车轮表面的摩擦系数;T_μ-制动器摩擦力矩;T_{f1}、T_{f2}-车轮的滚动阻力矩;α-安置角

数据。经历了规定的采集时间(如 3s)后,计算机发出指令使电动机停转,以防止轮胎剥伤。在有第三滚筒的制动试验台上,在制动过程中,第三滚筒的转速信号由传感器转变成电信号

后输入计算机,计算车轮与滚筒之间的滑移率。当滑移率达到一定值(如20%)时计算机发出指令使电动机停转。检测过程结束后,车辆即可驶出制动试验台。

测出左右车轮的制动力后,经控制装置运算便可得到左右车轮的制动力差,以评价汽车是否满足制动力平衡要求。

显然,在反力式滚筒制动试验台上检测汽车驻车制动性能的基本原理与之类似,其不同点仅在于此时汽车的制动力是由驻车制动装置产生的。

车轮阻滞力的检测是在汽车的行车和驻车制动装置均处于完全释放状态,变速器置于空挡位置时进行的。此时,电动机通过减速器、链传动及滚筒来带动车轮维持稳定旋转所需的力,即为车轮的阻滞力。

制动协调时间是从驾驶员踩下制动踏板的瞬间作为起始计时点。为此,在制动测试过程中,必须由驾驶员通过套装在汽车制动踏板上的脚踏开关向试验台控制装置发出一个"开关"信号,开始时间计数,直至制动力达到标准中规定制动力的75%时的瞬间为止。这段时间历程即为制动协调时间,通常可以通过试验台的计算机执行相应程序来实现。

3. 反力滚筒式制动试验台的使用特点

由于反力滚筒式制动试验台测试条件稳定,检测结果重复性较好,能定量检测汽车各个车轮的制动力和其他参数,且试验台结构简单、使用方便,检测过程迅速、经济、安全,不受外界条件限制,因此得到了广泛应用。

但反力滚筒式制动试验台有以下局限性。

由于制动测试时滚筒的转动速度较低,其与实际制动状况相差甚远,这将影响所测制动力的上升速度,使制动协调时间延长。若其与采样时间不能很好匹配时,甚至可能影响所测制动力值大小。

采用一般反力式滚筒制动试验台检测具有防抱死制动(ABS)系统汽车的制动性能时,所得结果不能正确反映防抱死制动(ABS)系统的功能。主要原因是测试车速较低,制动防抱死系统在低速下不起作用,只能相当于对普通的液压制动系的检测过程。

另外,静态下进行制动性能检测时,没有考虑汽车制动时因惯性作用而产生的轴荷转移现象,与实际情况差异较大;同时,制动试验台的滚筒直径太小,与轮胎的接触面积较道路试验时小得多;又由于试验台前后滚筒的间距不能调整,因此当装用不同直径车轮的汽车检测制动力时,较大和较小的车轮在滚筒上的附着情况有很大不同。这都会使检测结果受到很大影响。

三、平板式制动试验台结构及工作原理

平板式制动试验台是一种低速动态式制动试验台,可以检测各个车轮的制动力。

1. 平板式制动试验台结构

平板式制动试验台由测试平板、测量显示系统、辅助装置及踏板压力传感器构成。平板式制动试验台一般除了可以检测汽车的制动性能外,还能检测悬架性能、轴重、侧滑量,因此又称之为平板式底盘检测设备。

1) 测试平板

平板式制动试验台共6块测试平板,左右对称布置且相互独立,其两端4块用于制动、悬架、轴重测试,中间两块用于侧滑量检测,如图2-39所示。测试平板由面板、底板、钢球和力传感器等组成,如图2-40所示。底板作为底座固定在混凝土地面上,面板通过压力传感

器和钢球支承在底板上,其纵向则通过拉力传感器与底板相连。压力传感器用于测量作用于面板上的垂直力;拉力传感器则用于测量沿汽车行驶方向,轮胎作用于面板上的水平力。

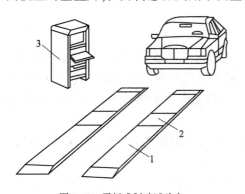

图 2-39 平板式制动试验台
1-制动、轴重、悬架测试平板;2-侧滑测试平板;3-数据处理系统

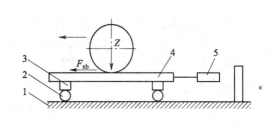

图 2-40 测试平板的结构示意图
1-底板;2-钢球;3-压力传感器;4-面板;5-拉力传感器

2) 控制和显示装置

控制与显示装置是一个以计算机为核心的数据采集、分析、处理和显示的系统。计算机对传感器的各种出信号进行高速采样,并将其转换为数字信号,并对这些数字信号进行处理、计算,并判定汽车制动性能是否合格,同时还能给被测汽车驾驶员提供操作指示。

测试平板所受到的水平力和垂直力的大小变化,分别对应于拉力传感器和压力传感器所输出的电信号的变化。拉力传感器和压力传感器输出的电信号由计算机采集、处理后,换算成制动力和轮荷的大小并分别在显示装置上显示出来。踏板压力传感器用于测出制动时作用在制动踏板上的力,如果装用无线式踏板压力传感器,平板式制动试验台不仅可测出最大制动力,还可输出制动力随时间变化的曲线、制动协调时间等信息。根据垂直力的数值及在制动过程中的波动情况,还可检测汽车轴重和悬架、减振器的性能。

3) 辅助装置

辅助装置包括前、后引板和中间过渡板,作用是方便汽车平稳地驶上、驶下制动试验台。

2. 平板式制动试验台工作原理

利用平板式制动试验台检测汽车制动性能时,汽车以 5~10km/h 的速度匀速驶上测试平板,置变速器于空挡并紧急制动。在汽车惯性力作用下,车轮则对测试平板作用一个与车轮制动力大小相等、方向与汽车行驶方向相同的作用力 F_{xb}。该作用力通过纵向拉杆传给纵向拉力传感器,传感器则将该作用力转换成相应大小的电信号输入放大器;与此同时,压力传感器将各车轮载荷的大小转换成电信号输入放大器。然后,通过控制装置处理并由显示装置显示检测结果。

根据制动过程中汽车前、后车轮作用在测试平板上的垂直力的变化情况,则可以判断汽车各个车轮的悬架性能。

3. 平板式制动试验台的使用特点

①汽车在平板式制动试验台上的制动过程与汽车路试时的制动过程较为接近,能反映车辆的实际制动性能。

②平板式制动试验台不需模拟汽车转动惯量,结构简单,较容易与轮重仪、侧滑仪组合在一起,以提高测试效率。

③平板式制动试验台存在测试重复性差,且重复试验较麻烦,占地面积大,需要助跑车道,不利于流水作业和不安全等缺点。

四、惯性式制动试验台结构及工作原理

惯性式制动试验台用旋转飞轮的转动惯量模拟车辆在道路上行驶时的动能,再现车辆在道路行驶时的状况。惯性式制动试验台的滚筒可由电动机或车辆的驱动轮驱动,能进行高速试验,因而其测试工况更接近实际。主要检测参数是各轮的制动距离,同时还可测得制动时间或减速度。

惯性式滚筒制动试验台按同时检测的轴数不同可分为单轴式和双轴式。双轴惯性式滚筒制动试验台的结构如图2-41所示。

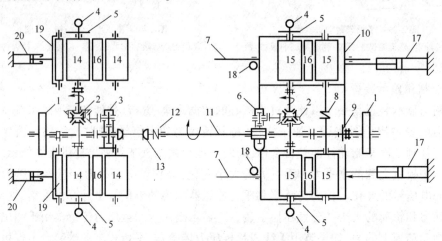

图2-41 双轴惯性式滚筒制动试验台
1-飞轮;2-传动器;3、6-变速器;4-测速发电机;5、9-光敏传感器;7-可移导轨;8、12-电磁离合器;10-移动架;11-传动轴;13-万向节;14-后滚筒;15-前滚筒;16-举升托板;17-移动架驱动液压缸;18-加紧液压缸;19-第三滚筒;20-第三滚筒调节液压缸

试验时,被检车驶上试验台后,前、后滚筒组之间的距离可用液压缸17调节,调节后用液压缸18锁紧,由汽车发动机的动力经驱动轮驱动后滚筒组旋转。左右主动滚筒用半轴与传动器2相连,并经变速器3、万向节13、电磁离合器12、传动轴11、变速器6、传动器2,带动前滚筒及汽车前轮一起旋转。此时,根据被检车辆行驶时的惯性等效质量配置的飞轮1也一起旋转。当达到试验转速时,断开连接各滚筒的电磁离合器,同时采取紧急制动。车轮制动后,滚筒飞轮依靠惯性继续转动,滚筒能转动的圈数与滚筒圆周长之积相当于车轮的制动距离。在规定试验车速下,滚筒继续转动圈数取决于车轮制动器和整个制动系的技术状况。滚筒转动圈数由装在滚筒端部的光敏传感器5转变为电脉冲送入计数器记录,在滚筒的端部还装有测速发电机4测定试验车速。利用装在惯性式制动试验台滚筒一端的测速传感器(光电式或测速电动机式)测出制动过程中的速度变化,由制动时间和速度变化可换算得到制动减速度。为防止汽车制动时向后窜出,在后滚筒组后装有第三滚筒。

利用惯性式制动试验台动态检验汽车的制动性能时,其试验条件接近汽车的实际行驶条件,具有能在任何车速下进行汽车制动性能检测的优点。但这种试验台旋转部分的转动惯量较大,因而其结构较复杂,占地面积大,且检验的车型范围受到一定限制,所以应用范围不如反力式制动试验台广泛。

五、汽车轴重的检测

轴重指汽车某一轴的重量,各轴的轴重之和,就是汽车总重。

GB 7258—2012《机动车运行安全技术条件》规定,通过试验台用制动力作为指标检测汽车的制动性能时,是以轴制动力占轴荷的百分比来进行评价的。因此为评价制动性能,除了设置汽车制动试验台外,还必须配备汽车轴重试验台。有些复合式滚筒制动试验台装有轴重测量装置(此时,可不配置轴重试验台),称重传感器(应变片式)通常安装在每一车轮测试单元框架下的4个支承脚处。轴重试验台用于分别测定汽车各轴的垂直载荷,在制动检测时,提供计算汽车各轴及整车的制动效能时所需的轴重数据。

轴重仪主要由框架和承重台面及电子仪表组成。承重台面四角分别固定四个压力应变传感器,如图2-42所示。当传感器受到压力时,电阻应变片的阻值发生变化,从而能够输出与所受压力成正比的电压信号。

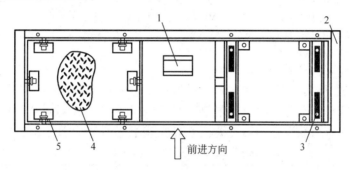

图 2-42 轴重仪结构简图
1-铭牌;2-框架;3-传感器;4-承载台面;5-缓冲体

第六节 点燃式发动机汽车排放污染物检测

一、点燃式发动机汽车排气污染物检测标准

1. 点燃式发动机汽车双怠速排气污染物排放限值

根据 GB 18285—2005《点燃式发动机汽车排气污染物排放限值及检测方法(双怠速法及简易工况法)》,在用点燃式发动机汽车的排放监控,采用双怠速法排气污染物排放限值及测量方法。其排气污染物排放限值见表2-14。

对于使用闭环控制电子燃油喷射系统和三元催化转化器技术的汽车进行过量空气系数(λ)的测定。发动机转速为高怠速转速时,λ应在 1.00 ± 0.03 或制造厂规定的范围内。进行测试前,应按照制造厂使用说明书规定预热发动机。

2. 点燃式发动机汽车工况法排气污染物排放限值

GB 18285—2005《点燃式发动机汽车排气污染物排放限值及测量方法(双怠速法及简易工况法)》规定,在机动车保有量大、污染严重的地区,也可按规定采用该标准附录B、C、D所列的简易工况法。

采用简易工况法的地区,应制定地方排气污染物排放限值,经省级人民政府批准,报国务院环境保护行政主管部门备案后实施。

在用汽车排气污染物排放限值(体积分数)　　表 2-14

车　型	类　别			
	急速		高急速	
	CO(%)	HC(10^{-6})	CO(%)	HC(10^{-6})
1995 年 7 月 1 日前生产的轻型汽车	4.5	1200	3.0	900
1995 年 7 月 1 日起生产的轻型汽车	4.5	900	3.0	900
2000 年 7 月 1 日起生产的第一类轻型汽车	0.8	150	0.3	100
2001 年 10 月 1 日起生产的第二类轻型汽车	1.0	200	0.6	150
1995 年 7 月 1 日前生产的重型汽车	5.0	2000	3.5	1200
1995 年 7 月 1 日起生产的重型汽车	4.5	1200	3.0	900
2004 年 9 月 1 日起生产的重型汽车	1.5	250	0.7	200

注:1. 对于 2001 年 5 月 1 日以后生产的 5 座以下(含 5 座)微型面包车,执行此类在用车排气标准。
　　2. 轻型汽车指最大总质量不超过 3500kg 的 M_1 类、M_2 类和 N_1 类车辆。
　　3. 第一类轻型汽车指设计乘员数不超过 6 人(包括驾驶员),且最大总质量不超过 2500kg 的 M_1 类汽车。
　　4. 第二类轻型汽车指除第一类轻型汽车之外的轻型汽车。
　　5. 重型汽车指最大总质量超过 3500kg 的车辆。

　　以陕西省为例,该省于 2008 年 6 月 5 日发布了 DB 61/439—2008《在用点燃式发动机轻型汽车稳态工况法排气污染物排放限值》,对于 2000 年 7 月 1 日后生产的第一类轻型汽车和 2001 年 10 月 1 日后生产的第二类轻型汽车,其排放性能应满足表 2-15 的规定。

稳态工况法排气污染物排放限值　　表 2-15

车辆基准质量 RM(kg)	ASM5025			ASM2540		
	HC(10^{-6})	CO(%)	NO(10^{-6})	HC(10^{-6})	CO(%)	NO(10^{-6})
$RM \leq 1020$	230	1.3	1850	230	1.5	1700
$1020 < RM \leq 1250$	190	1.1	1500	190	1.2	1350
$1250 < RM \leq 1470$	170	1.0	1300	170	1.1	1200
$1470 < RM \leq 1700$	160	0.9	1200	160	1.0	1100
$1700 < RM \leq 1930$	130	0.8	1000	130	0.8	900
$1930 < RM \leq 2150$	120	0.7	900	120	0.8	800
$2150 < RM \leq 2500$	110	0.6	750	110	0.7	700

二、点燃式发动机汽车排气污染物检测方法——双急速法

1. 双急速工况

　　双急速工况排气污染物检测指在急速和高急速两个工况下,对汽车的排气污染物所进行的检测。

　　急速工况指离合器接合、变速器挂空挡、加速踏板处于松开位置时的发动机运转工况;而高急速工况指在急速工况条件下,通过加大节气门开度,使发动机转速稳定控制在 50% 额定转速,或制造厂技术文件中规定的高急速转速时的工况。根据 GB 18285—2005《点燃式发动机汽车排气污染物排放限值及测量方法(双急速法及简易工况法)》:轻型汽车的高急速转速为 2500±100r/min,重型汽车的高急速转速为 1800±100r/min,如有特殊规定,则按照制造厂技术文件中规定的高急速转速。

2. 检测仪器

在双怠速工况下检测汽车排放废气中的 CO、HC 浓度时,所使用的仪器为采用不分光红外线分析法的汽车排气分析仪,根据能够测量气体的种类数目,又可分为二气体、三气体、四气体和五气体排气分析仪。采用多气体排气分析仪可同时检测 O_2、CO、CO_2、HC、NO 的浓度,可用于对发动机及催化转化器的工作情况进行评价。

3. 检测方法

① 保证被检测车辆处于正常状态,发动机进气系统应装有空气滤清器,排气系统应装有排气消声器,并不得泄漏。

② 在发动机上安装转速计、点火正时仪、冷却液和润滑油测温计等测量仪器。测量时,发动机冷却液和润滑油温度应不低于 80℃。

③ 发动机从怠速状态加速至 70% 额定转速,运转 30s 后降至高怠速状态。将取样探头插入排气管中,深度不少于 400mm,并固定在排气管上。维持 15s 后,由具有平均取值功能的仪器读取 30s 内的平均值,或者人工读取 30s 内的最高值和最低值,其平均值即为高怠速污染物测量结果。对于使用闭环控制电子燃油喷射系统和三元催化转化器技术的汽车,还应同时读取过量空气系数 (λ) 的数值。

④ 发动机从高怠速降至怠速状态 15s 后,由具有平均取值功能的仪器读取 30s 内的平均值,或者人工读取 30s 内的最高值和最低值,其平均值即为怠速污染物测量结果。

⑤ 若为多排气管时,取各排气管测量结果的算术平均值作为测量结果。

⑥ 若车辆排气管长度小于测量深度时,应使用排气加长管。

若汽车排气污染物检测结果有一项超过表 2-14 排气污染物排放限值的规定,则认为汽车的排放性能不合格;对于使用闭环控制电子燃油喷射系统和三元催化转化器技术的车辆,检测的过量空气系数 (λ) 如果超出相应要求,则认为排放性能不合格。

三、点燃式发动机汽车排气污染物检测方法——工况法

工况法是将汽车若干常用工况和排气污染较重的工况结合在一起检测排气污染物的方法,以最大限度地重现汽车运行时的排放特性。工况法检测结果能较全面评价车辆的排放性能,但检测过程和检测设备复杂得多。

1. 稳态工况法

GB 18285—2005《点燃式发动机汽车排气污染物排放限值及测量方法(双怠速法及简易工况法)》规定了稳态工况(ASM)测量方法。

1)检测设备

利用稳态工况法检测汽车排气污染物时,所需要的主要仪器设备有:汽车底盘测功机及惯性模拟装置、气体分析仪、计算机控制系统、辅助装置和转速计、湿度计、温度计、计时器等。

① 底盘测功机用来承载测试车辆。由于需模拟一定的车速,必须施加对应于该车速的负荷,所以底盘测功机要配置功率吸收装置;此外,还应按规定配备惯性飞轮(或电模拟惯量),以模拟加速工况。

② 气体分析仪测量车辆排气管中排出的 CO、HC、CO_2、NO、O_2 的浓度,并将检测结果传递给控制系统。其中:CO、HC 和 CO_2 采用不分光红外法检测,NO 和 O_2 采用电化学法。

③ 计算机控制系统由主控柜、工业控制计算机、打印机、电气控制系统、计算机软件系统组成,用于 ASM 测量过程的控制、数据测量处理与评价。

④其他辅助设备。显示屏为引车员提供操作指示画面,以便引车员按检测规程对车辆的速度进行控制;车辆散热风扇用于在检测过程中对车辆散热,以免车辆因发动机过热而造成损害;挡车器和地锚作为测试系统的安全装置。挡车器是用来固定未检轴的位置,以免车辆前后窜动;地锚用于安装安全带,安全带固定在被测车辆上,避免车辆高速测量时窜出底盘测功机。

2) 检测工况

稳态工况(ASM)模拟检测工况为两种稳态工况,见图2-43所示:

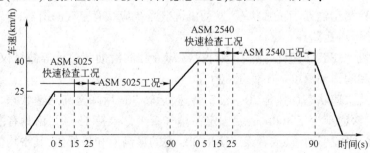

图2-43 稳态工况法(ASM)实验运转循环

①高负荷低速工况,即50%节气门开度,车速为25km/h。
②中负荷中速工况,即25%节气门开度,车速为40km/h。

稳态工况法仅适用于最大总质量小于3500kg的汽车。

(1) ASM 5025 工况。

底盘测功机以汽车车速为25km/h,加速度1.475m/s²时输出功率的50%作为设定功率对汽车加载,汽车加速至25km/h,工况计时器开始计时(t=0s)。汽车以25km/h(±1.5 km/h)的速度持续运转5s,然后系统开始取样,在该速度下持续运行10s(t=25s)即为ASM 5025快速检查工况。ASM 5025快速检查工况结束后,继续运行至t=90s,即完成ASM 5025工况。

(2) ASM 2540 工况。

底盘测功机以汽车车速为40km/h,加速度为1.475 m/s²时输出功率的25%作为设定功率对汽车加载。ASM 5025工况检测结束后,立即加速至40km/h,工况计时器开始计时(t=0s);汽车以40km/h(±1.5 km/h)的速度持续运转5s,然后系统开始取取样,在该速度下持续运行10s(t=25s)即为ASM 2540快速检查工况。ASM 2540快速检查工况结束后,继续运行至t=90s即完成ASM 2540工况。

3) 检测方法

检测时,汽车驱动轮置于测功机滚筒上,将分析仪取样探头插入排气管,深度400mm,并固定于排气管上,对独立工作的多排气管应同时取样。

将车速稳定控制在规定工况速度(25 km/h及40 km/h两个工况),由电气控制系统控制调节功率吸收装置,使得加载到滚筒表面的总吸收功率为测试工况下的给定加载值,使车辆在规定载荷下稳定运行。五气体分析仪测量车辆所排出废气中各成分的含量,通过分析仪自带的环境测试单元测取温度、湿度气压参数,计算出稀释系数,然后计算出校正后的CO、HC、NO排气浓度值。

测试过程中,控制系统发出操作指令,由显示仪显示,引导检验员操作。发动机冷却风机对发动机吹风散热。安全装置则用于保障测试时的车辆运行安全。

汽车在测功机上实验车速的允许误差为±1.5km/h,加载转矩应随车速的变化做相应的调整,保证加载功率不随车速改变;转矩允许误差为该工况设定转矩的±5%。

2. 简易瞬态工况法

GB 18285—2005《点燃式发动机汽车排气污染物排放限值及测量方法(双怠速法及简易工况法)》规定了VMAS简易瞬态工况测量方法。

轻型点燃式发动机汽车简易瞬态工况污染物排气检测系统(简称VMAS系统),是基于轻型车污染物质量排气的测试系统。检测时,汽车在底盘测功机上行驶以模拟真实运行工况,在加载情况下测定汽车发动机排出的各种废气成分的瞬态浓度值,可以较真实反映汽车实际运行时的排放性能。简易瞬态工况法能检测排气污染物每公里的排气量,并以g/km表示,有利于归纳排放因子,估算和统计城市机动车污染物的排气总量。多工况循环汽车排放检测多用作定型车鉴定、科研和生产车抽检。

1) 检测设备

简易瞬态工况法排放性能检测设备包括底盘测功机、气体分析仪和气体流量分析仪组成的采样分析系统,见图2-44所示。

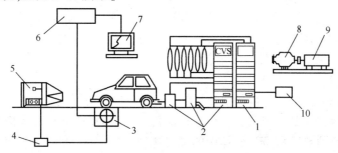

图2-44 瞬态工况法排气测试系统

1-排气分析仪;2-CVS采样系统;3-底盘测功机;4-变频器;5-风机;6-测功机控制台;7-监视仪;8-发动机;9-测功机;10-加热过滤器

底盘测功机应配备功率吸收装置和惯性飞轮组(或电模拟惯量),以模拟道路行驶阻力和加速阻力。

气体分析仪的功能和作用与稳态工况法测试相同。

气体流量分析仪的作用是要最终检测出排气污染物的质量。其结构由微处理器、锆氧气传感器、鼓风机、通气室、流量传感器、温度和压力传感器组成。

2) 检测原理

利用简易瞬态工况法检测点燃式发动机汽车的排放性能时,底盘测功机模拟汽车的加速惯量和道路行驶阻力,使汽车产生接近实际行驶时的排气量。

在检测过程中,锆氧气传感器用来测试稀释气体的氧气浓度,也可以测量测试开始时环境空气的氧气浓度。通过与五气排气分析仪氧气浓度比较,还可以用来计算稀释比率。流量传感器测得的流量值是稀释气体的实际流量,该流量值经过温度和压力补偿校正后,就可以得到稀释气体的标准流量。

简易瞬态工况法的采样系统有两个分支:一个分支是气体分析仪采样管抽取小量原始排气气体送至气体分析仪,分析原排气污染物浓度;另一个分支是气体流量分析仪的抽气机吸入排气管剩余排气气体,与环境空气混合稀释后,送至气体流量分析仪,通过分析得到排气流量。

在数据采集过程中,系统将实时测量的排气气体浓度和稀释流量值送给计算机,并由计算机计算出单位时间(s)的污染物质量排放值Q_g(g/s):

$$Q_g = N_v \times \rho \times Q_v$$

式中：Q_g——污染物质量排放值，g/s；

N_v——污染物浓度，%；

ρ——污染物密度，g/m³；

Q_v——排气气体流量，m³/s。

CO、HC、CO_2、NO 的浓度由五气分析仪采样原始排气气体而获得。标准状态下，每种气体的密度都是常量。

排气气体流量无法直接测量，由稀释气体的标准流量和稀释比计算得到，计算公式为：

$$Q_v = Q_{vo} \cdot \sigma$$

式中：Q_{vo}——稀释气体标准流量，m³/s；

σ——稀释比，%。

稀释比 σ 的值为 0~100%，其计算公式为：

$$\sigma = \frac{N_o - N_{o2}}{N_o - N_{o1}}$$

式中：N_o——环境 O_2 浓度，%；

N_{o1}——原始排气 O_2 浓度，%；

N_{o2}——稀释排气 O_2 浓度，%。

环境 O_2 浓度和稀释 O_2 浓度的值通过流量分析仪中具有快速反应能力的锆氧气传感器测得，原始 O_2 浓度的值通过五气分析仪采样测得。环境 O_2 浓度是每次检测前大气中的氧气含量，稀释 O_2 浓度则是稀释后气体中的氧气含量。

3）检测工况

在进行排气污染物检测前，系统应根据车辆参数自动设定测功机载荷，或根据基准质量设定试验工况吸收功率值，可采用表 2-16 的推荐值。在汽车底盘测功机上运行的试验循环即模拟城市运行工况的乘用车十五工况试验循环。

在 50km/h 等速时吸收驱动轮上的功率　　　　　　　　　　表 2-16

基准质量 RM (kg)	测功机吸收功率 P(kW)	
	A 类①	B 类②
RM≤750	1.3	1.3
750 < RM≤850	1.4	1.4
850 < RM≤1020	1.5	1.5
1020 < RM≤1250	1.7	1.7
1250 < RM≤1470	1.8	1.8
1470 < RM≤1700	2.0	2.0
1700 < RM≤1930	2.1	2.1
1930 < RM≤2150	2.3	2.3
2150 < RM≤2380	2.4	2.4
2380 < RM≤2610	2.6	2.6
2610 < RM	2.7	2.7

注：对于基准质量大于 1700kg 的非轿车车辆或全轮驱动车辆，表 2-16 中功率值应乘以 1.3。

①适用于轿车。

②使用于非轿车车辆和全轮驱动车辆。

4) 检测方法

①根据需要在发动机上安装转速表和润滑油测温计等。

②驱动轮驶入底盘测功机滚筒机构,将分析仪取样探头插入排气管,深度 400mm 以上,并固定于排气管上。

③按照试验运转循环开始进行试验。排气污染物测量值应由系统主机自动进行计算和修正;系统主机最后应给出各污染物排气计算结果;测试过程及结果数据应在系统数据库进行记录存储。

四、点燃式发动机汽车排气污染物检测技术与设备

对于在用点燃式发动机汽车应检测双怠速工况下的 CO 和 HC,所采用的设备为不分光红外线吸收型(NDIR)检测仪;此外,常用的气体分析方法还有氢火焰离子分析法(FID)、化学发光分析法(CLD)等。

1. 不分光红外线气体分析

不分光红外线气体分析仪由废气取样装置、废气分析装置、浓度指示装置和校准装置构成。图 2-45 为汽车排出的废气在分析仪中的流动路线示意图。废气取样装置由取样探头、滤清器、导管、水分离器和泵等组成。通过取样探头、导管和泵从汽车排气管中收集并取出废气,经滤清器和水分离器除去废气中的炭渣、灰尘和水分后,送入气体分析装置。

红外线气体分析装置见图 2-46。两个红外线光源发出两束红外线,当红外线通过旋转并具有两翼的遮光片时,两束红外线被同时遮断,随后又同时导通,从而形成红外线脉冲。红外线脉冲经滤清器、气样室进入测量室。气样室由两个腔构成,其一为对比室,内充不吸收红外线能量的氮气;其二为试样室,其中连续流过被测汽车所排放的废气,某种废气成分(如 CO 或 HC)的浓度越高,吸收通过试样室的相应特征波长的红外线能量越多,这样两束红外线所具有能量便产生了差异。检测室由容积相等的两室构成,中间由金属膜片隔开,两室充有相同浓度的被测气体,如测废气中 CO 含量时,两室均充有 CO;而测 HC 含量时,充入 C_6H_{14} 气体。由于通过对比室到达检测室的红外线能量未被吸收,因此对比室下方检测室中的被测气体吸收了较多能量;而通过试样室到达检测室的红外光线已被所测气体吸收了一部分能量,因此试样室下方检测室中的被测气体只能吸收较少能量。这样,检测室两腔中的气体便产生了温差并使两腔压力出现差异,压力差使作为电容一个极的金属膜片产生弯曲振动,其振动频率取决于旋转遮光片的转速,振幅则取决于所测气体的浓度。膜片的弯曲振动使电容的电容值交替变化,电容值的交替变化产生了交变电压。交变电压经放大整流后,转换为直流信号输送给指示装置。指示装置根据气体分析装置传来的电信号,在 CO 指示表上以容积百分数(%)为单位指示出废气中 CO 的浓度;或在 HC 指示表上以正己烷当量容积百万分数($\times 10^{-6}$)为单位指示出废气中 HC 的浓度。

利用不分光红外线气体分析仪上的零点调整旋钮、量程转换开关可使仪表指示零位及指示值量程得到调节。为使测试值准确,气体分析仪设置了校正装置。校正装置有用标准气体进行校正的校正装置和对指示值机械校正的简易校正装置两种。标准气样校准装置是把标准气样从分析仪上单设的一个专用注入口直接送到气体分析装置,再通过比较标准气体浓度值和仪表指示值的方法来进行校准的装置;简易校正装置通常是用遮光板把气体分析装置中通过测量气样室的红外线挡住一部分,用减少一定量红外线的方法进行简单校准的装置。

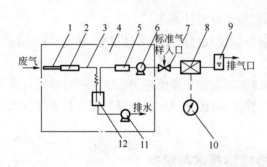
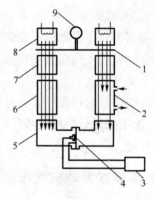

图 2-45　气体在分析仪中的流动路线
1-取样探头;2、5-滤清器;3-导管;4-废气取样装置;6、11-泵;
7-换向阀;8-废气分析装置;9-流量计;10-浓度指示装置;
12-水分离器

图 2-46　红外线气体分析装置原理图
1-旋转遮光片;2-试样管;3-电测量装置;4-膜片;5-检测室;6-对比室;7-滤清器;8-红外线辐射仪;9-电动机

2. 氢火焰离子分析

氢火焰离子分析法(FID)的工作原理是基于大多数有机碳氢化合物在氢火焰中产生大量电离的现象来测定 HC 浓度的。

氢火焰离子分析仪通常由燃烧器、离子收集器及测量电路组成。图 2-47 为 FID 的工作原理图,被测气体与含有 40% H_2(其余为 He)的燃料气体混合后进入燃烧器,并与引入的空气一起形成可燃混合气。此时用点火丝点燃,HC 便在氢火焰的高温(2000℃ 左右)中,裂解产生元素态碳,然后形成碳离子,在 100～300V 外加电压作用下形成离子流,这个离子流(电流)的强度与 HC 中 C 原子数成正比,可见只要测出这个离子电流的大小,就可得到 HC 的浓度。微弱的离子电流经放大后送入指示或记录仪表。整个系统应加电磁屏蔽,以避免外界电磁干扰的影响。

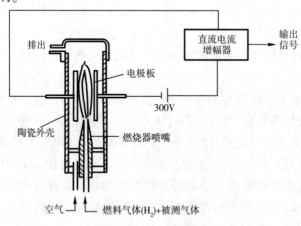

图 2-47　FID 工作原理

3. 化学发光分析

为全面反映汽车污染物排放情况、燃烧效率和供给系统工作情况,需进行四气(CO、NO_2、HC、O_2)或五气(CO、NO_2、HC、O_2、CO_2)分析。

以上五种气体的浓度通常采用两类方法测定,其中 CO、HC 和 CO_2 利用不分光红外线气体分析的基本原理进行测定,而 NO_x(NO + NO_2)和 O_2 的浓度可采用电化学的原理测定。

在测试通道中设置氧传感器,即可测试排气中 O_2 的浓度,NO_x(NO + NO_2)浓度可采用化学发光法精确测定。其基本原理是：首先通过适当的化学物质（如：碳化物、钼化物）将排气中的NO_2全部还原成NO；NO与O_3接触时发生如下化学反应：

$$NO + O_3 \rightarrow NO_2 + O_2$$
$$NO_2^* \rightarrow NO_2 + h\gamma$$

NO与O_3反应生成的NO_2中，约有10%处于被激励状态。当被激励状态的NO_2^*回复到基态时，会发出波长为0.59~2.5μm光量hγ（h为普朗克常数，γ为光子的频率）。其发光强度与排气中存在的NO的质量流量成正比。使用适当波长的光电检测器（如光电二极管），即可根据其输出电信号强弱换算出NO的含量。该方法称为CLD法，其测试过程见图2-48。

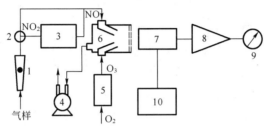

图2-48　CLD法测试过程

1-流量计；2-二通阀；3-催化转化器；4-抽气泵；5-O_2发生器；6-反应室；7-光电倍增器；8-放大器；9-指示仪表；10-高压电表；11-电流放大器

化学发光分析仪从原理上讲只能测量NO，而无法测量NO_2。但实际应用中，可以先通过适当的转换将NO_2还原成NO，然后再进行NO的测量，即可用间接方法测出NO_2。因此，用同一仪器也可以测得NO_2和NO_x。

第七节　压燃式发动机汽车自由加速烟度检测

一、压燃式发动机汽车排气烟度限值

在用压燃式发动机汽车应对排气烟度进行检测。GB 3847—2005《车用压燃式发动机和压燃式发动机汽车排气烟度排放限值及测量方法》规定的排气烟度检测方法和限值见表2-17所示。在机动车保有量大、污染严重的地区可采用加载减速工况法。

在用压燃式发动机汽车排气烟度检测方法和限值　　表2-17

车　型		检测方法	光吸收系数（m^{-1}）	烟度值（R_b）
2005年7月1日起本标准实施后经形式核准批准生产的在用汽车		自由加速-不透光烟度法	不大于车型核准时的自由加速排气烟度排放限值，再加$0.5m^{-1}$	—
2001年10月1日起至2005年6月30日生产的汽车	自然吸气式	自由加速-不透光烟度法	2.5	—
	涡轮增压式	自由加速-不透光烟度法	3.0	—
1995年7月1日起至2001年9月30日期间生产的在用汽车		自由加速-滤纸烟度法	—	4.5
1995年6月30日以前生产的在用汽车		自由加速-滤纸烟度法	—	5.0

二、压燃式发动机汽车排气烟度检测工况

压燃式发动机汽车的排气烟度检测工况是自由加速工况。

自由加速工况指:在发动机怠速下,迅速但不猛烈地踏下加速踏板,使喷油泵供给最大油量。在发动机达到调速器允许的最大转速前,保持此位置。一旦达到最大转速,立即松开加速踏板,使发动机恢复至怠速。应于 20s 内完成循环组成所规定的循环,其试验规范见图 2-49。

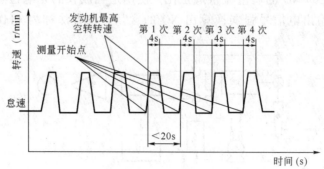

图 2-49 自由加速试验循环

三、压燃式发动机汽车排气烟度检测步骤

自由加速烟度检测所用的仪器为滤纸式烟度计或不透光烟度计。其检测步骤为:

①安装取样探头。将取样探头固定于排气管内,其插入深度不小于 300mm,并使中心线与排气管轴线平行。

②吹除积存物。按试验循环进行二次(或二次以上)自由加速,以清除排气系统中的积存物。

③测量。用不透光烟度计或滤纸式烟度计按规定循环,连续测量最后四次自由加速工况下的光吸收系数或烟度值,检测结果取后三次读数的算术平均值。

四、烟度检测方法——滤纸烟度法

滤纸式烟度计由废气取样装置、烟度测量装置、走纸机构和控制机构构成,见图 2-50。用滤纸式烟度计检测自由加速工况下压燃式发动机汽车的排气烟度时,需从排气管抽取规定容积的废气,并使之通过规定面积的标准洁白滤纸,其滤纸被染黑的程度称之为烟度。

1. 废气取样装置

废气取样装置由活塞式抽气泵、取样探头、取样管及电磁阀等组成。取样前,压下抽气泵手柄,直至克服复位弹簧的张力使活塞到达最下端,并用锁紧弹簧锁紧;当需要取样时,踩下脚踏开关或按下"手动抽气"按钮,锁紧装置松开,活塞在弹力作用下上升到顶端。在活塞上升过程中,柴油机排出的废气经取样管,通过滤纸进入抽气泵中。废气流经抽气泵时,碳烟存留在滤纸上,使滤纸变

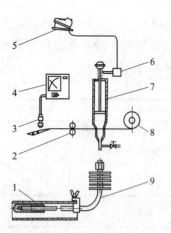

图 2-50 烟度计工作原理图
1-排气管;2-滤纸进给机构;3-光敏传感器;
4-指示仪表;5-脚踏开关;6-电磁阀;7-抽气泵;8-滤纸卷;9-取样探头

黑。滤纸的有效工作面直径为32mm。当抽气泵活塞完成复位行程到达泵筒下端时,滤纸夹持机构松开,电动机带动走纸轮转动,走纸轮则带动滤纸实现位移使染黑的滤纸移位至烟度测量装置。

2. 烟度检测装置

烟度检测装置由环形硒光电池、光源和指示仪表构成。接通电源后,光源发出的光线通过带有中心孔的环形硒光电池照射到滤纸上。当滤纸的污染程度不同时,反射给环形硒光电池感光面的光线强度也不同。环形硒光电池是一种光电元件,用于接收滤纸上的反射光,产生电流送给指示仪表。滤纸的污染程度不同,反射给硒光电池的光强度不同,因此硒光电池所产生的电流强度也不同。烟度检测装置见图2-51。指示仪表是一块微安表,当由硒光电池输送来的电流强度不同时,指示仪表指针的位置也不同。仪表表盘以0~10均匀刻度,测量全白滤纸时指针位置为0,测量全黑滤纸时指针位置为10。

3. 走纸机构

走纸机构见图2-52。滤纸经夹紧机构和烟度检测装置,由电动机带动走纸轮转动,走纸轮则带动滤纸实现位移。取样时,电磁铁吸合,带动滤纸压紧杆把滤纸压紧;抽气泵复位时,滤纸压紧杆上升,夹纸机构松开,同时走纸电磁铁吸合,电动机旋转带动走纸轮使滤纸移位。走纸轮转一圈,滤纸移位42mm,恰好把上次抽样时被污染的滤纸移位至烟度检测装置,从而检测出烟度值。

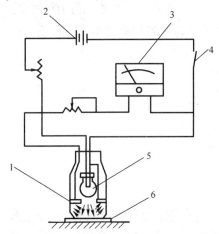

图2-51 烟度检测装置
1-环形硒光电池;2-电源;3-指示仪表;4-电源开关;5-灯泡;6-滤纸

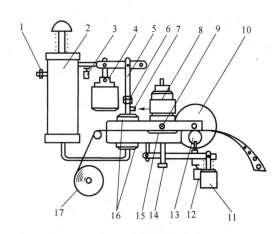

图2-52 走纸机构示意图
1-调节阀;2-抽气泵;3、12-微动开关;4-电磁铁;5-滤纸压紧杆;6-调节螺钉;7-排气入口;8-烟度检测装置;9-锁紧螺母;10-走纸电动机;11-走纸电磁铁;13-走纸轮;14-拉杆;15-校准插口;16-加紧机构;17-滤纸

4. 控制机构

控制机构包括用脚操纵的抽气泵电磁开关、滤纸进给机构和压缩空气清洗机构等。压缩空气清洗机构可在废气取样前,用压缩空气清除探头内和取样管内积存的炭粒。控制用压缩空气的压力为392~588kPa;清洗用压缩空气的压力为294~392 kPa。

滤纸式烟度计的校正非常简单。校正时,把校正用标准滤纸(满刻度的一半,烟度为5)放在烟度检测装置的滤纸接触面上,然后用调节旋钮把指示仪表的指针调到标准校正滤纸的烟度值,以保证指示仪表的指示精度。

五、烟度检测方法——不透光烟度法

不透光烟度计是一种利用透光衰减率测定排气烟度的仪器。不透光烟度计具有一个测试管 S 和一个校正管 A，如图 2-53 所示。烟度测试时，将需要测定的一部分排放废气导向测试管，并用电风扇向校正管吸入干净空气。当由测试管一端的光源发出的光线透过测试管中的烟层照到测试管另一端的光电管上时，由光电管测出光线强度的衰减量；将光源和光电管转向校正管（图中虚线位置），可用作零点校正。其烟度显示仪表从 0 到 100% 均匀分度，其单位称为不透光度，光线全通过时为 0，全遮挡时为 100%。

光吸收系数 K 与光的衰减量之间的关系为：

$$\phi = \phi_0 \cdot e^{-KL}$$

式中：ϕ_0——入射光通量，lm；

ϕ——出射光通量，lm；

L——被测气体的光通道的有效长度，m。

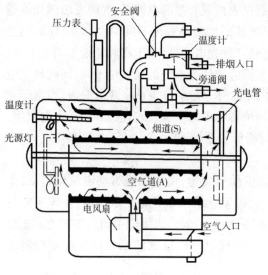

图 2-53 不透光烟度计结构原理图

不透光度 N 指阻止光从光源通过充满烟气的测试管到达光接收器的传输百分比。无烟通过光线完全通过时为 0，光线全被遮挡时为 100%。其关系式为：

$$N = 100\left(1 - \frac{\phi}{\phi_0}\right)$$

不透光度 N 与光吸收系数 K 间的关系为：

$$K = -\frac{1}{L}\ln\left(1 - \frac{1}{100}\right)$$

式中：N——不透光度，%；

K——相应的光吸收系数，m^{-1}。

由于废气是连续不断通过测试管的，所以不论稳态、非稳态和过渡现象烟度的测定都很方便。但是由于光学系统的污染，不透光烟度计在测试中容易产生误差，因此必须注意清洗。另外，汽车所排出的废气中所含的水滴和油滴也可能作为烟度显示出来。当抽样检验的排气温度超过 500℃ 时，必须采用其他冷却装置冷却，以确保其检测精度。

第八节 汽车前照灯检测

汽车前照灯的技术状况对于保障汽车夜间安全行驶意义重大，是汽车安全性能检测的重要项目。

一、汽车前照灯检测项目与标准

汽车前照灯检测过程中，应检测其发光强度和光束照射方向，检测值必须满足 GB 7258—2012《机动车运行安全技术条件》的规定。此外，前照灯的配光性能应满足 GB 4599—2007《汽

车用灯丝灯泡前照灯》的要求。

1. 基本要求

①在正常使用条件下,机动车前照灯光束照射位置应保持稳定。

②装有前照灯的机动车应有远、近光变换装置,并且当远光变为近光时,所有远光应能同时熄灭。同一辆机动车上的前照灯不允许左、右的远、近光灯交叉开亮。

③所有前照灯的近光都不允许炫目。

④汽车装用的前照灯应符合 GB 4599—2007《汽车用灯丝灯泡前照灯》等有关标准的规定。

2. 前照灯光束照射位置要求

1)近光光束照射位置

在检验前照灯近光光束照射位置时,前照灯照射在距离 10m 的屏幕上时,乘用车前照灯近光光束明暗截止线转角或中点的高度应为 $0.7 \sim 0.9H$(H 为前照灯基准中心高度,下同),其他机动车(拖拉机运输机组除外)应为 $0.6 \sim 0.8H$。机动车(装用一只前照灯的机动车除外)前照灯近光光束水平方向位置向左偏不允许超过 170mm,向右偏不允许超过 350mm。

2)远光照射位置

在检验前照灯远光照射位置时,对于能单独调整远光光束的前照灯,前照灯照射在距离 10m 的屏幕上时,其屏幕光束中心离地高度,对乘用车为 $0.85 \sim 0.95H$(但不得低于前照灯近光光束明暗截止线转角或中点的高度),对其他机动车为 $0.8 \sim 0.95H$;机动车(装用一只前照灯的机动车除外)前照灯远光光束水平位置要求,左灯向左偏应小于等于 170mm,向右偏应小于等于 350mm,右灯向左或向右偏均应小于等于 350mm。

3. 远光光束发光强度要求

每只前照灯的远光光束发光强度应达到表 2-18 的要求。测试时,其电源系统应处于充电状态。

前照灯远光光束发光强度最小值要求(单位:cd)　　表 2-18

机动车类型	检 查 项 目			
	新注册车		在用车	
	两灯制	四灯制	两灯制	四灯制
最高设计车速小于 70km/h 的汽车	10000	8000	8000	6000
其他汽车	18000	15000	15000	12000

注:四灯制是指前照灯具有四个远光光束;采用四灯制的机动车其中两只对称的灯达到两灯制的要求时视为合格。

二、前照灯检测的基本原理

1. 用屏幕法检测光束照射位置的基本原理

检查场地应平整,屏幕与场地应垂直。光束照射位置检测应在车辆空载、轮胎气压正常、乘坐一名驾驶员的条件下进行。将车辆停置于屏幕前,汽车纵轴线与屏幕垂直,使前照灯基准中心距屏幕 10m。

屏幕画有三条垂直线和三条水平线。垂线 $V-V$ 与车辆纵向中心线对齐,两侧垂线 $V_{左}-V_{左}$ 和 $V_{右}-V_{右}$ 分别与左右前照灯中心线对齐。水平线 $h-h$ 与被检车辆前照灯中心等高,距地面高度为 $H(mm)$,其下第一条水平线与被检车辆前照灯远光光束中心的上限值等高,

距地面高度为 $H_1=0.95H$（对乘用车）；第二条水平线与被检车辆的前照灯近光光束中心的上限值等高,距地面高度为 $H_2=0.9H$（对乘用车）。标准规定远、近光光束中心高度的偏差范围分别为 $0.1H$ 和 $0.2H$（对乘用车）,即其下限值分别为 $0.85H$ 和 $0.7H$。

检测前照灯的光束照射位置时,先遮住一侧的前照灯,首先对未遮盖前照灯的近光进行检测。根据检测标准,其近光明暗截止线转角或光束中心应照在高度为 H_2、$H_2-0.2H$ 的两条水平线及距垂直线 $V-V$ 的距离为 $\frac{1}{2}S+170\text{mm}$、$\frac{1}{2}S-350\text{mm}$（对左灯）或 $\frac{1}{2}S+350\text{mm}$、$\frac{1}{2}S-170\text{mm}$（对右灯）的两条垂直线所围成的矩形框内,否则表明近光光束偏斜量超标,见图2-54。一般而言,在检测调整光束照射方向时,对远、近双光束灯以检测调整近光光束为主。

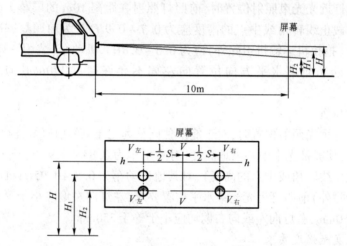

图2-54　用屏幕检测前照灯光束照射位置

在检验前照灯远光光束及远光单光束照射位置时,根据检测标准,其光束中心应位于由高度为 H_1、$H_1-0.1H$ 的两条水平线和距垂直线距离为 $\frac{1}{2}S+170\text{mm}$、$\frac{1}{2}S-350\text{mm}$（对左灯）或 $\frac{1}{2}S-350\text{mm}$、$\frac{1}{2}S+350\text{mm}$（对右灯）的两条垂直线所围成的矩形内。

屏幕法简单易行,但只能检测光束照射位置;同时需经常更换屏幕,且占用场地较大。

2. 用检测仪检测发光强度和光束照射位置的基本原理

前照灯检测仪采用可把所吸收的光能转变为电流的光电池作为传感器,按照前照灯主光束照在其上时所产生电流的大小和比例,来检测前照灯的发光强度和光束偏斜量。

1）发光强度检测原理

发光强度是光源在给定方向上发光强弱的度量,其单位为坎德拉,用符号 cd 表示。根据国际单位制 SI 的规定,若一光源在给定方向上发出频率为 540×10^{12} Hz 的单色辐射,且在该方向上的辐射强度为每球面度 1/683W 时,则该光源在所给方向上的发光强度为 1cd。

前照灯（光源）所发出的光线,照到被照射物体上时,其受光面的明亮度发生变化。衡量受光面明亮度的物理量为光照度,单位为勒克斯,用符号 lx 表示。若发光强度用 $I(\text{cd})$ 表示,光照度用 $E(\text{lx})$ 表示,前照灯（光源）距被照物体距离为 $S(\text{m})$,则三者间的关系为：

$$E=I/S^2$$

上式说明：光照度与光源的发光强度成正比,与被照物体至光源距离的平方成反比（称倒数二次方法则）。图 2-55 为实测前照灯主光束照度随距离的变化曲线与理论曲线的拟合情况。因此，只要测得受光物体被照面上光照度的大小，即可得到光源的发光强度。在用前照灯检测仪对前照灯进行检测时，通常采用的测量距离为 3m、1m、0.5m。按上式把在此距离下测出的照度折算为前照灯前方 10m 处的照度，并换算成发光强度进行指示。

被照面上的照度可利用光电池的光电伏特效应检测。当被照面上装有光电池时，受光照射后，其光照越强，照度越大，则光电池产生的电动势就越大，据此可测得被照面上的照度，而后计算求得光源的发光强度。汽车前照灯检测仪就采用这一原理来检测前照灯的发光强度。

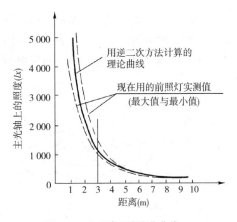

图 2-55 主光束照度变化曲线

发光强度检测电路由光度计、光电池和可变电阻构成，见图 2-56。当前照灯在规定距离处照射光电池时，光电池产生与受光强弱成正比的电流，使光度计的指针偏转。经标定后，其指针偏转量便可反映前照灯的发光强度。电路中的可变电阻用于调整光度计指针零位。常用光电池的主要类型是硒光电池，当受到光线照射时，金属薄膜和非结晶硒的受光面与背光面之间产生电位差。因此，若在金属膜和铁底板上装上引出线，将其用导线与电流表连接起来，电路中就会产生电流，电流流过电流表时电流表指针会产生摆动，见图 2-57。

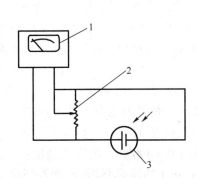

图 2-56 发光强度检测电路原理图
1-光度计；2-可变电阻；3-光电池

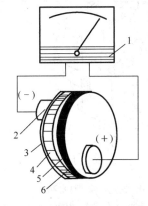

图 2-57 硒光电池结构及工作原理
1-电流表；2-引线；3-金属薄膜；4-非结晶硒；
5-结晶硒；6-铁底板

2）光束中心偏斜量检测原理

若把前照灯光线最亮的地方作为光束中心，则光束照射方向用该中心对水平、垂直坐标轴的偏离量表示，如图 2-58。

光束中心偏斜量检测电路由两对光电池组成，如图 2-59 所示。左、右一对光电池 $S_{左}$、$S_{右}$ 上接有左右偏斜指示计，用于检测光束中心的左、右偏斜量；上、下一对光电池 $S_{上}$、$S_{下}$ 接有上下偏斜指示计，用于检测光束中心的上、下偏斜量。当光电池受到前照灯照射时，各光电池分别产生电流，若前照灯的光束中心有偏斜，则四个光电池受到的光照度不等，从而产生的电流也不相等。光电池 $S_{左}$、$S_{右}$ 所产生电流的差值，使左右偏转指示计的指针偏摆；$S_{上}$、$S_{下}$ 光电池所产生电流的差值，使上下偏转指示计的指针偏摆，从而可测出前照灯光束中心的偏斜量。若通过适当的调节机构,调整光线照射光电池的位置,使$S_左$、$S_右$和$S_上$、$S_下$每对光电池受到的光照度相同,此时每对光电池输出的电流相等,两偏斜指示计的指针指向零位,其调节量反映了光束中心的偏斜量。

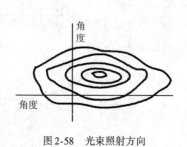

图 2-58 光束照射方向

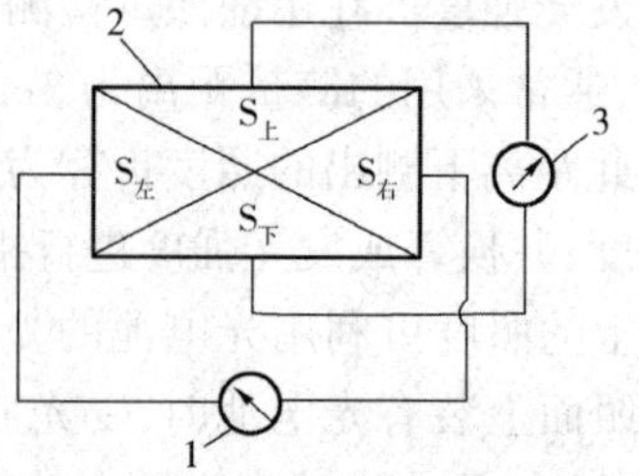

图 2-59 光束中心偏斜量检测原理
1-左右偏斜指示计;2-光电池;3-上下偏斜指示计

三、常用前照灯检测仪的结构和工作原理

1. 聚光式前照灯检测仪结构和工作原理

聚光式前照灯检测仪利用聚光透镜把前照灯的散射光束聚合起来,并导引到光电池的光照面上,根据其对光电池的照射强度,检测前照灯的发光强度和光轴偏移量。

聚光式前照灯检测仪由支架、行驶部分、仪器箱、仪器升降调节装置和对正器组成。检测时,检测仪位于前照灯前1m处。行驶部分装有三个带槽的轮子,可在导轨上行走以迅速对正。仪器箱是检测仪的主体部分,转动升降手轮可使仪器箱的中心与被测车辆前照灯的基准中心高度保持一致。仪器箱顶部的对正器用于观察仪器与被测车辆的相互位置是否对正。检测仪的光度指示装置由电源开关、电源欠压指示、光度表和三个按键开关及三个相应调零按钮组成。远光Ⅰ号键可测0～40000cd的发光强度;远光Ⅱ号键可测0～20000cd的发光强度;近光按钮可测0～1000cd的发光强度;调零按钮用于调零。聚光式前照灯检测仪见图2-60,其光度指示装置见图2-61。

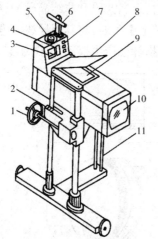

图 2-60 聚光式前照灯检测仪
1-仪器箱升降手轮;2-仪器箱高度指示标;3-光度表;4-光束照射方向参考表;5-光束照射方向选择指示旋钮;6-对正器;7-光度选择按键;8-观察窗盖;9-观察窗;10-透镜;11-仪器移动手柄

聚光式前照灯检测仪的检测方法有以下三种:

1) 移动反射镜检测法

前照灯的灯光通过聚光透镜、反射镜将光线照射在光电池上,见图2-62。转动光轴刻度盘可使反射镜的安装角发生变化。当调整反射镜使光轴偏斜指示器的指针指向零位时,可从光轴刻度盘读出光轴的偏斜量,光度计也同时指示出发光强度。

2) 移动光电池检测法

转动光轴刻度盘,使光电池上下、左右移动,直至左右偏斜指示计和上下偏斜指示计的指针均指向零,见图2-63。此时,从光轴刻度盘即可读出光轴的偏斜量,同时光电池输出的电流通过光度计指示出发光强度。

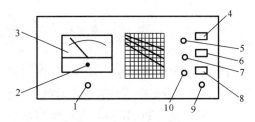 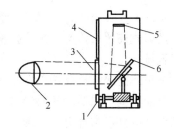

图 2-61 光度指示装置　　　　　　图 2-62 移动反射镜检测法

1-欠压指示灯；2-光度调零钮；3-光度表；4-远光Ⅰ按键；5-远光Ⅰ调零钮；6-远光Ⅱ按键；7-远光Ⅱ调零钮；8-近光按键；9-电源开关；10-近光调零钮

1-光轴刻度盘；2-前照灯；3-聚光透镜；4-光轴偏斜指示器；5-光电池；6-反射镜

3）移动透镜检测法

通过移动光轴检测杠杆调节聚光透镜的方位，从而使通过聚光透镜照到光电池上的光线最强，见图 2-64。此时，光轴偏斜指示器的指针指示值为零。光电池输出的电流通过光度计指示发光强度，光轴刻度盘与光轴检测杠杆联动，从而指示出光轴的偏斜量。

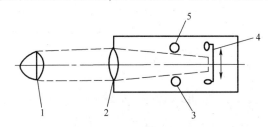 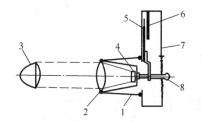

图 2-63 移动光电池检测法　　　　　图 2-64 移动透镜检测法

1-前照灯；2-聚光透镜；3-光轴刻度盘（左右）；4-光电池；5-光轴刻度盘（上下）

1-连接器；2-聚光透镜；3-前照灯；4-光电池；5-指针；6-光轴刻度盘；7-外壳；8-光轴检测杠杆

2．屏幕式前照灯检测仪结构和工作原理

屏幕式前照灯检测仪采用把汽车前照灯的光束照射到屏幕上，以此来检测其发光强度和光轴偏斜量。

屏幕式前照灯检测仪见图 2-65，固定屏幕上装有可左右移动的活动屏幕，活动屏幕上装有能上、下移动的内部带有光电池的受光器。检测时，通过找准器摆正车辆、前照灯与检测仪的相对位置，移动受光器和活动屏幕，使光度计的指示值最大，指示值即为发光强度值，该位置即为主光轴照射位置，从装在屏幕上的两个光轴刻度尺即可读得光轴偏斜量。

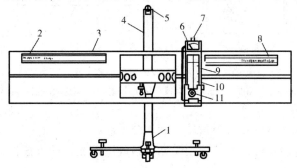

图 2-65 屏幕式前照灯检测仪

1-底座；2-光轴刻度尺；3-固定屏幕；4-支架；5-车辆摆正找准器；6-光度计；7-对正前照灯找准器；8-光轴刻度尺（左右）；9-移动屏幕；10-光轴刻度尺（上下）；11-受光器

3. 投影式前照灯检测仪结构和工作原理

投影式前照灯检测仪采用把前照灯光束映射到投影屏上,以此来检测其发光强度和光轴偏斜量。

投影式前照灯检测仪见图2-66,其光接收箱内部结构见图2-67。检测时,先用对准瞄准器找准车辆与仪器的相对位置,被检前照灯的光束经透镜汇聚后进入光接收箱,由反射镜将光束反射到投影屏上。投影屏上对称布置着五个光电池。Ⅲ、Ⅳ号光电池检测水平方向光分布情况,其平衡输出连接到左、右光轴平衡表;Ⅰ、Ⅱ号光电池检测垂直方向光分布情况,其平衡输出分别连接到上、下光轴平衡表;Ⅴ号光电池检测发光强度,其输出连接到发光强度指示表。旋转左、右或上、下光轴刻度盘,可改变反射镜的角度,从而使每个光轴平衡指示表的指示为零。此时,光轴刻度盘所指示数值就是前照灯的光轴偏斜量,发光强度表所指示数值就是前照灯的发光强度。有些投影式前照灯检测仪上标有表示光轴偏斜量的刻度线,根据前照灯光束影像在投影屏上所处的位置,可直接读得光轴的偏斜量。

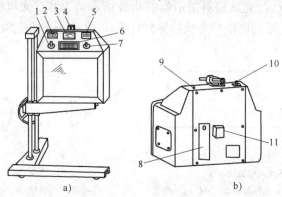

图2-66 投影式前照灯检测仪

1-左右光轴刻度盘;2-左右光轴平衡表;3-发光强度表;4-对准瞄准器;5-上下光轴平衡表;6-投影屏;7-上下光度刻度盘;8-电池盒;9-水准泡;10-电源开关;11-影像观察器

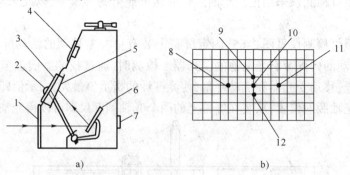

图2-67 光接收箱内部结构

1-聚光透镜;2-光轴刻度盘;3-投影屏盖;4-指示表;5-投影屏;6-反射镜;7-影像瞄准器;8-Ⅲ号光电池;9-Ⅰ号光电池;10-Ⅴ号光电池;11-Ⅳ号光电池;12-Ⅱ号光电池

4. 自动追踪光轴式前照灯检测仪结构和工作原理

自动追踪光轴式前照灯检测仪采用受光器自动追踪光轴的方法检测汽车前照灯的发光强度和光轴偏斜量。

自动追踪光轴式前照灯检测仪见图2-68,其受光器的构造见图2-69。在受光器聚光透镜的上、下与左、右装有四个光电池,受光器内部也装有四个光电池,分别构成主、副受光器,透镜后中央部位装有中央光电池。其测试原理与图2-59所描述的光束中心偏斜量的检测原理相同,所不同的是检测仪台架和受光器位移由电动机驱动。每对光电池由于受光不均所产生的电流差值,不仅用于使光轴偏移量指示计的指针偏摆,还用于控制驱动电动机运转,使检测仪台架沿导轨移动并使受光器上下移动。检测时,主受光器用于追踪光轴。若主受光器上的上、下光电池和左、右光电池受光不均,所产生的电流差值便会控制驱动电动机运转,使检测仪台架沿导轨横向移动并使受光器上、下移动,直至每对光电池受光强度一致,输出电流相等。同时,前照灯光束通过聚光透镜照在副受光器光电池和中央光电池上。若前照灯光束偏斜时,副受光器上、下光电池和左、右光电池的受光强度也产生差别,从而产生相应的电流,控制副受光器或聚光透镜的位置发生移动,直到副受光器上每对光电池的受光强度一致,输出电流为零。该位置移动量反映了前照灯的光束偏斜量,由光轴偏斜指示器指示。此时,中央光电池上受光强度最强,其输出电流大小反映了前照灯的发光强度并由光度计指示。

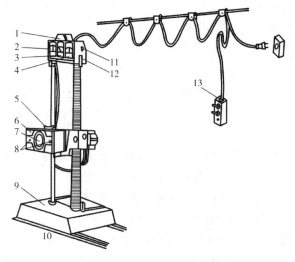

图2-68 自动追踪光轴式前照灯检测仪

1-在用显示器;2-左右偏斜指示器;3-光度计;4-上下偏斜指示器;5-车辆找准装置;6-受光器;7-聚光透镜;8-光电池;9-控制箱;10-导轨;11-电源开关;12-熔丝;13-控制盒

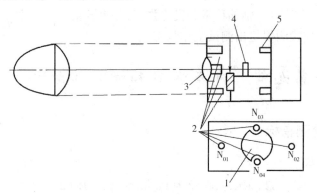

图2-69 自动追踪光轴式前照灯检测仪受光器的构造

1、3-聚光透镜;2-主受光器光电池;4-中央光电池;5-副受光器光电池

四、前照灯检测仪的使用方法

利用前照灯检测仪检测汽车前照灯的发光强度和光轴偏斜量的一般方法如下。

1. 被检测汽车的准备
①清除前照灯上的污垢。
②轮胎气压符合规定。
③蓄电池处于充足电状态。
④被测汽车空载,允许乘坐一名驾驶员。
2. 检测仪的准备
①检测仪在不受光的条件下,检查光强和光轴偏斜角指示表的显示是否为零。否则,应首先调零。
②检查聚光透镜的镜面上有无污物。若有,可用柔软的布或镜头纸擦拭干净。
③检查水准器的技术状况,若水准器无气泡,应按说明书要求调整。
④检查导轨是否沾有泥土等杂物。若有,应清扫干净。
3. 汽车前照灯的检测步骤
1) 投影式前照灯检测仪的检测步骤
①汽车驶近检测仪,并使纵轴线与导轨保持垂直,使前照灯与光接收箱保持规定的距离。
②用车辆摆正瞄准器使检测仪与汽车对正。
③汽车发动机处于怠速状态,置变速器于空挡,电源处于充电状态。
④开启前照灯,移动检测仪使光束照射到光接收箱上并确保上下、左右光轴偏移指示计的指针指到零位。
⑤观察投影屏上前照灯影像位置,必要时转动光轴刻度盘测出光轴的偏移量。
⑥读取光度计的指示值,该值即为被测前照灯的发光强度。
⑦变换前照灯开关至近光,观察屏幕上的光束投影,检查近光配光性能。
2) 自动追踪光轴式前照灯检测仪的检测步骤
前三个步骤与使用投影式前照灯的检测检测步骤相同,此后:
④打开前照灯,接通检测仪电源,通过操纵开关调整光接收箱的上、下与左、右位置,使前照灯光照射到光接收箱上。
⑤按下控制盒上的检测开关,测定指示灯亮,仪器进入测试状态,光接收箱随即追踪前照灯光轴,仪器将自动测定光轴偏移量和发光强度,并由各指示仪表直接显示检测结果。
⑥按控制开关使检测仪退出测试工作状态。

第九节 汽车噪声和喇叭声级检测

一、噪声的检测指标

1. 声压与声压级

声音的强弱取决于声波的压力,单位为 Pa。把听阈声压(2×10^{-5} Pa)作为基准声压,以实际声压与基准声压比值的对数——分贝数(dB)作为表示声音强弱的单位,称为声压级。

$$L = 20 \cdot \lg \frac{p}{p_0}$$

式中:L——声压级,dB;
p——实际声压,Pa;

p_0——基准声压,Pa;$p_0 = 2 \times 10^{-5}$Pa。

2. 响度与响度级

声调的高低取决于声音的频率。频率越高,声调越高;频率越低,声调越低。

声音的响度为人们听到声音的主观感觉。即使同样声压级的声音,低音听起来响度小,高音听起来响度大。表示响度级时,用"方"作单位。"方"是1000Hz纯音的声压级数值。对于1000Hz以外的声音,是把和它一样响的1000Hz纯音的声压级数值作为其响度级数值。声压级与响度级间的关系曲线即等响曲线如图2-70所示。可以看出,人的听觉对频率为1000Hz声音的响度级(方)和声压级(dB)相同。

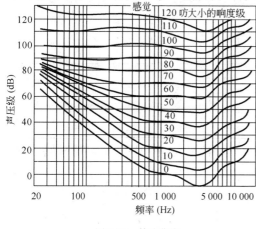

图2-70 等响曲线

3. A声级

不同频率的声音,即使响度相同,声压也不同。由于汽车噪声不是纯声,而声级计的传声器对声音强弱的计量是声压。因此,为了使检测仪器具有与人的听觉一致的频率反应,在仪器内设计有听觉修正网络,即A、B、C三种计权网络。因此,利用声级计检测噪声时,在显示声压级单位的同时,也同时给出了把其修正为响度所用的计权网络,如dB(A)表示使用A计权网络测量的声压级分贝值,称为A计权声级,简称A声级(L_A)。

二、汽车噪声排放限值

汽车噪声检测项目有汽车加速行驶车外噪声、汽车定置噪声、客车车内噪声、驾驶员耳旁噪声和汽车喇叭噪声等。

1. 驾驶人耳旁噪声限值

根据GB 7258—2012《机动车运行安全技术条件》,汽车驾驶人耳旁噪声声级应小于等于90dB(A)。

2. 客车车内噪声限值

客车以50km/h的速度匀速行驶时,客车车内噪声不应大于79dB(A)。

3. 汽车加速行驶车外噪声限值

根据GB 1495—2002《汽车加速行驶车外噪声限值及测量方法》,车外最大允许噪声级应符合表2-19的规定。

汽车加速行驶车外噪声限值　　　　表2-19

汽 车 分 类	噪声限值 dB(A)	
	第一阶段(2002年10月1日~2004年12月30日期间生产的汽车)	第二阶段(2005年1月1日以后生产的汽车)
M_1	77	74
M_2(G≤3.5t)或N_1(G≤3.5t): G≤2t G≤3.5t	78 79	76 77

续上表

汽 车 分 类	噪声限值 dB(A)	
	第一阶段(2002年10月1日~2004年12月30日期间生产的汽车)	第二阶段(2005年1月1日以后生产的汽车)
M_2(3.5t<G≤5t)或M_3(G≥5t): P<150kW P≥150kW	82 85	80 83
N_2(3.5t<G≤12t),或N_3(G≥12t): P<75kW 75kW≤P<150kW P<150kW	83 86 88	81 83 84

注:1. M类(客车):至少有4个车轮的载客机动车辆;或者有3个车轮,且厂定最大总质量不超过1t的载客机动车辆。
  2. M_1类:除驾驶员外,乘客座位数不超过8个的客车。
  3. M_2类:除驾驶员外,乘客座位数超过8个,厂定最大总质量不超过5t的客车。
  4. M_3类:除驾驶员外,乘客座位数超过8个,厂定最大总质量超过5t的客车。
  5. N类:至少有4个车轮的载客货机动车辆;或者有三个车轮,且厂定最大总质量不超过1t的载货机动车辆。
  6. N_1类:厂定最大总质量不超过3.5t的载货汽车。
  7. N_2类:厂定最大总质量超过3.5t,但不超过12t的载货汽车。
  8. N_3类:厂定最大总质量超过12t的载货汽车。

4. 汽车定置噪声限值

定置噪声指车辆不行驶,发动机空载运转状态下的排气噪声和发动机噪声。根据 GB 18565—2001《营运车辆综合性能要求和检验方法》,汽车定置噪声的限值见表2-20。

汽车定置噪声限值 表2-20

车辆类型	燃料种类		车辆出厂日期	
			1998年1月1日以前	1998年1月1日及以后
轿车	汽油		87	85
微型客车、货车	汽油		90	88
轻型客车、货车、越野车	汽油	n_0≤4300r/min	94	92
		n_0>4300r/min	97	95
	柴油		100	98
中型客车、货车、大型客车	汽油		97	95
	柴油		103	101
重型货车	P<147kW		97	95
	P>147kW		103	101

注:1. n_0 为发动机额定转速。
  2. P 为发动机额定功率。

5. 喇叭声级限值

根据 GB 7258—2012《机动车运行安全技术条件》,机动车喇叭声级在距车前2m、离地1.2m处测量时,其值对发动机最大净功率为7kW以下的摩托车及轻便摩托车为80~112dB(A),对其他机动车为90~115dB(A)。

三、汽车噪声检测方法

检测噪声时,所采用的检测仪器为声级计。若需进行频谱分析,则需采用频率分析仪。

1. 驾驶人耳旁噪声检测

根据 GB 7258—2012《机动车运行安全技术条件》附录 A,测量驾驶人耳旁噪声时,汽车应空载,处于静止状态且置变速器于空挡,发动机应处于额定转速状态,门窗紧闭;环境噪声应低于被测噪声值至少 10dB(A);声级计置于"A"计权、"快"挡;驾驶人耳旁噪声测量点位置应符合 GB/T 18697—2002《声学 汽车车内噪声测量方法》,如图 2-71 所示。

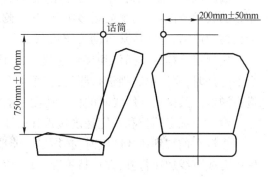

图 2-71 车内噪声测量点位置

2. 客车车内噪声检测

1) 测量条件

测量跑道应是有足够长度的平直、干燥的沥青路面或混凝土路面;测量时的风速(指相对于地面)应不大于 3m/s;测量时车辆门窗应关闭,车内其他辅助设备若是噪声源,测量时是否开动,应按正常使用情况而定;车内本底噪声比所测车内噪声至少低 10dB,并保证测量不被偶然的其他声源所干扰;车内除驾驶员和测量人员外,不应有其他人员。

2) 测量位置

客车室内噪声测点可选择在车厢中部及最后一排座位的中间位置,通常在人耳附近布置测点,传声器朝向车辆前进方向,见图 2-71 所示。

3) 检测方法

检测车内噪声时,车辆以常用挡位、50km/h 车速匀速行驶,进行测量;用声级计"慢"挡测量 A 计权声级;若需做车内噪声频谱分析,可用频谱分析仪进行检测,应包括中心频率为 31.5Hz、63Hz、125Hz、250Hz、500Hz、1000Hz、2000Hz、4000Hz、8000Hz 的倍频带。

3. 汽车加速行驶车外噪声检测

测量场地应平坦空旷,在测量中心半径为 50m 范围内不应有大的反射物,如图 2-72 所示。话筒置于 20m 跑道中心点的两侧,各距中心线 7.5m、距地面高度 1.2m,话筒平行于地面,其轴线垂直于车辆行驶方向。

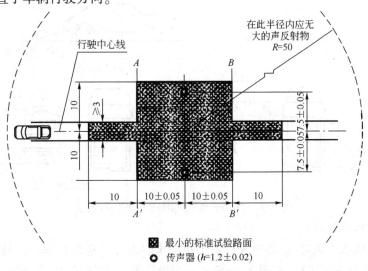

图 2-72 汽车车外噪声检测场地(单位:m)

被测汽车应空载;装用规定轮胎,轮胎气压达到厂定空载状态气压;技术状况应符合该车型的技术条件;有两个或更多驱动轴时,测量时应为常用的驱动方式;如果装有带自动驱动机构的风扇,应保持其自动工作状态。

按规定选择汽车挡位和接近速度。对于装用手动变速器的 M_1 和 N_1 类汽车不多于4个前进挡时,应用第二挡进行测量;多于4个前进挡的变速器时,应分别用第二挡和第三挡进行测量。其接近 AA' 线时的稳定速度一般取 50km/h。

汽车以规定挡位和稳定速度接近 AA' 线,速度变化应控制在 ±1km/h 之内。

当汽车前端到达 AA' 线时,必须尽可能地迅速将加速踏板踩到底加速行驶,汽车沿测量区中心线直线加速行驶,并保持不变,直到汽车尾端通过 BB' 线时再尽快地松开加速踏板。

4. 汽车定置噪声检测

车辆位于测量场地中央,变速器挂空挡,拉紧驻车制动器,离合器接合。发动机罩、车窗与车门应关上,车辆的空调器及其他辅助装置应关闭。测量时,发动机出水温度、油温应符合生产厂的规定。

排气噪声的测量位置见图 2-73。检测时,传声器与排气口端等高,但距地面不得小于 0.2m。传声器参考轴应与地面平行,并和通过排气口气流方向且垂直于地面的平面成 45°±10° 的夹角。传声器朝向排气口,距排气口端 0.5m,放在车辆外侧。发动机转速取 $3/4n_0$ ±50r/min(n_0 为发动机额定转速)。然后,测量由稳定转速尽快减速到怠速过程的噪声,记录最高声级。重复进行试验,直到连续出现三个读数的变化范围在 2dB(A) 之内为止,取算术平均值作为测量结果。

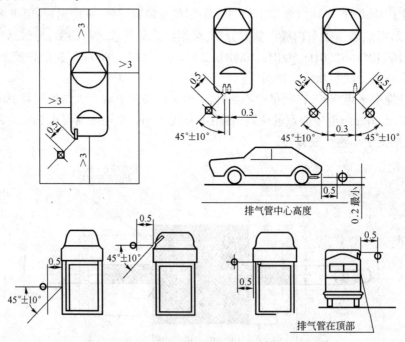

图 2-73 排气噪声检测的测量场地和传声器位置

5. 汽车喇叭声级检测

检测汽车喇叭声级时,应将声级计置于距汽车前 2m,离地高 1.2m 处,其传声器朝向汽车,轴线与汽车纵轴线平行,如图 2-74 所示。声级计置于 A 计权、快挡,测得的喇叭声级应在 90~115dB(A) 的范围内。

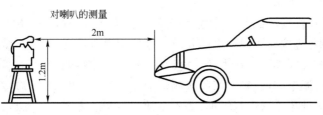

图 2-74　喇叭声级的检测

四、汽车噪声检测仪器

1. 声级计

1) 声级计的工作原理

声级计是一种能够把汽车发出的噪声和喇叭声音的响度,按人耳听觉近似值测定出来的仪器,见图 2-75。声级计一般由声级计传声器、放大器、听觉修正计权网络、指示仪表和校准装置构成,电路框图见图 2-76。声级计传声器通常称为话筒,其作用是把声压信号转变为电信号,是声级计的传感器。电容式声级计传声器主要由金属膜片和金属电极构成,见图 2-77。金属膜片与金属电极构成平板电容的两个极板,膜片受到声压作用后变形,使两极板距离发生变化,电容值发生变化,从而产生交变电压,交变电压波形与声压级波形成比例,从而也就把声压信号转变为电信号。

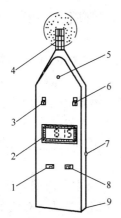

图 2-75　声级计
1-电源开关;2-显示器;3-量程开关;
4-声级计传声器;5-灵敏度调节电位
计;6-读数/保持开关;7-复位按钮;
8-时间计权开关;9-电池盖板

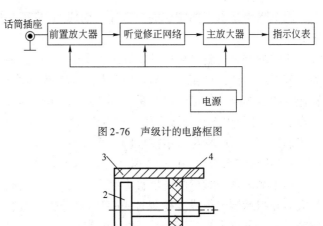

图 2-76　声级计的电路框图

图 2-77　电容式声级计传声器示意图
1-金属膜片;2-电极;3-壳体;4-绝缘体;5-平衡孔

从声级计传声器输出的电信号,经前置放大器放大后,输入到听觉修正计权网络。通过计权网络测得的声压级,已是经过听感修正的声压级,称为计权声级。计权网络有 A、B、C 三种,A 计权网络的特性曲线接近于人耳的听感特性,在噪声测量中应用最广泛。

经听觉修正计权网络修正后的电信号,送至指示仪表,指示出所测噪声的声级,单位为 dB(A)。声计级表头阻尼一般有"快"和"慢"两挡,"快"挡平均时间为 0.27s,接近于人耳听觉器官的生理平均时间;"慢"挡的平均时间为 1.05s。当对稳态噪声进行测量或需要记录声级变化过程时,可用"快"挡;当被测噪声波动较大时,采用"慢"挡。

2) 声级计的使用方法

检测汽车噪声时,其测试条件、测点位置和测试方法应严格按照有关标准的相关规定进行。在检测过程中,应按使用说明书的要求正确使用声级计,一般应注意以下各点。

① 回零和校准。回零即是在未接通电源前,检查仪表指针是否在零点,若不在零点,则应用零点调整螺钉调至零点;校准指每次测量前或使用一段时间后,应按使用说明书要求对仪器的电路和声级计传声器进行校准,若不正常则应调节微调电位器将其调至正常。

② 预热。仪器使用前要预热 5~10min。

③ 选择量程开关。声级计的测量范围一般有 35~80dB、60~105dB 和 85~130dB 三挡。测量前,应根据被测声音强弱将量程开关置于适当位置。如无法估计其大小,应先将量程开关置于最高挡。

④ 选择时间计权开关。根据所测音响的波动情况,选择时间计权开关的位置。测喇叭声级和车外加速噪声时,应将时间计权开关拨到"F"(快)挡。

⑤ 选择读/保持开关。一般测量时,将此开关置于"5 秒"挡。测喇叭声级时,为测出喇叭发出的最大声响,可用"保持"挡。此时按一下复位按钮,仪器即工作在最大值保持状态,显示值为仪器复位以来所测声级的最大值。

⑥ 复位。在测量中,改变任何开关位置都必须按一下复位按钮,以排除开关换挡时可能引起的干扰。

2. 频率分析仪

汽车噪声是由不同频率的声音复合而成的,为了分析产生噪声的原因,需对噪声进行频谱分析。

所谓频谱分析就是应用数学原理(傅里叶变换),将原来由时间域表征的动态参数转换为由频率域表征。利用滤波器可以将噪声信号所包含的不同频率的分量分离出来,由记录器记录测量结果。根据测量结果,以频率为横坐标,以声压级为纵坐标做出的噪声曲线称为噪声的频谱图,用于在频域上描述声音强弱的变化规律。图 2-78 所示为频谱仪测得的几种轿车加速行驶时的噪声频谱曲线图。可以看出,其低、中频段噪声级较高,这是因为各声源(尤其是进排气系统)的中、低频噪声都有较高的声级。

用于测定噪声频谱的仪器称为频率分析仪或频谱仪。频率分析仪主要由滤波器、测量放大器和指示装置组成。检测时,噪声信号经过一组滤波器,使被测信号中所含有的不同频率分量逐一分离出来,并由测量放大器将其幅值放大,然后由指示装置直接显示测量结果或绘制频谱图。

在频率分析仪中应用的滤波器为带通滤波器,其特性曲线见图 2-79。图中 f_c 称为带通滤波器的中心频率,f_1 和 f_2 分别称为带通滤波器的频率下限和上限。频带 $f_2 - f_1$ 称为通频带,f_1 以下或 f_2 以上的频带称为衰减带。滤波器让通频带范围的声音通过,而将衰减带范围的声音进行衰减。为了能在一个相当宽的频率域中进行频率分析,需要许多中心频率不同的带通滤波器。带通滤波器在频率域上的位置用中心频率 f_c 表示,中心频率 f_c 为两截止频率的几何平均值,即

$$f_c = (f_1 \cdot f_2)^{\frac{1}{2}}$$

频带的上限频率 f_2 与下限频率 f_1 之间关系如下:

$$\frac{f_2}{f_1} = 2^n$$

式中：n——倍频带数或倍频程数。

在汽车噪声测量中，常采用 $n=1$ 时的倍频带和 $n=1/3$ 时的 1/3 倍频带。n 值越小，频带分得越细。1/3 倍频带是把 1 个倍频带再分为 3 份，使频带宽度更窄。

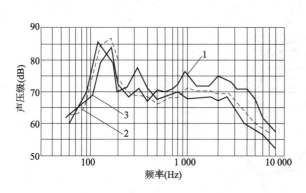

图 2-78 轿车加速行驶的噪声频谱曲线
1-排量 1.1L；2-排量 1.5L；3-排量 1.7L

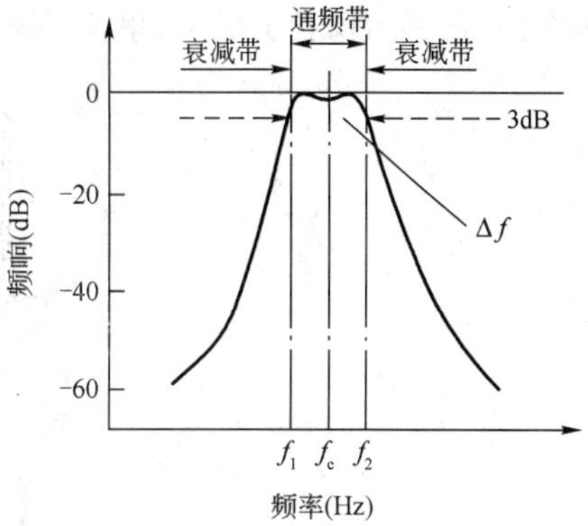

图 2-79 带通滤波响应曲线

滤波器带宽决定了频率分析仪的频率分辨率。带宽越窄，将噪声信号频率成分分解得越细，分辨率就越高。利用频率分析仪，可以了解噪声的频率成分和各频率噪声的强弱，可为汽车故障的诊断提供依据。

第十节　车速表检测

为确保车速表的指示精度，必须适时对车速表进行检测、校正。

一、车速表检测的基本原理

车速表可以在滚筒式车速表试验台上检测。检测时，被测汽车的车轮置于车速表试验台的滚筒之上，由汽车车轮驱动滚筒旋转或由滚筒驱动汽车车轮旋转，由试验台的测量装置测出汽车的实际行驶速度（试验台滚筒线速度），然后与汽车车速表指示值对比，便可测出车速表误差值。

二、车速表检测设备

按有无驱动装置，车速表试验台分为标准型、电动机驱动型和综合型三类。

1. 标准型车速表试验台

标准型车速表试验台由速度测量装置、速度指示装置和速度报警装置等组成，本身没有动力驱动装置，试验台滚筒的旋转由被测汽车的驱动车轮驱动，如图 2-80 所示。

1）速度测量装置

速度测量装置由滚筒、举升器和速度传感器等组成。

滚筒装置由左右对称布置的 4 个滚筒构成，滚筒直径约为 185～370mm，通过滚动轴承安装在框架上，且 2 个前滚筒用联轴器连接在一起，以防试验时汽车驱动轴差速器齿轮滑转。

举升器设置在前、后滚筒之间，以方便车轮进、出试验台。举升器和滚筒制动装置联动，当举升器升起时，滚筒便被制动从而不能转动。

速度传感器设在滚筒一端,用于将滚筒转速信号转化成电信号送至速度指示装置。

2)速度指示装置

速度指示装置接收速度传感器的电信号,根据滚筒圆周长和滚筒转速算出汽车的实际速度,并在指示仪表上显示,单位是 km/h。

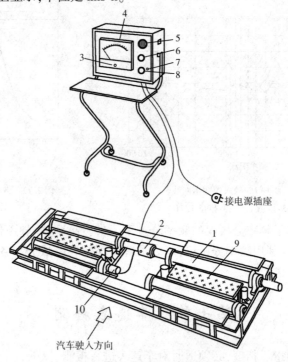

图 2-80　标准型车速表试验台

1-滚筒;2-联轴器;3-零点校正螺钉;4-速度指示仪表;5-蜂鸣器;6-报警灯;7-电源灯;8-电源开关;9-举升器;10-速度传感器(测速发电机式)

3)速度报警装置

速度报警装置用于提示汽车实际车速已达到检测车速(40km/h)。试验时,当汽车实际速度达到检测车速时,速度报警装置报警,提示检测员立刻读取驾驶室内车速表的指示值,以便与实际车速对照,判断车速表指示值是否在规定范围内。

标准型车速表试验台结构简单、价格便宜、应用广泛,但只适合检测车速表的车速信号取自变速器输出轴的车辆。对于车速信号取自从动轮的车辆,必须采用电机驱动型车速表试验台检测。

2. 电机驱动型车速表试验台

电机驱动型车速表试验台的电动机通过离合器与滚筒相连,驱动滚筒旋转。离合器的接合和分离,可起到传递和中断动力的作用。除此之外,其他组成结构基本与标准型车速表试验台相同,如图 2-81 所示。检测时,离合器接合,电动机驱动滚筒转动,滚筒带动从动车轮旋转,试验台车速测量装置测出实际车速(试验台滚筒线速度),比较车速表指

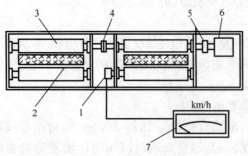

图 2-81　电机驱动型车速表试验台

1-测速发电机;2-举升器;3-滚筒;4-联轴器;5-离合器;6-电动机;7-速度指示仪表

示值和实际车速值,便可测出车速表指示误差。离合器分离时,电机驱动力被中断,此时驱动型车速表试验台与标准型车速表试验台的功能相当。

3. 综合型车速表试验台

综合性车速表试验台通常是具有测速功能的多功能试验台(如汽车底盘测功机、汽车惯性滚筒式制动试验台等),可以对车速表进行检测。

三、车速表的检测方法

车速表的检测的步骤如下:

①接通试验台电源,升起举升器。

②被检车辆驶入车速表试验台,并使车轮停于两滚筒之间,然后降下举升器,至车轮和举升器托板完全脱离。

③用挡块抵住试验台滚筒之外的一对车轮的前方,以防检测时汽车驶出。

④使用标准型车速表试验台检测时,起动汽车,挂最高挡,踩下加速踏板,使驱动轮平稳运转;使用电机驱动型车速表试验台检测时,接合试验台离合器,汽车变速器挂空挡,松开汽车驻车制动器,然后起动电动机,使滚筒带动车轮一起旋转。

⑤当试验台速度表的指示值(实际车速)达到检测车速40km/h时,读取汽车车速表的指示值;或当汽车车速表的指示值达到检测车速时,读取试验台车速表的指示值(实际车速)。

⑥使用标准型车速表试验台检测时:轻踩汽车制动踏板,使滚筒停止转动;使用电机驱动型车速表试验台检测时:关闭电动机电源,轻踩汽车制动踏板,使滚筒停止转动。

⑦升起举升器,去掉挡块,汽车驶离车速表试验台,切断试验台电源。

四、车速表检测标准

根据 GB 7258—2012《机动车运行安全技术条件》,车速表指示车速 V_1(km/h)与实际车速 V_2(km/h)之间应符合下列关系式:

$$0 \leq V_1 - V_2 \leq \frac{V_2}{10} + 4$$

即:当车速表指示车速 V_1 为40km/h时,实际车速 V_2 在32.8~40km/h范围内为合格;或当实际车速 V_2 为40km/h时,车速表指示车速 V_1 的读数在40~48km/h范围内为合格。

五、检测结果分析

1) 车速信号传递误差

汽车车速表主要有电磁式和电子式两大类。电磁式车速表通常通过蜗轮蜗杆和软轴将变速器输出轴的转速传递给车速表的主动轴,然后转换为车速信号。电子式车速表一般通过安装在变速器处的各种车速传感器(如光电式、霍尔效应式、磁阻式等)获得反映汽车车速的脉冲信号,再由电子电路驱动车速表。若传感器性能变差、老化、损坏,或驱动电路性能不良、存在故障,则会使车速信号在传递中产生误差,从而使车速表出现指示误差。

2) 车速表本身故障或损坏

电磁式车速表是利用磁电互感作用,通过指针摆动来显示汽车行驶速度的。车速表内有可转动的活动盘、转轴、轴承、齿轮、游丝等零件和磁性元件。这些零件的自然磨损以及磁性元件的磁性变化,都会造成车速表的指示误差。而电子式车速表通常是一个电磁式电流表,用于接收驱动电路送来的车速信号,其接收的平均电流与车速成正比例,并驱动车速表指针偏摆,指示相应的车速。由于无需软轴传动,其性能一般较为稳定,但当电磁式电流表性能变差时,也会产生指示误差。

3) 车轮滚动半径的变化

汽车行驶速度可用下式计算:

$$v = 0.377 \frac{r \cdot n}{i_g \cdot i_o}$$

式中:v——汽车行驶速度,km/h;

r——车轮滚动半径,m;

n——发动机转速,r/min;

i_g——变速器传动比;

i_o——主减速器传动比。

由上式可知,汽车实际行驶速度与车轮滚动半径成正比。即:汽车实际行驶速度会因为轮胎滚动半径的变小而变小;反之则变大。轮胎磨损、气压不足或气压过大都会引起轮胎滚动半径的变化,从而导致车速表指示值误差。

第三章 汽车发动机技术状况检测与故障诊断

发动机的技术状况直接影响汽车的动力性、经济性和排放性能。

发动机多数故障发生在油路、电路。由于气缸活塞组和曲柄连杆组在高温、高压条件下工作,也是故障多发部位。因此,上述系统或机构理应成为发动机技术状况检测诊断的重点。

第一节 发动机综合性能检测

发动机的综合性能用一组反映其工作状况的指标或参数表示,如输出功率、燃油消耗、汽缸压力、点火电压和点火提前角等。对发动机进行检测诊断,可以使用单功能的检测设备,也可以使用多功能的发动机综合性能检测仪。但对同一检测项目而言,其基本检测原理并无本质不同。因此,本节仅介绍发动机综合性能检测仪的功能、基本结构等,其主要单项检测项目的检测原理见本章其他各节。

一、发动机综合性能检测仪的基本功能

①无负荷测功功能。
②检测点火系统。包括初级与次级点火波形的采集与处理,平列波、并列波和重叠角的处理与显示,断电器闭合角和开启角、点火电压值、点火提前角的测定等。
③机械和电控喷油过程各参数(压力、波形、喷油、脉宽、喷油提前角等)的测定。
④进气歧管真空度波形测定与分析。
⑤各缸工作均匀性测定。
⑥起动过程参数(电压、电流、转速)测定。
⑦各缸压缩压力测定。
⑧电控供油系统各传感器的参数测定。
⑨数字万用表功能。
⑩排放污染物分析功能(需附带废气分析仪或烟度计)。
国产 EA2000 发动机综合性能检测仪的主要检测项目如表 3-1 所列。

二、发动机综合性能检测仪的构成和作用

发动机综合性能检测仪如图 3-1 所示,其基本组成部分包括信号提取系统、信号处理系统和控制与显示系统,如图 3-2 所示。

EA2000 发动机综合性能检测仪的主要检测项目　　　表 3-1

测 试 对 象	测试项目
汽油机	无外载测功及转动惯量测试
	初、次级点火波形及特征值测试(常规点火、单缸独立点火、双缸独立点火发动机)
	点火提前角测试
	动力平衡功能测试
	汽缸效率分析功能测试
	进气管真空度波形测试
	相对汽缸压缩压力功能测试
	启动电流、电压及波形测试
	充电电流、电压及波形测试
柴油机	喷油压力及波形测试
	喷油提前角测试
	启动电流、电压及波形测试
	充电电流、电压及波形测试
	无外载测功及转动惯量测试
电控系统传感器测试	转速、温度、进气管真空度、节气门位置、爆震信号、空气流量、喷油脉冲信号、氧传感器
其他	数字示波器及万用表功能、检测线联网功能、废气分析仪、烟度计联机功能和信号回放与分析

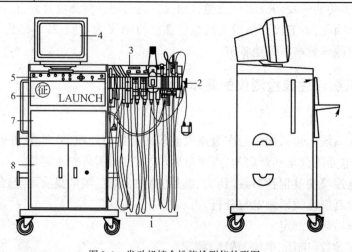

图 3-1　发动机综合性能检测仪外形图

1-信号提取装置;2-传感器挂架;3-前端处理器;4-高速采集、处理与显示系统;5-热键板;6-主机柜与键盘柜;7-打印机柜;8-排放仪柜

图 3-2　发动机综合性能检测仪基本构成

1) 信号拾取系统

信号拾取系统如图 3-3 所示,其作用为测取发动机有关参数的信号,并把非电量转化为电量。根据接触形式不同,信号拾取系统可以分为四类。

① 直接接触式的拾取器,如探针、鳄鱼夹和各种接头。

②非接触式的拾取器。对于高电压和强电流等直接接触测量困难很大的信号,须采用非接触式拾取器,如次级高电压传感器、标准缸压传感器、卡式供油传感器和正时灯传感器。

③非电量转变成电量传感器。这类传感器与被测点直接接触,直接采集电信号或将非电量转换成电信号,如蓄电池传感器、初级点火传感器、缸压传感器、油压传感器、异响传感器、振动传感器、真空度传感器和温度传感器。

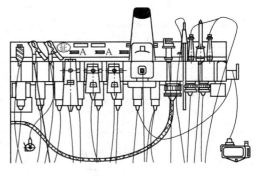

图 3-3　信号拾取系统

④各种转接信号适配器。为了不中断计算机的控制功能,通过T形接头提取信号。

国产 EA2000 发动机综合检测仪信号拾取系统的具体配置和作用见表 3-2。

EA2000 发动机综合性能检测仪的信号拾取系统　　　　表 3-2

信号拾取系统		主　要　作　用
编号	名称	
1280401	初级信号拾取器(小鳄鱼夹)	红、黑夹分别连接点火线圈"+"、"-"极,可测试初级电压波形及自动断缸控制
1280401-1	DSI 初级信号拾取器	测试除常规点火系统以外的其他点火系统的初级信号
1280402	柴油机外卡式喷油压力传感器	将标有 AVL 字的红色夹安装在 6mm 管径的高压油管上,其作用是拾取柴油机喷油过程信号
1280403	蓄电池电压拾取器(电源夹)	测量蓄电池电压值,并接通汽车直流电源;夹持器连接汽车蓄电池,红正、黑负
1280404	启动电流拾取器(大电流互感器)	测试发动机启动电流
1280405	充电电流拾取器(小电流互感器)	测试发动机充电电流
1280406	汽缸信号传感器	测试发动机转速,更重要的是用于高速采集的信号触发
1280406-1	喷油脉冲及初级同步适配器	提取一缸的喷油脉冲及初级信号,并整形为系统可识别的信号,以作为缸号识别标志
1280407	提前角和进气压力传感器	正时灯用于检测汽油机的点火提前角和柴油机喷油提前角。进气压力传感器用于检测汽车发动机配气系统的故障等
1280408	次级高压信号和温度传感器	次级高压信号传感器用于检测次级高压点火波形;温度信号传感器用于检测汽车发动机进气温度、冷却液温度和机油温度
1280408-1	电感式次级信号传感器	拾取无中心高压线的非直接点火车型的次级信号,如广州本田
1280408-D1		拾取常规双缸点火系统的次级高压点火波形的信号和测试
1280408-S1		拾取 PASSAT1.8GSI 和 1.8GLI 车型的次级高压点火波形的信号和测试
1280408-S2		拾取宝马各车型的次级高压点火波形的信号和测试
1280408-S3		拾取 BENZ E320 和 E200 车型的次级高压点火波形的信号和测试
1280408-S4		拾取 NISSAN、HONDA LEGEND、TOYOTA CAMRY3.0 各车型的次级高压点火波形的信号和测试
1280409	万用表探针	检测电压、电流、电阻。红色和黑色探针用于检测电压和电阻,黄色探针和黑色探针用于检测电流

续上表

信号拾取系统		主要作用
编号	名称	
1280410	充电电压探针	检测汽车发电机电压
1280411	上止点位置传感器	检测发动机上止点信号
1280412	通用探针	检测电控燃油喷射传感器信号和数字示波器的信号输入端子
其他	初级及电控测试转接线	测试初级信号及电控传感器时转接信号,以方便将信号引入设备进行测试
	次级信号测试线	由汇接线、次级信号转接线、次级信号连接线和次级信号夹组成,可构成次级信号的输入通道
	次级信号感应片	拾取汽车的次级信号。各专用感应片与相应的次级信号适配器配合使用,用于测试相应车型的次级信号

2)信号预处理系统

信号预处理系统也称为前端处理器,其作用是把各种传感器输出的信号经衰减、滤波、放大、整形,转换成标准数字信号送入中央处理器。图3-4所示为某型发动机综合性能检测仪的前端处理器,由信号预处理、32路换线开关等组成,并承担与微机的并行通讯。前端处理器底面有8个适配器插座、4个航插插座和1个主电缆插座以便与信号拾取系统连接。

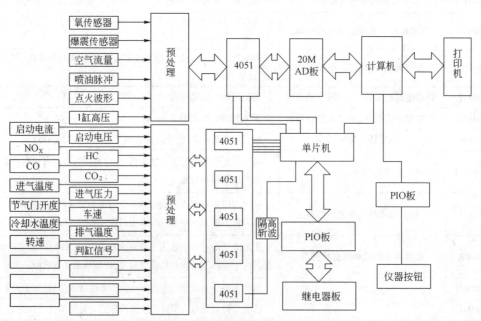

图3-4 信号预处理系统框图

车载传感器输出信号分为模拟信号和频率信号两种,处理方法也相应不同。

(1)模拟信号的处理。

对于模拟信号,应根据信号特点进行相应处理:

①模拟信号的幅值较小时,需经信号放大、低通滤波和信号隔离后,才能进行A/D转换。如氧传感器为0~1V,废气分析仪的电气接口输出信号多为0~50 mV,均需进行上述处理。

②模拟信号的幅值较大时,应先经过信号衰减,再由低通滤波和信号隔离后才能进行A/D转换。如初、次级点火信号,由于线圈的自感和互感作用,其电压幅值可达300 V或

30 kV,甚至更高,故须用电压衰减器进行衰减后再进行后续处理,由于其频率很高(可达 1 MHz 以上),故须使用高速 A/D 转换器,才能保证转换后的信号不失真;启动电流的峰值可达 200 A 以上,无法直接测量,须利用电流互感器转换成 0~5V 的电压信号再进行测量。

③模拟信号为电荷量时,可采用电荷放大器作为前级放大,且要从频率非常丰富的振动信号中准确提取有效信号,必须对其进行带通滤波。车用爆震传感器和柴油机喷油压力传感器多用压电晶体作为敏感元件,其输出信号为电荷量,需进行上述处理。

(2)频率信号的处理。

对于频率信号,如发动机的转速、车速信号等,多选用电磁式、霍尔效应式或光电式传感器,输出信号本身即为数字脉冲。但由于传输过程中的衰减、交变电磁波辐射等原因,故需对其进行整形。整形后输出的标准数字脉冲,再经高速光电隔离器送入后继电路。

3)采控与显示系统

发动机综合性能检测仪多为微机控制式,为了捕捉高频信号(如喷油爆震信号等),检测仪采集卡一般都具有高速采集功能,采样速率可达 10~20Msps,采样精度不低于 10 bit,并行 2 通道;同时,现代采控与显示系统具有存储功能,以使波形回放或锁定,供观察、分析或输出、打印。

发动机综合性能检测仪显示装置一般采用彩色 CRT 显示器或液晶 LCD 显示器,采用多级菜单操作,能实时显示被测发动机的动态参数和波形。

三、发动机综合性能检测仪的使用方法

1. 准备工作

1)检测仪的准备

①接通电源,打开检测仪总开关、微机主机开关和微机显示器开关,暖机 20min。

②发动机起动前,将信号提取系统连接到被测发动机上。

③电源线可靠接地。

④在测试电控燃油喷射发动机电子控制单元 ECU 时,除仪器电源搭铁外,仪器必须与发动机共同搭铁,测试人员随时与车身接触。

2)发动机的准备

①发动机应预热至正常工作温度。

②调整发动机怠速至规定范围之内。

③使发动机稳定运转。

2. 启动综合性能分析仪

①经过预热后,用鼠标双击分析仪显示器的相应图标,启动综合性能检测程序。

②分析仪主机对检测系统的配置进行自检。

③显示屏出现"用户资料录入"界面。点击"修改"按钮,录入汽车用户资料,然后点击"确定"按钮,显示屏出现检测程序主、副菜单。

3. 检测方法

①在主菜单上选择要测试的"汽油机"、"柴油机"、"电控发动机参数"或"故障分析"等项中的某项,点击后进入下一级菜单。

②在下一级菜单中再选择要测试的项,点击后进入检测界面。

③按检测界面上的要求进行操作、读数、存储和打印。

④如需清除测试数据,按 F2 键或点击显示屏下方的"清除数据"按钮即可。

第二节 发动机电控系统的基本检查和故障自诊断

本节介绍发动机电控系统主要传感器和电控单元 ECU 的检测方法;另外,电子控制发动机一般装备有故障自诊断系统,可以利用故障码诊断故障,本节介绍发动机故障自诊断的基本原理和方法。

一、发动机电子控制系统简介

发动机电子控制系统主要由传感器、电控单元、执行部件组成,如图 3-5 所示。传感器的功能是检测发动机运行状态的各种电量、物理量和化学量等参数,并将其转变为电信号通过线路输送给电控单元 ECU;执行器的功能是执行电控单元发出的命令,完成某项功能。例如,喷油器的通电时间。电控单元是一种综合控制电子装置,其功用是给各传感器提供参考电压,接受传感器或其他输入装置的电信号,并对所接受的电信号进行存储、计算和分析处理,根据计算和分析结果对执行部件发出指令。

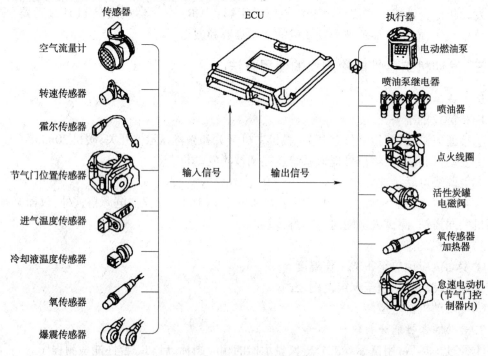

图 3-5 发动机电子控制系统的构成

电控发动机的控制系统主要包括电控燃油喷射系统和电控点火系统,此外还包括怠速控制系统、排放控制系统、进气控制系统、增压控制系统、巡航控制系统等。电控发动机各系统的正常工作首先依赖于电控系统的技术状况。因此,要检测和诊断发动机各系统的技术状况和故障,必须首先对发动机的电控系统进行基本检查。

二、发动机电子控制系统主要传感器的检测

大多数传感器是电控发动机电控单元(ECU)共用的,因此传感器检测是电控发动机各

有关系统故障诊断的基础。

1. 空气流量传感器检测

L型电控汽油喷射系统采用空气流量传感器测量空气流量,其类型有:翼片式空气流量传感器、卡门涡旋式空气流量传感器。其作用是准确地测量每一时刻吸入发动机汽缸的空气量,并转换成电信号,输送给电控单元(ECU)。

1) 翼片式空气流量传感器检测

(1) 结构及工作原理。

翼片式空气流量传感器由测量板、补偿板、复位弹簧、电位计、旁通道、怠速调整螺钉和接线插头等组成,如图3-6所示,一般安装在进气道上。

发动机运转时,进气气流作用于测量板,使之开启一个角度。与之同轴的电位计轴随之转动,带动可变电阻滑动触头滑动。当作用于测量板上的推力和复位弹簧弹力平衡时,测量板停止转动保持某一开度,电位计经测量端子将相应电压信号输送到电控单元(ECU),确定电阻值。同时测量板偏转使传感器内的电动汽油泵开关触点闭合,电动汽油泵通电运转。

发动机熄火后,测量板回转至关闭位置,可变电阻滑动触头保持在相应位置,测量端子输出相应电压信号,同时使电动汽油泵开关断开。

进气温度传感器用于测量进气温度,为进气量作温度补偿。翼片式空气流量传感器的工作原理如图3-7所示,其插接器一般有7个端子,如图3-8所示。

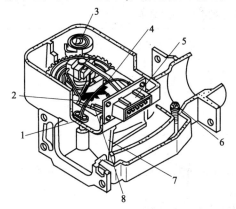

图3-6 翼片式空气流量传感器结构
1-进气温度传感器;2-电动汽油泵动触点;3-复位弹簧;4-电位计;5-导线插接器;6-CO调整螺钉;7-测量用的旋转翼片;8-电动汽油泵开关触点

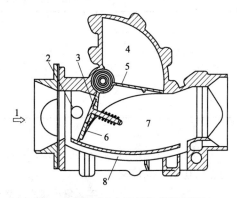

图3-7 翼片式空气流量传感器原理图
1-空气进口;2-进气温度传感器;3-阀门;4-阻尼室;5-缓冲片;6-旋转翼片(测量片);7-主气路;8-旁通气道

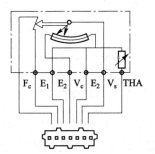
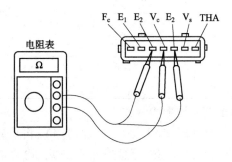

图3-8 翼片式空气流量传感器插接器端子

（2）检测方法。

翼片式空气流量传感器常见故障有电位计电阻值不准确、电位计滑动臂与碳膜电阻接触不良、复位弹簧弹力变弱和汽油泵开关触点接触不良等。

①电阻检测方法

就车检测。将点火开关置于"OFF"位置，拔下空气流量传感器导线连接器，用万用表测量连接器内各端子间的电阻，其电阻值应符合标准。3VZ—FE发动机翼片式空气流量传感器电阻值见表3-3。

翼片式空气流量传感器不同温度下各端子间电阻　　　　表3-3

端　子	标准电阻（kΩ）	温　度（℃）
V_S—E_2	0.20～0.60	—
THA—E_2	4.00～7.00	0
	2.00～3.00	20
	0.90～1.30	40
	0.40～0.70	60
F_C—E_1	不定	—

离车检测。取下空气流量传感器；首先检查电动汽油泵开关，用万用表测量 E_C—F_1 端子间的电阻；然后慢慢推动旋转翼片，同时用万用表测量 V_S—E_2 端子间的电阻。旋转翼片由全闭到全开的过程中，电阻值应逐渐变小，其电阻值应符合规定（表3-4）。

翼片式空气流量传感器不同位置各端子间电阻　　　　表3-4

端　子	标准电阻（Ω）	测量片位置
V_C—E_1	∞	测量片全关闭
	0	测量片开启
V_S—E_2	20～600	全关闭
	20～1200	从全关到全开

②电压检测方法

用万用表测量连接器各端子间的电压，其电压值应符合规定。丰田皇冠翼片式空气流量传感器电压标准值见表3-5。

丰田皇冠翼片式空气流量传感器电压标准值　　　　表3-5

端　子	电压值（V）	条　件	
F_C—E_1	12	计量板全关闭	
V_S—E_2	3.7～4.3	点火开关置于"ON"	计量板全关闭
	0.2～0.5		计量板全开
	2.3～2.8		急速
	0.3～1.0		3000r/min
V_C—E_2	4～6	点火开关置于"ON"	

③输出信号波形检测方法

发动机急速时，输出信号电压约为1V；再从急速加至节气门全开持续2s，信号电压应超过4V。将发动机转速降至急速保持2s后，再急加速至节气门全开，然后再使发动机降至急速，其信号电压一般在1.20～4.53V范围内波动，如图3-9所示。通常，翼片式空气流量传感器的输出电压随空气流量增大而升高。在气流不变时电压波形的幅值应保持稳定,急加速和急减速波形不能有空白。

2)卡门涡旋式空气流量传感器检测

(1)结构及工作原理。

光电式卡门涡旋空气流量传感器由涡流发生器、发光二极管、反射镜、光敏晶体管组成,如图3-10所示。

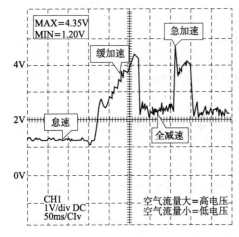

图3-9 翼片式空气流量传感器输出信号波形

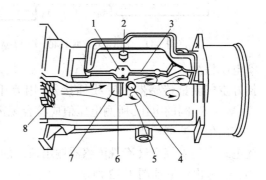

图3-10 光电式卡门涡旋式空气流量传感器
1-反光镜;2-发光二极管;3-弹簧片;4-光敏晶体管;5-涡旋;6-压力传递孔;7-涡旋发生器;8-整流网

发动机运转时,空气流经涡旋发生器后会产生一列不对称但却十分规则的空气涡旋,涡旋数量与空气流速成正比。发光二极管发出的光束由反射镜反射到光敏三极管上,使光敏晶体管导通。反射镜连同弹簧片在进气涡旋作用下振动(频率与涡旋数量相同),反射光束方向也以相同频率变化,三极管随光束的变化以同样的频率导通、截止,电控单元根据光敏晶体管导通和截止的频率计算进气量。

(2)检测方法。

光电式卡门涡旋空气流量传感器的常见故障有:发光器件与光电器件损坏;反光镜及板簧等脏污或机械损伤;内部集成电路损坏等。

①电阻检测

丰田雷克萨斯LS400空气流量传感器电路及端子如图3-11所示。检测时,点火开关置于"OFF",拔下传感器导线插接器,用万用表测量端子THA和端子E_2之间的电阻,应符合规定电阻值(表3-6)。

光电式卡门涡旋式空气流量传感器各端子间电阻和电压　　　表3-6

端　子	标准电阻(Ω)	温度(℃)	端子	标准电压(℃)	条件
THA—E_2	10~20	-20	THA—E_2	0.50~3.4	进气温度20℃
	4~7	0		4.5~5.5	点火开关ON
	2~3	20	K_S—E_1	2.0~4.0脉冲发生	急速
	0.9~1.3	40	V_C—E_1	4.5~5.5	点火开关ON
	0.4~0.7	60			

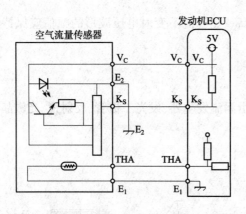 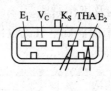

图 3-11 丰田雷克萨斯 LS400 卡门涡旋式空气流量传感器电路及端子

②电压检测

插好空气流量传感器的导线插接器,用万用表测量空气流量传感器端子 $THA—E_2$、$K_S—E_1$、$V_C—E_1$ 间的电压,所测电压值应符合规定(表 3-6)。

③输出信号波形检测

光电式卡门涡旋空气流量传感器输出信号的脉冲幅值、频率、形状应一致,脉冲幅值大多数为 5V,输出波形如图 3-12 所示。

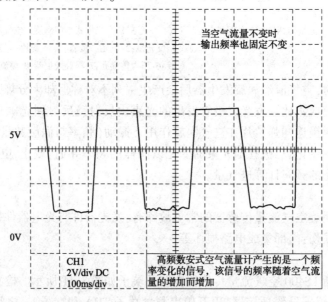

图 3-12 卡门涡旋式空气流量传感器输出信号波形

2. 进气压力传感器检测

D 型电控汽油喷射系统采用进气压力传感器测量进气歧管内空气的绝对压力,并将其转变为电压信号,传输给发动机电控单元 ECU。而后,ECU 据此信号和转速信号确定实际进气量,修正点火提前角和控制喷射时间。常用进气压力传感器有半导体压敏电阻式进气压力传感器和真空膜盒式进气压力传感器。

1)半导体压敏电阻式进气压力传感器检测

(1)结构及工作原理。

半导体压敏电阻式进气压力传感器由硅膜片、集成电路、滤清器、真空室和壳体等组成,如图 3-13 所示。硅膜片基于半导体的压电效应工作,是压力转换元件。硅膜片的一面是真空室,另一面是导入的进气压力。而集成电路是信号放大装置,其端头与 ECU 连接。

发动机工作时,从进气管来的空气流过进气压力传感器的滤清器后作用在硅膜片上,硅膜片产生变形。进气流量越大,进气管压力就越高,硅膜片变形也就越大,使扩散在硅膜片上电阻的阻值改变,导致单臂电桥输出的电压变化,如图 3-14 所示。

集成电路将电压信号放大处理后送至电控单元 ECU,作为计算进入汽缸空气量的主要依据。传感器输出的信号电压具有随进气歧管绝对压力的增大呈线性增大的特点,如图 3-15 所示。

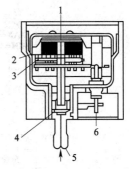

图 3-13 进气压力传感器的构造
1-硅膜片;2-真空室;3-集成电路;4-滤清器;5-进气端;6-接线端

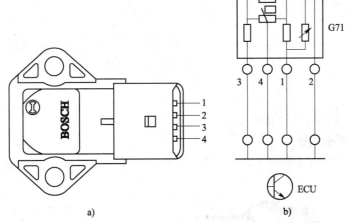

图 3-14 接线端子和测量电桥
a)接线端子;b)测量电桥
1-搭铁;2-进气温度信号;3-5V 电压;4-进气压力信号

(2)检测方法。

半导体压敏电阻式进气压力传感器的常见故障是:硅膜片损坏、集成电路损坏、真空导入管接头或内部漏气等。

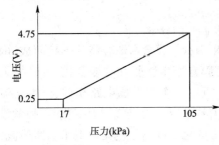

图 3-15 进气管绝对压力与信号电压间的关系

①电源电压检测

点火开关置于"ON",用万用表检测传感器电源端子与搭铁端子之间的电源电压,应为 5V 左右。

②输出信号电压检测

点火开关置于"ON",在发动机不运转时,用万用表电压挡检测传感器输出端子与搭铁端子之间的信号电压,应为 3.8~4.2V;而当发动机怠速运转时,信号电压应为 0.8~1.3V;若加大节气门开度时,信号电压应随节气门开度增大而升高。

③输出信号波形检测

关闭附属电气设备,发动机怠速稳定后,进行加速和减速试验,输出信号电压应在 1.4~4.5V 范围内变化,其变化波形如图 3-16 所示。

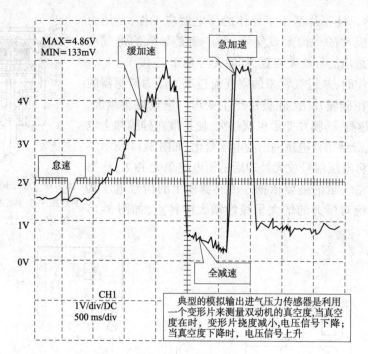

图3-16 进气压力传感器输出信号波形

2)真空膜盒式进气压力传感器检测

(1)结构及工作原理。

真空膜盒式进气压力传感器由波纹管、铁芯、差动变压器及膜片组成,如图3-17所示。

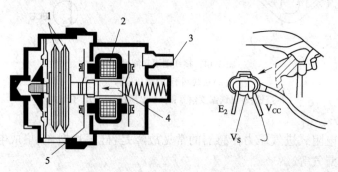

图3-17 真空膜盒式进气压力传感器及端子
1-膜盒;2-感应线圈;3-进气歧管;4-铁芯;5-复位弹簧

真空膜盒式进气压力传感器的工作原理如图3-18所示。膜盒由薄金属片焊接而成,内部抽成真空,外部与进气歧管相通,外部压力变化将使膜盒产生膨胀和收缩变化,带动插入感应线圈内部的铁芯联动;感应线圈由两个绕组构成,其中一个与振荡电路相连,产生交流电压,在线圈周围产生磁场,另一个为感应绕组,产生信号电压。当进气压力变化时,膜盒带动铁芯在磁场中移动,使感应线圈产生的信号电压随之变化。该信号电压由电子电路检波、整形和放大后,输送至电控单元ECU,作为确定喷油量的依据。

(2)检测方法。

真空膜盒式进气压力传感器的常见故障有真空管破裂和电路板损坏。

①电源电压检测

拔下传感器线束,打开点火开关,测量其电源电压,应为12V。

②输出信号电压检测

将点火开关置于"ON",在不分离接线与插座的情况下,把万用表表笔触及接线插座的信号电压输出端子 V_S 和搭铁端子 E_2,测量输出信号电压。当脱开真空软管与大气压力直接相通时,电压应为 1.5V 左右。而用手动真空泵对真空管道吸气时,电压应从 1.5V 向减小的方向摆动;急速运转时,电压约为 0.4V,且随转速提高而升高。

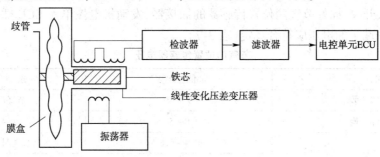

图 3-18 真空膜盒式进气压力传感器工作原理

3. 节气门位置传感器检测

节气门位置传感器安装在节气门体上,其功用是将节气门开度的大小转变为电信号输入电控单元 ECU。然后,ECU 根据发动机不同工况对混合气浓度的需求控制喷油时间。以下主要介绍可变电阻型节气门位置传感器及检测方法。

1) 结构及工作原理

可变电阻型节气门位置传感器由两个与节气门轴联动的电刷触点、电阻器和怠速触点等构成,如图 3-19 所示。节气门转动时,一个电刷触点由节气门轴带动在可变电阻器上滑动,测得与节气门开度相对应的线性输出电压信号(VTA),并输送到电控单元 ECU。在节气门关闭时,另一电刷触点与怠速触点(IDL)接触,向 ECU 输出怠速信号。IDL 信号主要用于断油控制和点火提前角的修正,而 VTA 信号用于 ECU 对喷油量的控制。

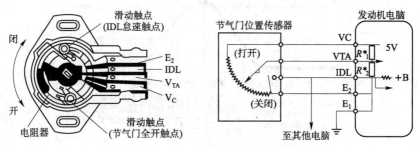

图 3-19 可变电阻型节气门位置传感器及电路

2) 检测方法

可变电阻型节气门位置传感器的常见故障是:传感器电位器滑片与电阻接触不良、怠速触点接触不良等。

(1) 怠速触点导通性检测。

用万用表检测 IDL—E_2 之间的电阻值。当节气门全闭时,怠速触点 IDL—E_2 之间的电阻应为 0;当节气门全开时,怠速触点 IDL—E_2 之间的电阻应为 ∞。

(2) 电阻检测。

用万用表测量输出电压信号端子 VTA 和传感器电源端子 V_C 与搭铁 E_2 之间的电阻值。节气门全闭时,VTA—E_2 之间电阻为 0.21~0.36kΩ;当节气门全开时,VTA—E_2 间电阻应

为 $4.8\sim6.3\mathrm{k}\Omega$。节气门处于任意状态下,$V_C$—$E_2$ 之间电阻应为 $3.1\sim7.2\mathrm{k}\Omega$。

(3) 传感器线束导通性检测。

断开点火开关,拔下电控单元和传感器线束插头,用万用表测量两插头上相应端子之间导线的电阻值,均应小于 0.5Ω。

(4) 电压检测。

打开点火开关,插好节气门位置传感器的插接器,发动机电控单元 ECU 插接器上 IDL、V_C、VTA 三个端子的电压应符合规定(表3-7)。

表3-7 节气门位置传感器电压

端　子	标准电压(V)	条　件
IDL—E_2	$9\sim14$	节气门开
V_C—E_2	$4.0\sim5.5$	—
VTA—E_2	$0.4\sim0.8$	节气门全闭
	$3.8\sim4.5$	节气门全开

(5) 输出信号波形检测。

断开点火开关,不起动发动机,慢慢将节气门从全关到全开,并返回节气门全关状态,随着节气门开度的增大,节气门开度输出电压线性增大。反复几次,其输出电压波形如图3-20所示。

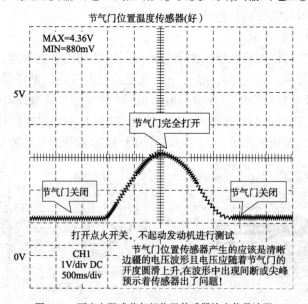

图 3-20　可变电阻式节气门位置传感器输出信号波形

4. 温度传感器检测

发动机温度传感器包括冷却液温度和进气温度传感器。冷却液温度传感器一般安装在缸体冷却液通道或节温器上,把冷却液温度转换为电压信号并输送至电控单元 EDU,以修正喷油量和点火时刻;进气温度传感器安装在空气流量传感器或进气管道内,监测进气温度,电控单元 ECU 根据进气温度高低修正进气量,进而修正喷油量。

1) 结构及工作原理

温度传感器内的半导体热敏电阻与电控单元 ECU 中的固定电阻 R 串联组成分压器,并由 ECU 提供标准电压,如图3-21所示。温度传感器插接器上有两个端子,分别是信号端子和搭铁端子,其搭铁端子通过 ECU 搭铁端子搭铁。进气温度或冷却液温度变化时,热敏电阻阻值变化,从传感器信号端子输送到ECU的信号电压随之变化。

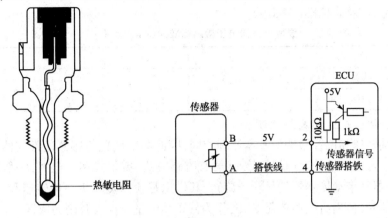

图3-21 温度传感器及电路

温度传感器一般采用负温度系数热敏电阻。即当温度变低时,热敏电阻的电阻值增大,如图3-22所示。

2)检测方法

温度传感器常见故障有接触不良和热敏元件性能变化等。

(1)电阻检测方法。

将冷却液温度传感器置于盛有热水的容器内加热(图3-23),或把进气温度传感器用电吹风机加热。用万用表检测传感器两端子间的电阻,所测得值应符合标准(表3-8)。

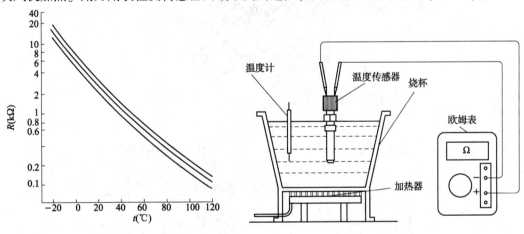

图3-22 温度传感器输出特性　　　　图3-23 检测冷却液温度传感器

温度传感器电阻检测标准　　　　　　　　　　表3-8

温　度(℃)	0	20	40	60	80
冷却液温度传感器电阻值(kΩ)（丰田车系）	4.0～7.0	2.0～3.0	0.9～1.3	0.40～0.70	0.20～0.40
进气温度传感器电阻值(kΩ)（4G64发动机）	5.3～6.7	2.3～3.0	1.0～1.5	0.52～0.68	0.30～0.42

(2)电压检测方法。

拔下温度传感器插接器,点火开关置于"ON",用万用表检测传感器两端子间电压,其值应在4.7～5.0V之间(电源电压)。

插好温度传感器,点火开关置于"ON",用万用表测量传感器或电控单元(ECU)两端子间的电压信号,应符合标准(表3-9)。

温度传感器电压检测标准(4G64发动机) 表3-9

温　　度(℃)	0	20	40	80
冷却液温度传感器电压值(V)	3.2~3.8	2.3~2.9	1.3~1.9	0.3~0.9
进气温度传感器电压值(V)	3.2~3.8	2.3~2.9	1.5~2.1	0.4~1.0

5. 曲轴转速(位置)传感器检测

由于曲轴转速和位置检测的基本原理相同,因此曲轴位置传感器通常与曲轴转速传感器制成一体。常用曲轴转速(位置)传感器有磁感应式、霍尔式和光电式,一般装在分电器内,并由分电器轴带动传感器信号转子旋转,其作用是检测发动机曲轴转速和上止点位置,转换为电压信号,传递给电控单元 ECU,作为修正喷油量及点火时刻的依据。

曲轴转速与曲轴位置传感器的常见故障有:传感器插接器或内部接触不良或短路;感应线圈短路或断路;传感器安装松动或间隙不当。

1) 磁电感应式传感器检测

(1) 结构及工作原理。

磁电感应式传感器由信号转子、永久磁铁、感应线圈等构成,其结构(图3-24)分为上下两部分,下部分产生的信号称为 N_e 信号,而上部分产生的信号称为 G 信号。

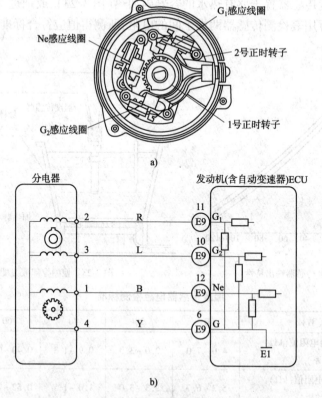

图3-24 磁电感应式曲轴位置传感器结构和电路
a)结构;b)电路

N_e 信号用于检测发动机转速。其信号发生器由具有24个齿的信号转子(2号正时转子)及 N_e 感应线圈组成。当转子旋转时,信号齿与感应线圈的凸缘部(磁头)的空气间隙发生变化,导致磁场变化而产生感应电动势。转子转动一圈,感应线圈将产生24个交流脉冲信号,其中一个周期的脉冲相当于30°曲轴转角(15°凸轮轴转角)。N_e信号两个信号脉冲(60°曲轴转角)所经历的时间可作为基准确定发动机转速。

G 信号的作用是检测活塞上止点位置并判别汽缸。其信号发生器由 G 信号转子(1号正时转子)及对称的两个感应线圈 G_1 和 G_2 构成。曲轴每转两圈(分电器轴转一圈),G_1 和 G_2 感应线圈各产生一个脉冲信号,其中一个脉冲信号与 I 缸活塞位于上止点的时刻相对应。以此为基准,再根据 N_e 信号和各缸工作顺序可以确定其他缸曲轴的工作位置。

(2)检测方法。

① 电阻检测方法

用万用表检测传感器 N_e、G_1 和 G_2 三个信号端子与搭铁端子间的电阻,应符合标准要求(表3-10)。

磁电感应式传感器的电阻值　　　　表3-10

端子	条件	电阻(Ω)	端子	条件	电阻(Ω)
G_1—G	冷态 热态	125~200 160~235	N_e—G	冷态 热态	155~250 190~290
G_2—G	冷态 热态	125~200 160~235			

② 传感器绝缘性检测方法

测量传感器信号正极、信号负极与屏蔽端子之间的电阻,应为∞,否则说明传感器线圈绝缘不良或搭铁短路。

③ 输出信号检测方法

起动发动机怠速运转,用示波器检测传感器输出信号波形,如图3-25所示。

传感器输出信号的幅值随转速升高而升高,而且幅值、频率和形状在一定的条件下应相似,相邻两脉冲时间间隔(频率)相等。

2)霍尔式传感器检测

(1)结构及工作原理。

霍尔式传感器由触发叶轮、霍尔基片和永久磁体构成,如图3-26所示。其中,触发叶轮的齿数与发动机缸数相同,且一个齿(与其他齿不等宽)转过霍尔基片和永久磁体之间空气隙的时刻与 I 缸活塞到达上止点的时刻同步。

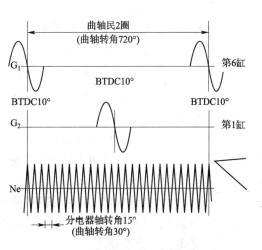

图3-25　曲轴位置和转速传感器波形

触发叶轮转动时,当叶片齿进入永久磁铁与霍尔元件间的空气隙时,磁场被触发叶片所旁路,如图3-26a)所示,霍尔元件不产生霍尔电压;当叶片齿转离空气隙时,永久磁铁的磁通便通过导磁板穿过霍尔元件,如图3-26b)所示,产生霍尔电压脉冲信号,经霍尔集成电路放大整形后,输送给电控单元。霍尔电压脉冲信号频率反映发动机转速快慢;而以 I 缸活塞到达上止点的时刻为基准,可以判断各缸活塞的工作位置。霍尔式传感器电路和接线端子如图3-27所示。

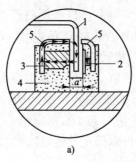
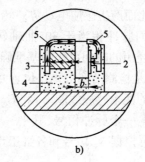

图 3-26 霍尔传感器信号发生器
1-触发叶片;2-霍尔元件;3-永久磁铁;4-底板;5-导磁版

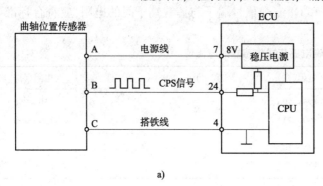
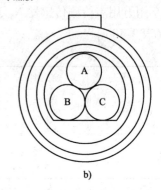

图 3-27 霍尔式传感器电路和接线端子(切诺基)
a)传感器电路;b)接线端子

(2)检测方法。

①电源电压检测

拔下传感器连接器,点火开关置于"ON",用万用表测量 A 端子与 C 端子间的电压,所测电压值应等于电源电压(或规定电压)。如电源电压为 0,则断开点火开关,用万用表检测端子 A 与 ECU 插头端子之间的电阻,阻值应当小于 0.5Ω。如阻值为 ∞,说明电源线断路;如电源电压为 0,但电源线路良好,说明 ECU 故障。

②电阻检测

点火开关置于"OFF"位置,拔下曲轴位置传感器导线连接器,用万用表跨接在传感器侧的端子 A–B 或 A–C,万用表显示读数应为 ∞。

③输出信号电压检测

起动发动机怠速运转,用万用表测量 B–C 端子间的电压值,其值应在 0.3～5V 之间脉动变化。输出信号电压波形应如图 3-28 所示。

3)光电式传感器检测

(1)结构及工作原理。

光电式传感器主要由发光二极管、光敏二极管、信号转盘和控制电路构成,如图 3-29 所示。两只发光二极管分别正对着光敏二极管,信号转盘刻有 360 条缝隙和表示 I 缸上止点位置、60°(六缸)或 90°(四缸)位置的缝隙,位于发光二极管和光敏二极管之间。信号转盘旋转时,发光二极管光束通过信号盘上的缝隙照射到光敏二极管上时,光敏二极管感光而导通;当发光二极管的光束被遮挡时,光敏二极管截止。信号发生器输出的脉冲电压,送至电控单元 ECU,可以确定发动机转速、I 缸上止点位置和其他缸曲轴工作位置。

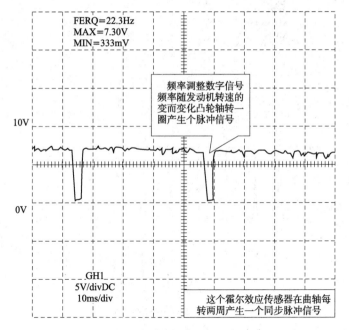

图 3-28 霍尔传感器输出电压信号波形

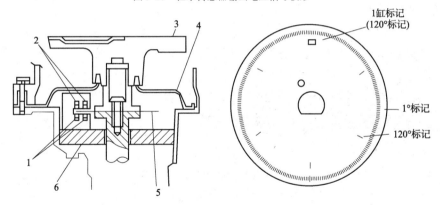

图 3-29 光电传感器结构及信号转盘
1—光敏二极管；2—发光二极管；3—分火头；4—密封盖；5—信号转盘；6—电路板

(2) 检测方法。

用万用表检查传感器信号输出端子与接地端子间的电压。发动机起动时，电压应为 0.2～1.2V；发动机怠速运转期间，应为 1.8～2.5V；用示波器检测信号电压波形应如图 3-30 所示。

6. 氧传感器检测

氧传感器安装在排气管中，其功能是检测排气中的氧含量，向电控单元 ECU 反馈相应电压信号，ECU 根据氧传感器反馈的空燃比信号控制喷油量，调整可燃混合气空燃比。常用氧传感器有氧化锆氧传感器和氧化钛氧传感器。

氧传感器常见故障原因有：铅中毒、积炭、内部线路接触不良或电路短路、断路等。

1) 氧化锆氧传感器检测

(1) 结构及工作原理。

氧化锆（ZrO_2）氧传感器的基本元件是氧化锆陶瓷管（固体电解质），亦称锆管。锆管固定在带有安装螺纹的固定套中，内外表面均覆盖着多孔铂膜，其内表面与大气接触，外表面

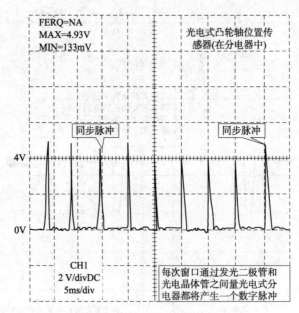

图 3-30　光电传感器输出信号波形

与废气接触,如图 3-31 所示。氧传感器的接线端还有金属护套,其上开有一个用于锆管内腔与大气相通的气孔。

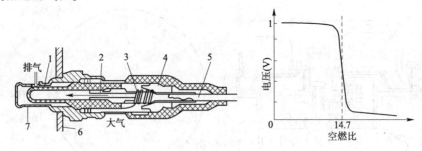

图 3-31　氧化锆氧传感器和输出特性

1-锆管;2-电极;3-弹簧;4-电极座(绝缘);5-导线;6-排气管;7-气孔

若锆管温度较高,接触锆管表面的氧会在锆的催化作用下电离。若锆管内外两侧气体中的氧含量有差异,氧离子就会从氧含量高的一侧向氧含量低的一侧扩散,从而使锆管两侧形成微电池,两侧电极间形成电位差。氧化锆式氧传感器的输出电压在理论空燃比时发生突变。稀混合气时,输出电压几乎为零;浓混合气时,输出电压接近1V。氧化锆式氧传感器电路和接线端子见图 3-32 所示。

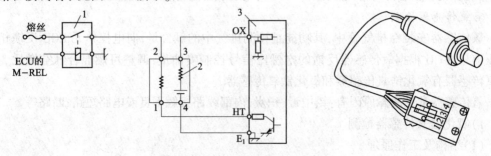

图 3-32　氧化锆氧传感器电路和接线端子

1-主继电器;2-氧传感器;3-电控单元 ECU

(2)检测方法。

①电阻检测

关闭点火开关,拔下氧传感器插头,用万用表测量连接器插头中加热器端子与搭铁端子间的电阻,所测值应在4~40Ω范围内变化,一般为12Ω。

②反馈电压检测

拔下氧传感器线束连接器插头,对照被测车型的电路图,从氧传感器反馈电压输出端引出一条细导线。插好连接器后,在发动机运转时从引出线上测量反馈电压。

发动机以2500r/min的转速运转时,反馈电压应在0~1V范围内以0.45~0.5V为中心上下快速变化,且在10s内反馈电压的变化次数不少于8次。

若传感器电压始终在0.7~1.0V之间,表示混合气过浓;若始终保持在0.1~0.3V之间,表示混合气过稀;若始终保持在0.45~0.5V之间,表示氧传感器未工作。

③输出信号波形检测

发动机预热后怠速运转20s,将加速踏板从怠速加至节气门完全打开5~6次,输出信号波形应如图3-33所示,否则应更换氧传感器。

2)氧化钛氧传感器检测

(1)结构及工作原理。

氧化钛氧传感器主要由二氧化钛(TiO_2)敏感元件、钢制壳体、加热元件和接线端子等组成,其结构和输出特性如图3-34所示。

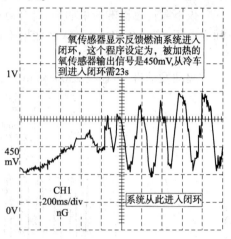

图3-33 氧化锆氧传感器输出信号波形

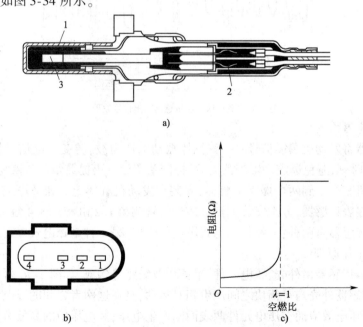

图3-34 氧化钛氧传感器、端子及输出特性
1—保护套管;2—插接器;3—二氧化锆敏感元件
a)传感器结构;b)接线端子;c)输出特性

当可燃混合气浓(空燃比小于14.7)时,排气中氧离子含量较少,二氧化钛管外表面氧离子很少或没有氧离子,二氧化钛呈现低阻状态,反之则呈现高阻状态,混合气空燃比约为14.7(过量空气系数λ约为1)时产生突变。

(2)检测方法。

①电阻检测

如果加热线电压正常,检查氧传感器内加热电阻。拔下氧传感器线束插头,用万用表Ω挡测量氧传感器端子1与端子2间的电阻,应为1~5Ω,如不符合标准,则说明电路断路或短路。

②反馈电压检测

拔下氧传感器的线束插头,打开点火开关,用万用表检测氧传感器插头端子3和端子4间的电压,应为0.45±0.05V。如果不符合要求,应检查线路。

③输出信号波形检测

起动发动机,转速在2500r/min运转时,输出信号波形应如图3-35所示。

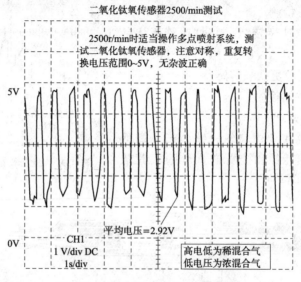

图3-35 氧化钛式氧传感器输出信号波形

7. 爆震传感器检测

爆震传感器将发动机爆震信号——汽缸体振动的压力波,转变为电信号传给电控单元ECU,推迟点火时刻,避免爆震。爆震消失后,控制系统使点火提前角逐步恢复。

一般发动机有一个到两个爆震传感器,安装在发动机缸体上。如桑塔纳2000GSi型发动机采用两个爆震传感器,分别安装在汽缸体进气管侧第1、2缸和第3、4缸之间。

常用爆震传感器有两种:一种是压电式爆震传感器,另一种是磁电式爆震传感器。

1)结构及工作原理

压电式爆震传感器由外壳、压电元件、平衡块及线路等构成,如图3-36所示。当发动机缸体振动时,传感器外壳与平衡块之间产生相对运动,夹在这两者之间的压电元件所受压力发生变化,由于压电效应而在压电元件两表面间产生电压,其电压值的高低可用于判断爆震强度。

磁电式爆震传感器由永久磁铁、铁芯和绕在其上的线圈构成,如图3-37所示。当发动机缸体振动时,带动传感器壳体及磁化铁芯振动,使磁化铁芯在线圈内产生移动,线圈的磁通量发生变化而产生感生电压,其强弱可以判断爆震强度。

2)检测方法

爆震传感器的常见故障有:内部元件损坏、内部元件接触不良或搭铁等。

(1)电阻检测。

爆震传感器电路如图3-38所示。检测时,点火开关置于"OFF"位置,拔出传感器的插接器,测量1号端子与2号端子间的电阻,所测值应大于1.0MΩ。爆震传感器的三个端子之间不应有短路(电阻为零)或断路(电阻无穷大)现象。

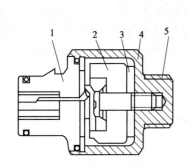

图3-36 压电式爆震传感器
1-插接器;2-平衡块;3-压电元件;4-外壳;
5-安装螺纹

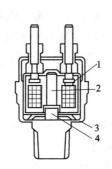

图3-37 磁电式爆震传感器
1-线圈;2-铁芯;3-外壳;4-永久磁铁

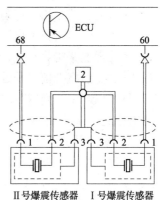

图3-38 爆震传感器电路

(2)电压检测方法。

发动机怠速时,信号电压应在0.3~1.4V之间;在高转速和大负荷时,信号电压可达5.1V。

三、电子控制单元检测

电子控制单元是电子控制系统的核心,一般简称为ECU(或ECM)。

现代发动机控制单元采用集中控制,既控制燃油喷射系统,又控制点火系统,以及其他发动机控制功能,有的电控单元还控制自动变速器。

1. 电控单元的构成及基本原理

电控单元的作用是根据电控单元内存储的程序对传感器输入的各种信息进行运算、处理、判断,然后发出指令,控制执行器动作,迅速、准确、自动地控制发动机工作。

电控单元主要由输入电路、微处理器、输出电路组成,如图3-39所示。

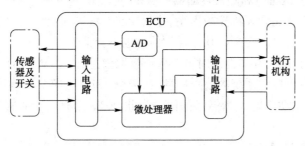

图3-39 电控单元构成

1）输入电路

电控单元要实现各项控制功能,必须以传感器信号为依据。如电控单元控制喷油器开启时刻的信号有节气门位置传感器电压信号电压,发动机冷却液及进气温度传感器电压信号,空气流量或进气压力传感器电压信号,曲轴转速和位置传感器电压信号,氧传感器电压信号,蓄电池电压信号等。电控单元计算点火提前角的参数有曲轴位置及转速传感器电压信号,进气压力、温度电压信号,爆震传感器电压信号,冷却液温度电压信号,曲轴转速电压信号,进气量电压信号等。

输入电路的作用是将各传感器及开关信号进行预处理,转换为微处理器可接收的数字信号。输入电路由数字信号预处理电路、模拟信号预处理电路、传感器电源电路构成。数字信号预处理电路接收有关传感器(如曲轴转速传感器等)直接传来数字信号,进行滤波、整形、等预处理;模拟信号预处理电路接收有关传感器(如温度传感器等)传来的模拟信号,对其进行模-数(A-D)转换;传感器电源电路用于向某些需要电源的传感器(如光电传感器等)提供稳压电源。

2）微处理器

微处理器或电脑主要由中央微处理器(CPU)、存储器、输入输出接口(I/O)等组成,如图3-40所示。其功能是：接受输入电路输送的各传感器信号及开关信号,再根据存储器中的控制程序和标准数据进行运算、分析与判断后,输出控制指令,通过输出电路控制执行器工作。

(1)中央微处理器。

中央微处理器简称CPU,包含运算器、控制器、寄存器等部件,如图3-41所示。

运算器：用于对数据的算术运算和逻辑运算。

控制器：按控制程序发出控制脉冲,控制计算机系统工作。

寄存器：用于暂时存储运算器的中间运算数据。

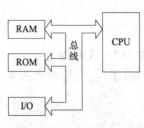

图3-40 微处理器的基本组成

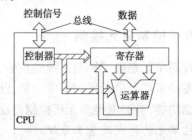

图3-41 CPU的基本组成

(2)存储器。

包含只读存储器(ROM)和随机存储器(RAM)。

只读存储器用于存储计算机控制程序、控制标准参数等固定信息,在制造时写入且不能更改,工作时只供读取,电源切断时其储存的信息也不会消失。

微处理器工作时,随机存储器随时可存入或读取信息,而电源切断后,RAM中的信息随即消失。由于汽车电子控制系统的故障信息(故障码)和自适应学习修正参数均用RAM储存,这些信息需要在发动机熄火时仍然保留。为此,ECU需有一个直接连接蓄电池的常接电源线。

(3)输入/输出接口(I/O)。

从输入电路送来的传感器信号、开关信号及某些执行器的反馈信号经输入接口送入

CPU；而 CPU 的控制指令则通过输出接口传送到输出电路。

3）输出电路

输出电路通常由信号处理电路和驱动电路组成。

微处理器经输出接口输出的控制信号一般不能直接控制执行器，需由信号处理电路将微处理器的控制指令转换为相应的控制脉冲，再经驱动电路控制执行器工作。电控燃油喷射系统的执行机构是喷油器等，而电子点火系统的执行机构是电子点火器。

2. 电控单元外部电路检测方法

在相关传感器、执行器、线束、插接器及其他系统零部件功能正常的情况下，如电控单元仍无法接受和处理传感器信号，说明发动机电控单元有故障。故障原因主要是发电机调节器故障，输出电压过高，造成 ECM 损坏或 ECM 内部驱动器损坏，使驱动执行机构不工作等。

1）注意事项

①检测前，检查汽车电子控制系统及其他电气系统的熔断器、熔丝及有关线束插头是否良好。点火开关处于开启位置时，蓄电池电压不应低于11V。

②检测时，必须使用高阻抗的万用表（大于 10MΩ）。

③测量各端子的电压，应在微处理器与线束插接器处于连接的状态下进行，万用表测试笔应从线束插头的导线一侧插入接触微处理器各端子。

④测量各端子电阻，应先拔下微处理器的线束插接器。若要拔下微处理器的线束插接器测量各控制线路，则应先拆下蓄电池负极搭铁线。

⑤在检测时，应先将微处理器连同线束一同拆下，在线束插接器处于连接的状态下，分别在点火开关关闭、开启及发动机运转状态下，测量微处理器各端子与搭铁端子之间的电压。也可以拔下微处理器线束插接器，测量各控制线路的电阻，从而确定控制线路是否正常。

⑥连接 ECU 线束插头时，将拨杆推到底，以便可靠地锁紧；从 ECU 上连接或断开针状端口时，不要损坏针状端口。要确认 ECU 上的针状端口没有弯曲或断裂。测量 ECU 信号时，注意不要使测试笔搭接，表笔的意外搭接将会导致短路，损坏 ECU 内的功率晶体管。

2）电压检测方法

①用万用表检测蓄电池的电压，应大于或等于11V，否则充电后再测量。

②拆下微处理器，线束插接器与微处理器处于连接状态。

③将点火开关置于"ON"位置。

④将万用表置于电压挡。

⑤依次将万用表测试笔从线束插头的导线一侧插入，测量微处理器各端子与搭铁端子之间的电压。

⑥记录各端子与搭铁端子间的电压值，并与标准检测数据相比较，如测得的电压与标准值不符，则说明微处理器或控制线路有故障。

3）电阻检测方法

①拆下微处理器。

②拔下导线插接器。

③参照电控单元各端子的分布图（图 3-42），用万用表测量导线插接器各端子间电阻值。

④记录所测电阻值，并与标准检测数据相比较（表 3-11），从而确定微处理器控制线路是否正常。

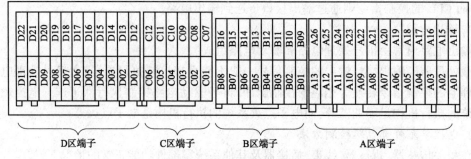

图 3-42 电控单元各端子的分布

三菱 4G64 发动机电脑端子之间的电阻　　　　　　　表 3-11

端子号码	检查项目	正常状况
A01—A12	第 1 缸喷油器	13~16kΩ(20℃)
A14—A12	第 2 缸喷油器	
A02—A12	第 3 缸喷油器	
A15—A12	第 4 缸喷油器	
A04—A12	步进电动机线圈 A	20~33Ω(20℃)
A17—A12	步进电动机线圈 B	
A05—A12	步进电动机线圈 C	
A18—A12	步进电动机线圈 D	
A13—车身搭铁	发动机 ECU 搭铁	导通(0Ω)
A26—车身搭铁	发动机 ECU 搭铁	
A06—A12	EGR 电磁阀	6~44Ω(20℃)
A09—A12	净化电磁阀	36~44Ω(20℃)
D13—D22	冷却液温度传感器	5.1~6.5kΩ(0℃)
		2.1~2.7kΩ(20℃)
		0.9~1.3kΩ(40℃)
		0.26~0.36kΩ(80℃)
D20—D22	进气温度传感器	5.3~6.7kΩ(0℃)
		2.3~3.0kΩ(20℃)
		1.0~1.5kΩ(40℃)
		0.3~0.42kΩ(80℃)
C10—C12	氧传感器	大约 12Ω
D17—D22	怠速位置开关	导通(节气门在怠速位置)
		不导通(节气门轻微开启)

四、电子控制发动机的故障自诊断

电控发动机发现故障时,只要显示故障码,就应该首先进行故障自诊断。

1. 自诊断系统简介

1) 自诊断系统基本工作原理

自诊断系统即随车诊断系统,其工作原理如图 3-43 所示。一般装有微处理器控制单元的汽车,都具有故障自诊断系统(OBD)。当系统出现故障时,自诊断系统将故障部位、类型以故障码的形式记忆并储存在电控单元 ECU 的存储器中,同时发出警示。因此,从电控单元 ECU 的存储器提取故障码,可以为故障诊断和排除提供方便。

2) 自诊断系统的故障诊断插座

OBD-Ⅱ(On-Board Diagnostic Ⅱ)车载诊断系统是普遍采用的故障自诊断系统。由于采用了统一诊断模式和诊断插座、相同的数据信息和故障码及含义。因此,只要用一台仪器即可对各种车辆进行检测和诊断。

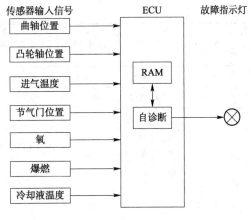

图 3-43 自诊断原理

OBD-Ⅱ诊断插座为 16 脚标准诊断插座,一般安装在发动机舱内和驾驶室仪表板下方,如图 3-44 所示。

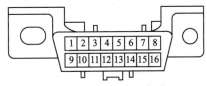

图 3-44 OBD-Ⅱ诊断插座

在 OBD-Ⅱ诊断插座中,共有 7 个关键端子,如电源、搭铁、资料传输线等。OBD-Ⅱ诊断插座中的另外 9 个端子为汽车生产厂根据需要选用。各端子代码及含义见表 3-12。汽车生产厂选用 OBD-Ⅱ诊断插座中的端子情况见表 3-13。

OBD-Ⅱ诊断插座各端子代码及含义　　　　　　表 3-12

端子代号	含　义	端子代号	含　义
1	供制造厂使用	9	供制造厂使用
2	SAE-J1850 资料传输	10	SAE-J1850 资料传输
3	供制造厂使用	11	供制造厂使用
4	车身搭铁	12	供制造厂使用
5	信号回路搭铁	13	供制造厂使用
6	供制造厂使用	14	供制造厂使用
7	ISO-9141 资料传输	15	ISO-9141 资料传输
8	供制造厂使用	16	接蓄电池正极

OBD-Ⅱ诊断插座的端子使用情况　　　　　　表 3-13

车种 端子	通用	福特	克莱斯勒	丰田	三菱	现代	沃尔沃	大宇
1		点火控制			发动机故障码输出			
2	"M"自动变速器故障码输出	BUS(+)串行数据		SDL				"M"自动变速器故障码输出
3			CCD 总线(+)		发动机故障码输出			

续上表

端子\车种	通用	福特	克莱斯勒	丰田	三菱	现代	沃尔沃	大宇
4	"A"搭铁	车架搭铁	搭铁	底盘搭铁	搭铁		搭铁	搭铁
5	"A"搭铁	信号搭铁	搭铁	信号搭铁	搭铁		搭铁	搭铁
6	"B"发动机、自动变速器故障码输出		发动机SCI信号接收	发动机自动变速器故障码输出	自动变速器故障码输出			"B"发动机故障码输出
7		ISO9141-K线	ISO9141-K线 SCI信号传送		发动机资料输出	发动机资料输出		
8	防盗				ABS故障码输出			防盗
9	BCM数据							BCM数据
10		BUS(-)串行数据			发动机资料输出			
11	悬架		CCD总线(-) SRS故障码输出					
12					SRS故障码输出			
13		发动机、自动变速器故障码输出			C/C定速巡航故障码			
14	音响空调							音响空调
15		ISO9141-L线	ISO9141-L线自动变速器诊断信号					
16	B+ 12V电源	B+ 12V电源	B+ 12V电源	B+ 12V电源	B+ 12V电源		B+ 12V电源	B+ 12V电源

3)自诊断系统故障警示方式

车型和生产厂家不同,故障显示的方式也不相同。有用发动机报警灯显示的,有用红、绿发光二极管显示的,还有用数码管显示的。

大多数汽车在组合仪表板上设有发动机报警灯,用于故障报警和就车显示诊断代码。发动机起动前点火开关打开时,该灯应点亮。不亮,说明灯或灯的电路有问题。发动机起动后,转速高于500r/min时,该灯应熄灭,说明发动机无故障;如果该灯继续点亮或在运行中点亮,说明ECU检测到电控系统故障,发出报警信号。另外,还能通过该灯的闪烁频率,将存储器中存储的故障码显示出来。故障码1~9通过单独短闪烁显示,故障码10~41通过一系列的长闪烁和短闪烁显示。长闪烁的次数表示十位数字,短闪烁的次数表示个位数字。

故障排除后,通过消除诊断代码,该灯不再点亮。图 3-45 为某型车辆上的自诊断系统在故障码为 12 和 34 时故障警告灯闪亮规律。

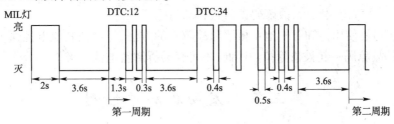

图 3-45 故障码为 12 和 34 故障警告灯闪烁规律

用红、绿发光二极管(LED)显示故障码时,采用一个 LED 灯,指示方式与故障指示灯显示方式相同。采用两个 LED 灯,一红一绿,红灯显示十位数,绿灯显示个位数。采用四个 LED 灯,分别代表数字 1、2、4、8。自诊断系统被触发后,发亮的 LED 所代表的数字之和,即为故障码。

2. 故障自诊断模式

(1) 静态测试模式。

指点火开关打开,发动机静止状态下进行检测诊断的模式。该模式主要用于提取存储器中的间歇性故障码和在静态下发生故障的诊断代码。

(2) 动态测试模式。

指点火开关打开,发动机运转状态下进行检测诊断的模式,提取存储器中动态下发生故障的代码或进行混合气成分检测分析。

二者相比,动态状态下不仅可以显示静止状态下的故障,还可检测出静止状态下发现不了的故障。在动态测试模式下读取发动机故障码时,一定要严格执行操作步骤,否则将检测出错误的故障码或无法进行诊断。

3. 故障自诊断的基本程序

1) 读取故障码

①用跨接线连接诊断插座有关插孔,进入自诊断系统。通过组合仪表板上故障指示灯或 LED 的闪烁,读取故障码。如丰田、日产、三菱、马自达、福特、宝马、标致等汽车。

②转动 ECU 控制装置上的"诊断开关"进入故障自诊断系统,读取故障码。

③用点火开关 ON→OFF→ON→OFF→ON 循环动作的方法进入故障自诊断系统,读取故障码。如克莱斯勒公司生产的电控汽车。

④用读码器、故障诊断仪、扫描仪、示波器、专用检测仪等仪器进入故障自诊断系统,并读取故障码。

车型不同,进入故障自诊断系统读取故障码的具体方法也有所不同。具体读取故障码时,应按照被诊断车型所规定的方法进入故障自诊断系统,就车读取故障码或通过解码器等专用设备显示读取故障码。

2) 分析判断故障

读取故障码后,应从汽车制造厂提供的故障码表中查得该故障码的内容说明等信息,然后按这些信息和诊断流程图及电路检查顺序,确认和排除故障。

3) 清除故障码

电控系统的自诊断系统排除故障以后,必须清除故障码。清除故障码时,应按汽车维修手册规定的清除故障码方法进行操作。对于大多数汽车,一般把蓄电池负极拆下或把相关的熔断器拔下 10~30s(视车型不同而定),即可清除故障码;有的汽车将点火开关打开、关闭反复达到一个规定次数后,故障码即可被自动清除。

应该注意到,使用拆卸蓄电池负极清除故障码的方法,将会把其他电控系统(如自动变速器系统)的故障码一起被清除掉。因此,不可轻易拆卸蓄电池负极。

第三节　发动机功率检测

发动机的动力性可用发动机的有效功率即轴功率评价。发动机点火系统、燃油供给系统、润滑系统、冷却系统技术状况不良或机件磨损,都会导致功率下降。因此,发动机功率是评价发动机技术状况的综合性指标。

一、发动机功率检测方法

发动机有效功率 P_e(kW)、有效转矩 M_e(N·m)和转速 n(r/min)之间有如下关系:

$$P_e = \frac{M_e \cdot n}{9549} \tag{3-1}$$

由式(3-1)可见,发动机有效功率可以通过测量有效转矩和转速,并据此计算得到。

发动机功率检测(简称测功)有台架稳态试验和就车动态试验两种基本形式。

1. 稳态测功

稳态测功,是指发动机在节气门开度一定、转速一定和其他参数都保持不变的稳定状态下,在专用发动机测功机上测定发动机功率的一种方法。利用测功机测出发动机的转速和转矩,然后计算得出发动机有效功率。

稳态测定发动机的额定功率是在发动机节气门全开的情况下进行的。利用测功机对发动机的曲轴施加负荷,使其在额定转速下稳定运转,测出其对应的转矩,便可据此求出额定有效功率。如在不同的加载负荷下,测出所对应的转矩和转速,并计算出在不同负荷下发动机输出的功率,便可以在 $M_e - n$、$P_e - n$ 坐标图上绘制出扭矩外特性和功率外特性曲线。

稳态测功时,由于需要对发动机施加外部负荷,所以也称为有负荷测功或有外载测功。

2. 动态测功

动态测功是指发动机在节气门开度和转速等参数均处于变化的状态下,测定发动机功率的一种方法。动态测功时,由于无须对发动机施加外部载荷,所以又称为无负荷测功或无外载测功。其基本方法是:当发动机在怠速或某一低转速下,突然全开节气门,使发动机克服自身惯性和内部各种运转阻力而加速运转时,其加速性能的好坏能直接反映出发动机功率的大小。

二、发动机功率检测标准

根据 GB 7258—2012《机动车运行安全技术条件》,车用发动机功率不得低于原额定功率的 75%;根据 GB/T 3799.1—2005《商用汽车发动机大修竣工出厂技术条件 第1部分:汽油发动机》和 GB/T 3799.2—2005《商用汽车发动机大修竣工出厂技术条件 第2部分:柴油发动机》,商用汽车发动机大修竣工出厂时,在标准状态下,发动机额定功率和最大转矩不得低于原设计标定值的 90%。常用汽车发动机额定功率和额定转速见表3-14。

常见汽车发动机的额定功率和额定转速   表 3-14

车　型	发动机型号	额定功率(kW)	额定转速(r/min)
解放 CA1090	CA6102	99	3000
东风 EQ1091	EQ6100—1	99	3000
跃进 NJ1041	NJG427A	65	4000
黄河 JN1171	X6130	154	2100
上海桑塔纳 2000GSi	AJR	74	5200
夏利 TJ7131U	8A—FE	63	6000
富康 AL	TUSJP	65	5600
捷达 GT、GTX、AT	EA113	74	5800
丰田皇冠 YS120	3Y	63	4600
波罗乃兹	1300BB	45	5250
江铃 1030DS	4JA$_1$	50	3600
上海别克 GLX、GL	L46	126	5200

若发动机检测功率偏低,则应首先检查燃料供给系统和点火系统的技术状况。若这两系统正常,则应检查汽缸的密封性,以判断发动机机械部分是否存在故障。若整机检测功率偏低可能由个别汽缸技术状况不良而引起时,可进行单缸断火后测功试验进行验证。

三、发动机无负荷功率检测

如果把发动机的所有运动部件看成一个绕曲轴中心线转动的回转体,当发动机与传动系统脱开,将没有任何外界负荷的发动机在怠速下突然将节气门打开至最大开度时,发动机产生的动力克服机械阻力矩和压缩汽缸内混合气阻力矩后所剩余的有效转矩 M_e,将全部用来使发动机运动部件加速。此时,发动机克服本身惯性力矩迅速加速到空载最大转速。对于某一型号的发动机而言,其运动部件的转动惯量近似为一个定值。发动机的有效功率愈大,其运动部件的加速度也愈大。这样,可以通过测定发动机在某一转速下的瞬时加速度或指定转速范围内的平均加速度、加速时间来确定发动机有效输出功率的大小。

1. 发动机无负荷功率测试的基本原理

根据基本测功原理,无负荷测功可分为两类:
① 用测定瞬时角加速度的方法测定瞬时功率。
② 用测定加速时间的方法测定平均功率。

1) 瞬时功率测试原理

把发动机的所有运动部件等效地看成一个绕曲轴中心线旋转的回转体,当突然将节气门打开,使发动机克服其惯性力矩加速旋转时,测得发动机的瞬时角加速度,进而求出发动机的瞬时输出功率。

根据刚体定轴转动微分方程,发动机有效转矩与角加速度间的关系为:

$$M_e = J\frac{d\omega}{dt} = J\frac{\pi}{30}\frac{dn}{dt} \tag{3-2}$$

式中:M_e——发动机有效转矩,N·m;
　　　J——发动机运动部件对曲轴中心线的当量转动惯量,kg·m^2;
　　　n——发动机转速,r/min;

$\dfrac{d\omega}{dt}$ ——曲轴角加速度，rad/s²；

$\dfrac{dn}{dt}$ ——曲轴转速变化率，r/s²；

ω ——曲轴的角速度，rad/s。

将 M_e 代入式(3-1)得：

$$P_e = \frac{\pi}{30} \cdot \frac{J}{9549} \cdot n \cdot \frac{dn}{dt}$$

令

$$C_1 = \frac{\pi}{30} \cdot \frac{J}{9549}$$

则

$$P_e = C_1 \cdot n \cdot \frac{dn}{dt} \tag{3-3}$$

在节气门突然开启的急加速变工况条件下测试发动机功率时，混合气形成、发动机燃烧状况和热状况等与稳态测试时不同，其有效功率值比稳态测试时的功率值小，因此引入修正系数 K_1 对式(3-3)进行修正。即：

$$P_e = K_1 \cdot C_1 \cdot n \cdot \frac{dn}{dt}$$

记 $C' = K_1 \cdot C_1$，则：

$$P_e = C' \cdot n \cdot \frac{dn}{dt} \tag{3-4}$$

式(3-4)表明：加速过程中，发动机在某一转速下的功率与该转速下的瞬时加速度成正比。只要测出发动机在加速过程中的转速 n 和对应的瞬时转速变化率 $\dfrac{dn}{dt}$，便可求出该转速下的瞬时有效功率。

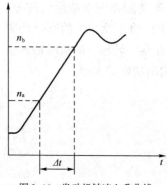

图3-46 发动机转速上升曲线

2) 平均功率测试原理

平均功率测试指在无负荷工况下根据发动机从某一指定转速急加速到另一指定转速所经过的时间，求得在加速过程中发动机的平均有效功率 P_{em}。

发动机空载低速运转时，将加速踏板突然开至最大开度，相当于对发动机施加一个阶跃输入，其转速响应过程接近于二阶系统的阶跃响应曲线，如图3-46所示。从图中可以看出，在一定时间内转速呈直线上升趋势。在此时间段内，发动机的功率克服自身加速运动产生的惯性力矩而做功。

根据动能定理，无负荷加速过程中，其动能增量等于发动机所作的功。即：

$$A = \frac{1}{2}J\omega_2^2 - \frac{1}{2}J\omega_1^2$$

式中：A ——发动机所作的功，J；

ω_1 ——测定区间起始角速度，rad/s；

ω_2 ——测定区间终止角速度，rad/s。

若发动机曲轴旋转角速度从 ω_1 上升到 ω_2 的时间为 $\Delta T(s)$，则在这段时间内的平均功

率 P_{em} (W) 为：

$$P_{em} = \frac{A}{\Delta T} = \frac{1}{2} J \frac{\omega_2^2 - \omega_1^2}{\Delta T}$$

显然：$\omega = \frac{\pi}{30} n$，如果以千瓦(kW)作为平均功率 P_{em} 的单位，则有：

$$P_{em} = \frac{C_2}{\Delta T} \tag{3-5}$$

$$C_2 = \frac{1}{2} J \left(\frac{\pi}{30} \right)^2 \frac{n_2^2 - n_1^2}{1000}$$

若已知转动惯量 J ($kg \cdot m^2$)，并确定测量时的起始转速和终止转速 n_1、n_2 (r/min)，则 C_2 为常数，称为平均功率测功系数。一般 n_1 要稍高于急速转速，n_2 取额定转速。

式(3-5)表明，加速过程中，发动机在某一转速范围 $n_1 \sim n_2$ 内的平均功率与加速时间 ΔT (s) 成反比。

与瞬时功率测试的情况类似，由于 $n_1 \sim n_2$ 范围内的平均功率亦是在急加速变工况条件下测得的，其测试值与稳态工况下的测试值有一定差异，需引入修正系数 K_2 进行修正，并令 $C'' = K_2 \cdot C_2$。这样：

$$P_{em} = \frac{C''}{\Delta T}$$

通过对比无负荷平均功率的测试值与台架试验发动机功率的测试值，找到所测机型的动态平均功率与稳态有效功率间的关系，确定 K_2 的值，并据此对无负荷测功仪进行标定，便可以通过测定 $n_1 \sim n_2$ 转速范围内的加速时间 ΔT 测出发动机的功率值。

无负荷测功仪既可以制成单一功能的便携式测功仪，又可以与其他测试仪器组合制成便携式或台式发动机综合性能分析仪。近年来，便携式无负荷测功仪在国内发展很快，主要向小型化、使用方便性和适用多车型的方向发展。有些袖珍式无负荷测功仪带有拔节天线，以拾取发动机运转时的点火脉冲信号，而不必与发动机有任何有线连接。发动机综合性能分析仪是一种测试项目较多的综合性仪器，一般具有无负荷测功的功能。

无负荷功率检测结果的精确度受到以下因素影响：发动机运转部件的当量转动惯量 J 的误差；无负荷测功的阻力负载，如运动部件的摩擦阻力、驱动发动机附件的阻力、进气与排气过程的泵吸损失等；变工况修正系数 K_1、K_2 的精确度及操作方法等。

2. 转速、角加速度和加速时间测试原理

无论瞬时功率测试还是平均功率测试，都离不开对转速 n、角加速度 $\frac{d\omega}{dt}$ 或加速时间 ΔT 的测试。

1) 转速

对汽油机而言，转速信号可取自点火线圈的漏磁或点火线圈低压、高压脉动电流。图 3-47a) 为漏磁感应所用传感器，在螺栓形的磁芯上绕一匝数约为 10000 匝的电感线圈。当传感器靠近点火线圈时，在点火线圈脉动漏磁作用下，传感器 1、2 两端便会产生感生脉动电压信号。图 3-47b) 为电磁感应所用传感器，在 U 形磁芯上绕一电感线圈，点火线圈低压或高压连接线嵌入磁芯内，发动机运转时，连接线有脉动电流通过，在其周围产生脉动磁场，从而在传感器线圈两端产生脉动电压信号。

发动机转速 n (r/min) 与高压连接线中感生电压脉动频率 f (s^{-1}) 的关系为：

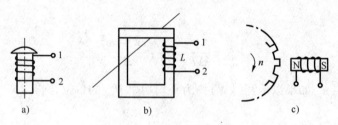

图 3-47 转速传感器工作原理
a) 漏磁感应式；b) 电磁感应式；c) 磁阻式

$$f = \frac{n}{60} \cdot \frac{\tau}{2}$$

式中：τ——发动机缸数。

对于柴油机，可利用磁阻式传感器从发动机飞轮上取得转速信号，见图 3-47c）。磁阻式传感器由永久磁铁及绕在其上的线圈组成，使用时装在飞轮壳上并使其与飞轮齿顶保持 $1\sim 2\text{mm}$ 的间隙。当飞轮旋转时，轮齿的凹部和凸部交替通过磁阻式传感器，引起磁路中磁阻的变化，使通过线圈的磁通量发生强弱交替变化，从而在线圈中产生交流电动势。电动势的交变频率等于飞轮每秒钟转过的齿数，得到发动转速 n 与传感器线圈中感应电动势的交变频率 f 间的关系为：

$$f = \frac{n}{60} z$$

式中：z——飞轮齿圈齿数。

2）角加速度

图 3-48 为瞬时角加速度测试原理框图。从传感器传来的转速脉冲信号，输入到脉冲整形装置整形放大，转变为矩形触发脉冲信号，并把脉冲信号的频率放大 $2\sim 4$ 倍。矩形触发脉冲信号输入到加速度计算器，并且只有在发动机转速达到规定值时，整形装置才输出触发脉冲信号。触发脉冲信号通过控制装置触发加速度计算器工作，计算一定时间间隔内输入的脉冲数，并把这些脉冲数累加起来。时间间隔由时间信号发生器控制。每一时间间隔的脉冲数与发动机转速成正比，后一时间间隔和前一时间间隔脉冲数的差值则与发动机的角加速度成正比，而发动机的有效功率又与角加速度成正比。转换分析器可把计算器输出的脉冲信号，即与功率成正比的角加速度脉冲信号转变为直流电压信号，然后输入到指示电表。该指示电表可按功率单位标定，因而可直接测得功率值。时间间隔取得愈小，则所测出的有效功率愈接近瞬时有效功率。

3）加速时间

加速时间测试原理见图 3-49 所示。来自传感器的转速信号脉冲，经整形装置整形为矩形触发脉冲，并转变为平均电压信号。在加速过程中，当转速达到起始转速 n_1 时，此时与 n_1 对应的电压信号通过 n_1 触发器触发计算与控制电路，使时标信号进入计算器并寄存。当加速到终止转速 n_2 时，与 n_2 对应的电压信号通过 n_2 触发器又去触发计算与控制电路，使时标信号停止进入计算器，并把寄存器中时标脉冲数经数模转换随时转换成电信号，通过显示装置显示出加速时间或直接标定成功率单位显示。

3. 无负荷测功仪的使用方法

1）测试前的准备

①发动机配气机构、供油系统和点火系统处于技术完好状态；预热发动机至正常工作温

度(80~90℃);调整发动机怠速,使之在规定范围内稳定运转。

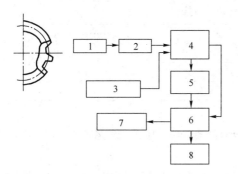

图3-48 瞬时角加速度测试原理框图

1-传感器;2-整形装置;3-时间信号发生器;4-计数器和控制装置;5-转换分析器;6-转换开关;7-功率指示表;8-转速表

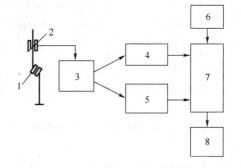

图3-49 加速时间测量原理框图

1-断电器触点;2-传感器;3-转速脉冲整形装置;4-起动转速n_1触发器;5-终止转速n_2触发器;6-时标;7-计算与控制装置;8-显示装置

②接通电源,预热仪器并调零,把传感器按要求连接在规定部位,无连接要求的则应拉出天线。

③对测加速时间-平均功率的仪器,应按要求把n_1、n_2调好。

④需置入转动惯量J的仪器,要把被测发动机的转动惯量J置入仪器内。

⑤按下其他必要的键位,如机型(汽油机、柴油机)选择键、缸数选择键和"测试"键等。

2) 功率测试方法

(1) 怠速加速法。

发动机怠速稳定运转,然后突然将节流阀开到最大位置,当转速达到所确定的测试转速n(测瞬时功率)或超过终止转速n_2时,仪表显示出所测功率值。此后立即松开加速踏板,记下或打印出读数后,按"复零"键使指示装置复零。为保证测试结果可靠,一般重复测量3次取其平均值。

(2) 起动法。

首先将节气门开至最大位置,再起动发动机加速运转,当转速达到确定值或超过终止转速后,仪表显示出测试值。

四、单缸功率检测

检查各个汽缸的功率及各缸动力性能是否一致,是动力性检测的重要内容。在发动机正常工作情况下,各缸输出功率应大致相等。另一方面,测试发动机单缸功率,可以发现引起发动机动力性下降的具体原因和部位。

1. 用无负荷测功仪测定单缸功率

使用无负荷测功仪测定单缸功率时,首先测出各缸都工作时的发动机功率,然后在所测汽缸断火(高压短路或柴油机输油管断开)情况下测出所测汽缸不工作时的发动机功率,两功率测试值之差即为断火汽缸的单缸功率。

2. 利用断火试验转速下降值判断单缸功率

发动机以某一转速运转时,交替使各缸点火短路,则每次短路后发动机均应出现功率下降,导致转速下降。若各汽缸工作状况良好,则每次转速下降的幅度应大致相等。

断火试验时,转速下降的程度与起始转速有关。试验表明:若发动机起始转速为1000

r/min,某缸不工作时发动机转速下降范围见表3-15。

某缸不工作时发动机转速的下降值　　表3-15

汽缸数	平均转速下降值(r/min)	允许偏差(r/min)
4缸	100	±20
6缸	70	±10
8缸	45	±5

第四节　发动机汽缸活塞组检测与诊断

汽缸活塞组包括汽缸、活塞、活塞环、气门、汽缸盖和汽缸垫等包围发动机工作介质的零部件。汽缸活塞组的技术状况与汽缸密封性直接相关,主要评价参数有汽缸压缩压力、汽缸漏气率、进气管真空度等。

一、汽缸压缩压力检测

汽缸压缩压力指活塞在汽缸内压缩终了到达上止点时汽缸内的压缩气体压力。汽缸活塞组技术状况正常,汽缸密封性良好,是保证发动机汽缸压缩压力正常的基本条件。

1. 汽缸压力表检测法

1) 汽缸压力表

汽缸压力表(图3-50)由表头、导管、单向阀和接头等组成。表头通过导管与接头相连。

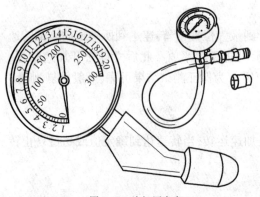

图3-50　汽缸压力表

汽缸压力表接头有螺纹管接头和锥形或阶梯形橡胶接头两种。螺纹管接头可以拧在火花塞或喷油器的螺纹孔中;橡胶接头可以压紧在火花塞或喷油器孔中。单向阀用于控制压缩气体,单向阀处于关闭位置时,压缩气体控制在压力表内,可保持测得的汽缸压缩压力读数(保持压力表指针位置);单向阀打开时,压缩空气从压力表内泄入大气,可使压力表指针回零,以用于下次测量。

2) 检测方法

①发动机运转至正常工作温度后停机。
②拆下空气滤清器,用压缩空气吹净火花塞或喷油器周围。
③对于汽油机,应把点火系次级点火总线拔下并可靠搭铁。
④拆除全部火花塞或喷油器(柴油机)。
⑤把节气门置于全开位置。
⑥把压力表锥形橡胶接头压紧在被测缸火花塞孔内,或把螺纹管接头拧在火花塞孔上。
⑦起动机带动曲轴旋转3～5s,指针稳定后读取读数,然后按下单向阀使指针回零。每个汽缸的测量次数应不少于两次,测量结果应取其平均值。
⑧按上述方法依次检测各个汽缸。

3) 检测结果的影响因素

用汽缸压力表测得的汽缸压缩压力不仅与汽缸密封性有关,还受测试时发动机转速的影响。汽缸压缩压力与发动机曲轴转速的关系见图3-51所示。在较低转速范围内运转时,即使是较小的转速差 Δn,也能使汽缸压缩压力检测结果发生较大的变化 Δp。只有当发动机曲轴转速超过某一值时,检测结果受转速的影响才会较小。因此,检测时的转速应符合制造厂规定,见表3-16。

检测时,发动机转速高低取决于蓄电池和起动机的技术状况,以及发动机旋转时的摩擦阻力矩。因此,要求蓄电池、起动机的技术状况良好;同时,要求发动机润滑条件良好,并运转至正常热状况,以减小运转时的摩擦阻力。

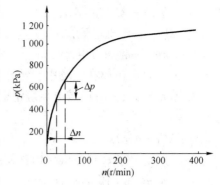

图3-51 汽缸压缩压力与曲轴转速的关系

常用汽车发动机汽缸压缩压力 表3-16

发动机型号	压缩比	汽缸压力(kPa)	检测转速(r/min)
解放 CA6102	7.4	930	130~150
桑塔纳 2000AJR	9.5	1000~1300	200~250
奥迪 100	8.5	800~1100	200~250
切诺基	8.6	1068~1275	200~250
丰田 12R	8.5	1078	250
广州本田雅阁	8.9	930~1230	200~250
上海别克 L46	9.0	≥689	200~250
五十铃 4JA1	18.4	3100	200
日产 RD8	16	2549	200
日野 EC100	20.3	3138~3530	250
三菱扶桑 6DS70A	19	2549	250

2. 发动机综合性能分析仪检测法

常用发动机综合性能分析仪均有检测汽缸压缩压力的功能,其检测原理如下。

1) 用汽缸压力传感器直接测试原理

利用压力传感器(图3-52)拾取汽缸内的压力信号,经放大后送入A/D转换器进行模、数转换,输入显示装置即可指示出所测汽缸的压缩压力。

用压力传感器式测试仪测试汽缸压力时,需先拆下被测汽缸的火花塞或喷油器,旋上仪器配置的压力传感器,使节气门位于全开位置,起动机转动曲轴 3~5s,即可检测出汽缸的压缩压力值。

2) 用启动电流间接测试原理

发动机起动时,起动机驱动曲轴的转矩 M 和起动工作电流 I_s 之间存在一定函数关系。电枢电流 I_s 与磁场(通常由励磁电流产生)的磁通量 φ 相互作用,产生电磁力和电磁转矩。其关系为:

$$M = K_m \cdot \phi \cdot I_s$$

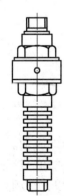

图3-52 缸压传感器

式中:K_m——电机常数,与结构有关;

ϕ——磁通量,Wb;

I_s——电枢电流,A;

M——起动力矩,N·m。

另一方面,电枢在磁场中旋转时,电枢绕组也要切割磁场的磁力线,从而在绕组中感应出反电动势 E',其方向与电枢绕组电流 I_s 的方向相反,其值大小与电动机转速成正比。

$$E' = K_E \cdot \phi \cdot n$$

式中：E'——感应电动势,V;

K_E——常数,与电机结构有关;

n——起动机转速,r/min。

起动机电枢端电压 V,电枢内阻 R_a 与电枢电流 I_s 间的关系为:

$$I_s = \frac{V - E'}{R_a}$$

起动机的电磁转矩 M 为驱动力矩,稳定运转时,应与发动机的起动阻力矩 M' 平衡。发动机的起动阻力矩 M' 由机械阻力矩、惯性阻力矩和汽缸压缩空气的反力矩构成。正常情况下,前两种阻力矩变化不大,可看作常数;而压缩空气反力矩 M' 是周期性波动的,在每一缸活塞到达压缩行程上止点时具有峰值。若阻力矩增大,电磁转矩 M 便暂时小于阻力矩 M',启动机转速 n 下降;随着 n 下降,反电动势 E' 将减小,而电枢电流 I_s 将增大。于是,电磁转矩 M 随之增加,直到与阻力矩 M' 达到新的平衡。若阻力矩降低,则起动机加速旋转,转速 n 增大,反电动势 E' 随之增大,从而电枢电流 I_s 及转矩 M 减小,直至 M 与 M' 平衡。由此可见,发动机起动时,压缩压力的波动引起了起动机启动工作电流的波动,电流波动的峰值与汽缸压缩压力成正比。如果能确定某一电流峰值所对应的汽缸(如第Ⅰ缸),按点火次序即可确定各个汽缸所对应的启动电流峰值,其大小可代表该缸的汽缸压缩压力值。用示波器记录的启动机启动电流曲线如图3-53所示。如果在测发动机启动电流的同时,用缸压传感器测出任一汽缸(例如Ⅰ缸)的汽缸压缩压力值,则其他各缸的汽缸压缩压力值可按其启动电流波形峰值计算而得。

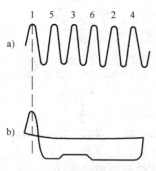

图3-53 启动电流与缸压波形图
a)启动电流波形；b)缸压波形

3) 用启动电压降间接测试原理

起动机工作电流 I_s 与蓄电池端电压 V 的关系为:

$$V = E - I_s \cdot R$$

式中：E——蓄电池电动势,V;

R——蓄电池内阻,Ω。

汽缸压缩空气阻力矩引起的起动机工作电流波动,会导致蓄电池端电压的波动。启动电流增大时,端电压降低,即启动电流与电压降成正比。如前所述,启动电流峰值与汽缸压缩压力成正比。因此,起动时蓄电池的电压降也与汽缸压缩压力成正比。所以,可以通过测量蓄电池的启动电压降检测汽缸压缩压力。

4) 检测方法

使用根据上述原理制成的发动机综合性能分析仪可以显示各缸压缩压力的具体数值,并能与标准值对照,以给出"合格"或"不合格"的结论;有些发动机综合性能分析仪,能直接显示起动电流的波形或将其变成柱状图来显示各缸的压缩压力,非常直观。对于后者,如果检测时显示的各缸波形振幅一致,峰值又在规定范围内,说明各缸压缩压力符合要求;若各缸波形振幅不一致,对应某缸电流峰值低于规定范围,则说明该缸压缩压力不足,应借助其他方法测出压缩压力的具体数值以便分析判断。至于各缸波形峰值对应的缸号,一般是通过点火传感器或喷油传感器(柴油机)确定Ⅰ缸波形位置,其他缸的波形位置按点火次序确定。

下面以EA2000型发动机综合性能分析仪为例,说明汽缸压缩压力的检测方法。

①将发动机运转至正常工作温度(冷却液温度达70~90℃)后停机。

②接通电源,打开分析仪总开关、显示器开关、主机开关,预热仪器。

③按仪器使用说明书给定的方法,连接好测试线和传感器。

④启动检测程序。用鼠标左键双击显示器上"远征发动机检测仪"图标,启动检测仪综合性能检测程序,其主机将进入系统自检画面,通过系统自检后,进入用户数据录入界面,点击"修改"按钮,录入汽车用户资料,然后点击"确定"按钮,显示屏就出现检测程序主、副菜单。

⑤用鼠标选择"起动机及发电机",进入启动电流检测功能。

⑥按下"检测"键,启动发动机,分析仪自动发出全部断油指令,仪器屏幕将显示出发动机转速、启动电流,同时绘制出启动电流曲线和相对汽缸压力的柱方图,从而检测出各汽缸压缩压力及其变化量,如图3-54所示。

⑦视需要打印输出检测结果。

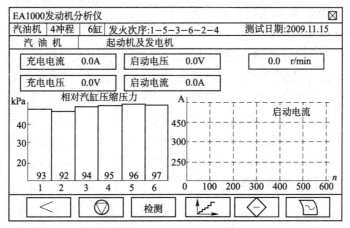

图3-54 启动电流及启动电压检测

3. 汽缸压缩压力检测结果分析

1)检测标准

汽缸压缩压力与发动机的压缩比有直接关系,其检测标准值一般由制造厂通过汽车使用说明书提供。

根据GB 18565—2001《营运车辆综合性能要求和检验方法》的规定,对于营运车辆,发动机各汽缸压缩压力应不小于原设计规定值的85%,每缸压力与平均压力的差:汽油发动机应不大于8%,柴油发动机应不大于10%。

2)检测结果分析和故障原因诊断

汽缸压缩压力的检测值低于标准值时,可以根据润滑油具有密封作用的特点,以下述方法确定导致汽缸密封性不良的原因。

由火花塞或喷油器孔注入适量(一般20~30mL)润滑油后,再次检测汽缸压缩压力,并比较两次检测结果。若：

①第二次检测结果比第一次高，并接近标准值，表明汽缸密封性不良可能是由于汽缸、活塞环、活塞磨损过大或活塞环对口卡死、断裂及缸壁拉伤等原因而引起。

②第二次检测结果与第一次近似，表明汽缸密封性不良的原因为进、排气门或汽缸衬垫不密封（滴入的润滑油难以达到这些部位起不到密封作用）。

③两次检测结果均表明某相邻两缸压缩压力低，其原因可能是两缸相邻处的汽缸衬垫烧损窜气。

对于压缩压力检测值低的汽缸，还可以采用压缩空气判断汽缸内漏气部位，其方法是：拆下空气滤清器盖，打开散热器盖、加机油口盖和节气门。摇转发动机，使被测汽缸的活塞处于压缩终了上止点位置。然后用带锥形橡皮头的软管把压缩空气从火花塞或喷油孔引入汽缸，并注意倾听发动机漏气声。如果在进气管处听到漏气声，说明进气门关闭不严密；如果在排汽消声器口处听到漏气声，说明排气门关闭不严密；如果在散热器加水口处看到有气泡冒出，说明汽缸衬垫不密封造成汽缸与水套沟通；如果在加机油口处听到漏气声，说明汽缸活塞配合副磨损严重。

二、汽缸漏气量（率）检测

检测汽缸的漏气量（率）时，发动机不运转，活塞处于压缩行程上止点。其基本检测原理是：若把具有一定压力的压缩空气从火花塞或喷油器孔充入汽缸，检测活塞处于上止点时汽缸内压力的变化情况，以此表征汽缸的密封性。

1. 汽缸漏气量检测原理

汽缸漏气量检测仪及工作原理见图 3-55。测试时，拆下发动机的火花塞，使所测缸的活塞处于上止点位置，并把检测仪的充气嘴安装于所测汽缸的火花塞孔上。外接气源的压力应相当于汽缸压缩压力，一般为 0.6~0.8MPa，其具体压力值由进气压力表显示；压缩空气进入漏气量检测仪后，经调压阀调压至某一确定压力 p_1（0.4MPa），然后经过校正孔板上的量孔及快换管接头、充气嘴进入汽缸。当汽缸密封不严时，压缩空气就会从不密封处泄漏，使校正后的孔板量孔空气压力下降为 p_2。该压力值由测量表显示，其压力变化情况 $p_1 - p_2$ 的值即可反映汽缸的密封性。

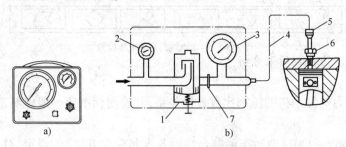

图 3-55 汽缸漏气量检测仪
a）仪器外形图；b）工作原理图
1-调压阀；2-进气压力表；3-测量表；4-橡胶软管；5-快换接头；6-充气嘴；7-校正孔板

p_1 和 p_2 的关系为：

$$p_1 - p_2 = \rho \cdot Q^2/2 \cdot \phi^2 \cdot A^2$$

$$\phi = 1/\sqrt{1+\xi}$$

式中：Q——空气流量，m^3/s；

A——量孔截面积，m^2；

ρ——空气密度，kg/m^3；

ϕ——流量系数；

ξ——量孔局部阻力系数。

当校正孔板量孔截面积和结构一定时，A 和 φ 为常数；而进气压力 p_1 及测试时的环境温度一定时，空气密度 ρ 亦为常数。因此，校正孔板量孔后的压力 p_2（由测量表指示）取决于经过量孔的空气流量 Q。显然，空气流量 Q 的大小（漏气量）与汽缸的密封程度有关。当汽缸、活塞、活塞环和气门、气门座等处磨损过大或因发生故障密封不良时，漏气量 Q 增大而使测量表指示压力 p_2 低于进气压力 p_1 的量增大。因此，根据测量表压力下降值即可判断汽缸的漏气量，并据此检测汽缸的密封性。

2. 汽缸漏气率检测原理

检测汽缸漏气率时，无论所使用的是何种仪器、检测方法，还是何种判断故障的方法，其基本原理都与检测汽缸漏气量一致。所不同的是汽缸漏气量的测量表以 kPa 或 MPa 为单位，而汽缸漏气率测量表的标定单位为百分数。即：密封仪器出气，漏气量为 0 时，测量表指针指示 0%；而打开仪器出气口，表示汽缸内压缩空气完全漏掉，测量表指针指示值为 100%。测量表指示值在 0% 和 100% 之间均匀分度，并以百分数表示。

3. 汽缸的漏气量（率）检测标准

汽缸漏气量（率）检测标准应根据发动机种类、缸径、磨损情况等因素通过试验确定。对于缸径为 102mm 左右的汽油发动机，用 QLY—1 型汽缸漏气量检测仪检测时，在确认进、排气门和汽缸衬垫密封性良好的前提下，当测量表调定初始压力为 400kPa 时，若测量表上的压力指示值大于 0.25MPa，则密封性良好，说明汽缸活塞配合副的技术状况较好；而当测量表压力指示值小于 0.25MPa 时，密封性较差，说明汽缸活塞配合副的技术状况较差。当汽缸密封性不良时，应察听漏气部位，找出故障原因。

汽缸漏气率检测标准可参考表 3-17。对于新发动机，在排气门开始关闭至活塞到达上止点的整个过程中的不同位置，汽缸漏气率一般在 3～5% 范围内；若大修竣工后，发动机汽缸漏气率超过 10%，则表明大修质量不佳。当汽缸漏气率达到 30～40% 时，若能确认汽缸衬垫、汽缸盖等处均不漏气，则说明汽缸活塞摩擦副的磨损临近极限值。

汽缸漏气率检测参考表　　　　　　　　　　表 3-17

汽缸密封状况	仪器读数值（%）	汽缸密封状况	仪器读数值（%）
良好	0～10	较差	20～30
一般	10～20	换环或镗缸	30～40

4. 汽缸磨损部位及故障原因诊断

1) 汽缸磨损情况诊断

汽缸的磨损情况，可根据活塞在压缩行程不同位置时的汽缸漏气率间接测出。首先测定在压缩行程开始，进气门关闭后汽缸的漏气率；而后，在曲轴每旋转 10° 曲轴转角的位置测量一次，直到活塞到达上止点位置为止，从而得到活塞在汽缸内不同位置时的汽缸漏气率；所测结果与新发动机汽缸漏气率所测结果比较，即可了解汽缸的磨损情况。同时，把所测在用发动机的汽缸漏气率与已达到大修极限的同类型发动机的汽缸漏气率相比较，便可大致估计所测发动机的使用寿命。

2) 汽缸漏气部位诊断

通过汽缸漏气量(率)检测,发现某一缸的密封性不良后。可进一步在进气管、排气消声器出口、散热器水箱加水口和机油加注口等处,倾听有无漏气声,以判断汽缸的漏气部位。当活塞到达压缩行程上止点位置时,若在进气管处能听到漏气声,说明进气门密封不良;在排气管处能听到漏气声时,表明排气门密封不良;若在散热器水箱加水口有漏气声并出现水泡时,则属于汽缸垫漏气。

3) 汽缸漏气量(率)检测方法

①发动机预热至正常工作温度。

②用压缩空气吹净火花塞周围,清除脏物,而后拧下所有汽缸的火花塞,并在火花塞孔上装好充气嘴。

③接好压缩空气源,在检测仪出气口堵塞的情况下,用调压阀调节进气压力,使测量表指针指示 0.4MPa。

④安装好活塞定位盘(图3-56),使分火头旋转至第Ⅰ缸跳火位置(此时Ⅰ缸活塞到达上止点,Ⅰ缸进、排气门均处于关闭位置),然后转动定位盘使刻度1对准分火头尖端(分火头也可用专用指针代替)。

⑤为防止压缩空气推动活塞使曲轴转动,变速器挂高速挡,拉紧驻车制动器。

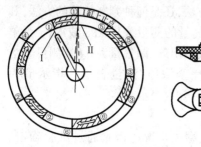
图3-56 活塞定位盘

⑥把Ⅰ缸充气嘴接上快换管接头,向Ⅰ缸冲入压缩空气,此时测量表上的压力读数或漏气率百分比读数即反映该缸的密封性。

⑦转动曲轴,使分火头(或指针)对准活塞定位盘上下一缸刻度线,按以上方法检测下一缸的漏气量(率)。

⑧按以上方法和点火次序检测其余各缸的漏气量(率)。为使检测结果可靠,各缸应重复检测一次。

三、发动机进气管真空度检测

1. 影响进气管真空度检测结果的因素

进气管真空度指进气管内的进气压力与外界大气压力之差。

汽油机依靠节气门开度变化控制进入汽缸的混合气的量。怠速时,节气门开度小,进气节流作用大,进气管中真空度较高;节气门全开时,进气管中真空度较小。由此可见,进气管真空度首先取决于发动机的工作状态。检测进气管真空度,大多数是在怠速条件下进行。

进气管真空度还与发动机技术状况有关,可以反映汽缸活塞组和进气管的密封性。若进气管垫、真空点火提前机构等处密封不良,汽缸活塞组、配气机构因磨损或故障间隙增大,以及点火系和供油系的调整等都会影响发动机进气管的真空度。因此,通过对进气管真空度的检测可发现这些部位的故障。如能确认进气管自身密封性良好,则进气管真空度的检测结果可用于分析、判断发动机汽缸活塞组的密封性。进气管真空度可以用真空表或发动机综合性能分析仪检测。

2. 进气管真空度的检测方法

发动机综合性能分析仪可以检测进气歧管真空度波形。由传感器采集到的进气歧管真空度的电压信号,经仪器处理后送入显示器,于是屏幕上便可显示出进气歧管真空度波形。

进气管真空度的检测步骤如下(以元征 EA—2000 型发动机综合性能分析仪为例):

①发动机运转至正常工作温度。

②将分析仪真空度传感器的橡胶软管通过三通接头连接到发动机的真空管上,电控燃油喷射发动机的真空软管一般在发动机总成顶部。

③使发动机转速稳定在规定转速(1700r/min 左右)。

④在主菜单下的副菜单上选择"进气管内真空度",进入进气管真空度检测状态。

⑤按下检测界面下方的"检测"按钮,分析仪高速采集进气管真空度值,并显示出被检发动机的进气管真空度波形。

⑥对进气管真空度波形观测、分析和判断。

⑦再按下"检测"按钮,高速采集结束。

⑧必要时可按下 F4 按钮,检测仪提供 4 缸、6 缸或 8 缸发动机的进气管真度空度标准波形。其中:4 缸发动机进气管标准波形如图 3-57 所示。除此之外,可检测进气门开启不良、进气门漏气、排气门开启不良和排气门关闭不良等故障波形。

⑨按 F2 按钮可对数据进行存储,按 F3 按钮可进行图形存储,按 F6 按钮可进行图形打印,按 F3 按钮返回主菜单。

3. 进气管真空度波形分析

往复式活塞发动机的进气过程是间歇的,必然会引起进气压力的波动。进气歧管真空度波形中包含着丰富的有关进排气机构的信息,如配气机构、进排气门与活塞环等密封元件技术状况的变化。因此,通过分析进气歧管真空度波形可实现对发动机的不解体检测。

发动机技术状况良好时,各缸进气歧管真空度波形基本相似,只是因进气歧管形状与断面情况不尽相同,致使其进气真空度波形稍有差异。但若汽缸的结构参数或技术状况变化,则进气歧管真空度波形会有明显改变,如汽缸与活塞配合副磨损使其密封性变差、汽缸衬垫或气门漏气、气门弹簧弹性不足、混合气过浓或过稀等均会引起进气歧管真空度波形的改变,由此判断发动机故障是十分方便有效的。

分析真空度波形时,将进气歧管各缸真空度的检测波形进行对照比较,若各缸进气过程所造成的进气歧管负压基本一致,且与标准波形相同,则说明该发动机进气系统和汽缸活塞组技术状况正常;若个别汽缸波形异常,则说明进气系统和汽缸活塞组存在故障,图 3-58 所示为四缸发动机第 4 缸进气口严重漏气的进气歧管真空度波形。

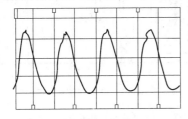
图 3-57 四缸发动机进气管标准波形

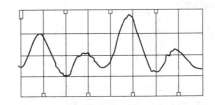
图 3-58 四缸发动机第 4 缸进气门严重漏气波形

4. 进气管真空度检测标准

根据 GB/T 3799—2005《商用汽车发动机大修竣工出厂技术条件 第 1 部分:汽油发动机》的规定,在正常工作温度和标准状态下,发动机怠速运转时,进气歧管真空度符合原设计规定,其波动范围:6 缸汽油发动机一般不超过 3kPa;4 缸汽油发动机一般不超过 5kPa。

进气管真空度随海拔高度升高而降低。海拔每升高1000m,真空度将降低10kPa左右。因此,检测发动机进气管真空度时,应根据当地海拔高度修正检测标准。

进气管真空度检测是一种综合性检测,能检测多种故障现象,而且检测时不需要拆下火花塞,因此是较实用、快速的检测方法;但不足之处是往往不能确定故障的具体原因。

第五节　发动机点火系统检测与诊断

点火系的技术状况的好坏,不仅严重影响发动机的动力性、燃油经济性和排放性能,还决定了发动机能否正常工作。点火系统是汽油发动机各系统、机构中故障率最高的系统,因此是发动机检测诊断的重点。

一、发动机点火系统的类型

发动机点火系的基本功能是在适当时刻为各个汽缸提供足够能量的电火花,以点燃汽缸内的压缩可燃混合气。

1. 机械点火系

机械触点式点火系的工作原理如图3-59所示。触点闭合时,初级电流流经点火线圈初级绕组后搭铁,形成回路,电流流过点火线圈,同时产生磁场;触点打开时,回路断开,初级电流突然中断,由于流过点火线圈初级绕组的电流所产生的磁场骤然衰减,从而在点火线圈次级线圈上产生很高的感应电压(15000~20000V);该感应电压产生时,分电器分火头旋转到正好接触某缸点火高压线,从而在高电压作用下,火花塞(处于汽缸燃烧室内)间隙被击穿,产生电火花,点燃汽缸内经过压缩的可燃混合气。随着现代汽油机性能和转速的不断提高,机械触点式点火系已不能满足现代汽油机点火的要求,已逐渐被电子点火系所代替。

2. 电子点火系

电子点火系统(又称为半导体点火系统或晶体管点火系统)在传统点火系的基础上,利用半导体元器件(如:三极管、可控硅等)组成的电子开关电路(即电子点火组件或点火器),代替传统点火系中的断电器触点,以接通和断开点火线圈初级电路。而接通和断开点火线圈初级电路的具体时刻,则由点火信号发生器产生的点火信号来控制,如图3-60所示。

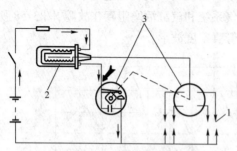

图3-59　触点式点火装置工作原理图
1-火花塞;2-点火线圈;3-分电器

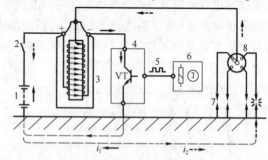

图3-60　电子点火系的基本组成和工作原理
1-蓄电池;2-点火开关;3-点火线圈;4-电子点火组件;5-点火信号;6-点火信号发生器;7-火花塞;8-高压配电器

点火信号发生器安装在分电器内,分电器轴转动时,产生与发动机曲轴位置相对应的点火信号。此点火信号经电子点火组件前置电路处理后,控制大功率开关三极管的导通或截止,使点火线圈初级电流适时地通断。开关三极管导通时,点火线圈初级电路接通,储存点火能量；当截止时，点火线圈初级电路断开，次级电路中便产生高压，通过配电器及高压导线等将高压送至点火缸火花塞使之产生电火花。分电器旋转一圈各气缸轮流点火一次。

3. 电子控制的点火系

电子控制的点火系利用传感器对与点火有关的各种运行参数和使用因素进行信号采集和检测，然后由电控 ECU 进行运算、处理后，给点火控制器提供最佳的点火控制信号，从而使发动机在任何工况下都处于最佳的点火时刻和初级电路导通时间。

电子控制的点火系可分为有分电器式和无分电器式两类。有分电器电子控制的点火系主要由与点火有关的各种传感器、电子控制器(点火 ECU)、电子点火组件(点火器)、点火线圈、高压配电器、火花塞等组成，如图 3-61 所示。

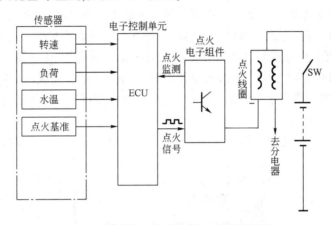

图 3-61　有分电器式电子控制的点火系统基本组成

无分电器电子控制的点火系由电子分火方式完成高压配电。目前常用的分火方式有各缸单独点火和双缸同时点火两种。单独点火方式即一个火花塞配一只点火线圈(图 3-62)，并且可将点火线圈直接安装在火花塞顶上，不仅没有分电器，而且也不用高压线。双缸同时点火方式，即一只点火线圈同时为两个汽缸点火，如图 3-63 所示。

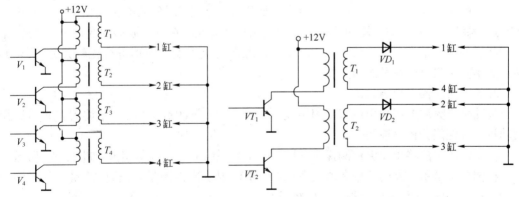

图 3-62　各缸单独点火原理　　　　图 3-63　双缸同时点火方式原理

二、点火电压波形检测与分析

1. 点火电压波形

无论是机械触点式点火系，还是无触点电子点火或电子控制的点火系，都是由点火线圈通过互感作用把低压电转变为高压电，通过火花塞跳火点燃混合气做功的。

发动机工作时，点火系初级电路周期性闭合或切断。初级电路导通时，点火线圈初级绕组开始有电流通过并增强。此时，初级电压接近于零；但初级电路闭合及初级电流 i 的增长，使初级线圈产生的磁场强度由弱到强，初级绕组产生自感电动势；而次级绕组因互感产生逆电动势，在点火电压波形上表现为向下的振荡。

初级电路切断后，初级电流及磁场迅速消失，初级电压迅速升高。由于磁场强度剧烈衰减，在次级绕组中感应出很高的感生电压 U_2。次级电压的最大值 U_{2max} 一般可达 15000～20000V。实际上，次级电压在小于 U_{2max} 的某一数值时，即可把火花塞的电极击穿，此时的电压值称为击穿电压 U_j。电极被击穿后，初级、次级电压均迅速下降，电极间形成火花放电并延续一段时间，在次级电压波形上表示为火花线，即发火线后的一条起伏小而密的高频振荡曲线。当储存在点火线圈中的能量消耗到不足以继续维持放电时，火花终了，次级电压略有上升后又剧烈下降。此后，点火线圈和电容器中的残余能量以阻尼振荡的形式耗尽，在次级电压波形上出现低频振荡波形。由于初级、次级线圈的互感作用，上述高频振荡和低频振荡波形也出现在初级电压波形中。通过放电和阻尼振荡消耗尽点火线圈的能量后，在初级电路接通之前，初级电压稳定于蓄电池的电压值，而次级电压降至零，直至初级电路接通后下一点火循环开始。

图 3-64 为点火过程初级电流 i、初级电压 U_1 和次级电压 U_2 的波形图。

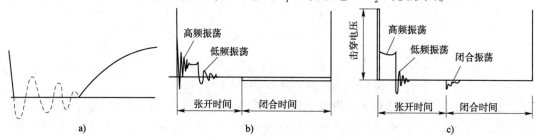

图 3-64 点火工作过程波形图
a）初级电流；b）初级电压；c）次级电压

如上所述，发动机工作过程中，其点火系低压部分、高压部分的电压变化过程是有规律的，点火系统有关元件的性能和技术状况的变化必然会反映在点火波形的变化中。因此，把实际测得的点火系点火电压波形与正常工作情况下的点火电压波形进行比较并分析，可判断点火系技术状况好坏及故障所在。

2. 点火电压波形检测仪器

发动机点火波形通常用汽车专用示波器检测（如国产 QDS—ⅠA 型示波器），也可以用发动机综合性能分析仪检测。

汽车专用示波器主要由检测探头、外接线、电控系统和显示器等组成，如图 3-65 所示。

检测探头是示波器的信号获取装置（传感器），用于连接测量点，感应测量点的被测信号，并通过其外接线传输给示波器的电控系统。

电控系统用来接受、处理外接线输入的信号和波形控制旋钮输入的控制信号，并将其传送给显示器控制输出波形，并对检测波形的显示、记录、打印和储存进行控制。

显示器用来显示被测信号的波形，可以将点火系统电压随曲轴转角或凸轮轴转角的变化关系用波形直观表示出来，以便于观察和分析。

3. 点火电压波形检测方法

利用专用示波器检测发动机点火波形的方法如图 3-66 所示。检测时，发动机运转，将示波器探针分别连接点火线圈的"-"接线柱和搭铁,可以测得初级电压波形;将示波器的外接线用感应夹连接高压线,另一个探针搭铁,可测得次级电压波形。测的电压波形就会显示在示波器屏幕上,表示点火系统的电压随时间(凸轮轴转角)而变化的规律。其电压波形的坐标:水平方向表示时间(凸轮轴转角);垂直方向表示电压。并且以基线为准,向上为正电压,向下为负电压。

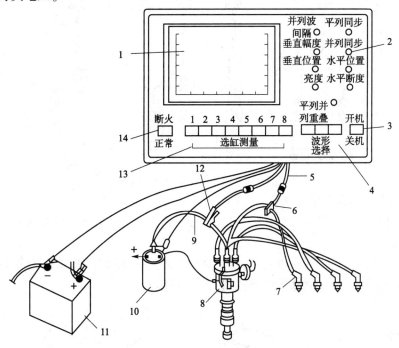

图3-65 汽车专用示波器及其连接
1-显示器;2-波形控制旋钮;3-电源开关;4-波形选择按钮;5-外接线;6、12-探头;7-火花塞;8-分电器;9-中央高压线;10-点火线圈;11-蓄电池;13-选缸测试按钮;14-断火按钮

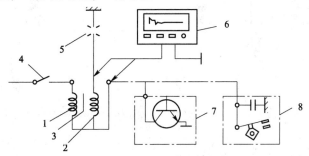

图3-66 点火波形的检测
1-初级线圈;2-次级线圈;3-铁芯;4-点火开关;5-火花塞;6-示波器;7-晶体管点火器(电子点火用);8-分电器(传统点火用)

1) 点火波形检测仪器与发动机的连接

点火波形检测仪通过点火传感器与发动机连接,传感器的具体连接方式应参考其使用说明书。当使用EA2000型综合性能分析仪检测发动机的次级点火波形时,传感器的连接方法如下。

(1) 传统点火系的连接。

把综合性能分析仪的电源夹持器夹持在蓄电池正、负极上(红正、黑负);初级信号红、黑小鳄鱼夹分别夹在点火线圈的初级接线柱上(红正、黑负);Ⅰ缸信号传感器(外卡式感应钳)卡在第Ⅰ缸高压线上;次级信号传感器(外卡式电容感应钳)卡在点火线圈中心高压线上,如图3-67所示。通过次级信号传感器的信号可获得次级点火波形,通过Ⅰ缸信号传感器信号的触发,可使各缸波形按点火次序排列。

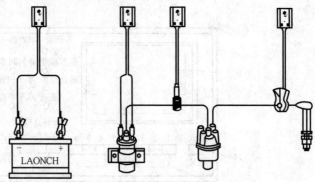

图3-67　传感器与传统点火系的连接

(2)无分电器点火系的连接。

对于单缸独立点火线圈式点火系,须采用分析仪的金属片式次级信号传感器,连接方法如图3-68所示。

对于双缸独立点火线圈式点火系,在检测任一缸点火波形时,须将Ⅰ缸信号传感器和次级信号传感器共同卡在该缸高压线上,如图3-69所示。

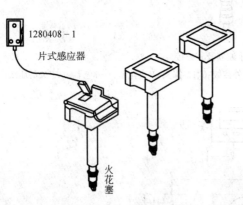

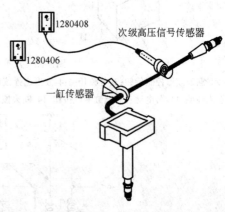

图3-68　传感器与单缸独立点火线圈式点火系的连接　　图3-69　传感器与双缸独立点火线圈式点火系的连接

2)检测步骤

(1)按要求对仪器通电预热,检查校正。

(2)起动发动机并预热至正常工作温度,使发动机在规定转速下稳定运转。

(3)按要求正确联机,即把各类传感器连接在发动机有关部位。

(4)使系统进入检测状态,检测发动机点火系的初级或次级点火波形。

①在综合性能分析仪主菜单上选择"汽油机",在副菜单上选择"点火系统",在点火系统的下级菜单中选择"次级点火信号",分析仪屏幕显示点火系次级检测界面。

②点击界面下端的波形切换软按钮可分别观测到次级多缸平列波、次级多缸并列波和次级多缸重叠波。

③在点火系的下级菜单中选择"初级点火信号",检测仪屏幕显示点火系初级检测界面。

④点击界面下端的其他软按钮,可实现数据存储、图形存储、故障诊断图形打印和返回主菜单功能。

4.点火电压波形分析

点火波形分析指把实际点火波形与标准波形比较以判断故障的过程。

1)点火波形的选择

对于不同功能、不同形式的示波器,一般可以通过按键、输入操作码、菜单选择等方法,根据检测目的和检测的方便性,在示波器屏幕上显示出被测发动机的初级或次级多缸平列波、多缸并列波、多缸重叠波和单缸选择波。其中:

①平列波(图3-70)按点火顺序从左至右首尾相连排列,易于比较各缸发火线的高度。

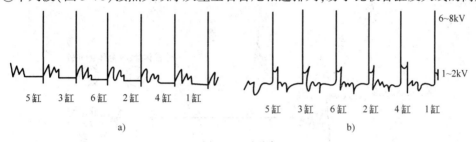

图3-70 平列波

a)标准初级平列波;b)标准次级平列波

②并列波(图3-71)按点火顺序从下至上分别排列,可以比较火花线长度和初级电路闭合区间的长度。

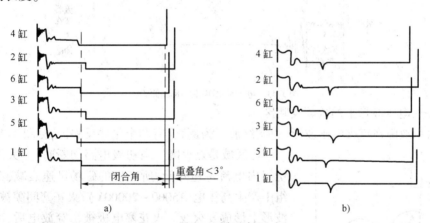

图3-71 并列波

a)标准初级并列波;b)标准次级并列波

③重叠波(图3-72)把各缸波形之首对齐重叠在一起排列,用于比较各缸点火周期、闭合区间及断开区间的差异。

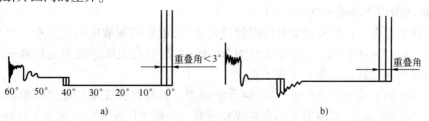

图3-72 重叠波

a)标准初级重叠波;b)标准次级重叠波

④单缸选择波(图3-64)按点火顺序逐个单选出一个缸的波形进行显示,把横坐标拉长,以看清点火波形各阶段的变化,也可看清火花线的长度和高度。采用单缸选择波便于对火花线和低频振荡阶段的观察和分析。

2) 点火电压标准波形

传统机械点火系初级、次级标准点火电压波形见图3-64。电子点火系的次级点火波形与机械点火系点火波形的主要区别在于,其闭合段后部电压略有上升;有的波形在闭合段中间也有一个微小的电压波动,这反映了点火控制器(电子模块)中限流电路的作用;另外,电子点火波形闭合段的长度随转速变化而变化。电子点火次级波形如图3-73所示。

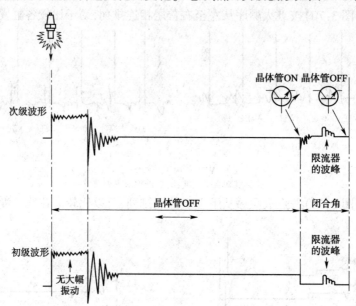

图3-73 电子点火单缸电压标准波形

3) 点火电压波形上的故障反映区

点火系故障在点火电压波形(以次级波形为例)上有四个主要反映区,见图3-74。

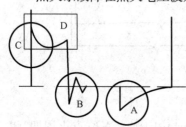

图3-74 次级波形故障反映区

C区域是点火区。当初级电路切断时,点火线圈初级绕组内电流迅速降低,所产生的磁场迅速衰减,在次级绕组中产生高压电(15000～20000V),火花塞间隙被击穿,在波形上形成发火线。火花塞电极被击穿放电后,次级点火电压随之下降。该区域异常说明电容器或断电器技术状况不良。

相比之下,电子点火系统的点火电压高,跳火能量较强,产生的次级电压高达30000V以上。

D区域是燃烧区。当火花塞电极间隙被击穿后,电极间形成电弧使混合气点燃。火花放电过程一般持续0.6～1.5ms,电压约为2000V,在次级点火电压波形上形成火花线。该区域异常说明分电器或火花塞工作不良。

由于电子点火系统的点火电压高、跳火能量强。因此在火花塞间隙之间维持的火花放电电压高、持续时间长,其波形上的火花线高而宽。一般比传统机械点火的火花持续时间长1/4,其火花电压约为3000V。

B 区域是振荡区。在火花塞放电终了,点火线圈中的能量不能维持火花放电时,残余能量以阻尼振荡的形式消耗殆尽。此时,点火电压波形上出现具有可视脉冲的低频振荡。该区域异常说明点火线圈或电容器工作不正常。

与传统机械点火系统相比,由于电子点火系统没有使用电容器,衰减振荡波数略有减少。

A 区域是闭合区。初级电路再次闭合后,次级电路感应出 1500~2000V 与蓄电池电压相反的感生电压。在点火波形上出现迅速下降的垂直线,然后上升过渡为水平线。该区域异常通常是由于分电器工作不正常引起的。

通常电子点火系统有一次或多次限流控制。其闭合时的限流作用导致电压波形有起伏、有波峰,类似波纹、锯齿状或凸起(图 3-73)。

4) 典型故障波形分析

(1) 发火线分析。

①点火电压过高。国产载货汽车击穿电压值一般为 6~8kV 或 8~10kV;进口或国产轿车的击穿电压值一般为 10~12kV;各缸击穿电压应一致,相差不超过 2kV。

当转速稳定后,选择显示出各缸平列波,若点火电压高于标准值,说明高压电路有高电阻。若各缸都高,说明高电阻发生在点火线圈插孔及分火头之间,如高压断线、接触不良、分火头脏污等;个别缸电压高,说明该缸火花塞间隙过大,高压线接触不良或分火头与该缸高压线接触不良。

②点火电压过低。点火电压过低一般是由于电路中某处漏电或短路引起的。

若各缸点火电压均过低,低于规定值下限,则可能是混合气过浓、各缸火花塞间隙过小、火花塞电极油污、蓄电池电压不足或电容器容量不足等原因造成的。

如果个别缸点火电压过低,则可能是火花塞电极油污、间隙太小、火花塞绝缘性能差或高压短路等原因引起。如果二次并列波击穿电压不足 5kV,则说明次级线圈漏电。

③多余波形。发火线下端出现多余波形,一般反映了白金触点烧蚀或接触不良、电容器漏电,或电子点火系中开关晶体管故障等。如果二次并列波在一次电路断开处出现小平台,如图 3-75 所示,则说明电容器漏电。

④单缸开路电压。当显示出各缸平列波,拔下除第一缸以外任一缸的高压线(第一缸高压线上夹持着示波器的传感器),使高压线端与搭铁部位的间隙逐渐增大,此时的点火电压值称为单缸开路高压值。从波形上看该缸发火线应明显上升(图 3-76),其电压值应是点火线圈的最高输出电压。对机械点火系统,此电压应高于 20kV;对电子点火系统,则应高于 30kV。否则,说明高压线、分电器盖绝缘不良或点火线圈、电容器技术状况不良。

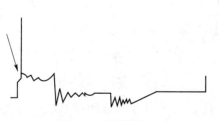
图 3-75 电容器漏电

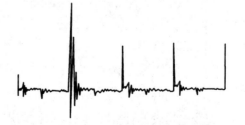
图 3-76 单缸开路电压

⑤单缸短路电压。若使拔下的高压线搭铁,发火线应明显缩短,其值应低于 5kV(图 3-77);否则,说明分火头或分电器盖插孔电极间隙大,或分缸高压线与插孔接触不良。

⑥转速升高电压。当荧光屏上显示次级点火平列波时,如果发动机转速突然增高,所有缸的发火线相应均匀升高,说明各缸火花塞工作正常,火花塞加速性能良好。若一个缸或几个缸的发火线不能升高,说明火花塞有积炭或电极间隙过小。若某缸高压峰值上升很高,则说明该缸火花塞电极间隙偏大或电极烧蚀。如:当转速稳定在800r/min左右,突然开大节气门使发动机加速运转,此时各缸点火电压增高量不应超过3kV,否则应更换火花塞。

(2)火花线分析。

利用单缸选择波可较容易观察该缸火花线。在具有毫秒扫描装置的示波器上,可以读出火花线延续时间和点火电压值。对于装有电子点火系的发动机而言,火花延续时间在转速为1000r/min时约为1.5ms。火花延续时间小于0.8ms时,就不能保证混合气完全燃烧,同时排气污染增大,动力性下降;若火花持续时间超过2ms,火花塞电极寿命会明显缩短。电子点火系的火花电压约为3kV。机械点火系火花线长度一般为0.6~0.8ms,燃烧区电压一般为1~2kV。

①火花线过短。其原因一般为:火花塞间隙过大;分火头和分电器盖电极烧蚀或二者间隙过大;高压线电阻过高;混合气过稀。

②火花线过长。其原因一般为:火花塞脏污;火花塞间隙过小;高压线或火花塞短路。

③火花线较陡或波动。如果在火花放电过程中,火花的持续阶段较为陡峭(图3-78),说明次级电路电阻太大,可能是次级电路开路、接触不良或火花塞间隙过大等原因造成的。

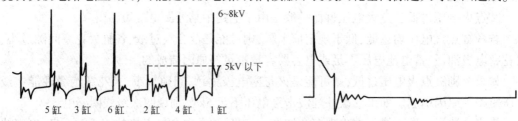

图3-77 单缸短路电压　　　　　图3-78 火花持续阶段陡峭

如果火花线电压有波动现象(图3-79),说明电喷系统喷油器工作不良,引起可燃混合气浓度波动造成的。这一故障现象可能出现在每一缸波形上,也可能出现在某一缸波形上。

④点火电压过低

火花线电压较低且呈图3-80所示情况时,可能是混合气过浓或火花塞漏电造成的。当可燃混合气过浓时,虽然点火初期的离子电离程度小,击穿电压高,但在火花持续阶段离子电离程度提高,火花电压有所降低。当火花塞漏电时,火花电压也降低。

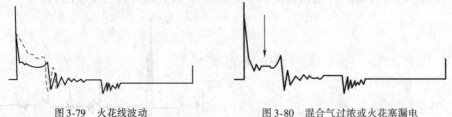

图3-79 火花线波动　　　　　图3-80 混合气过浓或火花塞漏电

火花线电压较低且呈图3-81所示情况时,可能是可燃混合气过稀或汽缸压力低造成的。这是由于可燃混合气过稀或汽缸压力太低时,都会引起可燃混合气密度降低,易产生碰撞电离现象,无须多高电压就可将火花塞间隙击穿,故火花电压有下降现象。

火花线电压较低且呈图3-82所示情况时,可能是火花塞积炭或间隙太小造成的。由于积炭是具有电阻的导体,消耗了一部分电能,引起火花电压降低。火花塞间隙太小,也会引起点火电压降低。

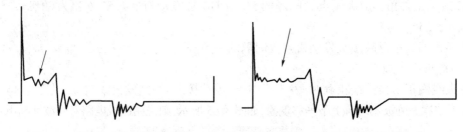

图3-81 混合气过稀或汽缸压力低　　　图3-82 火花塞积炭或间隙太小

(3) 低频振荡区分析。

点火系技术状况良好时,其低频振荡区应有5个以上可见脉冲;高功率线圈所产生的脉冲将多于8个。振荡脉冲数少,且振幅也小的原因是:点火线圈短路、电容器漏电或点火线圈初级电路接头或线路连接不良、阻值过大。

若振荡脉冲数过多,则表明电容器容量过大。而电子点火系统,由于没有使用电容器,因此其低频振荡波数少些,正常约为3个。电子点火系低频振荡区异常时,仅表示点火线圈技术状况不正常,而与电容器无关,这是因为电子点火系无电容器的缘故。

(4) 闭合区分析。

对机械点火系,在初级电路闭合时,点火波形上产生垂直向下的直线,在此处有杂波说明白金触点烧蚀、接触不良、触点弹簧弹力不足,见图3-83。同理,在闭合区末端发火线前若有杂波,也说明白金触点技术状况不良。

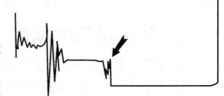

图3-83 触点烧蚀故障波形

对于电子点火系,闭合区的波形虽与传统点火系相似,但反向电压和击穿电压是由于晶体管导通和切断初级电流而产生的。因此,该两处波形异常是由于晶体管技术状况不良造成的。电子点火系统闭合区波形的长度、形状与传统点火系不同,主要表现在:闭合区在高转速时拉长,闭合段内有波纹或凸起;有的电子点火系统在闭合区结束前,先产生一条锯齿状的上升斜线,而后出现点火线。

(5) 闭合角检测。

点火过程中,初级电路导通阶段所对应的凸轮轴转角称为闭合角。对于传统点火系,闭合角为白金触点闭合时期所占的凸轮轴转角;对于电子点火系统,则是晶体管导通所占的凸轮轴转角。

利用初级并列波(图3-71)可方便地观测各缸的闭合角,闭合角的大小应在以下范围:3缸发动机为60°~66°;4缸发动机为50°~54°;6缸发动机为38°~42°;8缸发动机为29°~32°。

对于机械触点式点火系而言,测出的闭合角小,说明触点间隙太大,触点闭合时间短,初级电流增长不到需要的数值,会使点火能量不足;若闭合角太大,说明触点间隙小,会使触点间发生电弧放电,反而削弱了点火能量,不利于正常点火。

在闭合角相同时,转速高则闭合时间短,转速低则闭合时间长。因此为保证点火可靠,闭合角应随发动机转速而变化。由于点火系中的点火控制器可对闭合角的大小进行控制和调节;低速时减小闭合角;高速时,增大闭合角。因此,电子点火系点火波形上的闭合段长度会随着发动机转速的变化而改变。

(6) 重叠角检测。

各缸点火波形首端对齐,最长波形与最短波形长度之差所占的凸轮轴转角称为重叠角(图3-72)。重叠角不应大于点火间隔的5%,即:4缸发动机≤4.5°;6缸发动机≤3°;8缸发动机≤2.25°。

重叠角的大小反映多缸发动机点火间隔的一致程度。

(7) 波形倒置或平移。

点火线圈正负极接线正确时,发火线向上;极性接反时,则发火线向下,见图3-84。

如果二次并列波不时有上下平移现象,如图3-85所示,则说明次级电路有间歇性断电现象。

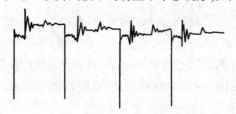

图3-84 点火线圈极性接反的故障波形　　图3-85 次级电路间歇性断电

利用示波器观测点火波形,是实现快速检测诊断的重要方法之一,其应用十分普遍。其中,特别是观测次级波形,被认为是一项综合检测手段。这是因为,如果被测发动机的次级波形正常,则说明点火系、供油系的技术状况良好。

三、发动机点火正时的检测

从点火开始到活塞到达上止点这段时间内,曲轴转过的角度称为点火提前角。

发动机的最佳点火提前角应随转速、负荷、汽油抗爆性和使用环境条件等因素而变化。对于传统点火系,分电器中具有离心点火提前机构和真空点火提前机构,以实现点火提前角随转速和负荷变化的调节。电子控制电子点火系的各种传感器将关于发动机工作状况的信息传输至计算机,计算出正确的点火时间,控制晶体管的导通或截止,接通和切断点火线圈初级电流,实现点火时刻的调节。计算机控制点火时刻除根据发动机转速和负荷两个因素外,还根据发动机的工作温度、海拔高度、爆震倾向等有关因素。

点火提前角的检测方法有频闪法和缸压法。

1. 点火提前角的检测方法——频闪法

用频闪法检测点火提前角时,所使用的点火正时检测仪又称为正时灯,见图3-86a)。该仪器由闪光灯、传感器、整形装置、延时触发装置和显示装置构成,利用闪光时刻与Ⅰ缸点火同步的原理测出发动机的点火提前角。其基本工作原理建立在频闪原理的基础上。即:如果在精确的确定时刻,相对转动零件的转角,照射一束短暂(约1/5000s)且频率与旋转零件转动频率相同的光脉冲,由于人们视力的生理惯性,似乎觉得零件是不转动的,见图3-86b)。

用频闪法制成的点火正时检测仪,即可以制成单一功能的便携式,又可以与其他功能的仪器构成多功能综合式(如发动机综合性能分析仪)。其指示装置既可以是指针式,也可以是数码式,有的带有打印输出功能。指示装置具有测速并显示瞬时转速的功能时,可在规定转速下测得发动机的点火提前角。

1) 点火正时检测仪工作原理

在发动机飞轮或曲轴皮带轮上刻有正时标记,固定机壳上也刻有标记。曲轴旋转至活动标记与固定标记对齐时,第Ⅰ缸活塞刚好到达上止点。如果用第Ⅰ缸的点火信号触发闪光灯,并使之发出短暂光脉冲,当用闪光灯照射刻有活动定时标记的飞轮或曲轴皮带轮时,若发动机转速稳定,则活动标记与闪光灯闪光在光学上是相对静止的,活动标记似乎不动。当闪光灯在第Ⅰ缸点火信号发生的同时闪光时,Ⅰ缸活塞尚未到达上止点,活动标记与固定标记尚未对齐,此时两标记之间所对应的发动机曲轴转角即为点火提前角,如图3-87所示。

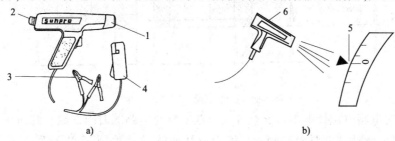

图3-86 正时灯及点火正时检测示意图
1-闪光灯;2-电位计旋钮;3-电源夹;4-点火脉冲传感器;5-正时标记;6-检测仪
a)点火正时检测仪;b)点火正时检测仪工作原理

为了测出点火提前角的大小,点火正时检测仪具有延时触发电路,并可用电位计来改变延时常数,使闪光滞后于Ⅰ缸点火一定的时间发生。此时,当闪光照射于活动标记时,随着延时常数增大,活动标记距固定标记转过的角度越来越小。当两标记对齐时,延时常数所对应的发动机曲轴转角即为点火提前角。

点火正时检测仪工作原理如图3-88所示。测试时,把点火脉冲传感器串接或外卡在第Ⅰ缸高压线上;传感器输出的第Ⅰ缸点火信号电脉冲经过整形后,进入延时装置。延时装置是一个单稳态延时可调电路。如果此时延时电路处于非延时状态,即延时常数为零,则延时电路即刻输出一极窄的矩形脉冲,直接使闪光灯触发装置工作,闪光灯闪光。此时,Ⅰ缸点火脉冲,延时电路脉冲和闪光灯触发信号处于同一时刻,如图3-89a)所示。如在闪光灯下,活动标记与固定标记重合,说明提前角为零;若点火提前角不为零,则活动标记位于固定标记之前某个曲轴转角。设点火提前角为 θ,则:

$$\theta = 6 \cdot n \cdot \tau$$

式中:θ——点火提前角,°;
  n——发动机转速,r/min;
  τ——转过 θ 角的时间,s。

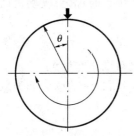

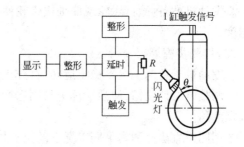

图3-87 飞轮及壳上的标记和点火提前角　　图3-88 点火正时检测仪工作原理框图

Ⅰ缸点火信号脉冲频率 f(次/秒)与发动机转速 n(r/min)之间的关系为:$n = 120 \cdot f$,从而:

$$\theta = 720 \cdot f \cdot \tau$$

稳定转速下,f 为常数,故只需测出转过 θ 角的时间 τ 即可得到点火提前角。

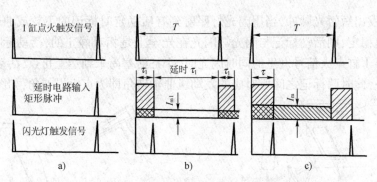

图 3-89 点火、延时、闪光信号示意图

改变延时电路电位计电阻值 R 至 R_1，以改变延时电路的时间常数。此时延时电路输出一个矩形脉冲，脉冲宽度对应时间 τ_1，该矩形脉冲的后沿微分，产生触发闪光灯工作的脉冲，所以此时闪光灯发光延迟了时间 τ_1，如图 3-89b) 所示。在闪光灯下，活动标记向固定标记靠拢，转过的角度为 $\theta_1 = 6 \cdot n \cdot \tau_1$。代表延时电路矩形脉冲宽度的平均工作电流为 I_{m1}，τ_1 与 I_{m1} 成正比。因此，θ 也与 I_{m1} 成正比。继续改变电位计电阻值，直至活动标记与固定标记重合。此时闪光灯延时时间 τ 与提前角 θ 成正比，也与矩形脉冲的平均工作电流 I_m 成正比，如图 3-89c) 所示。因此，在稳定转速下，电流 I_m 的大小可表示点火提前角，经标定后，可在显示屏上或表针上直接显示出用曲轴转角表示的点火提前角的值。延时电路输出的电流值为：

$$I_m = K \cdot \frac{\tau}{T} = K \cdot f \cdot \tau = K' \cdot \theta$$

式中：K——结构常数；

T——I 缸点火周期。

上式说明，点火提前角 θ 的大小只决定于延时电路输出的电流值 I_m，而与转速无关。这是由于转速增大，转过 θ 角所需时间 τ 和 I 缸点火周期均相应缩短，比值不变的缘故。

2) 点火正时的检测方法

(1) 准备工作。

①仪器准备：把正时灯的两个电源夹，接到蓄电池的正、负电极上；再把点火脉冲传感器串接在 I 缸火花塞与高压线间或外卡在 I 缸高压线上（感应式传感器）；把正时灯的电位计调到初始位置，打开开关，正时灯应闪光，指示装置应指示零位。

②发动机准备：擦拭飞轮或曲轴皮带轮使之清晰显露出正时标记；发动机运转至正常工作温度。

(2) 检测步骤。

①发动机于怠速工况下稳定运转，打开正时灯并使之对准正时标记。

②调整电位计旋钮，使活动标记与固定标记对齐，此时所显示的读数即为怠速工况下的点火提前角。

③用同样方法可测出不同工况下的点火提前角。

发动机怠速时，离心式和真空式点火提前装置未起作用或起作用很小，此时测得的点火提前角为初始点火提前角。拆下分电器真空提前装置的真空软管，用在真空提前装置不起作用时各种转速下的点火提前角减去初始点火提前角，即可得到在各种转速下的离心点火提前角；在连接真空提前装置真空软管的情况下，用在同样转速下测得的点火提前角减去离心点火提前角和初始点火提前角，则又可得到真空点火提前角。

④如果需要检测并调试汽车在实际运行中的点火提前角,则应在采用汽车底盘测功机模拟汽车实际运行工况的条件下进行检测,如图3-90所示。

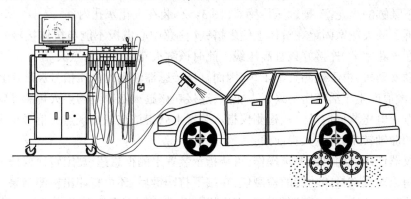

图3-90 在汽车底盘测功试验台上检测点火正时

⑤检测完毕,关闭正时灯,退回电位计,取下外卡式传感器和两个电源夹。

电控发动机采用的是由中央处理器ECU控制的点火系统,其点火提前角包括初始点火提前角、基本点火提前角和修正点火提前角三部分。其中,基本点火提前角是点火提前角中最主要的部分,其大小取决于发动机工况。发动机工况不同时,基本点火提前角的大小也不相同。

检测电控发动机的点火提前角时,一般应先把发动机罩下的点火正时检测接线柱搭铁,使计算机控制点火提前装置不起作用,首先检测基本提前角(即发动机自动控制点火提前装置不起作用时的点火提前角);检测完后再把搭铁导线拆除。而测试综合点火提前角时,是在电子控制点火提前的基础上进行的,故不需要人工特殊操作,用正时灯直接测试即可。具体检测方法和步骤应查阅说明书。常见车型发动机的基本点火提前角见表3-18。使用闪光灯检测电控燃油喷射发动机点火提前角的原理和方法与传统发动机相同。

基本点火提前角 表3-18

车型或发动机型号	基本点火提前角	车型或发动机型号	基本点火提前角
EQ6100	9°	广州标致	10°(900~950r/min)
CA6102	14°±2°(1200r/min)	一汽捷达	20°(8500r/min)
桑塔纳(JV)	6°±1°(850r/min)	富康	8°(750r/min)
北京切诺基	12°(1600r/min)	TJ7100	5°±2°(800r/min)

2. 点火提前角的检测方法——缸压法

1) 检测原理

发动机运转过程中,当某缸活塞到达压缩行程上止点时,汽缸内压缩压力最高。用缸压传感器检测出这一时刻,同时用点火传感器检测出同一缸的点火时刻,二者间所对应的曲轴转角即为点火提前角。

用缸压法制成的点火正时检测仪,由缸压传感器、点火传感器、处理装置和指示装置等构成。许多类型的发动机综合性能分析仪都具有用缸压法检测发动机点火提前角的功能,其检测原理如图3-91所示。

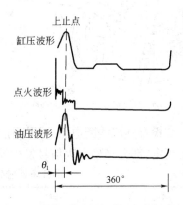

图3-91 缸压法检测点火、供油提前角原理图

2)检测方法

①运转发动机使其达到正常工作温度后停机。

②拆下某缸的火花塞,把缸压传感器(图3-52)装在火花塞孔内。

③把拆下的火花塞固定在机体上使之搭铁(注意中心电极不能与机体接触),把点火传感器插接在火花塞上,连接好该缸高压线。此时该缸火花塞可缸外点火。

④起动发动机,由于被测缸不工作,因而缸压传感器输出的缸压信号反映汽缸压缩压力大小,其最大值产生于活塞压缩终了上止点,连接在该缸火花塞上的点火传感器输出点火脉冲信号或点火电压波形信号。从检测仪指示装置上获得该缸从出现点火信号至出现最高缸压所对应的曲轴转角,即点火提前角。

⑤按仪器使用说明书的要求操作,可从指示装置上测得怠速、规定转速或任一转速下的点火提前角。对具有打印功能的检测仪,在按下打印键后,还可打印出检测结果。

缸压法与频闪法一样,可测得初始点火提前角和不同工况下的总提前角、离心提前角、真空提前角以及计算机控制电子点火系统的基本点火提前角。

检测点火正时的时候,一般仅需实测一个缸(例如I缸)的点火提前角,其他各缸的点火提前角是否符合要求,则决定于点火间隔。点火间隔可从示波器屏幕上显示的重叠波和并列波上得到,然后根据被测缸的点火正时和各缸的点火间隔,推算出其他各缸的点火提前角。

四、电子点火系统主要部件的故障诊断

如果发动机不能发动,可从分电器盖上拔下中央高压线,并使其端部距离汽缸体5~7mm,然后起动发动机,观察线端是否跳火,如无火花,则说明电子点火装置有故障,应进行诊断。

首先,检查点火装置的有关连接导线、搭铁线、电源线及工作电压等。如检查结果正常,则可进一步对点火线圈、点火高压电路、点火信号发生器以及电子点火器进行检查。

1. 无触点分电器总成的故障诊断

1)点火信号发生器故障诊断

无触点分电器与触点式分电器的主要区别在于用点火信号发生器替代了传统点火系统的断电器触点。点火信号发生器的类型不同,其故障诊断方法也有所不同。

(1)磁感应式点火信号发生器故障诊断。

常见故障是感应线圈短路或断路、导磁转子轴磨损偏摆或定子(感应线圈与导磁铁芯组件)移动,而使转子与铁芯之间的气隙不当,造成信号过弱或无信号输出而不能触发电子点火器工作。故障诊断步骤如下:

①检查导磁转子与铁芯之间的气隙。用塞尺检查导磁转子与铁芯之间的气隙(图3-92),测试值应为0.2~0.4mm。气隙过大或过小时,可用调整螺钉或更换分电器总成。

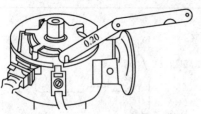

图3-92 导磁转子与铁芯之间的间隙

②检查感应线圈电阻。用万用表测量分电器信号输出端(感应线圈)的电阻,所测值应满足规定,部分车型点火信号发生器感应线圈电阻值见表3-19。

表3-19 部分车型磁感应式点火信号发生器感应线圈电阻

车型	丰田	本田	克莱斯勒	福特	标致	切诺基
线圈电阻(Ω)	140~180	600~800	920~1120	700~800	900~1200	400~800

(2)光电式和霍尔式点火信号发生器故障诊断。

光电式点火信号发生器的常见故障是发光器件或光敏器件脏污或损坏、内部电路断路或接触不良;霍尔式点火信号发生器的常见故障是内部集成块烧坏,线路断脱或接触不良。这些故障使点火信号发生器信号过弱或无信号输出。故障诊断步骤如下。

①外观检查。打开分电器盖,检查防尘罩有无松动破损,光电器件有无脏污、线路连接是否良好。

②检查电源电压。拔下分电器低压导线插接器,接通点火开关,用万用表测试电源端子电压,所测值应等于蓄电池电压或10V左右(桑塔纳等车型,10V电压由电子点火器提供)。若电压过低,则需检查插头至点火开关或插头至电子点火器间的线路。

③检测信号电压。如果电源电压正常,使分电器低压插座的电源端子接通12V电源,然后慢慢转动分电器轴,用万用表测量插接器的信号输出端子的电压。光电式点火信号发生器的所测值应在0~1V之间;霍尔式点火信号发生器的信号电压应在某一范围摆动,当转子叶片插入缝隙时电压为9V左右,叶离开时则为0.4V左右。如果信号电压不正常,说明点火信号发生器有故障。

2)配电器故障诊断

配电器在高压环境下工作,常见故障有:分电器盖脏污、破损漏电;接触电刷弹簧失效或电刷卡住,不能与分火头导电片可靠接触;分火头绝缘部分有裂纹、积污而漏电。以上故障都会导致火花减弱、错火或不点火。故障诊断步骤如下:

①外观检查。查看分电器盖内外表面是否脏污、有无裂纹和破损、有无炭迹和磨损;检查分电器盖内中央插孔处的接触电刷有无弹性、电刷是否卡住或太短;直观检查分火头有无裂纹、导电片头有无烧损、分火头是否松旷等。

②用表测量分电器盖各插孔之间的电阻,其电阻应在50MΩ以上。

③用万用表检查分火头的绝缘性能,其电阻应在50 MΩ以上。

3)点火提前调节器故障诊断

(1)真空点火提前调节器故障诊断。

常见故障有:弹簧失效;内部膜片破裂漏气;分电器内的活动板卡滞。以上故障都会导致发动机负荷变化时,点火提前角调节不当或不起调节作用。故障诊断步骤如下。

①检查真空点火提前调节器弹簧。保持壳体不动,用手拨动活动底板或转动分电器壳体,应感到有阻力;放松后,活动底板或分电器壳体能迅速回位。否则,说明真空点火提前调节器弹簧失效。

②检查真空点火提前调节器膜片。用真空泵连接真空管接口并抽真空(图3-93),调节器膜片应能通过调节器拉杆带动活动底板转动。

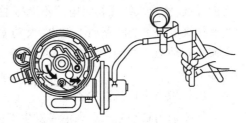

图3-93 检查真空点火提前调节器膜片

③检查真空点火提前调节器性能。在用真空泵对调节器施以不同的真空吸力时,测量点火提前角的改变量,并与标准值比较。使用电气设备万能试验台上或分电器试验台测试时(图3-94),使分电器转速稳定在1000r/min,抽动真空泵,观察在规定的真空度下,点火提前角是否符合标准。如果所测点火提前角度变化过大或过小,应调整或更换分电器总成。

(2)离心点火提前调节器故障诊断。

常见故障有:弹簧失效;拨板槽与离心块上销钉磨损而松旷;拨板与销钉卡死。以上故

障都会导致发动机转速变化时,离心点火提前调节器调节不当或不起调节作用。故障诊断步骤如下:

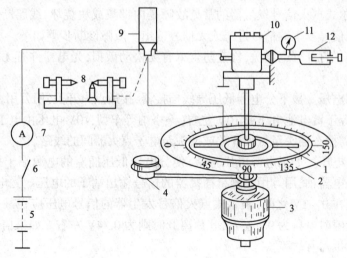

图 3-94 分电器试验台

1-旋转指针;2-刻度盘;3-可变速电动机;4-转速表;5-蓄电池;6-初级电路开关;7-电流表;8-三针放电器;9-点火线圈;10-分电器;11-真空表;12-真空泵

① 直观检查。分电器轴不动,用手转动分火头,应感到有阻力;放松后,分火头应迅速回位。打开断电器触点底板,查看离心点火提前调节器有无锈死,弹簧有无断脱。

② 检查弹簧拉力。用弹簧秤测量弹簧的拉力,将弹簧拉长一定长度,检查弹力是否符合规定值。

③ 检查离心点火提前调节器性能。使用电气设备万能试验台上或分电器试验台进行性能测试时(图 3-94),先将转速调节到最低转速(50~100r/min),再将刻度盘的零点对准一个火花,然后提高转速,观察规定转速下点火提前角是否符合标准。若不符合标准,应进行调整或更换分电器总成。

2. 电子点火器故障诊断

电子点火器的常见故障是内部电子元器件损坏。其故障现象是:大功率晶体管断路或不能导通,使点火线圈初级电流不能接通而不点火;大功率晶体管短路或不能截止,使点火线圈初级电流不能断路而不点火;大功率晶体管不能工作在开关状态(不能饱和导通和完全截止),使点火线圈初级电流减小或断流不彻底,造成火花减弱或不能点火。故障诊断方法如下:

1) 模拟点火信号法检查

检测采用磁感应式点火信号发生器的点火系统时,可用干电池(1.5V)分别正接和反接于电子点火器的信号输入端,模拟点火信号。同时,测量两种情况下点火线圈"-"接线柱与搭铁之间的电压,据此判断电子点火器好坏(图 3-95)。

① 两次测得的电压分别为 0(或<2V)和 12V 左右,说明电子点火器性能良好。
② 两次测得的电压均高(12V 左右),则说明电子点火器有不能导通故障。
③ 两次测得的电压均低,则说明电子点火器有不能截止故障。
④ 两次测得的结果都是在 2V 和 12V 之间,则说明电子点火器有不能饱和导通及完全截止的故障。

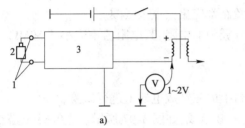 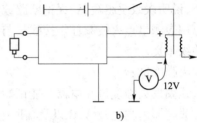

图 3-95 模拟点火信号法检查电子点火器
a)正接(使初级通路)检查情况;b)反接(使初级断路)检查情况
1-输入端;2-1.5V 干电池;3-电子点火器

2)高压试火法检查

如果点火信号发生器良好,可以用高压试火的方法来检查电子点火器。

①拔出分电器中央高压线,使高压线端距离缸体5mm 左右。用起动机带动发动机转动,检查高压线端跳火情况。如果跳火且火花强,说明电子点火器良好。

②对于磁感应式点火信号发生器,可打开分电器盖,用螺钉旋具瞬间短路导磁转子与定子铁芯,检查高压线端跳火情况(图3-96)。

③对于光电式或霍尔效应式点火信号发生器,可拆下分电器(保持其低压电路连接),用手转动分电器轴,检查高压线端的跳火情况。

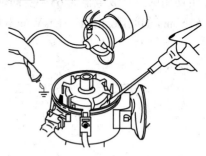

图 3-96 跳火试验法检查电子点火器
(磁感应式点火信号发生器)

3)替换法检查

用同规格的电子点火组件替换被检查的电子点火组件,如故障排除,则证明原电子点火组件损坏。

3. 点火线圈故障诊断

常见故障有:初级或次级绕组断路、短路或搭铁,绝缘盖破裂漏电,附加电阻烧断等。故障诊断步骤如下。

①外观检查。查看点火线圈的外表,若绝缘盖破裂或外壳碰裂,因容易受潮而失去点火能力,应予更换。

②点火线圈电阻检查。

检查初级绕组的电阻时,将万用表置于两只表笔分别连接点火线圈端子"+"和"-",所测值应满足规定(表3-20)。如电阻为无穷大,说明初级绕组断路。

点火线圈电阻参数 表3-20

车型	测量温度(℃)	初级电阻(kΩ)	次级电阻(kΩ)
广州标致	20	0.63~0.77	3.2~4.4
解放 CA1091	20	0.7~0.8	3~4
丰田 RB	20	0.8~1.1	10.7~14.5
一汽奥迪 V6	20	0.6~0.7	9~14
三菱工具车	20	0.7~0.85	8.7~11.7
日产 VG30S	20	0.72~0.88	7.6~11.4

检查初级绕组的电阻时,将万用表一只表笔接点火线圈的高压插孔,另一只表笔接"+"与"-"中任意一个端子,所测值应满足规定。如阻值为无穷大,说明次级绕组断路;如

阻值过小,说明次级绕组短路,无论断路或短路都应更换点火线圈。

用万用表测量点火线圈任一接线柱与外壳间的电阻,其电阻值不应小于50MΩ,否则说明线圈绝缘不良。

③发火强度试验

点火线圈发火强度可在电器万能试验台上的三针放电器上进行试验。

三针放电器由主电极A、C以及辅助电极B组成,如图3-97所示。主电极A搭铁,C接高压线,辅助电极B与主电极C之间有0.05~0.1mm的间隙,且不与其他线路相接。增加辅助电极的目的,是促使电极间隙中的气体电离,使击穿电压稳定。移动电极A可调整主电极A、C间的距离。我国采用的三针放电器为垂直型,即辅助电极与主电极C垂直,如图3-97a)所示,在这种三针放电器中,击穿1mm的间隙所需电压为1.5kV。在国际标准中,规定使用的三针放电器为65°型,即辅助电极与主电极C之间成65°,如图3-97b)所示,击穿5.5mm的间隙,相当于12kV的电压。

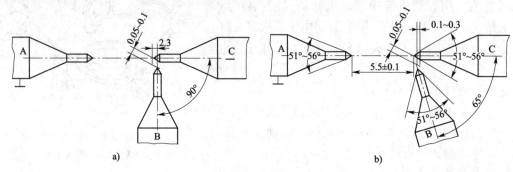

图3-97 三针放电器
a)垂直型;b)65°型
A、C-主电极;B-辅助电极

4. 其他部件故障诊断

1)火花塞故障诊断

常见故障有:火花塞烧损;火花塞有沉积物;火花塞间隙过大或过小。诊断方法如下:

①直观检查。查看火花塞的电极和绝缘体外观,正常工作的火花塞绝缘体裙部呈浅棕色到灰白色。

②检查、调整火花塞电极间隙。用规定厚度的塞尺插入火花塞电极间隙,稍有阻力即为适当。火花塞间隙应符合规定。由于电子点火系统的次级电压高且较为稳定。因此,为提高有效点火能量,火花塞间隙比传统点火系统的火花塞间隙大。

2)高压导线检查

电子点火系统由于高压回路的工作电压较高,相比于传统的点火系统,其高压导线比较容易损坏。常见的故障有导线绝缘层破损漏电、阻尼电阻不良或断路等。

①直观检查高压导线是否断裂、磨损;检查连接火花塞端保护套有无断裂、脆化等情况。

②检查高压导线的电阻。用万用表测量高压导线的电阻,电阻值应符合规定。如果电阻值无穷大或不在规定的范围内,均需更换。

五、电子控制点火系统主要部件故障诊断

1. 传感器故障诊断

发动机工作时,电子控制点火系统的电子控制单元ECU根据曲轴转角与转速传感器、

曲轴基准位置传感器(点火基准传感器)、节气门位置传感器、进气歧管绝对压力传感器输出的电压信号,确定发动机转速和负荷,计算确定发动机的基本点火提前角。同时根据发动机空气流量传感器、进气温度传感器、冷却液温传感器、爆震传感器输出的信号及其他开关信号,对发动机的点火提前角进行修正。因此,各种传感器技术状况好坏决定着输出信号能否反映发动机的工作状况和工作条件,对于发动机的点火控制过程有关键影响。由于传感器的输出信号是发动机精确控制点火过程的依据和基础,所以传感器故障诊断是发动机电子控制点火系统故障诊断的基础和重要内容。

在现代发动机集中控制系统中,电子点火控制系统仅是电子控制系统的子系统。上述各传感器大多与电控燃油喷射系统等电子控制系统共用。传感器故障诊断的方法主要有外观检查、电阻检测、电压及输出电压信号波形检测等。

2. 电子点火组件(点火器)故障诊断

1) 主要故障原因

一些汽车电子点火控制系统具有单独的电子点火组件(或称点火控制模块),电子点火组件不能正常工作的原因有两方面。

①线路连接故障。插接器松动、锈蚀,电源电路、搭铁电路有短路或断路,使点火控制模块电源异常、输入信号异常或输出信号异常,从而导致点火控制模块不能正常工作,并使电子点火控制系统工作异常或不工作。

②点火控制模块内部故障。点火控制模块内部电路异常或元器件烧坏等而使电路不能正常工作,从而导致电子点火电路不工作或工作异常。

2) 故障诊断方法

由于功能较多的点火控制模块的输入、输出端子较多,可采用如下的检查方法来判断点火控制模块是否有故障。

①端子电压检测法。首先直观检查插接器有无松动、插接器各端子有无锈蚀和弯曲等。

如果直观检查正常,则接通点火开关,测量相关端子的直流电压,并与标准值比较。如果电压有异常,则说明连接电路或电子点火组件有故障。例如,测量电源端子电压异常,则需检修电源端子所连接的线路;测量搭铁端子电压不为0,则需要检修搭铁线路;输出端子电压异常(向传感器提供电源端子),则说明电子点火组件内有故障。

②端子电阻检测法。拔下电子点火器插接器,用绝缘电阻表检测插头相关端子的电阻,并与标准值比较。如果电阻异常,说明线路或点火控制模块有故障。例如,检测搭铁端子与搭铁的电阻不为0,就需要修理搭铁线路。

③波形检测法。用示波器检测点火控制模块的各输入控制信号电压波形和输出电压波形。如果输入电压波形正常而输出波形不正常,则应更换点火控制模块。

④替换法。用技术状况良好的点火控制模块替代被检测控制模块。如果能正常工作,则说明原点火控制模块有故障,需予以更换。

3. 电子控制器故障诊断

1) 主要故障原因

电子控制点火系统的许多故障与电子控制器(ECU)有关。ECU不能正常工作的原因主要有两方面。

(1) 连接线路异常

ECU 的电源线路、搭铁线路接触不良或短路;传感器信号输入线路断路或短路;传感器信号输入端子或执行器控制信号输出端子所连接的部件异常,导致 ECU 不能正常工作。

(2)控制器内部故障

①ECU 稳压电源电路短路或断路、元器件烧坏等而使 ECU 电源异常,导致 ECU 不能正常工作。

②ECU 内部各传感器电源电路短路或断路、元器件烧坏等而使相关传感器不能产生信号或信号异常。

③ECU 中的 CPU、存储器、接口电路等芯片或电路烧坏,而使控制系统不能工作或工作不正常。

④执行器的驱动电路断路、短路或元器件烧坏而使执行器不能正常工作。

2)故障诊断方法

当故障码指示为 ECU 故障,或通过故障分析怀疑 ECU 有故障时,一般通过如下方法予以确认。

(1)ECU 各端子电压检测法

①测量电源端子电压。用万用表测量 ECU 各电源端子的电压(有的 ECU 电源端子需在点火开关接通时测量),所测值应等于蓄电池电压,如果电压过低,则应检查电源电路。

②测量传感器电源端子电压。某些传感器电源由 ECU 内部的电源稳压电路提供,一般为 5V 左右。用万用表测量 ECU 的传感器电源端子电压,若电压异常,则说明 ECU 内部电路有故障。

(2)排除法

通过对 ECU 插接器各端子电压和(或)电阻的测量以及有关部件的检测,排除了所有被检测线路和部件的故障可能性后,如果故障现象依旧,则需更换 ECU。

(3)替代法

用性能良好的 ECU 替代被测 ECU,若故障现象消失,则说明原 ECU 损坏,需予以更换。

4. 电子控制点火系统点火信号波形检测

采用专用示波器或发动机综合性能分析仪可以把点火电压波形、电控元件信号波形等显示在屏幕上,可以直观地对点火电压波形、电控元件信号波形与标准波形进行比较分析,以判断点火系统技术状态好坏及故障所在。

对电子控制点火系统的点火信号波形进行检测和分析的方法如下:

示波器输入端连接电控单元 ECU 的点火电压信号 IG_t 输出端子,把 IG_t 信号波形显示在示波器上,波形的变化频率应与发动机转速同步,幅值通常略低于 5V,其标准波形如图 3-98 所示。

使发动机怠速、加速、减速运转。在加减速时,电子点火正时信号的脉冲宽度将发生改变,脉冲宽度实际的改变量影响点火闭合角(点火线圈通电时间)和点火提前角的大小。

确认脉冲和脉冲之间幅值、频率和形状等的一致性。同时注意观察波形的一致性。如果波形异常,先检查线路、接头及示波器的连接。摇动线束,观察异常波形变化情况,可以进一步确认电子点火正时信号电路产生故障的原因。

六、电子控制点火系统常见故障诊断

常见故障有:发动机不点火;火花弱;点火正时不准;点火性能随工况变化等。

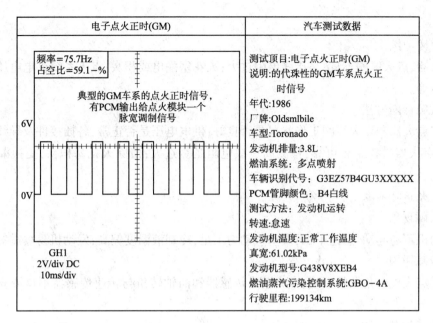

图 3-98 电子点火正时信号波形

1. 发动机不点火

1) 故障现象

发动机不能正常起动,无高压点火火花。

2) 故障原因

点火线圈、点火器损坏;曲轴基准位置传感器(点火基准传感器)和曲轴转角与转速传感器及其电路不良;电控 ECU 故障。

3) 故障诊断方法

诊断步骤如图 3-99 所示。

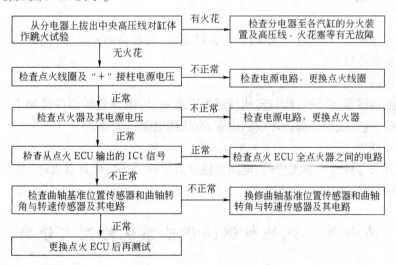

图 3-99 发动机不点火故障诊断步骤

2. 火花弱

1) 故障现象

跳火试验高压火花弱,发动机起动困难,急速不稳,排气冒黑烟,加速性及中高速性较差等。

2) 故障原因

点火器、点火线圈不良;高压线电阻过大;火花塞漏电或积炭;点火系统供电电压不足或搭铁不良等。

3) 故障诊断方法

检查点火器和点火线圈工作状况是否良好;供电电压是否正常,各插接件及导线连接是否牢固,点火器搭铁是否可靠;检测高压线电阻是否过大;清除火花塞积炭,更换漏电的火花塞。

3. 点火正时不准

1) 故障现象

发动机不易起动,怠速不稳;发动机动力不足,冷却液温度偏高;发动机易爆震等。

2) 故障原因

初始点火提前角调整不当;点火基准传感器和曲轴转角与转速传感器不良或安装位置不正确。

3) 故障诊断方法

首先检查初始点火提前角按规定予以调整。影响发动机点火正时失准的主要部件是点火基准传感器、曲轴转角与转速传感器。因此,应特别检查信号转子是否变形、歪斜,信号采集与输出部分安装有无不当,装置间隙是否合适等。

对于点火提前角控制系统故障,若故障灯已点亮,应先用本车的故障自诊断操作程序,调出故障码,再根据故障码的含义,排除其故障。重点应检查发动机冷却液温度传感器、爆震传感器。另外,进气管压力传感器、空气流量传感器、节气门位置传感器等不良,也会造成点火正时不准。

4. 点火性能随工况变化

1) 故障现象

低速时工作正常,高速时不正常;温度低时正常,温度高时不正常;刚起动时正常,工作一段时间后出现故障等。

2) 故障原因

点火基准传感器、曲轴转角与转速传感器安装松动;电路连接器件接触不良;电子点火器热稳定性差;点火线圈局部损坏或软击穿,高压线电阻过大等。

3) 故障诊断方法

检查各有关部件安装有无松动;电路连接是否牢固、可靠;检查点火器、点火线圈温度是否异常;检查或更换高压线、火花塞等。

第六节 汽油机燃油供给系统检测与诊断

汽油机燃油供给系的技术状况好坏直接影响着发动机的动力性、燃油经济性和工作稳定性,其作用是:根据发动机各种工况的要求,向汽缸即时提供一定数量和浓度的可燃混合气,以便在临近压缩终了时使发动机点火燃烧而膨胀作功,最后把燃烧产物排至大气。燃油供给系检测诊断和正确调整,对于保障发动机的技术状况具有重要意义。

一、电子控制汽油喷射系统的组成及工作原理

1. 电子控制汽油喷射系统的类型

根据喷射部位分为单点喷射和多点喷射。

①单点喷射:喷油器安装在节气门体处,燃油喷射在节气门体的混合室中,再经进气歧管分配到各汽缸中。

②多点喷射:每个进气门外侧的进气歧管中安装一个喷油器。

2. 电子控制汽油喷射系统的构成

电控燃油喷射系统由各种传感器、电控单元(ECU)、执行器及连接线路组成,如图3-100所示。

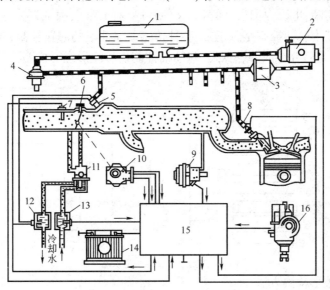

图 3-100 电控燃油喷射系统

1-汽油箱;2-电动汽油泵;3-汽油滤清器;4-压力调节器;5-冷起动喷嘴;6-怠速调整螺钉;7-进气温度传感器;8-喷油器;9-压力计;10-节气门温度传感器;11-附加空气阀;12-热时开关;13-冷却液温度传感器;14-蓄电池;15-电子控制器;16-分电器(转速信号)

3. 电控汽油喷射系统的基本工作原理

电动汽油泵将汽油从油箱中吸出,经过滤清器滤去杂质和水分后,由输油管路中的压力调节器维持250~300kPa的稳定供油压力,输送到喷油器。当压力超过规定值时,压力调节阀内的减压阀打开,汽油经回油管流回油箱,使输油压力保持恒定。

在喷油控制系统中,喷油器喷嘴的喷油截面积和喷油压力都是恒定的,喷油量由喷射时间决定。传感器将采集到的各种信息传给电子控制单元ECU,计算确定满足发动机运转状态需要的燃料量,并根据该需要的喷射量转化成不同电脉冲信号,控制喷油嘴的打开及延续时间。燃油经输油管配送到喷油器,喷油器根据电控单元ECU发出的指令开启,将适量的燃油油喷入各进气歧管、进气总管或汽缸。满足发动机不同工况对混合气的要求。

为了改善发动机的起动性能,有些发动机在进气管道上设有冷起动喷嘴,在发动机冷态起动时,由热敏时控开关根据发动机冷却液温度高低控制其开闭,提供不同程度的加浓混合气。

二、电子控制喷油信号和燃油压力检测

若燃油喷射系统不能提供满足使用工况要求的适宜浓度的可燃混合气,可进一步对电

控喷射系统的喷油信号和喷油压力进行检测。

1. 电子控制喷油信号检测

对于电控燃油喷射系统而言,如果燃油压力由调节器控制,使其与进气歧管的压力之差为规定值,则从喷油器喷出的燃油量仅取决于喷油器的开启时刻和开启时间的长短,该时刻和开启时间是由微处理器向喷油器电磁线圈发出指令的信号控制的。

1) 喷油信号控制原理

喷油信号控制喷油器开启的原理如图3-101所示。微机的指令信号控制大功率晶体管的导通与截止,当大功率晶体管导通时,喷油器电磁线圈电路接通,产生电磁力,当电磁力超过针阀弹簧力时,铁芯被吸起,针阀被打开,喷油器开始喷油;当大功率晶体管截止时,喷油器电磁线圈电路切断,电磁力消失,弹簧力又使针阀返回阀座,喷油器停止喷油。为了正确判断喷射系统的基本喷油控制是否正常,各种传感器喷油量的修正控制(加浓补偿)是否良好,ECU和喷油器是否存在故障,有必要对喷油控制信号波形进行检测与分析。

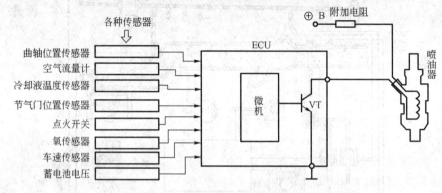

图3-101 电子控制燃油喷射系统原理

2) 喷油信号波形检测方法

喷油器的喷油信号波形可以用发动机综合性能分析仪或汽车专用示波器来检测,检测方法如下:

① 按照使用说明书的要求连接好检测仪器。为测得电控喷油系统的喷油压力脉冲信号,可拆开喷油器电路插头,中间接入专用T形接头。其一端接喷油器,另一端接电路插头,中间引出端接发动机综合性能分析仪的信号拾取系统的信号探针,见图3-102。该T形接头有两种形式,左图为直接插头引出式,右图为鱼夹引出式,可供多种传感器信号引出用。

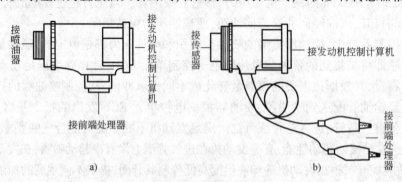

图3-102 T形接头的连接

② 起动发动机,使发动机稳定运转预热至正常温度。

③ 打开检测仪器。按规定工况运转发动机,示波器则显示喷油器工作时的喷信号波形

和喷油脉宽,如图3-103所示。

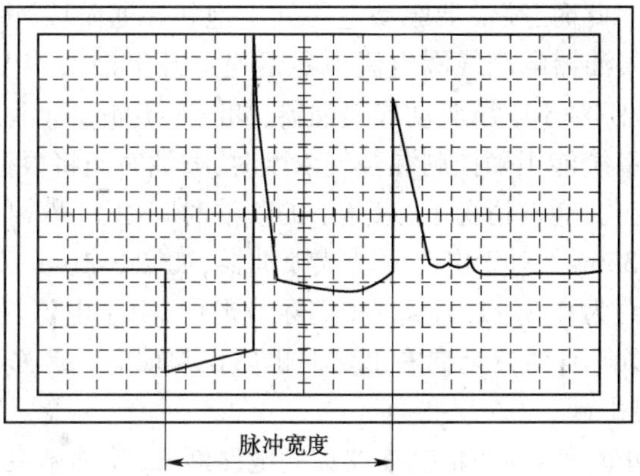

图3-103 电流驱动式喷油器喷油信号波形

3)标准喷油信号波形

标准喷油信号波形是指电控燃油喷射系统工作正常时,喷油控制信号电压随时间变化的波形。

喷油器的驱动方式有电压驱动和电流驱动两种。其喷油信号波形也不同。

(1)电压驱动式喷油器喷油信号波形。

电压驱动式喷油器的电控系统ECU对驱动喷油器的喷油脉冲电压进行恒定控制。在喷油器控制电路中,ECU控制功率晶体管导通或者截止。导通时蓄电池电压加到喷油器电磁线圈上,喷油器喷油;截止时停止喷油。其喷油器标准喷油信号波形如图3-104a)所示。

(2)电流驱动式喷油器喷油信号波形。

电流驱动式喷油器的电控系统ECU对驱动喷油器的电磁线圈电流进行调节控制。在控制电路中,功率晶体管除起基本的开、关作用外,还具有限流功能。在基本喷油时间内,功率晶体管导通,驱动电流不受限制;在加浓补偿喷油时间内,控制其电流迅速下降到能维持喷油器处于全开状态的较小值,以免喷油器电磁线圈过热损坏。电流驱动式喷油器标准喷油信号波形如图3-104b)。

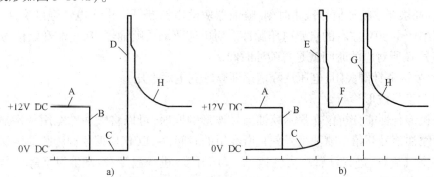

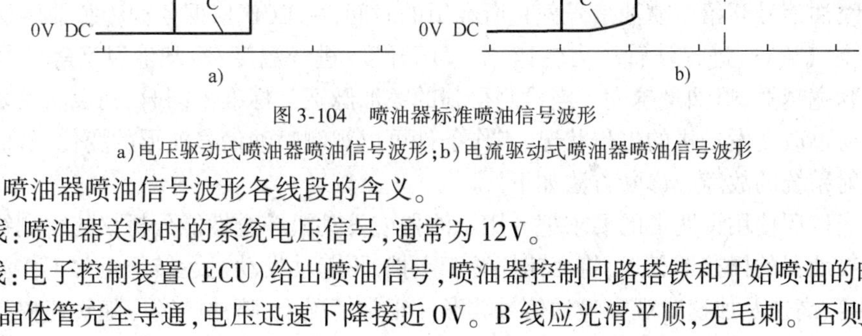

图3-104 喷油器标准喷油信号波形
a)电压驱动式喷油器喷油信号波形;b)电流驱动式喷油器喷油信号波形

(3)喷油器喷油信号波形各线段的含义。

A线:喷油器关闭时的系统电压信号,通常为12V。

B线:电子控制装置(ECU)给出喷油信号,喷油器控制回路搭铁和开始喷油的时刻。此时,功率晶体管完全导通,电压迅速下降接近0V。B线应光滑平顺,无毛刺。否则,说明功率晶体管性能不良。

C 线：喷油器喷油。此时，喷油器驱动电路处于饱和导通阶段，由于喷油器控制回路搭铁，波形电压接近 0V，喷油器电磁线圈电流由零迅速上升至最大（4A），产生最大磁力使喷油器针阀迅速全开喷油。对于电压驱动式喷油器，如图 3-104a）所示，该波形对应的时间为喷油时间，当燃油控制系统能正确控制混合气浓度时，喷油时间将根据发动机的工况和氧传感器的输出电压发生变化，通常情况下，怠速下的喷油时间为 1～6ms，起动时或最大负荷时的喷油时间一般为 6～35ms。对于电流驱动式喷油器，如图 3-104b）所示，该波形对应的时间为基本喷油时间，大约为 0.8～1.1ms。在实际波形中，由于电流增强时喷油器电磁线圈所产生的感应电压的影响，C 线逐渐向右上弯曲也属正常现象。若 C 线波形异常，则多是喷油器驱动电路搭铁不良引起。

D 线：喷油信号终止时刻。此时，喷油器控制电路断开，喷油结束，喷油器线圈因电流突变而产生感应脉冲电压。其电压尖峰高度与喷油器线圈匝数、喷油器电流强度有关。线圈匝数越多，电流变化越大，则尖峰电压越高；反之，则尖峰电压越小。通常，D 处的峰值电压不低于 35V。装有稳压二极管保护线路的喷油器，尖峰的顶部应以方形截止。否则，说明其峰值电压未达到稳压二极管的击穿电压，其原因可能是喷油器的电磁线圈不良。对电压驱动式喷油器，从喷油开始信号 B 到喷油截至信号 D 所对应的时间即为总喷油时间。

E 线：基本喷油时间结束线，同时也是电流限制起始线。此时，ECU 启动电流限制，减小驱动电路电流。喷油器控制回路的电流强度由最大（4A）立即转换到一个带限流电阻的电路，使电流强度降低到一较低值（1A），但仍维持喷油器针阀开启，以便转入加浓补偿量喷油。由于电流强度骤减，导致喷油器电磁线圈感应出较高的电压脉冲。其电压脉冲峰值通常与喷油器的阻抗成正比，约为 35V。

F 线：补偿加浓时期，该时期长短由 ECU 根据各种传感器输送的有关转速、负荷、进气温度、进气歧管压力的信息计算确定；一般约为 1.2～2.5ms。此时，喷油器处于电流限制模式状态，其功率晶体管在不停地截止与导通，使通过喷油器电磁线圈的电流强度约为 1A 左右，喷油器针阀处于开启状态，以使喷油器进行加浓补偿喷油。曲线中的电压与电源电压接近。若波形发生畸变，则表明喷油器功率晶体管不良。

G 线：补偿加浓喷油信号截止时刻，喷油器驱动电路断开。由于电流强度突变，而在喷油器线圈中产生 30V 左右的自感电压脉冲。对电流驱动式喷油器，从喷油开始信号 B 至喷油截止信号 G 所对应的时间就是总喷油时间。

H 线：喷油器针阀关闭，电压从峰值逐渐衰减到电源电压。

4）喷油信号波形诊断

发动机综合性能分析仪在显示喷油信号波形的同时，可以将喷油脉宽用数字显示。喷油脉宽指喷油信号开始至喷油信号截止所经历的时间，由 ECU 根据各种传感器输送的有关发动机的空气流量、进气歧管压力转速、节气门开度、进气温度、冷却液温度等信号计算确定。喷油脉宽越宽，喷油量越大。当检测得到的喷油脉宽与标准不同时，则表明喷射系统存在故障。通过改变发动机的工作状况、工作条件可以观测喷油信号波形的变化，从而诊断电控燃油喷射系统的故障。诊断方法如下。

①首先按照使用说明书的要求把专用示波器或发动机综合性能分析仪的检测线通过专用插头与喷油器的插接器相连，将变速杆置于空挡，再起动发动机运转至正常工作温度。

②怠速、高速及加速时观察喷油信号波形。正常情况下，喷油脉宽应随转速提高和节气

门开度加大而相应增长。否则,可能是喷油器、燃油喷射控制系统及氧传感器存在故障。

③高速稳定运转时,通过改变混合气浓度观察喷油信号波形。当遮盖发动机滤清器或从进气管中加入丙烷使混合气变浓时,若喷油脉宽变窄,以试图对浓混合气进行修正,则系统正常;当拔下发动机某一真空软管使混合气变稀时,若喷油脉宽延长,以试图对稀混合气进行补偿,则系统正常。若混合气浓度变化时,喷油脉宽没变化,则可能是喷油器、燃油喷射控制系统及氧传感器存在故障。

④使发动机在 2500r/min 的转速下稳定运转,若可以观察到许多被测波形上的喷油时间在稍宽与稍窄之间来回变换,变换时间范围在 0.25~0.5ms 之间,则说明燃油控制系统能使混合气在正常浓、稀之间转换,喷油器工作正常。若喷油脉宽毫无变化,则可能是喷油器、燃油喷射控制系统及氧传感器存在故障。

在底盘测功机上模拟运行工况来检测喷油信号,可以有效地对 ECU 的喷油补偿功能进行全面检测,有利于正确的判断电子控制喷射系统的控制作用。

2. 燃油压力的检测

燃油压力决定喷油器供油压力的高低,因此直接影响混合气的浓度;同时,通过检测发动机运转时燃油管路内的油压,可以判断电动燃油泵、油压调节器有无故障,汽油滤清器是否堵塞等。检测燃油压力的方法如下。

1) 燃油压力表的连接

检测电控燃油喷射系统燃油压力时应采用量程为 1MPa 左右的专用压力表,并将其正确连接在系统的油路中。

连接前,首先松开油箱上的加油盖,释放油箱中的蒸气压力,并检查油箱内燃油量。然后,起动发动机后,拔下燃油泵继电器或其线束连接器,使发动机自行熄火。如此重复 2~3 次,直到不能起动为止。用上述方法使燃油系统压力充分释放后,关闭点火开关,接上燃油泵继电器或其线束连接器。检查蓄电池电压,拆下蓄电池负极搭铁线。

以上准备工作完成后,把专用压力表(量程为 1MPa 左右)连接在油路中。燃油供给系有油压检测孔时可直接把油压表接在油压检测孔上;无油压检测孔时,可断开进油管,用三通管接头把油压表安装在系统的管路中,如图 3-105 所示。连接后,重新装上蓄电池负极搭铁线。

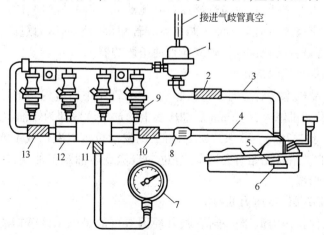

图 3-105 压力表在多点燃油喷射系统中的连接

1-燃油压力调节器;2、10、13-软管;3-回油管;4-进油管;5-燃油泵;6-燃油泵滤网;7-油压表;8-燃油滤清器;9-喷油器;11-三通管接头;12-管接头

2) 燃油供给系静态压力的检测

用导线在检测插座上短接电动燃油泵端子和电源端子,接通点火开关使电动燃油泵运转,其压力表读数即为系统的静态燃油压力。其正常油压约为 300kPa 左右。若油压过低,应检查油路有无渗漏,检查电动燃油泵、汽油滤清器和燃油压力调节器等;若油压过高,应检查燃油压力调节器。

3) 发动机运转时燃油压力的检测

发动机怠速运转,其压力表读数即为怠速运转时的燃油压力。

缓慢踩下加速踏板,至节气门全开,其压力表读数即为节气门全开时的燃油压力。

发动机怠速运转,拔下燃油压力调节器上的真空软管,并用手堵住,此时压力表压力读数应与节气门全开时的燃油压力基本相等,通常多点喷射系统的压力约为 250~350kPa,见表 3-21。

电控燃油喷射系统的供油压力和供油量　　　　　　表 3-21

类　型	测试项目		压力值(MPa)	测试条件
MPI 型电控喷射系统	系统压力		0.25~0.35	油泵运转或怠速
	调节压力		0.20~0.26	
	系统保持压力	10min 后	>0.20	熄火后开始计时
		20min 后	>0.15	
	油泵压力		0.5~0.7	油泵运转
	油泵保持压力		0.35	油泵运转
	油泵供油量(L/min)		1.2~2.6	油泵运转
SPI 型电控喷射系统	系统压力		0.07~0.10	油泵运转或怠速
	调节压力		0.10	
	调节保持压力		0.05	
	油泵压力		0.30	油泵运转
	油泵供油量(L/min)		0.83~1.5	油泵运转

若测得的燃油压力过低,则应检查燃油系有无泄漏,燃油泵滤网、燃油滤清器和燃油管路是否堵塞;而后,应检查燃油泵和油压调节器。若测得的燃油压力过高,应检查回油管路是否堵塞,真空软管是否破裂;再后,则应检查油压调节器。

4) 燃油供给系保持压力的检测

保持压力指发动机熄火后为便于再次起动,燃油管路中所应保持的压力。测得怠速运转的燃油压力后,发动机熄火,待 5min 后油压表上的油压读数即为燃油供给系的保持压力。该压力应大于或等于 147kPa。若保持压力过低,则发动机难以发动或不能发动。保持压力过低时,应检查燃油供给系油路有无泄漏、并进一步检查燃油泵出油阀、燃油压力调节器回油阀或喷油器密封情况。

5) 燃油压力调节器保持压力的检测

当燃油供给系保持压力低于标准值时,其原因有可能是油压调节器故障。应进而检测油压调节器的保持压力。检测方法如下。

用导线在检测插座上短接燃油泵端子和电源端子,接通点火开关使燃油泵运转 10s 左右时间。然后,关闭点火开关,拔去燃油泵检测插座上的短接导线。夹紧油压调节器回油管上的软管2(图3-105),堵住回油通道。待5min后油压表上的压力读数即为油压调节器的保持压力。

若燃油供给系保持压力低于标准,而油压调节器保持压力又大于燃油供给系保持压力,则说明油压调节器回油阀泄漏,应更换油压调节器;若调节器保持压力仍然与燃油供给系保持压力相同,则说明保持压力过低的原因可能是燃油泵、喷油器、油管泄漏。

6) 燃油泵最大压力和保持压力的检测

燃油供给系的保持压力及运转时燃油压力低于标准,其原因可能是燃油泵故障,需检测燃油泵的最大压力和保持压力。检测方法如下。

夹紧通往喷油器的软管13(图3-105),堵塞燃油的输出通道;用导线在检测插座上短接电动燃油泵端子和电源端子。然后,接通点火开关使燃油泵运转10s左右时间,此时油压表指示的压力即为燃油泵的最大压力。关闭点火开关,拔掉燃油泵检测插座上的短接线5min后,油压表上的压力值即为电动燃油泵的保持压力。通常燃油泵的最大压力约为490～640kPa;保持压力应大于340kPa。

三、燃油供给系统电控装置故障诊断

燃油供给系统由燃油箱、燃油滤清器、燃油泵、压力调节器、喷油器、油管等构成。发动机电控燃油装置主要包括:油泵控制装置和喷油器控制装置。

1. 燃油泵故障诊断

常用电动燃油泵有滚柱式、涡轮式燃油泵。通常安装在燃油箱内或串接在燃油管道中。

1) 结构及工作原理

滚柱式燃油泵主要由电动机、滚柱、转子、轴、出油阀、卸压阀等组成,如图3-106所示。转子旋转时,转子槽内的滚柱在离心力作用下,紧压在泵体内表面上,起密封作用,相邻两个滚柱之间形成工作腔。工作腔转过出油口后,容积不断增大,形成一定真空,当工作腔与进油口连通时,吸入燃油;而吸满燃油的工作腔转过进油口后,容积不断减小,使燃油压力提高,受压燃油流过电动机,从出油口输出(图3-107)。

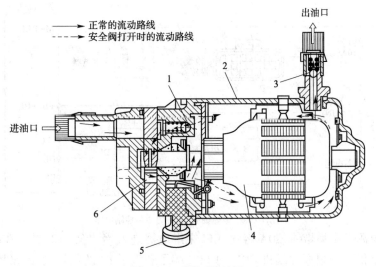

图3-106　滚柱式汽油泵
1-安全阀;2-泵壳;3-单向阀;4-电动机;5-汽油泵电机插接器;6-滚柱泵

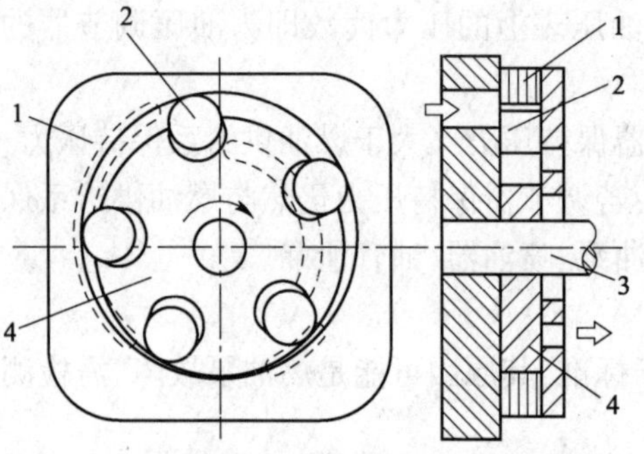

涡轮式电动燃油泵主要由燃油泵电动机、涡轮泵、出油阀、卸压阀组成，如图3-108所示。油泵电动机驱动涡轮泵叶轮旋转，由于离心力的作用，使叶轮周围小槽内的燃油随同叶轮一同高速旋转。由于离心力的作用使出口处油压增高，而进口处形成真空，从而把燃油从进油口吸入，从出油口输出。出油阀在油泵不工作时阻止燃油流回油箱，保持油路中有一定的压力。

燃油泵的控制电路有多种类型，以下以带燃油泵ECU的燃油泵控制电路为例说明其控制原理，如图3-109所示。

图3-107 滚柱泵工作原理图
1-泵体；2-滚柱；3-轴；4-转子

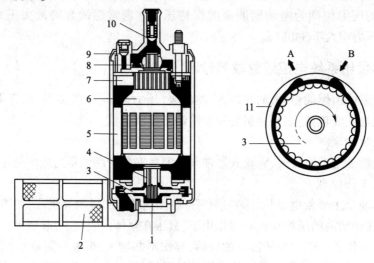

图3-108 涡轮式燃油泵
1-橡胶缓冲垫；2-滤网；3-叶轮及叶片；4、8-轴承；5-永久线圈；6-电枢；7-碳刷；9-限压阀；10-单向止回阀；11-泵体

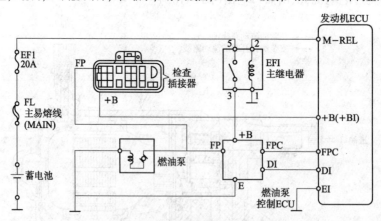

图3-109 带燃油泵ECU的油泵控制电路

蓄电池电源经主易熔线、20A熔丝、EFI主继电器进入燃油泵ECU的+B端子，通过FP端子向燃油泵供电。根据发动机ECU的FPC端子和端子DI的信号，燃油泵控制ECU控制+B端子与FP端子的连通回路，以改变输送给燃油泵的电压，从而实现对燃油泵转速的控制。发动机高速、大负荷工作时，发动机ECU的FPC端子向燃油泵控制ECU发出提令，使

FP 端子向燃油泵提供 12V 的蓄电池电压,燃油泵以高速运转。当发动机低速、小负荷工作时,发动机 ECU 的 FPC 端子向燃油泵控制 ECU 发出指令,使 FP 端子向燃油泵提供较低的电压(一般为 9V),燃油泵以低速运转。DI 是燃油泵 ECU 给发动机 ECU 的反馈线端子信号,也称为 DI 故障监控信号。

ECU 的电源端子 +B 和燃油泵控制端子 FP,分别有导线与诊断座上的相应端子相连,以便于对燃油泵进行检查。

2) 故障诊断方法

(1) 就车检查(带有初始压力控制)。

① 用专用导线将燃油泵 FP 和 +B 端子跨接到 12V 电源上。

② 点火开关置于"ON",但发动机不起动。

③ 旋开燃油箱盖应能听到燃油泵工作声音,进油软管应有压力。否则应检修燃油泵。

④ 如燃油泵不工作,应检查燃油泵电路、导线、继电器、易熔线和熔丝有无断路。

(2) 电阻检测。

释放燃油系统压力,并关闭用电设备。拆下燃油泵后,测量燃油泵两端子 +B - FP 之间电阻(即泵内电机线圈电阻),应为 2~3Ω;而 E—DI 端子间的搭铁电阻为零。用蓄电池直接给燃油泵通电,应能听到燃油泵高速旋转的声音(注意通电时间不能太长)。

(3) 电压检测。

检测燃油泵 ECU 各接线端子的电压,应符合规定值,见表 3-22。

燃油泵控制电路电压检测　　　　表 3-22

测量端红表笔	测量端红表笔	发动机状态	标准电压值(V)
E	搭铁	—	0
DI	搭铁	—	—
FP	搭铁	突然加速	12~14
FP	搭铁	怠速	8~10
+B	搭铁	点火开关 ON	≈12
FPC	搭铁	急加速到 6000r/min	4~14
FPC	搭铁	怠速	2~5

(4) 供油压力和供油量检查。

起动发动机,测试燃油压力值。怠速时燃油压力应为 0.19~0.24MPa;正常运转时,燃油压力应在 0.26~0.31 MPa 范围内;发动机熄火 5min 后,剩余压力不低于 0.15MPa。在带有汽油滤清器的情况下,燃油泵供油量应为 700~1000mL/min。

2. 喷油器故障诊断

喷油器实际上是由电控单元 ECU 控制的电磁阀。根据各个传感器输入反映发动机工作状况的信息,电控单元 ECU 分析计算最佳喷油时刻和喷油时间,通过喷油驱动电路控制喷油器的打开和关闭,把适量燃油喷入进气歧管,实现对混合气浓度的精确控制。

1) 结构及控制电路

喷油器主要由燃油滤网、线束插座、电磁线圈、针阀阀体、阀座、复位弹簧等组成,如图 3-110 所示。具有恒定压力的燃油经滤网进入喷油器。当电磁线圈通电时,其电磁力使衔铁克服弹簧力而移动,使针阀开启,压力油从喷口喷出。当电磁线圈断电后,弹簧弹力使阀体复位,针阀关闭,轴针压靠在阀座上起到密封作用,防止燃油泄漏。电磁线圈通、断电时刻由电控单元 ECU 控制。

电磁线圈通电时,线圈电流产生的电磁吸力使针阀阀体克服弹簧的弹力,阀体与针阀上升,阀门打开,燃油便从喷孔喷出。当电磁线圈电流切断时,电磁吸力消失,针阀与阀体在弹簧作用下复位,阀门关闭,喷油停止。

喷油器的驱动方式有电压驱动和电流驱动两种类型。其电流驱动电路如图 3-111 所示。蓄电池通过点火开关和主继电器给喷油器和 ECU 供电,ECU 控制喷油器和主继电器搭铁回路。点火开关接通时,继电器触点闭合,ECU 中的喷油器驱动电路使晶体管 VT_1 导通,流过喷油器线圈的电流使喷油器开启,同时在 VT_1 发射极电阻上产生电压;A 点的电压达到设定值时,喷油器驱动电路使 VT_1 截止,喷油器关闭。晶体管 VT_2 的作用是吸收 VT_1 导通和截止时在喷油器线圈中产生的反电动势。若流过喷油器线圈的电流超过设定值,继电器触点自动断开,以切断喷油器电源。

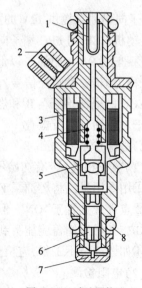

图 3-110 喷油器构造

1-滤网;2-插接器;3-电磁线圈;4-复位弹簧;5-衔铁;6-针阀;7-轴针;8-密封圈

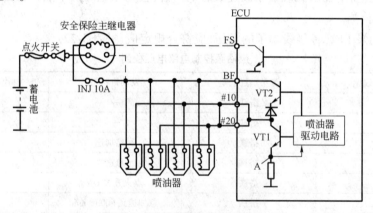

图 3-111 喷油器电流驱动电路

2)故障诊断方法

(1)振动检测。

发动机怠速运转时,检查喷油器工作时的振动情况,检查喷油器针阀的开闭是否正常。

(2)声音检测。

起动发动机运转,待发动机热车后,察听喷油器的工作声音。如果听到喷油器发出清脆而均匀、有节奏的"嗒嗒"振动声,说明喷油器正常;如果喷油器发出的声音很小,很可能是由于针阀卡滞导致喷油器不能正常工作。

(3)电阻检测。

关闭点火开关,取下电动喷油器插头,用万用表测量电动喷油器插接器两接线端间的电阻,电压驱动型高阻抗喷油器阻值应为 12～16Ω(发动机热态时,电阻提高约 4～6Ω),电压驱动型低阻抗喷油器阻值为 3～5Ω。电流驱动型的低电阻型喷油器电阻值应为 2～3Ω。

(4)喷油量检测。

用带流量测试功能的喷油器清洗机检测喷油器的喷油量,并观察燃油雾化情况。在规定转速下,喷油器的喷油量应满足规定值,标准喷油量为70~80mL/15s,各喷油器的喷油量误差不超过9mL/15s。检测喷油量后,检查喷油器喷嘴处有无漏油,要求每3min漏油不多于1滴。

(5)波形检测。

用示波器检测喷油控制信号波形,分析其喷油脉宽、波形等信息,检测喷油器的性能。

起动发动机,以2500r/min转速运转2~3min,待发动机达到正常工作温度,关闭附属电器设备,将变速器操纵杆置于停车挡或空挡,缓慢加速,通过示波器测试喷油驱动电路的电压波形,如图3-104所示。图中,ECU停止喷油信号到达,喷油器控制回路电流切断时,喷油器线圈因内部磁场消失而产生自感电动势脉冲,幅值约为35V。喷油时间将根据发动机的工况和氧传感器的输出电压发生变化。通常情况下,怠速下的喷油时间一般为1~6ms;起动时或大负荷时的喷油时间一般为6~35 ms。峰值保持型喷油器在加速、大负荷和大气修正等工况时开始加浓补偿喷油,加浓补偿喷油时间约为1.2~2.5 ms。加浓补偿喷油结束时,产生的自感电动势约为30V。

(6)数据流喷油脉宽。

连接微处理器诊断仪,测取微处理器输出的喷油控制信号脉宽,该数据称为数据流喷油脉宽。数据流喷油脉宽是微处理器内部的CPU根据进气量(或进气压力)传感器、转速传感器、冷却液温度传感器、节气门位置传感器和氧传感器等信号,经运算、分析和判断,向喷油器控制开关管及放大电路发出的一定脉宽的控制信号,触发喷油器动作。

3. 燃油压力调节器故障诊断

燃油压力调节器一般安装在燃油分配管的一端,一端与燃油分配管相连,另一端与回油管相连,其作用是控制燃油系统的压力,向喷油器提供稳定的油压。

1)结构及工作原理

常见的燃油压力调节器是一种膜片控制式过流型调节器,维持燃油系统的稳定燃油压力,外面是金属壳体,内腔被膜片分成两个室,一个为弹簧室,弹簧顶在膜片上,另一个为燃油室,如图3-112所示。

当油泵供油压力超过系统设定压力时,膜片控制阀打开,燃油进入回油管,多余燃油流回油箱,如果燃油系统压力不符合要求,说明燃油压力调节器故障,应进一步检查或更换。

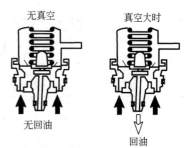

图3-112 燃油压力调节器

2)故障诊断方法

将油压表接入燃油管路,测量发动机怠速运转时的燃油压力,拆下调节器上的真空软管,系统压力应升高50kPa左右,否则,燃油压力调节器有故障,应予以更换。

用导线将电动汽油泵的2个检测孔短接。打开点火开关,让电动汽油泵运转10s,然后关闭点火开关,取下导线。将汽油压力调节器的回油管夹紧,5min后观察油压,该油压即为汽油压力调节器保持压力。如果压力降低,说明燃油压力调节器有泄漏,应予以更换。

四、电控燃油喷射系统常见故障诊断

发动机电控燃油喷射系统故障直接导致发动机混合气过稀或过浓;与发动机电控燃油喷射系统有关的故障包括:发动机不能起动或起动困难;发动机怠速不良;发动机加速性能

不良,动力不足;发动机失速等。但这些故障不仅与电控燃油喷射系统有关,而且与发动机的电控点火系统及其他有关系统的技术状况有关。因此,必须对电控发动机进行综合诊断才能确定故障原因。

1. 混合气过稀

1)故障现象

进气管有回火现象。

2)故障原因

节气门位置传感器、进气温度传感器等传感器及电路不良;喷油器工作不正常;燃油系统压力低;进气管漏气等。

3)故障诊断方法

诊断步骤如图3-113所示。

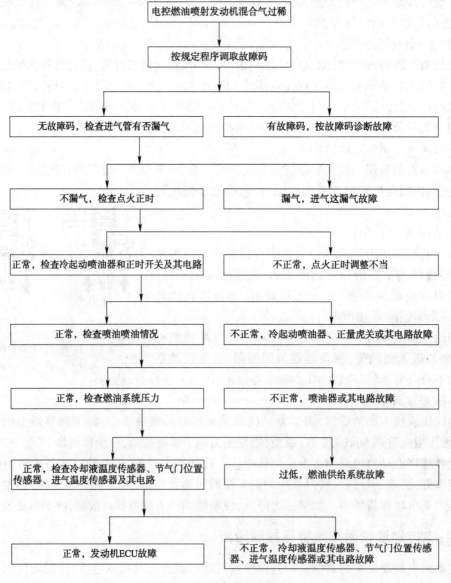

图3-113 混合气过稀诊断流程

2. 混合气过浓

1) 故障现象

排气管冒黑烟或有放炮现象。

2) 故障原因

喷油器漏油,工作不正常;燃油系统压力过高;控制电路和发动机电控单元 ECU 故障。

3) 故障诊断方法

诊断步骤如图 3-114 所示。

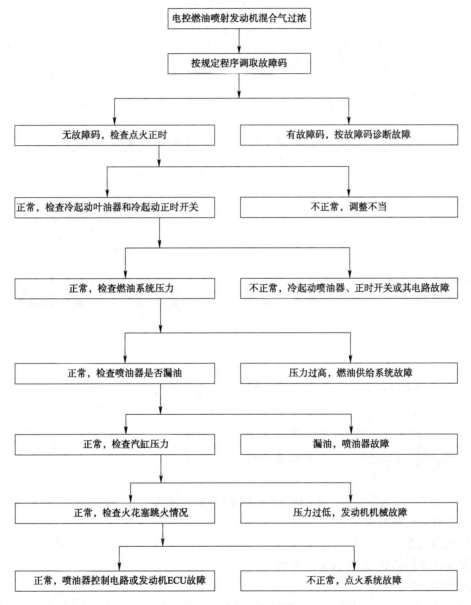

图 3-114　混合气过浓诊断流程

3. 发动机不能起动

(1) 故障现象。

起动发动机时,发动机不转,或能转动但不着火。

(2) 故障原因。

点火火花弱;燃油泵或燃油压力调节器失效;喷油器及其电路故障;空气滤清器堵塞等。

(3) 故障诊断方法。

发动机不能起动故障的诊断流程见图 3-115 所示。

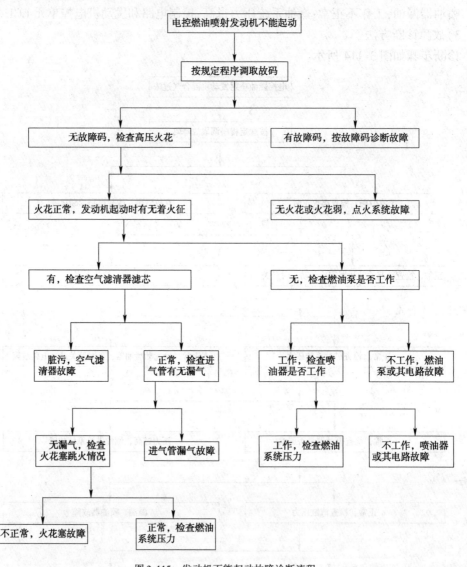

图 3-115　发动机不能起动故障诊断流程

4. 发动机起动困难

1) 故障现象

发动机不易起动,起动后又很快熄火。

2) 故障原因

空气滤清器堵塞;进气管漏气;怠速控制阀及电路故障;点火正时不当;汽缸压缩压力低;燃油系统压力低;电控系统 ECU 故障等。

3) 故障诊断方法

发动机起动困难故障的诊断流程见图 3-116 所示。

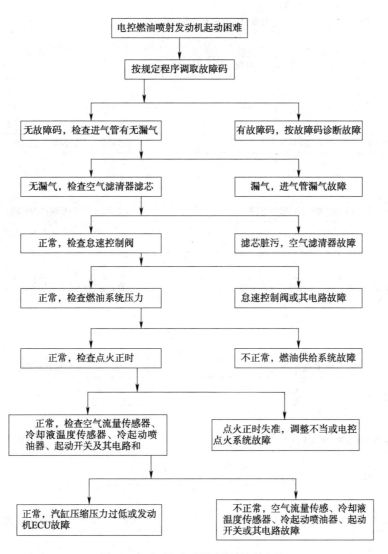

图 3-116 发动机起动困难故障诊断流程

5. 发动机怠速过高

1) 故障现象

正常怠速时,发动机转速明显偏高。

2) 故障原因

怠速控制阀及电路故障;节气门位置传感器故障;燃油系统压力不正常;喷油器及电路故障;电控单元 ECU 故障等。

3) 故障诊断方法

发动机怠速过高故障的诊断流程见图 3-117 所示。

6. 发动机怠速不稳、易熄火

1) 故障现象

怠速转速过低且不稳定,经常熄火。

2) 故障原因

空气滤清器阻塞;怠速调整不当;点火火花弱或点火正时不当;汽缸压缩压力低;燃油系

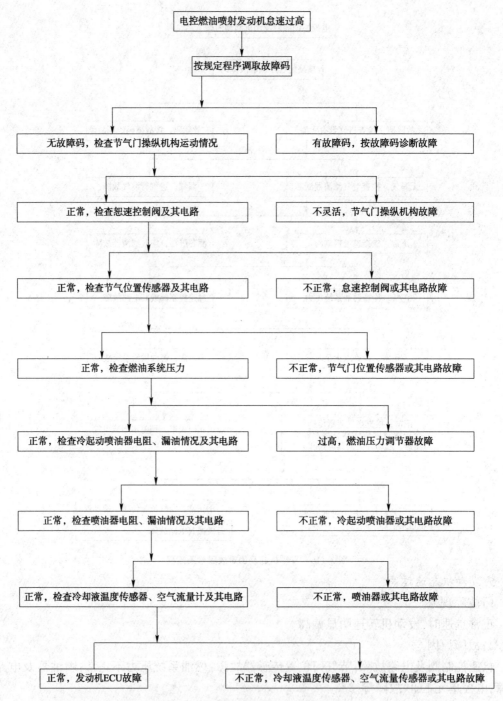

图 3-117 发动机怠速过高故障诊断流程

统压力不正常;电控系统 ECU 及电路故障等。

3) 故障诊断方法

发动机怠速不稳故障的诊断流程见图 3-118 所示。

7. 发动机加速不良

1) 故障现象

发动机加速时,无力且有抖动现象,转速难以提高。

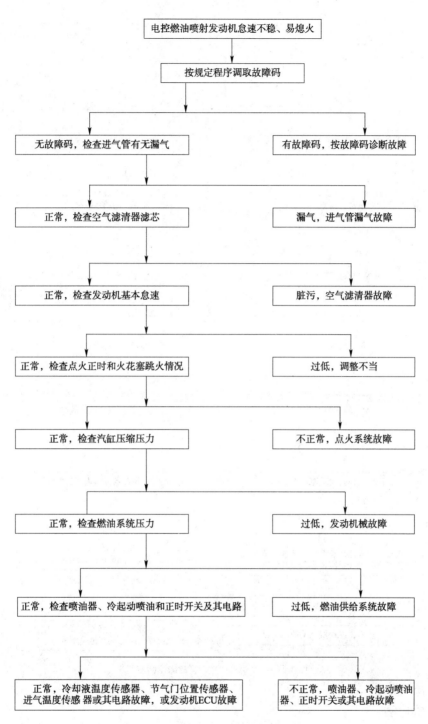

图 3-118　发动机怠速不稳故障诊断流程

2)故障原因

制动拖滞;点火正时调整不当或火花塞故障;燃油系统压力不正常;汽缸压力低;喷油器及电路故障;电控系统 ECU 及电路故障等。

3)故障诊断方法

发动机加速不良故障的诊断流程如图 3-119 所示。

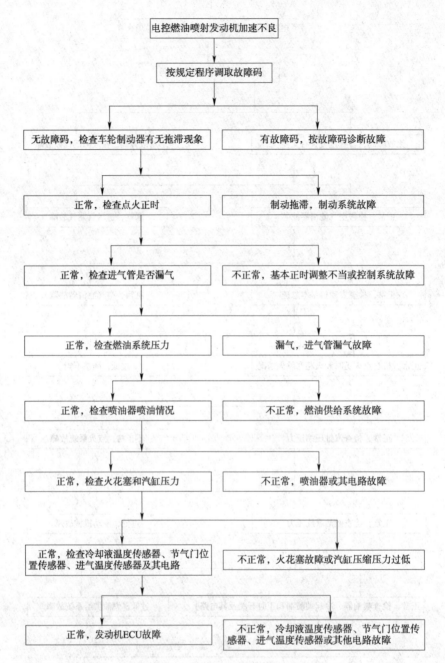

图3-119 发动机加速不良故障诊断流程

8. 发动机失速

1）故障现象

正常运转时,发动机转速忽高忽低,不稳定。

2）故障原因

进气管漏气或滤清器堵塞;怠速调整不当;燃油系统压力不正常;汽缸压力低;点火正时不当或火花塞故障;喷油器及电路故障;控制系统ECU及电路故障等。

3）故障诊断方法

发动机失速故障的诊断流程见图3-120所示。

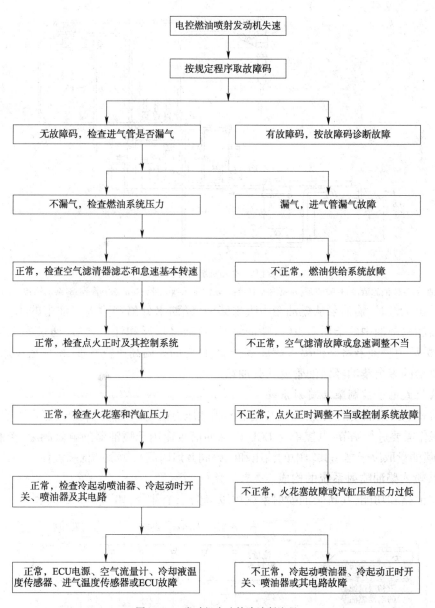

图 3-120 发动机失速故障诊断流程

第七节 柴油机燃油供给系统检测与诊断

柴油机燃油供给系统的作用是根据柴油机各种工况的需要,将适量的柴油在适当的时间并以合理的空间形态喷入燃烧室,即对燃油喷入量、喷油时间和油束的空间形态三方面进行有效控制。其技术状况对发动机的动力性、燃油经济性和排放性能有重要影响。

一、柴油机燃油供给系统的构成

1. 机械控制柴油喷射系统

机械控制柴油喷射系统包括喷油泵、喷油器和调速器等主要部件以及柴油箱、输油泵、油水分离器、柴油滤清器、喷油提前器和高、低压油管等辅助装置,如图 3-121 所示。

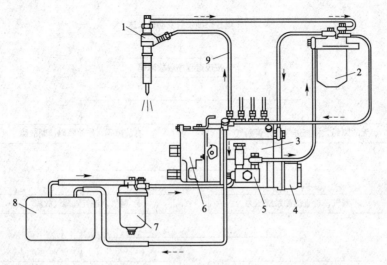

图 3-121 柴油机燃油喷射系统

1-喷油器；2-柴油滤清器；3-喷油泵；4-喷油提前器；5-输油泵；6-调速器；7-油水分离器；8-柴油箱；9-高压油管

柴油机工作时，输油泵从燃油箱中吸出柴油，经油水分离器除去柴油中的水分，再经燃油滤清器滤去柴油中的杂质后，送入喷油泵，经喷油泵增压和计量之后，通过高压油管供入喷油器，最后由喷油器将柴油喷入燃烧室，与汽缸内的高温高压空气混合，形成可燃混合气，输油泵供给的多余柴油经回油管返回柴油箱。

2. 共轨式电子控制柴油喷射系统

共轨式电控柴油喷油系统，燃油共轨中的燃油压力由高压泵产生，由电磁压力调节阀根据发动机工作需要进行调节；电控单元 ECU 以脉冲信号作用于喷油器的电磁阀上，控制燃油喷射过程，喷油量取决于燃油共轨中的油压和电磁阀开启时间长短及喷油嘴液体流动特性。

1) 共轨式柴油喷射系统的构成

根据油路和功能，共轨柴油喷射系统可以分为三个部分，如图 3-122 所示。

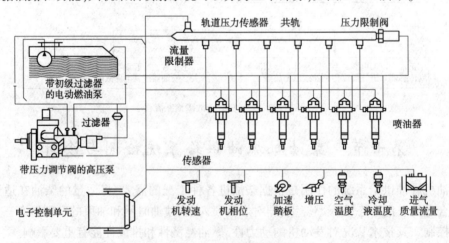

图 3-122 高压共轨燃油喷射系统

① 燃油输送子系统：包括油箱、输油泵、滤清器和低压回油管等。

② 共轨压力控制子系统：包括共轨压力控制阀（PCV）、高压油泵、共轨组件、电控喷油器、压力限制阀、流量限制阀等。

③ 电子控制系统。

2) 共轨式柴油喷射控制系统的构成

共轨柴油喷射控制系统包括：传感器及其他信号输入装置、电子控制单元(ECU)和执行机构三个部分。

(1) 主要传感器及其他信号输入装置。

传感器与信号输入装置检测柴油机和汽车的运动状态，把监测信号输入电控单元ECU。主要包括：加速踏板位置传感器；转速传感器、曲轴位置传感器；空气流量传感器或进气压力传感器；进气温度传感器；冷却液温度传感器；点火正时传感器；E/G开关，即发动机点火开关；A/C开关，即空调开关；空挡启动开关等。

(2) 电控单元ECU。

电控单元ECU包括微处理器、输入/输出接口电路等。电控柴油喷射系统的各种控制程序和数据存储在微处理器的存储器中，其功能是接收各种传感器和开关输送的各种信息，根据电控单元内存储的程序对各种信息进行运算、处理、判断，并将结果作为控制指令输出到执行机构，对柴油喷射过程进行控制。

(3) 执行机构。

柴油机电控系统执行机构的功能是：根据ECU的执行命令，调节喷油量和喷油正时等，从而调节柴油机的运行状态。主要执行机构有：电动调速器、溢流控制电磁铁、电子控制正时控制阀、电子控制正时器、电磁溢流阀、高速电磁阀和电子液力控制喷油器等。

二、柴油机喷油压力波形检测与分析

燃油供给系某零部件工作不良时，会对燃油喷射过程产生影响，喷油压力波形也就会发生变化。根据测得的喷油压力波形的特征并与标准波形进行比较，可以判断燃油供给系的技术状况和故障原因。

1. 油压传感器及其安装

检测高压油管中的压力波形时，首先要将非电量的供油压力信号转变成电量信号。常用压电式油压传感器来获取供油压力信号，其油压传感器主要有外卡式和串接式两种。

外卡式油压传感器如图3-123所示。检测时，传感器以一定预紧力卡夹在喷油泵与喷油器之间的高压油管上。柴油机工作时，油管在高压油脉冲的作用下产生微小膨胀，挤压外卡式油压传感器内的压电传感元件，产生压电电荷，经分析仪中的电荷放大器放大后输入检测系统进行油压分析。

安装串接式油压传感器时，需要拆下高压油管，让其串接在喷油泵与喷油器之间。柴油机工作时，油压传感器的压电元件直接将高压油管内的油压信号转换为电量信号对外输出。

2. 柴油发动机燃油喷射过程和喷油压力波形

高压油管内压力 P 和喷油器针阀升程 S 随凸轮轴转角 θ 变化的关系曲线如图3-124所示。由于在高压油管内靠近喷油泵端和靠近喷油器端的压力并不完全相同，因此分别给出了燃油喷射过程中这两端的压力变化曲线。

图中，高压油管中压力 p_0、p_{max}、p_b、p_r 分别表示针阀开启压力、最高压力、针阀关闭压力和油管中的残余压力。燃油喷射过程中，高压油管中的压力变化可分为三个阶段：第Ⅰ阶段为喷油延迟阶段，对应于从喷油泵泵油压力上升到超过高压油管内的残余压力 p_r，燃油进入油管使油压升高到针阀开启压力 p_0 的一段时间，即喷油泵供油始点至喷油器喷油始点的一段时间。若针阀开启压力 p_0 过高、高压油管渗漏、出油阀偶件或喷油器针阀偶件不密

封而使残余压力 p_r 下降,以及增加油管长度或增加高压油系统的总容积,均会使喷油延迟阶段增长。第Ⅱ阶段为主喷油阶段,其长短取决于喷油泵柱塞的有效供油行程,并随发动机负荷大小而变化。负荷越大,则该阶段越长。第Ⅲ阶段为自由膨胀阶段,当柱塞有效行程结束,出油阀关闭后,尽管燃油不再进入油管,但由于油管中的压力仍高于针阀关闭压力 p_b,燃油会继续从喷孔中喷出。若最大压力 p_{max} 不足,该阶段缩短,反之该阶段延长。

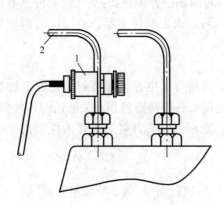
图 3-123 外卡式油压传感器及其安装
1—外卡式油压传感器;2—高压油管

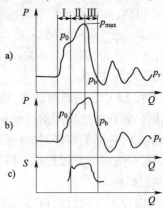
图 3-124 高压油管内压力曲线和针阀升程曲线
a) 喷油泵端压力曲线; b) 喷油器端压力曲线; c) 针阀升程曲线

由图可见,喷油泵的实际供油阶段为第Ⅰ、Ⅱ阶段。喷油器的实际喷油阶段为Ⅱ、Ⅲ阶段。若循环供油量即柱塞有效行程一定,则第Ⅰ阶段延长和第Ⅲ阶段缩短时,喷油器针阀开启所对应凸轮轴转角减少,喷油量减少;反之,若第Ⅰ阶段缩短,第Ⅲ阶段延长,则喷油量增大。因此,压力曲线上三个阶段的长短,对发动机工作状况会产生影响。对多缸发动机而言,若各缸供油压力曲线上的Ⅰ、Ⅱ、Ⅲ段不一致,则对发动机工作性能的影响会更大。

3. 喷油压力波形的检测方法

采用柴油机专用示波器和柴油机综合测试仪、汽柴油机综合测试仪等,均能在柴油机不解体情况下,检测各缸高压油管中的压力波形和喷油器针阀升程波形。通过波形分析,不但可以得到最高压力 p_{max},针阀开启、关闭压力 p_0、p_b 以及残余压力 p_r,还可判断喷油泵、喷油器故障和各缸喷油过程的均匀性。常用的检测仪器有 CFC—Ⅰ 型柴油发动机测试仪、QFC—4 型发动机综合测试仪、EA2000 型发动机综合检测仪等。

检测时,检测仪经预热、自校、调试后,把串接式油压传感器按使用要求安装在高压油管与喷油器之间或把外卡式油压传感器按要求卡在高压油管上;使发动机在检测工况下运转(一般转速为 800～1000r/min),按使用说明书的要求通过按键选择,屏幕上即可出现被测发动机的供油压力波形。

高压油管内的压力波形,可通过按键选择用全周期单缸波、多缸平列波、多缸并列波和多缸重叠波四种方式进行观测。

全周期单缸波,如图 3-125a) 所示,指喷油泵凸轮轴旋转 360° 时某单缸高压油管中的压力变化波形。

多缸平列波,如图 3-125b) 所示,是以各缸高压油管中的残余压力 p_r 为基线,按发火次序把各缸压力波形从左到右首尾相接所形成的波形,利用该波形可比较各缸的 p_0、p_{max}、p_b 的大小是否一致。

多缸并列波,如图 3-125c)所示,指把各缸压力波形首部对齐,按发火次序在垂直方向上自下而上展开所形成的波形。比较各缸压力波形三阶段面积的大小,可判断各缸喷油量的一致性。

多缸重叠波,如图 3-125d)所示,指将各缸压力波形首部对齐重叠在一起所形成的波形,利用重叠波可比较各缸压力波形的高度、长度、面积和各缸 p_0、p_{max}、p_b、p_r 的一致性。

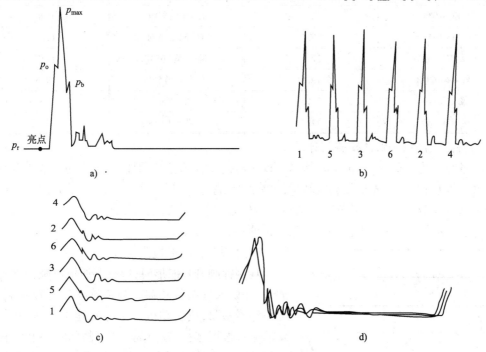

图 3-125 供油压力波形

a)全周期单缸波;b)六缸平列波;c)六缸并列波;d)六缸重叠波

观测针阀升程波形时,应拆下所测缸喷油器的回油管,并旋入针阀传感器。当传感器触杆被顶起时,把传感器锁紧,使发动机在中等转速下运转,按使用要求通过按键选择,使屏幕上出现六条并列线,被测缸的针阀升程波形则会显示在屏幕上相应并列线上。必要时,可把该缸针阀升程波形和压力波形同时显示在屏幕上,以便对照观测。

用现代发动机综合性能检测仪检测柴油机燃油供给系统时,除示波器显示外,还可打印输出发动机转速值、最大压力 p_{max}、残余压力 p_r 和压力波形。

4. 供油压力波形检测与分析

1) 高压油管内的瞬态压力检测与分析

使柴油机以 800~1000r/min 的转速稳定运转,通过柴油机示波器菜单或按键选择,使示波器屏幕上显示出稳定的被测缸的全周期单缸波,调节示波器上的电位器,使亮点沿全周期单缸波形移动,如图 3-125a)所示,亮点所在位置的瞬态压力由示波器指示出来。由此可分别测出高压管内喷油器针阀开启压力 p_0、关闭压力 p_b、最大压力 p_{max} 和残余压力 p_r。当发动机空转且循环供油量很小时,有时 p_0 与 p_{max} 相等,即针阀开启压力等于油管内最大压力,如图 3-126 所示。

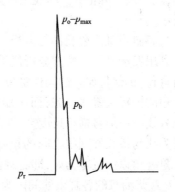

图 3-126 循环供油量很小时的全周期单缸波

各缸供油压力波形曲线上观测到的最高压力 p_{max}、针阀开启压力 p_0、针阀关闭压力 p_b 和油管中的残余压力 p_r 应基本相等,并符合规定要求。表 3-23 列出了常见车型的喷油器供油压力。若供油压力低于规定值时,应在喷油器试验台上对喷油器进行调试。

常见柴油车的供油压力　　　　　　表 3-23

车型或发动机型号	供油压力(MPa)	车型或发动机型号	供油压力(MPa)
EQ6100	22	五十铃 TXD50	9.8
EQ6105	18.5	日野 KL 系列	11.8
斯太尔 91 系列	22.5	三菱扶桑 T653BL	11.8
东风 6102QB	19.5	日产 GWL50P	19.6
红岩 6140	21.5	依发 H6	9.8
斯柯达 RT	17.2	沃尔沃 GB88	18.1

2) 各缸供油量一致性检测与分析

在各缸压力 p_0、p_{max}、p_b、p_r 基本一致的前提下,可通过波形比较来检测各缸供油量的一致性。波形比较时,先把发动机转速调整至中、高速,然后利用并列波或重叠波比较各缸油压波形的一致性。若波形三阶段的重叠均较好,则说明各缸供油量比较一致;若某一缸波形窄,则说明该缸供油量小;若波形宽,则说明该缸供油量大。

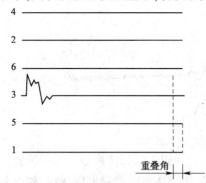

图 3-127　针阀传感器安装在 3 缸喷油器上的针阀升程波形

3) 针阀升程波形检测与分析

观测针阀升程波形时,应拆下所测缸喷油器的回油管,并旋入针阀传感器。当传感器触杆被顶起时,把传感器锁紧,使发动机在中等转速下运转,按使用要求通过按键选择,使屏幕上出现六条并列线,被测缸的针阀升程波形则会显示在屏幕上相应并列线上(图 3-127)。必要时,可把该缸针阀升程波形和压力波形同时显示在屏幕上,以便对照观测。

观测针阀升程波形可对针阀开启、关闭时刻是否正确作出判断;由于喷油器隔次喷射、二次喷射、针阀"咬死"不喷射或喷油泵不供油引起的不喷射、针阀抖动等都会反映在针阀升程波形中。因此,根据针阀升程波形还可以对上述异常喷射现象作出正确判断。其中,隔次喷射或不喷射在喷油量较小的怠速或低速情况下发生较为频繁。此时,压力波形峰值 p_{max} 和残余压力 p_r 均发生变化,针阀升程波形表现为时有时无或升程时大时小。

4) 各缸供油间隔检测与分析

利用发动机综合性能分析仪示波器检测各缸供油间隔时,应在观测针阀升程波形之后接着进行,仍保持原来的操作键位。观测时,通过操作有关旋钮使屏幕上的并列线首端与屏幕左边的横标尺零线对齐,而尾端处于屏幕右边横标尺的 60°(喷油泵凸轮轴转角)左右。读取各线所占屏幕横标尺度数,即为各缸实际供油间隔。若各并列线的长度不相等,其中最短并列线与最长并列线之间的重叠区所占凸轮轴转角,称为喷油泵重叠角,如图 3-127 所示。重叠角以接近零为好,即各缸供油间隔的误差越小越好。

6 缸柴油机的各缸供油间隔为 60°凸轮轴转角,而 4 缸、8 缸柴油机的各缸供油间隔分别为 90°和 45°凸轮轴转角。各缸供油间隔之差也可以用曲轴转角表示。根据规定,实际供油间隔与标准供油间隔相比,其误差应在±0.5°曲轴转角的范围内。

如果各缸供油间隔不符合要求,可调整喷油泵柱塞与滚轮之间的调整螺钉高度。

5) 典型故障波形

把所测供油压力波形与典型供油压力波形比较,可判断喷油泵或喷油器故障,使用发动机综合性能分析仪测得的常见故障波形如下。

(1) 供油压力过低。

当喷油泵柱塞弹簧折断或因其他原因而使喷油泵不泵油或泵油很少时,高压油管内压力很低;喷油器针阀在开启位置"咬死"不能落座关闭时,高压油管内同样不能建立起足够高的供油压力。故障波形见图3-128a)。

(2) 喷油器不喷油。

喷油器在关闭位置不能开启时燃油不能喷出。产生该故障的主要原因是针阀开启压力调整过高或喷油器针阀被高温烧蚀而"咬死"。此时,喷油泵正常供油但喷油器不喷油,反映在油压波形曲线上,则曲线光滑无抖动,见图3-128b)。

(3) 喷油器喷前滴漏。

产生喷前滴漏的主要原因是喷油器针阀密封不严,或者针阀磨损过度,或者脏物粘在针阀密封表面。在油压波形曲线上,表现为压力上升阶段有多余抖动点,见图3-128c)。

(4) 高压油路密封不严。

高压油路密封不严时,油压波形曲线残余压力部分呈窄幅振抖并逐渐降低,见图3-128d)。

(5) 隔次喷射。

隔次喷射指某次喷射后,油管内残余压力低,而下次初级供油量又很小,高压油管中产生的油压不足以使喷油器针阀开启,于是燃油储存在油管中,直到第2次供油时针阀才开启,使两次供油一次喷出。隔次喷射一般在供油量较小、喷油器弹簧压力较高时发生。反映在油压波形曲线上,则残余压力部分上下抖动,见图3-128e)。

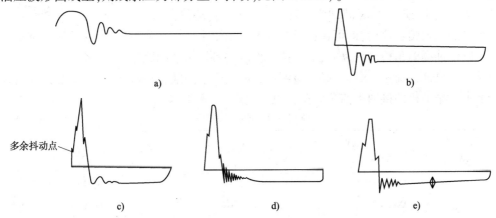

图3-128 常见故障波形

a) 供油压力过低 b) 喷油器不喷油 c) 喷油器喷前滴漏 d) 高压油路密封不严 e) 隔次喷射

三、柴油机供油正时检测

供油正时指喷油泵正确的供油时刻,可用供油提前角表示。供油提前角则指喷油泵的柱塞开始供油时,该缸活塞距压缩行程上止点所对应的曲轴转角。供油提前角的最佳值,应能在供油量和转速一定的情况下获得最大功率和最小油耗。柴油机的最佳供油提前角应能随转速和负荷变化而变化。转速升高或供油量增大时,供油提前角也应相应增大。喷油泵上装有供油提前角调节器,可在初始供油提前角的基础上,随转速变化而自动调节。

供油提前角检测的常用方法有缸压法和频闪法二种。

1. 供油提前角检测——缸压法

使用发动机综合性能分析仪,采用缸压法可快速检测发动机Ⅰ缸或某缸的供油提前角。其基本原理是:用缸压传感器确定某缸压缩压力最大点(即该缸活塞上止点),用油压传感器确定该缸的供油时刻。二者之间所对应的曲轴转角即是该缸供油提前角的数值,见前图3-91。

检测时,拆下所测缸的喷油器,并在其座孔上安装缸压传感器;把油压传感器按要求串接在所测缸的喷油器和高压油管之间,使喷油器向外喷油;把发动机转速稳定在规定转速(800~1000r/min),根据仪器使用说明书的要求选择按键,即可在屏幕上显示出所测缸供油提前角的检测值。

2. 供油提前角检测——频闪法

在频闪原理基础上制成的柴油机供油正时仪,其组成、工作原理和使用方法与汽油机点火正时仪基本相同。

检测时,供油正时仪的油压传感器串接于Ⅰ缸高压油管与喷油器之间或外卡于高压油管。使油压脉冲信号转变为电信号,并触发正时灯闪光。闪光一次,则Ⅰ缸供油一次,二者具有相同频率。用正时灯对准Ⅰ缸压缩终了上止点标记,并与供油时刻同步闪光时,可看到运转飞轮或曲轴皮带轮上的供油提前角记号位于固定记号之前,说明Ⅰ缸供油时,活塞尚未到达上止点,供油时刻在活塞到达上止点前。为测得供油提前角的大小,可调整正时灯上的电位计,使频闪时刻延迟于供油时刻,逐渐使转动部件上的供油提前角标记接近固定标记,并使两标记对齐,如图3-129所示。闪光延迟的时间即为供油提前的时间,经仪器变换为供油提前角数值后,即可在指示装置上显示出来。

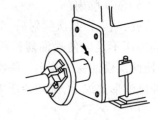

图3-129 喷油泵Ⅰ缸开始供油记号

Ⅰ缸供油提前角检测出来后,如果按工作顺序各缸供油间隔相等,则各缸的供油提前角均等于Ⅰ缸供油提前角。所以,必须检测各缸间的供油间隔,以确定各缸的供油提前角是否符合要求。柴油机的供油提前角应符合原厂规定,见表3-24。

常见车型的供油提前角　　　　　表3-24

车型	项目	供油顺序	供油提前角
黄河	JN1150/100	1-5-3-6-2-4	28°~30°
	JN1150/106		24°±1°
五十铃	TXD50	1-4-2-6-3-5	17°
	TD72LC		
日野	KM400	1-4-2-6-3-5	18°
	650E	1-4-2-6-3-5	10°
菲亚特	683N$_3$	1-5-3-6-2-4	24°
	693N$_1$		20°

续上表

车型	项目	供油顺序	供油提前角
三菱	T653BL	1-5-3-6-2-4	15°(带送油阀),17°(不带送油阀)
	T653EL		
斯柯达	706	1-5-3-6-2-4	30°
	706R		
依发 H_6		1-5-3-6-2-4	27°~29°
沃尔沃 GB-88		1-5-3-6-2-4	23°~24°

四、机械控制柴油喷射系统故障诊断

1. 机械控制柴油喷射系统主要部件故障诊断

喷油泵和喷油器是柴油喷射油系统的关键部件，其技术状况对柴油机的工作性能至关重要。

1) 喷油泵故障诊断

(1) 结构及工作原理。

喷油泵由柱塞偶件、出油阀偶件等构成，见图3-130。喷油泵工作时，随着凸轮轴的转动，挺柱和柱塞在柱塞的上、下止点之间分别在挺柱孔和柱塞套中作往复运动。柱塞顶面下移至柱塞套油孔以下的过程中，柴油从喷油泵的低压油腔经油孔充入柱塞顶部的空腔；在柱塞从下止点上移封闭油孔的上边缘后，若柱塞继续上移，柱塞腔内的油压骤然增高，克服出油阀弹簧的预紧力，将出油阀顶起，高压柴油经高压油管供给喷油器，喷入燃烧室。

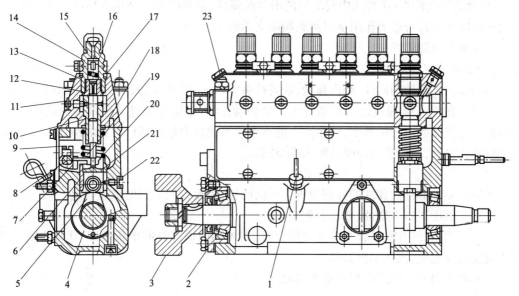

图 3-130 喷油泵结构图

1-油尺；2-轴盖板部件；3-结合器；4-中间轴承；5-凸轮轴；6-滚轮体部件；7-调节叉；8-拉杆；9-锁紧螺钉；10-柱塞偶件；11-套筒定位螺钉；12-出油阀偶件；13-垫圈；14-出油阀紧帽；15-减容器；16-出油阀弹簧；17-封油圈；18-柱塞弹簧；19-弹簧下座；20-调结臂；21-垫块；22-定位螺钉；23-放气螺钉

离心钢球式全程调速器结构见图3-131所示。喷油泵工作时，其凸轮轴带动飞球及球架高速旋转，在离心力作用下沿导向板径向运动，经推力盘、拉板、带动油量调节拉杆运动，

进行发动机转速的调节。

(2)柱塞偶件检查。

①密封性检查。将喷油泵中的出油阀取出,将阀座与出油阀衬垫仍留在里面,旋上出油阀座,将喷油泵试验台上的高压油管接在出油阀座上,并排净内部的空气。将柱塞调整到最大供油量的中间行程位置。用喷油泵试验台上的手柄泵油至20MPa停止泵油,测量油压下降至10MPa时所经历的时间。对于柱塞偶件要求不少于18s。各个柱塞偶件的密封性指标相差应不大于最大数值的15%。

堵住套筒端面的出油孔和进油孔,拉出柱塞时应感到有明显的吸力,放开柱塞时,柱塞应能迅速而自动地回至原位。将柱塞转到几个不同的位置反复试验几次均应符合要求。

②滑动性能检查。将柱塞、套筒洗净后装复,并使其倾斜60°角,然后将柱塞拉出35~40mm,柱塞应能在本身重力沿套筒缓缓下滑到原位。滑动性能检查能反映柱塞偶件的磨损程度。

(3)出油阀偶件检查。

①密封性检查。将出油阀偶件装入专用夹具中,将专用夹具连同出油阀偶件一起接在喷油器试验器的高压油管上。

锥面密封性检查。拧松调节螺钉使出油阀落在阀座上,油压从25MPa降至10MPa所经历的时间应不小于60s,否则应更换。

减压环带与导向孔密封性检查。旋进调节螺钉,使出油阀顶起0.30~0.50mm,油压从25MPa降至10MPa所经历的时间应不小于2s,否则应更换。

② 滑动性能检查:在柴油中浸泡后的出油阀偶件,沿轴线方向抽出阀体约1/3长度,松开后阀体应能在自身重力作用下滑落到阀座支承面上。

2)喷油器故障诊断

(1)结构及工作原理。

喷油器主要由针阀偶件、调压弹簧、油管接头等构成,如图3-132所示。柴油机工作时,来自喷油泵的高压柴油通过高压油管送到喷油器,经进油管接头进入喷油嘴内的压力室。油压作用在针阀的承压锥面上,产生向上的推力。当此推力超过调压弹簧的预紧力时,针阀升起将喷孔打开,高压柴油经喷孔喷入燃烧室。

(2)直观检查。

①检验喷油器针阀偶件的针阀及阀体导向圆柱,不得有明显的磨损及划痕。

②密封锥面不得有烧蚀、变形及积炭。

③喷油器密封锥面、轴针与喷孔、针阀与针阀体导向面等处的磨损情况,阀体上端面不得出现锈迹及划痕,阀体不得有裂纹。

④喷孔不得有烧蚀或被积炭堵塞现象。

(3)密封性试验。

喷油器密封性试验应在专用试验器上进行。试验器由手压泵、储油罐及压力表组成,如图3-133所示。将调压螺母调整到使喷油器在规定压力下喷油,手柄停止压油后观察压力表指针,记录油压自20MPa降至18MPa所经历的时间,此时间应不少于9s。拆下靠喷油泵一端的高压油管插入盛有油的油盆中,使发动机空转,若油杯中有气泡冒出,说明针阀偶件不密封。

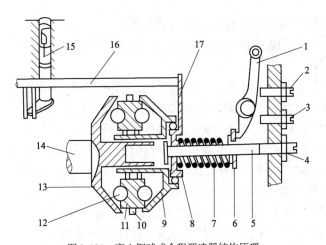
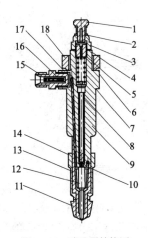

图 3-131 离心钢球式全程调速器结构原理
1-调速叉;2-高速调整螺钉;3-怠速调整螺钉;4-固定螺母;5-全负荷油量调节螺杆;6-弹簧座;7-调速弹簧;8-轴承座;9-推力盘;10-导向板;11-球架;12-飞球;13-驱动盘;14-凸轮轴;15-柱塞;16-油量调节拉杆;17-拉板

图 3-132 喷油器结构图
1-溢油管螺栓;2-衬套;3-调压螺钉护帽;4-垫圈;5-调压螺钉;6-垫圈;7-调压弹簧;8-顶杆;9-喷油器体;10-定位销;11-喷油嘴铜锥体;12-针阀;13-针阀体;14-紧固螺套;15-油管接头;16-滤芯;17-衬垫;18-紧固压板

(4) 雾化质量及喷雾锥角检查。

雾化质量是指燃油雾化的细度和均匀程度,主要取决于喷油器喷孔的形状和尺寸,与燃烧室的结构形状也有关系。以 60～70 次/分钟的频率压动手柄,当燃油以速度为 100～300m/s 从喷油器喷出时,便形成圆锥形状的雾状燃油油束,如图 3-134 所示。喷射过程中,没有明显可见的油滴和油流及浓稀不均的现象;喷射前后不允许有滴油现象,且断油干脆;经多次喷油后,喷口附近应干燥或稍有湿润。

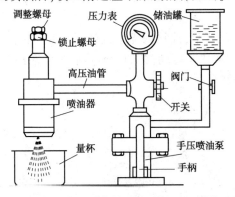
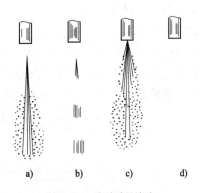

图 3-133 喷油器密封性检验

图 3-134 喷雾质量检验
a) 正常;b) 不正常;c) 过早;d) 过迟

喷注锥角(β)表示油束的紧密程度,主要取决于喷孔尺寸和形状,如图 3-135 所示。β 角越大,喷注越松散、油滴越细,与空气混合越快,喷油器喷出的雾状燃油的雾化锥角应不偏斜,锥角角度和形状应符合要求,否则应更换喷油器。

(5) 喷油量测试。

在喷油器试验台上,将各个喷油器用同一根高压油管逐个接到预先调整好的喷油泵的同一个分泵上,在标定转速下测量每分钟喷油量,如图 3-133 所示。喷油器调压弹簧预紧力调定后,针阀开启压力基本上是定值。柴油机喷油器的喷油量应符合规定要求,各个喷油器

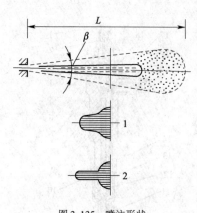

图 3-135 喷注形状
1-喷注横断面上燃油分布;2-喷注横断面上油粒分布 L-射程; β-喷雾锥角

的喷油量相差不得超过平均值的 5%。

(6) 喷油器针阀开启压力、喷射压力和关闭压力测试。

如图 3-133 所示,当喷油器刚开始喷油时,压力表所指示的最高压力即为喷油压力,喷射最高压力可达 10~100MPa 以上,如 6120 型柴油机的喷油压力为 17.5 ± 0.3MPa,若不符合规定,应进行调整。喷油器调压螺母旋入时喷油压力增高,旋出时喷油压力降低。同一台发动机各缸喷油器的喷油压力的误差不应大于 0.25MPa。喷油结束后,在针阀关闭之前,压力室内应保持一定的关闭压力。如果关闭压力太低,在针阀的落座过程中,会因为喷射压力过低,使燃烧后期喷雾质量变差。

2. 机械控制柴油喷射系统典型故障诊断

与柴油喷射系统有关的常见的故障现象有:发动机起动困难;发动机动力不足;发动机排出烟色异常;发动机飞车;转速不稳等。最易发生故障的部位为供给系统油路、喷油泵和喷油器等。

1)发动机起动困难

起动时,起动机能带动发动机运转,但无发动征兆。该故障可能由低压或高压油路故障造成。

(1)低压油路故障诊断。

松开喷油泵放气螺塞,反复拉压输油泵上的手油泵,放气螺塞处无油流出,说明燃油没有进入喷油泵;若放气螺塞处流出泡沫状柴油,说明燃油夹带空气进入喷油泵,而且长时间拉压手油泵不能排净空气。

故障原因:油箱开关未打开或油箱盖空气孔堵塞;油箱内无油或油量不足;油箱内输油管破裂或松动;油箱至输油泵间油管堵塞、破裂或接头松动;柴油滤清器滤芯堵塞;输油泵滤网堵塞;输油泵油阀粘滞,活塞损坏或胶圈失效等。

低压油路故障诊断流程如图 3-136 所示。

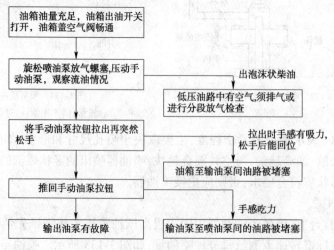

图 3-136 柴油机低压电路故障诊断流程

(2)高压油路故障诊断。

低压油路供油正常,各高压油路中无空气,但各缸喷油器无油喷出或喷油压力过低。故障原因为:

①喷油泵凸轮轴挺杆与柱塞间的间隙过大,油量调节叉或扇形齿轮固定螺钉松动或脱落,供油齿条卡滞,使柱塞不能转动或转动量过小,出油阀密封不良或其弹簧折断等。

②喷油器针阀压力弹簧调整不当;针阀积炭或烧结而不能开启;喷孔堵塞等。

高压油路故障诊断流程如图3-137所示。

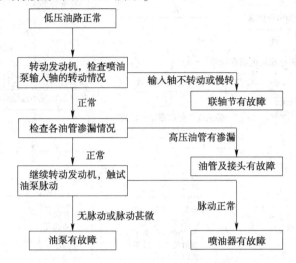

图3-137 柴油机高压电路故障诊断流程

2)发动机动力不足

(1)故障现象。

汽车行驶无力,加速不良,加速踏板踩到底时柴油机转速不能升高到额定转速。

(2)故障原因。

空气滤清器堵塞使进气量不足;柴油滤清器堵塞造成供油不足;燃油系统低压油路中有残留空气使供油不畅;喷油泵柱塞副或出油阀磨损;喷油泵供油时间太早或太晚;喷油器喷油压力低、喷孔积炭堵塞、雾化不良、针阀与阀体磨损;配气相位不准;气门封闭不严使汽缸漏气、燃烧不良;活塞环磨损或胶结、活塞与缸套磨损或缸垫损坏等。

(3)故障诊断方法。

柴油机动力不足故障的诊断流程如图3-138所示。

3)发动机排黑烟

(1)故障现象。

排气呈黑色烟雾,尤其是加速行驶、爬越坡度或柴油机起动时,排黑色烟雾更为严重。

(2)故障原因。

燃油缺氧燃烧,使一部分碳元素形成游离碳排出成为黑色烟雾。具体原因:空气滤清器严重堵塞,进气量不足;喷油泵循环供油量调整过大或各缸供油不均匀;喷油器喷雾质量不佳或喷油器滴油;供油时间过迟;汽缸工作温度太低或压缩压力不足;柴油质量低劣;经常在超负荷下运行;机油进入燃烧室过多;校正加浓供油量调整太大。

(3)故障诊断方法。

柴油机排黑烟故障的诊断流程如图3-139所示。

当循环供油量太大是引起排黑烟的主要原因时:怠速时排黑烟说明怠速循环供油量太大;额定转速时排黑烟说明额定循环供油量太大;超负荷运转时排黑烟说明校正加浓供油量太大。柴油机短时间超负荷运转,其排气烟色为灰黑色属于正常现象。

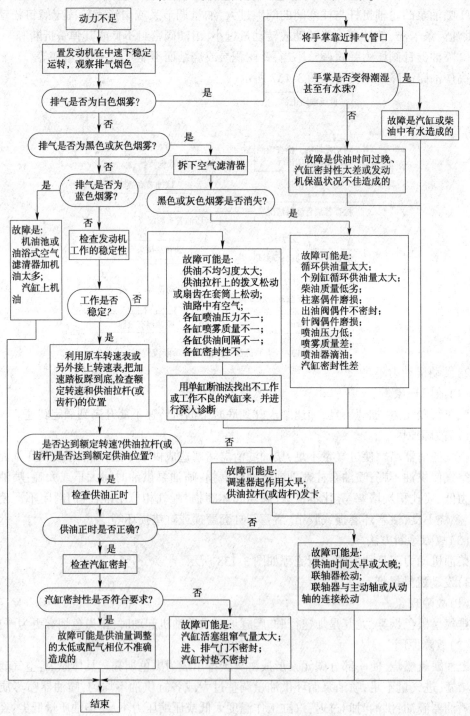

图3-138 柴油机动力不足诊断流程

汽缸密封性不良时,不仅使压缩终了的汽缸温度、汽缸压力和涡流强度降低,而且漏掉的空气量增多,燃烧时氧气量不足,造成燃烧不完全,致使排气冒黑烟。

质量低劣的柴油,雾化性能差,着火性能差,造成燃烧不完全,致使排气冒黑烟。机油进入燃烧室过多,其油雾不易完全燃烧,因而加剧了排黑烟倾向。

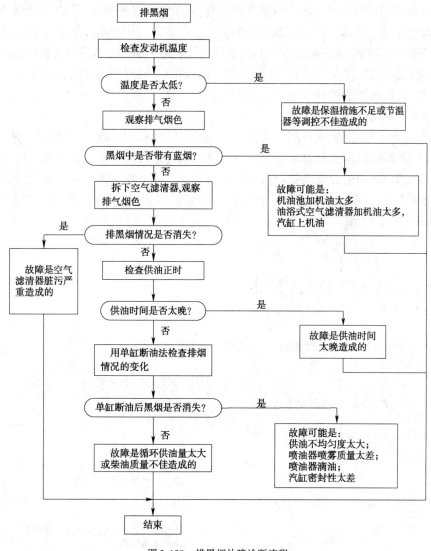

图 3-139　排黑烟故障诊断流程

4)柴油机飞车

(1)故障现象。

发动机转速突然升高,超过允许转速且无法控制,并伴有异响。

(2)故障原因。

柴油机飞车的主要原因是柴油机调速特性不良。具体原因有:油门拉杆或供油调节齿杆卡滞;油量调节齿杆脱落;调速器杠杆或销子脱落,飞球装置销轴断裂,飞球装置甩脱,飞球装置压力轴承损坏,调速器弹簧折断或弹力下降等;喷油泵柱塞弹簧折断或柱塞卡在高速位置,柱塞的油量调整齿圈固定螺钉松动使柱塞失去控制等;因某种原因使飞球难以甩开或飞球座沿支架滑动时,阻力增大。

(3)飞车排除。

柴油机飞车后,应采取紧急措施使柴油机熄火。汽车在运行中飞车时,不要脱挡或踩下离合器,应紧急制动直至发动机熄火。若汽车静止发动机空转时飞车,可迅速切断油路或气路使发动机熄火。切断油路的方法是拧松高压油管接头螺母放油,切断气路的方法是用织物等包住空气滤清器或取下空气滤清器堵塞进气管,使柴油机尽快熄火。飞车故障未排除前不允许再起动柴油机。飞车故障的诊断应在柴油机熄火以后。排除柴油机飞车的方法如下:

①踩下离合器踏板,将变速器挂入高速挡,然后缓抬离合器踏板,踩下制动踏板,强制熄火。

②变速器挂空挡,停车,然后设法堵住进气管,切断空气的供应,强制熄火。

③停车后,设法切断供油油路,强制熄火。

(4)故障诊断方法。

当拉出熄火按钮后,发动机能熄火,说明供油拉杆、柱塞套无故障,应检查调速器与供油拉杆连接及调速飞锤、调速器总成与喷油泵凸轮轴的连接情况。如果熄火拉钮拉不动,发动机转速仍继续升高,说明故障为供油拉杆被卡死所致。拆下喷油泵检视窗盖板,用手扳供油拉杆,如仍扳不动,说明供油拉杆与泵体座孔或柱塞被卡死,应进一步检查。飞车故障的诊断流程如图3-140所示。

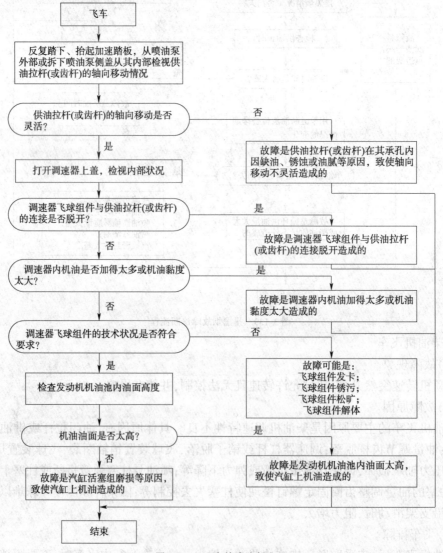

图3-140 飞车故障诊断流程

5)发动机游车

(1)故障现象。

发动机运转中,转速出现有规律的忽快忽慢,转速提不高,发动机无力。

(2)故障原因。

调速器或油量调节系统出现卡滞,飞块销孔、座架磨损松旷,调速器内润滑油变质、长期未更换或油量太少,调速弹簧变形或断裂等;喷油泵供油量调节齿杆运动阻滞或不灵活,柱塞套安装不良使调节齿杆(或拨叉)不能自如游动,柱塞调节臂或扇形小齿轮变形或松动使齿杆不能游动自如或喷油泵凸轮轴轴向间隙过大等;供油量调节齿杆与扇形齿轮齿隙或柱塞调节臂与油量调节拨叉配合间隙过大,供油量调节齿杆(或拨叉)拉杆销子松旷;个别汽缸的喷油器针阀烧结等。

(3)故障诊断方法。

柴油机游车故障诊断流程如图3-141所示。

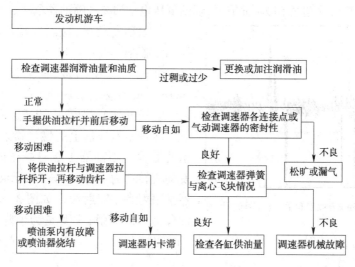

图3-141 发动机游车故障诊断流程

五、电子控制柴油喷射系统技术状况检测

共轨式电控柴油喷射系统的技术状况可以用燃油喷射压力、喷油量、喷油提前角和喷油持续时间等评价。

以下以BOSCH公司的共轨柴油电控喷射系统为例,介绍共轨式电控柴油喷射系统技术状况的检测方法。

1.喷油压力测试

进行喷油压力测试时,起动发动机并改变加速踏板开度,使转速变化。

①示波器测试燃油压力控制阀端子间信号波形(占空比方波),并测试输出信号电压波形(图3-142)。

②用故障诊断仪读取数据流,分析不同燃油压力(50MPa、80MPa、120MPa)下控制信号的占空比,并与标准值(表3-25)进行对比。

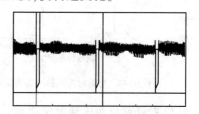

图3-142 燃油压力控制阀输出信号波形

占空比标准值　　　　　　　　　　　表 3-25

燃油压力(MPa)	50	80	120
占空比(%)	42.8	35.7	14.5

③检测固定的控制频率值,应为 260Hz(周期 T 为 3.87ms)。

④使用故障诊断仪进行进气压力、空气流量及进气温度数值设置,然后改变发动机转速,测试在发动机不同负荷下的喷射压力。

测量数据应符合如下规律:发动机进气量和转速一定时,负荷增大,燃油压力应增大;当进气温度和转速一定时,进气量增大,燃油压力应增大;当进气量一定时,转速增大,燃油压力应增大。

2. 喷油量测试

电控单元随发动机运行工况变化调整燃油喷射量。减速时,切断燃油喷射;发动机温度超过 105℃时,减少燃油喷射量;通过切断燃油喷射或降低燃油压力,使发动机转速降至 5000r/min;发动机转速超过 5400r/min 时,切断低压电动油泵和喷油器电路。测试步骤如下:

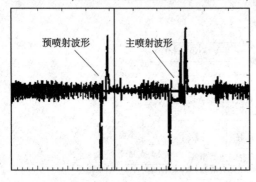

图 3-143　喷油器预喷射和主喷射信号波形

①起动发动机,检测发动机转速为 5000r/min 时是否断油。

②踩下加速踏板,检测发动机转速超过 5400r/min 时燃油泵是否工作。

③松开加速踏板,检测减速时是否断油。

④观察示波器上的燃油喷射控制信号。用示波器检测喷油器 1、2 号端子间的信号波形,发动机转速为 1000r/min 时,示波器显示的喷油器预喷射和主喷射波形如图 3-143 所示。将燃油分为两次喷射,主要是为了降低燃烧噪声和炭烟排放。同时,预喷射与主喷射间安排恰当时间间隔,可以有效减少氮氧化物的产生。

3. 喷油脉宽测试

以玉柴 YC6112 型车用柴油机为例,在 BD850 油泵试验台上进行喷油试验。图 3-144 为柴油机在急速工况下的喷油器脉宽(带预喷射)实测控制信号。图 3-145 为共轨压力为 50MPa 的喷油量随喷油脉宽的变化曲线。

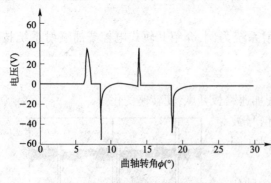

图 3-144　急速时喷油脉冲实测信号

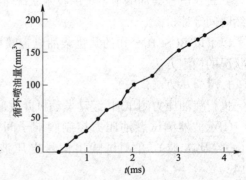

图 3-145　喷油量随喷油脉宽的变化规律(50MPa)

4. 喷射提前角和喷油时间测试

使用故障诊断仪检测预喷射和主喷射的喷油提前角和喷油时间(喷油量)。当温度为

95℃时,发动机在不同转速下的喷油提前角和喷油时间见表3-26。

发动机不同转速下的喷油提前角　　　　　　　　　　表3-26

发动机转速 (r/min)	喷油提前角(°)		喷射时间(ms)	
	预喷射	主喷射	预喷射	主喷射
1000	22.2	3.70	0.26	0.75
2000	35.6	5.38	0.183	0.65
3000	41.02	7.62	0.14	0.54

试验表明:随发动机转速提高,预喷射、主喷射提前角加大;预喷射、主喷射之间的时间间隔缩短。

六、电子控制柴油喷射系统故障诊断

1. 燃油输送子系统主要部件故障诊断

1)电动燃油泵故障诊断

电动燃油泵安装在燃油箱的外面,提供250kPa的泵油压力,最大供油流量为180L/h。电动燃油泵由控制单元控制,当点火开关被打开,控制单元将控制燃油泵继电器向燃油泵供电,如果发动机在9s内没有起动,油泵电源将被切断。

(1)在车检查。

①接通点火开关,用备用10A熔断丝将燃油泵诊断插座两端子短接,察听电动燃油泵有无运转声。

②如果听不到燃油泵运转声,检查进油软管处有无压力。

③如果既无运转声又无压力,说明燃油泵未工作,应检查燃油泵控制电路,如果控制电路正常,说明燃油泵有故障,应进行修理或更换。

④起动发动机时,电动燃油泵的LED灯应点亮。用万用表分别测量油泵各端子间的电压,应符合规定值(一般为蓄电池电压)。

(2)压力测试。

①将油压表接在燃油管路上,使发动机怠速运转,查看油压表读数,其压力值应符合规定。

②拔下燃油压力调节器上的真空软管,查看油压表读数,其压力值应符合规定。

③断开点火开关,使发动机停转,10min后查看油压表读数,其压力值降低不应超过100kPa。

如果测得值与规定值不符,应检查燃油压力调节器和燃油滤清器是否有故障。如正常说明燃油电动泵有问题,应修理或更换。

(3)供油量测试。

①断开点火开关、拆下回油管,并将导管端的回油管插入量杯内。

②用备用10A熔断丝将燃油泵诊断插座两端子短接,接通点火开关,使燃油泵运转30s左右,查看量杯内燃油量。

如果测得值与正常值不符,应检查燃油泵滤网和燃油滤清器是否堵塞。否则说明燃油泵有故障,应进行修理或更换。

2)燃油滤清器故障诊断

燃油滤清器位于发动机室一侧,滤清器总成上还包括燃油温度传感器、燃油阻塞传感器和水分传感器等,分别监测柴油油温、燃油中水分、滤清器是否堵塞。

柴油中混有水分或滤清器阻塞时，仪表板上的警示灯发出警示。因此，警示灯点亮时，应尽快排除故障。否则，由于燃油中混有水分或滤芯阻塞，高压共轨中的器件会很快损坏。当滤芯阻塞且警告灯点亮时，若发动机在高负荷下工作则会停机，这是由于高压油泵的安全阀开始工作。此时应保持较低发动机转速和小负荷，行驶到最近的维修站进行维修。

诊断燃油滤清器故障时，首先拆下燃油滤清器，检查进油管接头口是否通气。若不通气或阻力很大则说明燃油滤清器被堵塞。汽车上装的燃油滤清器，大多是不可分解的，一旦堵塞应整体更换。

2. 共轨压力控制子系统故障诊断

共轨压力控制子系统包括共轨压力控制阀（PCV）、高压油泵、共轨组件、电控喷油器、压力限制阀、流量限制阀等。

1）喷油泵故障诊断

图 3-146 为有三套柱塞组件高压泵的结构图。各柱塞组件由偏心轮驱动，在相位上相差 120°。当柱塞下行时，来自输出泵压力为 0.05～0.15MPa 的燃油经过低压油路到达各柱塞组件的进油阀，并由进油阀进入柱塞腔，实现充油过程；当柱塞上行时，进油阀关闭，燃油建立起高压；当柱塞腔压力高于共轨中压力时，出油阀打开，柱塞腔的燃油在 PCV 阀的控制下进入共轨。如喷油泵输出燃油压力不正常，可能故障部位为柱塞偶件、出油阀偶件。

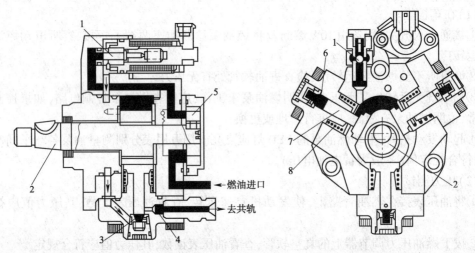

图 3-146　高压泵的结构图

1-调压阀；2-凸轮轴；3-进油控制电磁阀；4-出油阀；5-输油泵；6-泵油腔；7-柱塞；8-柱塞复位弹簧

(1) 柱塞与柱塞套的检查。

①检查柱塞与柱塞套的滑动性能。将柱塞与柱塞套保持与水平线成 60°左右角度的位置，从几个方向拉出柱塞，能自动慢慢滑下即为合格。

②检查柱塞与柱塞套的密封性能。堵住柱塞套顶上和侧面的进油孔，拉出柱塞，应感觉到有显著的吸力；放松柱塞时，能立即缩回原位即为合适。

③检查柱塞控制套缺口与柱塞下凸块的配合间隙。若超过 0.08mm 时，必须进行修整或更换。

④检查柱塞与柱塞套的摩擦面的磨损或刮伤情况。如不符合要求，应予以成套的更换。

(2) 出油阀及阀座的检查。

①出油阀及阀座密封性检查。堵住出油阀下面的孔，将出油阀轻轻从上向下压。当离

开出油阀上端时,如能自行弹回,即为良好。

②若出油阀及阀座磨损过甚或有伤痕,应予以成套更换。

③弹簧镀层脱落和表面磨损、裂纹等,应予以更换;弹簧上下座应平整。柱塞下端突缘的顶面与弹簧下端的下表面之间应有一定的间隙。若无间隙,应更换。

(3)其他检查。

①挺柱的检查。检查挺柱与泵体座孔和其他有关零件的配合间隙和磨损情况,间隙超过规定或磨损过度时,应修理或更换。

②凸轮轴及轴承的检查。检查凸轮轴弯曲度,如超过0.05mm时,应冷压校正。检查凸轮轴安装油封处的轴颈,如磨损过度,且深度超过0.10mm时,须修复或更换。检查滚球轴承外径与轴承盖和调速器轴承座孔的过盈配合,如松动,可更换或修复。

2)电控喷油器故障诊断

电控柴油喷射系统使用的喷油器由孔式喷油嘴、液压伺服系统、电磁阀组件构成,如图3-147所示。燃油从高压接头经进油通道送往喷油器,并经过进油节流孔进入阀控制室,而阀控制室经由电磁阀控制的回油节流孔与回油孔相通。

出油节流孔在关闭状态时,作用在阀控制活塞上的液压力大于作用在喷油嘴针阀承压面上的力,喷油嘴针阀被压在其座面上,紧紧关闭通往喷油孔的高压通道,因而没有燃油喷入燃烧室。电磁阀动作时,打开回油节流孔,阀控制室内的压力下降,只要作用在阀控制活塞上的液压力小于作用在喷油嘴针阀承压面上的力,喷油嘴针阀立即打开,燃油经过喷孔喷入燃烧室。

(1)电磁阀诊断方法。

①电磁线圈电阻检测。用万用表检查喷油器电磁阀电磁线圈的电阻值,一般应为$0.3 \sim 1.0\Omega$。如不满足规定则说明电磁线圈断路或短路。

②电磁阀衔铁动作检查。电控喷油器的喷油量及喷油正时均由电磁阀的通电时刻决定,因此必须对电磁阀中的电磁线圈的技术状况进行检查。

当电磁阀正常工作时,即衔铁运动时,电磁阀的等效电感变小,电磁阀驱动电流升到一定值后上升速度明显加快,有一个明显的拐点,该点即为电磁阀衔铁动作的时刻。当电磁阀的衔铁不运动时,电磁阀的等效电感不变,驱动上升速度没有明显变化。因此,通过检测电磁阀驱动电流变化率,可以检测电磁阀衔铁是否正常吸合,如图3-148所示。

线束连接不好或电磁阀线圈断裂等均会造成电磁阀驱动回路断路。当此故障发生时,即使电磁阀驱动电路正常工作,也会由于没有形成电流回路,电磁阀中的驱动电流为零,电磁阀不工作。

(2)喷油器诊断方法。

电控喷油器应放在专用试验器上进行检查与调整,试验器由手压泵、储油罐及压力表组成。

①喷油压力测试。以每分钟60次的速度按压验器手柄,观察喷油器喷油过程中压力表上的读数。各缸喷油器的喷油压力应相同,并应符合制造厂的规定。如6120柴油机的喷油压力应为17.5 ± 0.3 MPa。

②密封性检查。按压手压泵手柄到压力上升至16.0MPa,然后,以每分钟约10次的速度均匀按压手柄直到压力上升至17.2MPa,开始喷油。在这段时间内,喷孔允许有微量的潮湿,但不允许有滴油现象,否则表明锥面密封不佳。以低于标准喷油压力2.0MPa的油压保持20s,喷油嘴端部不得有滴漏和湿润现象。也可以用油压降落(如从20MPa~18MPa)的速度来反映油针与喷油嘴圆锥结合部的密封性。

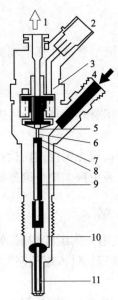
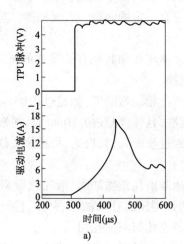
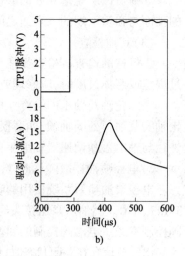

图3-147 喷油器示意图
1-回油孔;2-电气接头;3-电磁阀;4-进油孔;5-球阀;6-回油节流孔;7-进油节流孔;8-阀控制室;9-阀控制柱塞;10-至喷嘴的进油道;11-喷油嘴针阀

图3-148 不同情况下电磁阀驱动电流波形
a)正常;b)电磁阀衔铁未吸合

③喷油器喷油质量检查。在标准压力范围内时,以每分钟60~70次的速度摇动手柄,喷射出来柴油应是锥角适当的均匀雾状油束,没有油流或油滴。

3) 压力控制阀故障诊断

压力控制阀(PCV)控制共轨系统的压力,其结构见图3-149所示。球阀是整个共轨系统压力控制的关键元件。球阀的一侧是来自共轨燃油的压力,另一侧衔铁受弹簧预紧力和电磁阀电磁力的作用。电磁阀电磁力的大小与线圈中的电流有关。电磁阀没有通电时,弹簧预紧力使球阀紧压在密封座面上,当燃油压力超过10MPa时才能将其打开;电磁阀通电后,燃油压力除了要克服弹簧预紧力之外,还要克服电磁力,即电磁阀的电磁力通过衔铁作用在球阀上的力的大小决定了共轨中的燃油压力。电磁阀电磁力可以通过调整线圈电流控制。

在专用试验器上测试压力控制阀的开启压力。当共轨系统压力变化时,压力控制阀的工作情况如图3-150a)所示。开启压力通常在140~230MPa范围内变化,调压阀开启压力的测试结果如图3-150b)所示。

4) 共轨组件故障诊断

(1) 结构及工作原理。

共轨组件包括共轨本身和安装在共轨上的高压燃油接头、共轨压力传感器、压力限制阀、连接共轨和喷油器的流量限制阀等,如图3-151所示。

共轨的功能是存储高压燃油,缓冲高压泵供油和喷油所产生的压力波动,把喷油泵提供的高压燃油分配到各个喷油器。

共轨压力传感器测定共轨中燃油的实时压力,并向电控单元ECU提供相应电压信号。

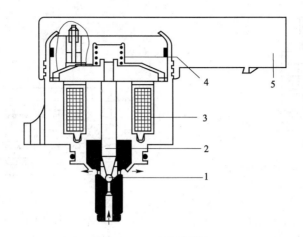

图 3-149 PCV 阀的结构
1-球阀；2-电枢；3-电磁线圈；4-弹簧；5-线束插接器

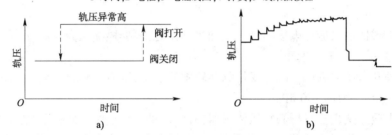

图 3-150 压力控制阀工作情况和测试结果
a) 工作情况；b) 测试结果

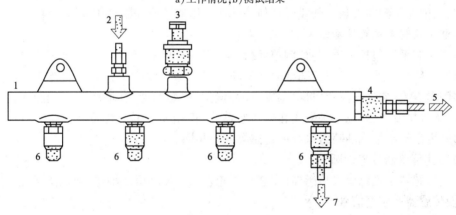

图 3-151 共轨组件
1-共轨；2-进油管口；3-燃油压力传感器；4-限压阀；5-回油管口；6-流量限制器；7-喷油器供油口

常用膜片式共轨压力传感器如图 3-152 所示。压力燃油经共轨中的孔流向传感器，传感器膜片将孔末端封住。在压力作用下的燃油经压力室孔流向膜片。膜片上装有传感元件，用以将压力转换成电信号。

限压阀限制共轨中的压力，压力过高时打开放油孔卸压（图 3-153）。共轨内允许的短时最高压力为 150MPa。

在标准工作压力（135 MPa）下，弹簧将活塞紧压在座面上，共轨呈关闭状态。只有当超过系统最大压力时，活塞才受共轨中压力的作用而压缩，于是处于高压下的燃油流出，经回油管流回油箱，使共轨中的压力降低。

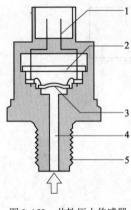
图 3-152 共轨压力传感器
1-电气接头；2-求值电路；3-带有传感元件的膜片；4-高压接头；5-固定螺纹

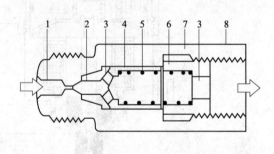
图 3-153 限压阀
1-共轨侧进油口；2-阀头；3-油孔；4-阀；5-弹簧；6-空心螺塞；7-阀体；8-回油口

(2) 故障诊断方法。

① 压力传感器输出信号电压测试。发动机工作时，根据燃油压力不同，压力传感器输出的信号电压在 0.5~4.5V 之间变化。

② 限压阀开启压力测试。限压阀控制共轨中的油压，压力过高时开启油孔卸压，其开启压力应符合规定，一般为 150MPa。

③ 注意事项。禁止自行拆卸轨压传感器，有泄漏的危险；高压油轨是敏感的液压元件，禁止敲击、碰撞，对油轨上的部件传感器、限压阀、流量限制阀等部件严禁拆卸；高压油轨是高精度的部件，对清洁度有严格要求，所有油管接头的保护套在运输、搬运、库存过程必须完好无损，只能在装配前拆封。禁止以任何液体或气体清洗或冲刷高压油轨部件。

3. 电子控制系统故障诊断

电子控制系统包括传感器、控制单元(ECU)和执行机构等。

高压共轨喷油器的喷油量，喷油时间和喷油规律除了取决于柴油机的转速、负荷外，还与众多因素有关，如进气流量、进气温度、冷却液温度、燃油温度、增压压力、电源电压、凸轮轴位置、废气排放等，所以必须采用相应传感器，采集相关数据。有关传感器的结构原理和故障诊断方法与电控汽油喷射系统的传感器基本相同。

1) 转速传感器故障诊断

转速传感器是磁感应式传感器，安装在飞轮上部。发动机曲轴转动时，由于磁通量发生变化，使传感器产生电信号。

拔下转速传感器插头，用万用表测量接头端子间电阻，测试结果应符合规定，一般为 1100~1600Ω。否则，应更换转速传感器。

如转速传感器电阻符合规定，但转速控制不良，则应检查插头至电控单元 ECU 的线束是否短路或断路；如没有问题，更换燃油喷射系统电控单元。

2) 凸轮轴位置传感器故障诊断

凸轮轴位置传感器位于凸轮轴皮带轮的后面。由于带轮上有一个缺口，在发动机曲轴转动时，传感器的磁通量发生变化，从而产生电信号。发动机工作时的喷油相位由飞轮位置传感器和凸轮轴位置传感器来确定。控制单元还将此信号作为测量发动机转速的备用信号。

① 检查接线和位置传感器是否对地短路。用万用表检查其两端电阻值，额定值为 1.2kΩ。

② 发动机停止运转时，拔出位置传感器目测，如果传感器有机械损坏，则应更换。发动

机停止时,压下速度(位置)传感器,直至限制位置停止,进行功能检查。

③连接传感器和发动机电控单元 ECU 接口,进行功能检查。

其他传感器和电控单元的故障诊断方法可参考电控汽油喷射系统相应传感器和电控单元的诊断方法。

4. 电子控制柴油喷射系统典型故障诊断

电控柴油发动机常见故障分为:发动机转速太高、不能恢复怠速运转;输出功率不足;油耗过大等。

1) 发动机转速过高,不能恢复怠速运转

(1) 故障现象。

发动机转速过高,在松开踏板后也不能恢复怠速运转。

(2) 故障诊断方法。

发动机转速过高,不能恢复怠速运转故障的诊断流程如图 3-154 所示。

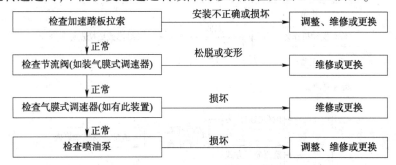

图 3-154 发动机转速过高,不能恢复怠速运转诊断流程

2) 发动机排黑烟、输出功率不足

(1) 故障现象。

发动机工作时,发动机输出功率不足并伴有黑烟排出。

(2) 故障诊断方法。

发动机排黑烟、输出功率不足故障的诊断流程如图 3-155 所示。

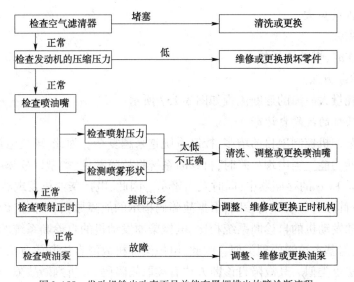

图 3-155 发动机输出功率不足并伴有黑烟排出故障诊断流程

3)发动机工作粗暴

(1)故障现象。

发动机运转时,有很大的敲缸声。

(2)故障诊断方法。

发动机工作粗暴故障的诊断流程如图 3-156 所示。

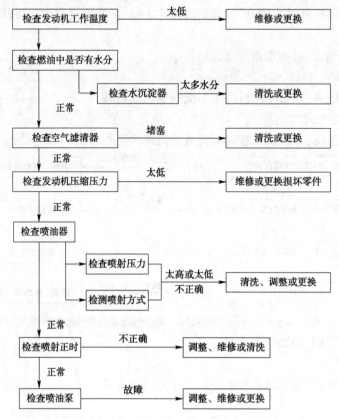

图 3-156　发动机工作粗暴故障诊断流程

4)发动机油耗量大

(1)故障现象。

发动机工作时,燃油消耗较多。

(2)故障诊断方法。

发动机油耗量大故障的诊断流程如图 3-157 所示。

5. 电控柴油机的故障自诊断

随着电控柴油机控制项目的增多,控制系统越来越复杂。为此,现代电控汽车柴油机都具有故障自诊断功能。当出现故障时,自诊断系统将故障部位、类型以故障码的形式记忆并储存在电控单元 ECU 的存储器中,同时发出警示。因此,电控柴油机发现故障时,只要显示故障码,就应该首先进行故障自诊断,根据故障码指示的故障原因和部位,诊断和排除故障。

与电控汽油发动机的自诊断系统相比,电控柴油发动机的自诊断系统的输入信息,控制对象有所不同,但基本控制原理类似。因此,电控柴油机故障自诊断的方法与电控汽油机故障自诊断的方法也类似。其故障自诊断方法有读取故障码、分析判断故障、清除故障码三个步骤。但故障自诊断分析的具体方法则根据车型而定。

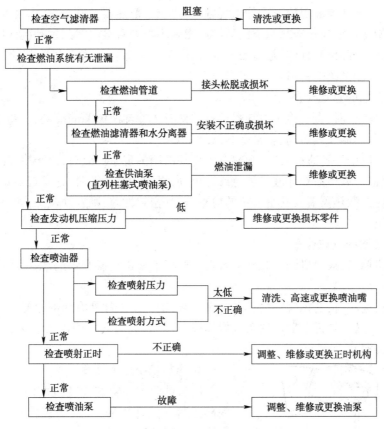

图 3-157 发动机油耗量大故障诊断流程

第八节 发动机冷却系统检测与诊断

冷却系统的功能是使发动机在任何工况下都保持在适当的工作温度范围内。若冷却强度不足,发动机将会过热,工作过程恶化,零件强度降低,机油变质,零件磨损加剧;而过度冷却则会使散热损失增大,零件磨损加剧。

一、发动机冷却系统检测

发动机冷却系统检测主要包括冷却系外观检查和密封性检测。

1. 外观检查

外观检查主要是通过查看散热器、水泵、水管、水套、放水开关等部位是否漏水,冷却液的量是否足够,风扇和散热器的距离是否正确,皮带是否打滑且皮带两侧面有否磨损等方面进行。外观检查应在发动机静止状态下进行,对那些不容易接近的部位(汽缸体后部、放水阀以及水泵的密封圈等)可以通过留在地面上的水迹判断泄漏部位。检查风扇皮带松紧度时,可用拇指压在风扇和发电机皮带轮中间的皮带上施加 20~50N 的力,皮带压进距离应在 10~20mm 之间。对于轿车,还应对风扇硅油离合器和风扇转速控制电路进行检查。

2. 密封性能检测

目前,发动机普遍采用压力循环液冷系统。长期使用后密封性变差,会导致冷却液渗漏,冷却液渗漏分为外部渗漏和内部渗漏。外部渗漏是指冷却液在密封不严处直接渗漏到发动机外部,常见的渗漏部位有冷却系统各软管接头、散热器及其盖阀、水泵及其密封垫等;内部渗漏是指冷却液通过冷却水道的裂纹或密封不严处直接渗漏到发动机内部油底壳或燃烧室,常见的渗漏部位有缸体、缸盖裂纹处,汽缸垫密封等。当发动机冷却液过少而导致过热时,应检查冷却系统的密封性。

1) 外部渗漏的直观检查

① 发动机停机时,直观检查冷却系统各部件有无冷却液渗漏的痕迹,主要查找冷却系统各软管接头、散热器及其盖阀、水泵及其密封垫等。

② 发动机以中等转速运转时,观察有无冷却液滴漏现象。此时,由于冷却液有一定的压力,更容易泄漏。大多数冷却液呈黄色或绿色,所以发动机运转时,容易观察其是否外漏。

应特别注意散热器盖及其密封垫的检查,若其密封性差,则发动机工作时易使冷却液蒸发逸出或洒出。

2) 内部渗漏的直观检查

① 发动机停机,拔出机油尺观察。若发动机机油呈白色或有水泡,则说明冷却液内部渗漏严重。

② 发动机运转时,若排气管的排气中有水雾,则说明冷却液有内部渗漏。

③ 发动机运转时,拆下散热器盖查看加液口,若有高温气体涌出或有大量气泡,则说明冷却液内部渗漏。

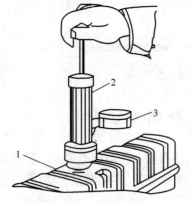

图3-158 冷却系统压力试验
1-散热器;2-冷却系统压力试验仪;3-压力表

3) 冷却系统压力试验

压力试验主要检查发动机的内部渗漏。常见的内部渗漏有汽缸垫漏气、缸盖螺栓松脱以及缸盖或缸体上的裂纹等。

发动机不工作时,将冷却系统压力试验仪装到散热器加液口上并保持密封,如图3-158所示。然后,用试验仪的手动泵向散热器内加压至50~100kPa,并观察试验仪压力表显示的压力变化情况。若压力表指针保持不动,表明冷却系统密封良好,无冷却液渗漏;若压力表指针缓慢回落,表明冷却系统密封不良,冷却液有轻微渗漏;若压力表指针迅速回落,表明冷却液严重渗漏。

当压力下降时,若没有任何外部渗漏,可以将发动机运转至正常工作温度后,再加压至48kPa,并使发动机怠速运转。若此时压力上升,则表明冷却系统有内部渗漏。

压力试验时,还可用冷却系统压力试验仪对散热器盖的蒸气阀、空气阀开启压力进行检查,若散热器盖阀的开启压力不符合标准,则应更换散热器盖。

二、冷却系统主要部件检测与故障诊断

1. 水泵性能检查

常见故障为:水泵工作状态不正常;水泵皮带轮打滑使泵水量与转速不成正比;水泵密封圈泄漏。

1) 水泵工作状态检查

① 打开散热器加水口盖,使发动机缓慢加速,察看加水口内冷却水的循环;若不断加快,

则水泵工作正常,皮带轮也不打滑;反之,水泵有故障。

②使运转至正常工作温度的发动机熄火,并迅速拆下汽缸盖通往散热器上水室接头的胶管,再用布团将上水室接头塞住;然后,从加水口向散热器内加注冷却水,再起动发动机。如汽缸水套内和散热器中的水被水泵泵出胶管口外 200mm 左右,说明水泵工作正常,皮带轮也不打滑;反之,水泵有故障。

2)水泵流量试验

水泵流量试验须在专用试验台上进行,由试验台驱动装置带动水泵转动,观察排水量是否符合制造厂的标准,或者是否有漏水现象。

2. 电动风扇及温控开关检测与诊断

采用电动风扇的冷却系统中,冷却风扇的驱动电动机由温控开关根据冷却液的温度控制,一般有两挡转速。冷却液温度高时,风扇转速快;冷却液温度低时,风扇转速慢,甚至停转。如桑塔纳轿车,冷却风扇电动机的通、断电转速变化,由装在散热器一侧的温控(热敏)开关控制。当冷却液温度高于 93℃ 时,温控开关的低温触点闭合,风扇电动机以 1600r/min 低速转动;当冷却液温度升高到 105℃ 时,温控开关的高温触点闭合,风扇电动机便以 2400r/min 高速转动。

1)电动风扇高温不转的检查

①停机后用手转动风扇,若运转正常,说明无机械故障。

②若冷却液温度很高(100℃),但风扇不工作,应检查熔断器。若熔断器完好,则应停机检查温控开关和电动机的功能。

③直接连接温控开关插接器内的 12V 电源线和电动机接线,可判断温控开关及电动机的故障。若连接后风扇开始运转,说明电动机功能正常;若高温时,连接温控开关插接器后风扇仍不转,则说明温控开关损坏。

2)温控开关功能的检测

温控开关的主要检测内容为电动风扇低、高速时的导通及断开温度是否符合要求。其检测方法(以桑塔纳轿车为例)如下:

将电动风扇的温控(热敏)开关放入正在加热的水中,并用温度计测量水温变化,同时用万用表测量温控(热敏)开关导通及切断时的温度。第 1 挡,当水温达到 93~98℃ 时应导通,而当水温达到 88~93℃ 时应断开;第 2 挡,当水温达到 105℃ 时导通,而当水温达到 93~98℃ 时断开。否则,说明电动风扇的温控(热敏)开关有故障。

3. 节温器性能检测

节温器能随冷却液温度的高低,自动调节流经散热器的冷却液流量,使冷却液温度保持平衡。若节温器故障,则发动机冷却液温度可能过高或过低。节温器常见故障有:主阀门不能开启、或开启和全开的温度过高;主阀门关闭不严。前者导致冷却液不能有效地进行大循环,使发动机过热;后者将造成发动机升温缓慢,使发动机工作温度过低。此外,随着节温器性能的逐渐衰退,主阀门的开度将逐渐减小,进而造成进入大循环的冷却液流量减少,发动机将逐渐过热。节温器性能的检测方法如下。

1)就车检测

①在冷却液温度升高过程中检查。冷车时,使发动机运转并观察冷却液温度表的指示情况。若发动机工作时,冷却液温度很快升高,而当升至 80~90℃ 后,即达到主阀门开启时刻的温度后,升温明显减慢,则说明节温器性能正常;若发动机工作时,温度上升很慢,长时

间达不到正常工作温度,则说明节温器主阀门卡滞不能关闭,无小循环;若发动机工作时,温度一直上升,则说明节温器主阀门不能开启,无大循环。

②在发动机高温时检查。若冷却系统冷却液的量满足要求,同时冷却液泵及散热器工作正常,但当发动机运转过热时,缸盖冷却液出口处与散热器冷却液进口处的温度相差很大,则表明冷却液不能进入大循环,节温器失效。

2)拆下检测

拆下节温器,并浸入可调温的热水容器中,测量节温器主阀门开启温度、全开温度及全开升程,以检验节温器的性能。不同型号的节温器所应满足的要求也有所不同,若节温器的性能不符合要求,则必须更换。如富康轿车发动机蜡式节温器,当水温低于89℃时,主阀门关闭,侧阀门打开;当水温为89℃时,主阀门开启,随着水温的提高,主阀门渐开,侧阀门渐关;当水温升到101℃时,主阀门全开,侧阀门全关。节温器主阀门全开时最大升程为8mm。

三、发动机冷却系统常见故障诊断

1. 发动机温度过高

1)故障现象

汽车行驶过程中,冷却液温度表指示值过高,或冷却液温度报警灯闪烁,发动机过热,冷却液沸腾。

2)故障原因

冷却液量不足;散热器风扇电动机或温控开关出现故障,风扇不转或转速过低;节温器失效,冷却液不能大循环;冷却液泵堵塞、损坏,吸水能力低,冷却液不循环或循环量小;散热器内芯管水垢过多,散热片倾倒过多,散热器散热效率下降;缸体内水套水垢过多,缸体传热差;汽缸垫烧穿,或缸盖出现裂缝,高温气体进入冷却系。

3)故障诊断方法

(1)检查冷却液量。

检查散热器的冷却液面,若液面高度低于标准值较多,说明冷却液量不足,导致冷却系散热差。此时,冷却系多数有渗漏故障,应在排除故障后,再添加冷却液。若液面高度正常,则进行下步检查。

(2)检查冷却液流动状况。

发动机运转过程中,当温度表指示90℃左右时,检查缸盖和散热器进液口处的温差。若温差不大,同时发动机加速时,散热器进液管处冷却液的流动随发动机转速的增加而加快,则说明冷却液循环良好,否则说明冷却液泵性能不佳或吸水能力低,压力不足。若二处温差很大,则说明冷却液循环不良,节温器可能有故障;若节温器正常,则说明冷却液泵有故障。当冷却液流动正常时,可进行下步检查。

(3)检查散热器风扇的转动状况。

现代汽车多采用电动双速风扇,其转速变化率取决于冷却液温度。以富康轿车为例,在冷却液升温过程中,温度高于97℃时,风扇以低速运转,当温度达到101℃时,风扇以高速运转。实际检查时,先使发动机冷起动运转,在发动机由环境温度升高至过热温度的过程中,观察散热器风扇的转动情况。如风扇不转或转速太低,则应检查风扇电动机及其温控开关的好坏;若风扇转动正常,则应进行下一步检查。

(4)检查散热器表面状况。

查看散热器散热片是否倾倒过多,是否脏污,表面状况不良时应进行维护或更换。若散热器表面正常则应进行下步检查。

(5)检查冷却系内漏。

拆下散热器盖,使发动机运转,若加液口处有高温气体涌出或有大量气泡,则可能是汽缸垫烧坏或者汽缸体、汽缸盖有裂纹漏气。若冷却系无内漏,而长期未清洗发动机水垢,则可能是水套内、散热器积垢太多导致发动机过热,可采用化学溶剂法清洗水垢。

(6)检查非冷却系故障。

若发动机冷却系正常,但发动机仍然过热,则应检查发动机其他系统的技术状况。例如:检查点火时刻是否过晚、混合气成分是否过稀、燃烧室内积炭是否过多、油底壳内机油是否充足等。此外,汽车爬长坡、顺风行驶或在高温季节长时间低速行驶等,也会引起发动机过热。

2. 发动机温度过低

1)故障现象

汽车在低温条件下运行时,发动机冷却液达不到正常工作温度或暖车时间过长;发动机动力不足,油耗增加。

2)故障原因

节温器失效,主阀门卡在全开位置,使冷却系无小循环;散热器风扇电动机的温控开关故障,风扇在低温时就运转或风扇总在高速运转;环境温度太低且逆风行驶。

3)故障诊断方法

(1)检查散热器风扇的转动状况。

起动发动机,在冷却液升温过程中观察风扇转动情况。若在温度表指示值很低时,风扇即开始运转,或低温时风扇以高速运转,则可能是散热器风扇温控开关失效,需要更换;若风扇转动正常,则应进行下一步检查。

(2)检查节温器工作状况。

起动发动机,在冷却液温度低于节温器主阀门开启温度下,检查缸盖出液口处与散热器进液口处的温差。若两者无温差或温差很小,则可能节温器主阀门卡住长开,使冷却系在低温时即进入大循环,可拆检节温器确认故障。

第九节 发动机润滑系统检测与诊断

润滑系统的功能是在发动机工作时连续不断地把数量足够、温度适当的洁净机油输送到全部传动件的摩擦表面,并在摩擦表面间形成油膜,实现液体摩擦,从而减小摩擦阻力,降低功率消耗,减轻机件磨损。

润滑系统主要由机油泵、机油滤清器、机油散热器和各种油阀构成。主要参数为:机油压力、机油消耗量和机油品质。

一、发动机润滑系统机油压力检测

为了给摩擦表面不断供给润滑油以使摩擦副保持可靠润滑,润滑系统的机油压力应高于某一最低压力。在低于最低允许压力时,由于润滑不良会使零件磨损加剧而早期损坏。在常用转速范围内,若发动机技术状况正常,汽油机的机油压力应为 196~392kPa,柴油机应为 294~588kPa。若中等转速下的机油压力低于 147kPa，怠速时低于 49kPa，则发动机应停止运转并检查润滑系统。

机油压力的高低首先取决于润滑系统的技术状况，如机油泵性能、限压阀的调整、机油通道和机油滤清器的阻力等；同时，机油压力还与机油品质和机油的温度、黏度有关。机油黏度低、温度高、则机油压力变小；反之，则油压升高。此外，机油压力还与曲轴主轴承、连杆轴承和凸轮轴轴承的间隙有关，轴承磨损后间隙增大时，轴承间隙处机油泄漏量增大而使机油压力下降。因此，机油压力也常常作为诊断相关轴承间隙的重要参数。若机油泵技术状况正常，则机油压力降低主要是由曲轴主轴颈和连杆轴颈磨损过大而引起。试验表明，曲轴主轴承间隙每增加 0.01mm 时，其机油压力大约降低 0.01MPa。

润滑系统的机油压力值可在汽车仪表盘上的机油压力表上显示出来，但由于机油压力表和油压传感器不能保证必要的测量精度，因此在定期检测时应采用专用检验油压表。检测时，首先拆下发动机润滑油道上的油压传感器，装上油压表；然后起动发动机使其在规定转速下运转，此时油压表上的指示值即为润滑系统的机油压力。表 3-27 为常见发动机润滑系统机油压力和测试转速。

常见发动机润滑系统的机油压力、测试转速　　　　　表 3-27

厂牌 车型		机油压力		主油道限压阀	
		转速(r/min)	压力(kPa)	安装位置	开启压力(kPa)
上海桑塔纳	63kW	2000	—	—	—
	66kW	2150			
北京	BJ1020	450~500 中速	≥49 196~392	汽缸体右前方 主油道末端	294~392
	BJ2020				
	BJ2020A				
	BJ1040				
	BJ1040A				
	BJ1040S				
跃进 NJ1041		怠速	≮147	机油粗滤清器盖	340~390
		中速	200~400		
跃进 NJ1041A		怠速	≮49	—	—
		1500	147~343		
东风 EQ1090		450~550	≮147		
		1200~1400	≮294		
东风 EQ1090E		热车怠速	≮98		
		其余工况	98~392		
解放 CA1090		怠速	≮98	汽缸体左侧后部	392~441
		1400~3000	294~392		
黄河 JN1150/100		500~600	≮98	机油细滤器 水平方向	392
		中速	294~392		
黄河 JN1150/106		500~600	≮98	机油细滤器 垂直方向	392
		中速	294~392		

注："≮"为不低于。

二、机油消耗量检测

机油消耗量的影响因素很多，润滑系统渗漏、空气压缩机工作不正常、机油规格选用不当、汽缸活塞组磨损等都会影响机油消耗量。因此，机油消耗量除可反映发动机润滑系统技术状况外，还可据此判断发动机汽缸活塞组的磨损情况。因为，在所用机油牌号正确且其他机构技术状况正常的情况下，汽缸活塞组磨损过多、间隙增大、机油窜入燃烧室燃烧是机油消耗量增大的重要原因。

汽车正常使用时，发动机机油消耗量并不大。磨损小、工作正常的发动机，机油消耗量约为 0.1~0.5L/100km；发动机磨损严重时，可达 1L/100km 或更多。

测定机油消耗量时，只需将汽车行驶一定里程（1000~1500km）后机油的实际消耗量（L）换算为汽车每百公里的平均机油消耗量（L/100km）即可。常用的检测方法为油标尺测定法和质量测定法。

1）油标尺测定法

测试前，汽车置于水平地面上，把发动机起动并预热到正常工作停机，将机油加至油底壳规定的液面高度，然后在油尺上清晰地划上刻线，以标记这一油面高度。当汽车投入实际运行，行驶若干里程后，停止运行，仍把汽车置于原地点，按原测试条件，向油底壳内加入已知量（质量或体积）的机油，使油面仍升至油尺上的原刻线位置。此时，所加机油的量即为汽车行驶相应里程所消耗机油的量，可将其折算为每100km 的机油消耗量。

2）质量测定法

预热发动机至正常温度，将汽车停在在水平路面上。打开油底壳的放油螺塞，放出机油。至机油由流变成滴时，拧上油底壳的放油螺塞。然后，将已知质量的机油加入油底壳至规定的液面，使汽车投入实际运行。汽车行驶若干里程后，按同样的测试条件，放出油底壳内的在用机油，至机油由流变成滴时，拧上油底壳的放油螺塞，并称出其质量。加入与放出的机油质量之差即为汽车行驶已知里程的机油消耗量，可将其折算成每100km 的机油消耗量。

三、机油品质检测与分析

在机油使用过程中，由于杂质污染、燃油稀释、高温氧化、添加剂消耗或性能丧失等原因，其品质会逐渐变坏。导致发动机润滑性能变差、磨损加剧，甚至引发严重机械故障。因而，应加强对机油品质变化程度的定期检测，实行按质换油，以保证发动机良好润滑。更为重要的是，通过对机油品质的检测，可分析并监控发动机技术状况的变化。

机油品质检测与分析的方法有机油不透光度分析法、介电常数分析法、滤纸油斑试验法。

1. 机油不透光度分析法

在使用过程中，润滑油会逐渐变黑。机油污染程度越大，变黑的程度也越大。因此，可通过测量一定厚度机油膜的不透光度来检测机油的污染程度。

机油不透光度分析仪的结构原理见图3-159。稳压电源保证光源和电桥电路的电压稳定；油池由两块玻璃构成，具有确定的间隙，以放入机油油样形成确定厚度的机油膜；电桥的一臂上装有光敏电阻，当电源发出的光线透过油膜照射到光敏电阻上时，作为一个桥臂的光敏电阻值发生相应变化。

测定机油污染程度时，首先在油池内放入所测机油的标准油样（清洁机油），调整参比可调电阻使电桥平衡,此时透光度计指示为零;然后把发动机刚停车后曲轴箱油尺上的机油作为测试油样滴入油池。由于测试油样已受到污染,油池内测试油样油膜与标准油样油膜的透光度有差异,光源照到光敏电阻上的光线强度也有差异,从而引起光敏电阻阻值的变化,电桥失去平衡。测试油样污染程度越大,电桥不平衡程度越大,电桥输出的电流越强,透光度计指针偏转越大,从而就反映出了机油的污染程度。

2. 介电常数分析法

1) 介电常数分析法的基本原理

电容值除与两极板间的面积和极板间的距离有关外,还与极板间充填的物质有关。对于一个已经确定了极板面积和距离的电容,极板间充填物质对于电容值的影响可用一个系数反映,称为介电常数。即

$$C = \varepsilon \cdot S/\delta$$

式中：C ——电容,F;

S ——极板间相互覆盖的面积,m^2;

δ ——极板间距离,m;

ε ——介电常数。

物质的介电常数(亦称电容率)是同一电容器中用某一物质作为电介质时的电容与其中为真空时电容的比值。清洁机油不含有杂质时有较为稳定的介电常数;在汽车使用过程中,由于机油的污染程度不同,机油中所含杂质成分和数量不同,其介电常数也会发生变化。因此,介电常数值可反映润滑油的污染程度。被测机油的介电常数与清洁机油介电常数的差别越大,表明机油的污染程度越大。

2) 介电常数检测仪工作原理

润滑油质量检测仪如图3-160所示,其关键元件为安装在油槽底部的螺旋状电容。测试时,机油作为电容介质。当机油污染后,其介电常数发生变化引起该电容值的变化。以该电容作为传感器并使其作为检测仪测试电路的一部分,传感器电容的变化引起测试电路中电量的变化,电信号通过专用数字电路转变为数字信号,送入微电脑处理并与参考信号比较。当数字显示屏显示值为零时,表明所测机油无污染;显示值不为零时,表明所测机油有污染;显示值越偏离零值,表明机油污染程度越大。用机油介电常数检测仪测试机油污染程度时,所推荐的换油标准为:汽油机油的测试值>4.2~4.7;柴油机油的测试值>5.0~5.5。

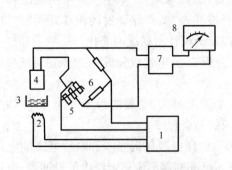

图3-159 机油不透光度分析仪结构原理
1-稳压电源;2-光源;3-油池;4-光敏电阻;5-可调电阻;6-电桥;7-直流放大器;8-透光度计

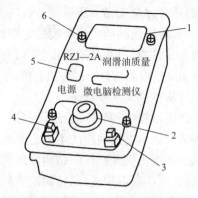

图3-160 RZJ—2A型润滑油质量检测仪
1-数字显示屏;2-机油传感器;3-清零按键;4-测量按键;5-电源开关;6-固定螺钉

3)机油介电常数检测方法

用润滑油质量检测仪测试机油污染程度时,操作步骤为:

①用脱脂棉彻底清洁传感器油槽。

②将 3~5 滴与被测机油同牌号的清洁机油置于油箱中,使之充满油槽底部。

③等机油扩散完后,按清零按钮,仪器自动标定零位,显示 ±0.00。

④再次清洁传感器油槽。

⑤用 3~5 滴被测机油置于油槽中,等机油扩散完后,按"测量"按钮即可显示出测量值。被测机油的油样,应该在从发动机运转停止后 5min 内,工作温度正常的(清洁机油油样也需加热到这一温度)的油底壳内提取。

以上两种润滑油品质检测分析方法的共同特点是:仅能检测润滑油的污染程度,但不能反映机油清净性分散剂的消耗程度及性能,也难以判断引起机油污染的杂质种类。

3. 滤纸油斑试验法

滤纸油斑试验法利用电测方法快速测定机油的污染程度和清净性添加剂的消耗程度及性能。

1)滤纸油斑测试原理

若把使用中的机油按规定要求滴在专用滤纸上,油滴逐渐向四周浸润扩散,最终形成中央有深色核心的颜色深浅不同的多圈环形油斑,如图 3-161 所示。若机油所含杂质的浓度和粒度不同及清净分散能力不同,所形成油斑的每一环形区域的颜色深浅亦有不同。

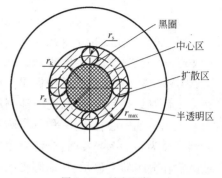

图 3-161 油斑斑痕

如果机油中杂质粒度小,且清净分散剂性能良好,则杂质颗粒就会扩散到较远处,中心区与扩散区的杂质浓度及颜色深浅程度差别较小;若机油中杂质粒度大,且清净分散剂性能丧失,则机油中杂质就越来越集中于中心区,中心区与扩散区的杂质浓度和颜色深浅度的差别也就越大。因此,油斑上中心区杂质浓度反映机油的总污染程度,而中心区单位面积的杂质浓度与扩散区单位面积杂质浓度之差可反映机油中清净分散剂的清净分散能力。

为了实际测定机油油斑中心区杂质浓度及扩散区杂质浓度,必须控制油斑尺寸并确定油斑的尺寸规律。对实际油斑尺寸的统计分析表明,油滴在滤纸上扩散终了时,扩散区的最大半径 r_{max} 取决于滴棒的尺寸(直径)。所以,应使用统一规格的滴棒,并使滴棒尺寸保证油斑的尺寸等于光度计的感光内半径。

为了比较中心区杂质浓度和扩散区杂质浓度,根据试验确定中心区中心圆半径 r_z,一般应略小于中心区平均尺寸。同时在扩散区上确定四个均匀分布的半径为 r_s 的小圆,其圆心都在 $r_z \sim r_{max}$ 间同心圆半径为 r_k 的圆周上,四个小圆的面积之和等于中心圆的面积。即:

$$\pi \cdot r_z^2 = 4 \cdot \pi \cdot r_s^2$$

设中心区杂质平均浓度为 δ_1,扩散区杂质平均浓度为 δ_2。$\delta_1 = \delta_2$ 时,表明机油的分散清净性极好;而 $\delta_1 \gg \delta_2$ 时,表示机油的分散清净能力不佳;$\delta_1 + \delta_2$ 则反映总杂质浓度。

定义清净性系数 D_d 为:

$$D_d = \frac{\delta_1 - \delta_2}{\delta_1 + \delta_2}$$

定义清净性质量系数 Δ 为：

$$\Delta = 1 - D_d = \frac{2\delta_2}{\delta_1 + \delta_2}$$

当 $\delta_1 = \delta_2$ 时，$D_d = 0$，$\Delta = 1$，表示机油的分散清净性极好；而 $\delta_2 = 0$ 时，$D_d = 1$，表示机油的分散清净性极坏。因此，机油的分散清净性用 $0 \sim 1$ 间的数字表示。

2）滤纸油斑测试方法

油斑中心区和扩散区的杂质浓度可用两区域的透光度评价。透光度大，则杂质浓度小；反之，则杂质浓度大。测试两区域透光度所采用的滤纸油斑检验光度计的原理框图见图 3-162。

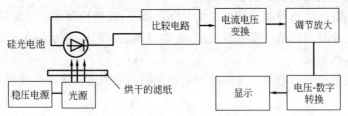

图 3-162　滤纸油斑检验光度计框图

测试时，从发动机正常热工况下取出油样放入试管，用规定尺寸的滴棒（直径 2mm、长度 150mm 尖端光滑的金属棒）插入试管油面下一定深度，取出滴棒后，把机油滴在专用滤纸上，形成油斑并置于烘干箱中保温以加速油滴扩散。待油滴扩散终了滤纸烘干后，把滤纸放在光度计测试平台上压紧，光电池制成的传感器正对油斑。传感器可装两种遮光片，一种具有直径为 r_z 的中心孔，另一种具有圆心在半径为 r_k 的圆周上、半径为 r_s 的均布小孔。使用中心孔半径为 r_z 的遮光片时，光源发出的光线通过中心区照在光电池上，光电池产生的电压经放大后在显示器上显示，从而测得中心区的透光度 O_1；采用四小孔遮光片时，光线通过扩散区上与中心区相同面积的区域照在光电池上，从而测得扩散区的透光度 O_2。若考虑滤纸的不均匀性，可分别测量试验前空白滤纸的透光度 O_{1p}、O_{2p}，然后采用下式计算出机油用透光度表达的清净性质量系数 Δ 和污染系数 O。

$$O_{1c} = O_1 + \Delta O_1 \ ;\ \Delta O_1 = (O_{1p} - 20) \cdot \frac{100 - O_1}{100 - 20}$$

$$O_{2c} = O_2 + \Delta O_2 \ ;\ \Delta O_2 = (O_{2p} - 20) \cdot \frac{100 - O_2}{100 - 20}$$

$$\Delta = \frac{2 O_{2c}}{O_{1c} + O_{2c}}$$

$$O = \frac{(O_{1c} + O_{2c})}{200}$$

仪器标定时，光线完全通过，不透光度为 0；光线被完全阻挡时，不透光度为 100%。这样，测出的 Δ 和 O 的值均在 $0 \sim 1$ 之间。当中心区和扩散区的不透光度无差别时，$\Delta = 1$，则测出的 Δ 值越大，表示机油的分散清净性越好；而污染系数 O 越小，表示机油的污染程度越小。

关于清净性质量系数 Δ 和污染系数 O 的诊断标准，则应通过试验确定。即利用大量达到换油污染程度的机油油样实际测定 Δ 和 O 的值，然后经统计分析合理确定其许用值。或者把滴定好的滤纸斑点图谱与标准滤纸斑点图谱对比分析，即可对在用机油品质作出判断。

3）滤纸斑点分析

标准滤纸斑点图谱分6级。每级斑点图特征和分析、判断方法如下。

1级：滤纸斑点图的核心区和扩散环，光亮无色或颜色很浅，无明显沉积环。

在用机油滤纸斑点图如属此类，说明是新机油或使用时间很短的机油，尚无污染，继续使用。

2级：滤纸斑点图的沉积环与扩散环界限分明，扩散环很宽，油环明亮。

在用机油滤纸斑点图如属此类，说明机油使用时间不长，污染程度很轻，清净分散性良好，继续使用。

3级：滤纸斑点图沉积环暗黑，扩散环较宽，油环明亮。

在用机油滤纸斑点图如属此类，说明机油使用时间较久，污染程度较重，但清净分散性尚好，继续使用。

4级：滤纸斑点图沉积环深黑，扩散环开始缩小，油环浅黄。

在用机油滤纸斑点图如属此类，说明机油使用时间很长，污染严重，沉积物增多，清净分散性下降，尚可继续使用。

5级：滤纸斑点图沉积环深黑，甚至呈油泥状，不易干，扩散环狭窄，油环扩大且呈黄色。

在用机油滤纸斑点图如属此类，说明机油的污染已很严重，清净分散性已很差，清净分散剂消耗将尽，不能继续使用，必须换用新油。

6级：滤纸斑点图只剩极黑的沉积环与棕黄色油环，扩散环已完全消失。

在用机油滤纸斑点图如属此类，说明机油的污染已十分严重，污染杂质完全凝聚在沉积环内，清净分散剂耗尽，清净分散性消失，早就超过了换油期。

四、机油中金属杂质的种类和含量分析

发动机工作时，循环工作的机油把摩擦表面的磨损微粒带至油底壳并悬浮在机油中，其含量与机件磨损量直接相关。因此，检测机油中金属微粒的含量，不仅能表明机油被机械杂质污染的程度，还可用来确定机件磨损的程度；同时，机油中金属微粒含量的变化速度又可反映有关零件摩擦表面的磨损程度。因此，检查并分析机油中金属杂质的种类和含量，在监控发动机润滑系统技术状况的同时，还可以直接或间接反映发动机曲柄连杆机构和配气机构中有关摩擦副的技术状况，从而可以监控发动机技术状况的变化。

1．光谱分析法

1）光谱分析原理

机油中金属元素微粒具有受电能或热能激发后发出特征光谱的性质。光谱分析法是根据金属元素发射出的相应特征光谱光线的强度，对机油中金属元素的种类和含量进行定量分析的方法。特征光谱是分析机油中金属微粒种类的基础，而特征光谱光线的强度是确定相应金属微粒在机油中含量的依据。

机油光谱测定分析仪原理如图3-163所示。测试时，被测油样放于油样槽中，回转石墨圆盘浸入油样，并作为高压激发源的一个电极，其外圆表面距高压激发源杆

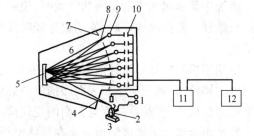

图3-163　光谱测定分析仪原理图

1-高压激发源；2-回转石墨盘；3-油样池；4-入口隙缝；5-光栅；6-特征光谱；7-焦点曲线；8-出口缝隙；9-光电传感器；10-信号积分仪；11-信号处理仪；12-打印机

式电极位的距离为 1.5~2mm。当石墨电极回转时,机油不断地被带入到两电极之间,在激发源高电压(15000V)作用下,两电极间隙被击穿,产生电弧,使处于电极间电弧区的机油及其所含杂质一起焚烧,每种金属元素在焚烧中都发出具有一定特征光谱的光或辐射能。发射光谱由入口缝隙照射到凹面衍射光栅上,经光栅反射后把入射光线分解成具有不同特征光谱的单色光光线,对应于一种金属元素焚烧时发出的光谱。反射分解后的不同单色光线聚集于焦点曲线,经出口缝隙照在相应光电传感器上,传感器输出的电信号强度与具有相应特征光谱的光线强度有关,而不同特征光谱的光线强度取决于焚烧机油中相应金属元素的浓度。因此,传感器输出的电信号可反映机油中相应金属元素的浓度。光电传感器输出的电信号传输到信号积分仪、信号处理仪放大并处理后,可由打印机打印出油样中每种金属元素的浓度。

光谱分析法通常只用于测定分析直径小于 $10\mu m$ 的金属微粒。

2)光谱分析测试方法

①按使用说明书的要求对仪器预热、调零。

②发动机运转至正常热工况后停车。

③用专用注射器从机油加注口吸取 100~150g 油样,放入量筒中,并贴上标签,写明油样黏度、汽车车号和行驶里程等。

④测试前,反复摇晃油样或用超声波处理,使所含杂质在机油中均匀分布。然后,取6~8g机油油样放入油样池。

⑤按使用说明书的要求操作仪器,打印出测试结果。

3)光谱分析测试结果分析

光谱分析仅能确定所测油样中金属元素的种类和含量,并不能反映金属微粒产生的原因、部位及有关摩擦表面的磨损程度。因此,必须对测试结果进行进一步分析。

试验表明,发动机汽缸与活塞环配合副的磨损产物,约占机油中全部金属微粒的85%。机油中含铁量过高时,说明汽缸与活塞磨损严重;其次,当曲轴、凸轮轴的各轴颈和挺杆与凸轮配合副磨损时,也使机油中铁含量增加。若缸套镀铬或活塞环镀铬,则当机油中铬含量增加时,也可表明汽缸、活塞环的磨损情况,但铬含量远比铁含量要小。

活塞磨损使机油中铝含量增加。

发动机曲轴和凸轮轴使用的滑动轴承多为锡基、铅基、铜基、铝基巴氏合金材料制造的。当机油中锡、铅、铜、铝等元素增多时,若可知发动机的轴承材料配方,即可判断滑动轴承的磨损情况。

机油中硅含量增多时,表明发动机空气滤清器和曲轴箱强制通风滤清器工作能力不良。

机油中某金属元素含量突然增大时,说明发动机内有关摩擦副异常磨损,应视为紧急情况进行处理。待排除故障后,发动机才能继续使用,以免引起破坏性故障或使发动机寿命急剧缩短。

定期用机油中金属微粒的含量评价发动机磨损速度和磨损程度非常有效,但该法对磨损程度的评价,只能表明摩擦表面磨损量的总值,而无法确知磨损量在具体部位的分布情况和磨损部位尺寸、形状及强度等方面的变化情况。

机油内金属含量的极限值只能在具体使用条件下通过统计分析的方法确定。

2. 铁谱分析法

1)铁谱分析原理

铁谱分析用于机油分析的基本原理是:用高强度磁场力把铁磁性金属微粒从机油中分离

出来,按微粒尺寸大小顺次沉积在铁谱片(玻璃片)上,用铁谱显微镜或电子显微镜、光密度计、X 射线能谱仪或 X 射线波谱仪等,对金属微粒进行观察、测定和分析,以获得金属微粒的大小、外形、成分和含量,进而分析出金属微粒产生的原因、部位和机件磨损程度。因此,铁谱分析法不仅可测得机油被金属微粒污染的程度,而且也是发动机不解体诊断的重要方法之一。

2)铁谱分析仪器

(1)分析式铁谱仪。

分析式铁谱仪的工作原理如图 3-164 所示,该仪器工作时,在泵的作用下,经过稀释的油样流过基片,在磁力作用下金属微粒沉积在基片上形成铁谱片,用双色光学显微镜或电子扫描显微镜观察铁谱片,确定金属微粒的成分和形态,并根据形态分析出摩擦面磨损类型。磨损类型有正常滑动磨损、切削磨损、滚动疲劳磨损、严重滑动磨损等。

(2)直读式铁谱仪。

直读式铁谱仪(图 3-165)工作时,带金属微粒的油样从进入口流经玻璃管,在玻璃管下方磁场力作用下,铁磁性金属微粒便沉积在玻璃管内(图 3-166),机油从排出口排出。直读式铁谱仪的主要部件是光密度计。其两个光密度测头布置在玻璃管的大颗粒读数位置和小颗粒读数位置上。光源通过两个纤维光导通道照射玻璃管的大颗粒读数位置和小颗粒读数位置,由两个光密度测头测得光密度信号,经两个光电接受通道传输给光电检测器,然后由显示装置指示金属微粒的数量和大小。

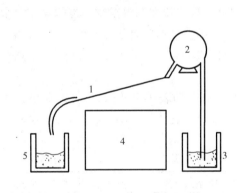

图 3-164 分析式铁谱仪原理图
1-基片(玻璃片);2-泵;3-油样池;4-磁铁;
5-容器

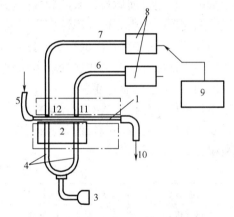

图 3-165 直读式铁谱仪原理图
1-玻璃管;2-磁铁;3-光源;4-纤维光导通管;5-进入口;6-小微粒光电接受通道;7-大微粒光电接受通道;8-光电检测器;9-显示装置;10-排出口;11、12-光密度测头

分析式铁谱仪和直读式铁谱仪,对于污染严重的机油分析误差较大。原因是非金属污染物颗粒在倾斜不大的基片或玻璃管内因重力作用也有所沉积,各种颗粒混在一起造成了分析误差。旋转式铁谱仪可克服这一不足。

(3)旋转式铁谱仪。

旋转式铁谱仪的工作原理如图 3-167a)所示。仪器工作时,带有微粒的油样从输入管进入到基片中心,基片、环形磁铁在驱动轴带动下旋转。在离心力作用下,机油和杂质甩出基片,由排出管流出。在离心力和磁场力共同作用下,铁磁性金属微粒按颗粒大小在基片上沿磁力线方向排列成环形铁谱片,如图 3-167b)所示。由于排除了非金属污染物的影响,因而提高了分析精度。

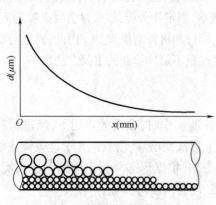

图3-166 金属微粒在玻璃管内的沉积

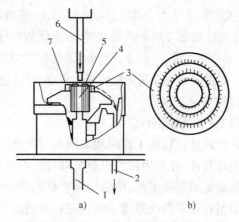

图3-167 旋转式铁谱仪原理图
1-驱动轴;2-排出管;3-基片;4-环形磁铁;5-油流;
6-输入管;7-真空排出罩

3. 磁性探测分析法

润滑油流经发动机各摩擦部位,冲刷并带走各种金属微粒。如果在润滑系统安装磁性探测器,就可利用磁力捕获机油中悬浮的铁磁性金属微粒,再进行观察和测量,就可得知金属微粒的形状、尺寸和含量。根据含量可分析出金属微粒对机油的污染程度,根据形状、尺寸和含量可分析出金属微粒的来源和成因,并进而分析出摩擦面的磨损速度和磨损程度。

磁性探测器一般由壳体和磁性探头组成。壳体可长久安装在润滑系统中最容易获得金属微粒的部位,而固装在其内的探头的磁铁部分则必须暴露在循环着的机油中,磁性探测器的壳体应能保证磁性探头可方便的取出和装入,并保证当磁性探头取出时内部的止回阀自动关闭出油口,防止机油外漏。

上述几种机油分析方法对金属微粒粒度的灵敏度范围如表3-28所列。可以看出光谱分析法主要适用于对较小微粒的分析,而旋转式铁谱仪分析法使用范围广泛,对各种尺寸的金属微粒都有较高的检测效率。

各种油样分析法对粒度的灵敏度范围　　　　　　　　　　表3-28

油样分析方法	对粒度的灵敏度范围(μm)	油样分析方法	对粒度的灵敏度范围(μm)
光谱分析	小于0.1~9.0	旋转式铁谱仪分析	0.1~1000以上
一般铁谱分析	0.1~70	磁性探测器分析	9.0~1000以上

五、发动机润滑系统常见故障诊断

1. 机油压力过高

1) 故障现象

在正常温度和转速下工作时,压力表指示的机油压力值超过规定值。

2) 故障原因

机油黏度过大;限压阀技术状况不良或调整不当;汽缸体内通往各摩擦表面的分油道堵塞;发动机曲轴主轴承、连杆轴承、凸轮轴轴承间隙过小;机油压力表或机油压力传感器不良或失效。

3) 故障诊断方法

①机油黏度检查。抽出机油尺,首先凭经验判断机油黏度大小,若黏度正常则进行下步

检查。

②机油压力表及传感器检查。换用新机油压力表及机油压力传感器,使发动机运转,并查看压力表显示的机油压力值是否正常。若机油压力正常,则说明原机油压力表或机油压力传感器失效;若机油压力仍高,则进行下步检查。

③机油限压阀检查。如机油限压阀安装在发动机外表,则直接拆检限压阀,必要时更换限压阀元件,并重新调整限压阀后进行试车。若机油压力正常,则说明原限压阀技术状况不良或调整不当;若机油压力仍高,则故障原因可能是缸体内通往各摩擦表面的分油道堵塞。对于新车或刚大修竣工的发动机,故障原因可能是主轴承、连杆轴承和凸轮轴轴承的间隙过小。如机油限压阀在发动机内部,则限压阀的检查调整需要拆除发动机油底壳。

2. 机油压力过低

1) 故障现象

在正常温度和转速下工作时,压力表指示的机油压力值超过规定值,或油压报警蜂鸣器报警、油压报警指示灯点亮。

2) 故障原因

油底壳内机油不足;机油黏度低于规定值;限压阀技术状况不良或调整不当;机油泵磨损严重,使供油压力低;机油集滤器堵塞;机油管接头松动或油管破裂;机油粗滤器堵塞;曲轴主轴承、连杆轴承、凸轮轴轴承间隙过大;机油压力表及其传感器失效,或油压报警指示装置失效。

3) 故障诊断方法

①机油量检查。用机油尺查看油面高度,检查机油量。如油面过低应及时加机油;若正常,则进行下步检查。

②机油黏度检查。检查机油黏度是否过小。机油黏度过小时,应更换机油。若黏度正常,则进行下步检查。

③油压传感器及其机油压力表检查。拆下机油压力传感器并起动发动机(时间不宜长),若喷出机油的量多且有力,则故障原因是油压传感器及其机油压力表失效或油压报警指示装置失效,可用新配件进行置换来确诊故障;若喷出机油的量少而无力,则进行下步检查。

④机油滤清器检查。检查机油粗滤器滤芯是否脏污或严重堵塞,及粗滤器旁通阀是否堵塞不能开启。如有故障,则更换滤芯或机油滤清器进行试车检查。此时,若机油压力正常,则说明原滤清器堵塞了油路;若机油压力仍低则进行下步检查。

⑤机油限压阀检查。如机油限压阀安接在发动机外表,则直接拆检限压阀,必要时更换限压阀元件,并重新调整限压阀后进行试车。若机油压力正常,则说明原限压阀技术状况不良或调整不当;若机油压力仍低,则故障原因可能是机油泵磨损严重,集滤器滤网堵塞,机油管路泄漏,曲轴主轴承、连杆轴承、凸轮轴轴承的间隙过大,应拆除油底壳后进行检查确定。如机油限压阀在发动机内部,则限压阀的检查调整也需拆除发动机油底壳。

3. 机油消耗过多

1) 故障现象

机油消耗率超过正常值;排气管冒蓝烟。

2) 故障原因

活塞与缸壁磨损严重,间隙过大;活塞环装配不当,如锥面环、扭曲环上下方向装反,活塞环安装时有对口现象;活塞环的端隙、背隙及边隙过大,活塞环弹力不足;气门导管磨损过甚,气门杆油封损坏;曲轴箱通风不良;油底壳、气门室盖漏油,润滑系统有关部件向外部渗漏;气压制动汽车的空气压缩机的活塞与缸壁间的间隙过大。

3)故障诊断方法

①泄漏检查。检查发动机外部是否漏油,应特别注意有无漏油痕迹,重点检查主要漏油部位,如曲轴前端和后端,凸轮轴前端和后端等。

②曲轴箱通风装置检查。若发动机汽缸盖罩、气门室盖、油底壳衬垫和发动机前后油封等多处有机油渗漏,应重点检查曲轴箱通风装置,因为曲轴箱通风系统技术状况不佳、曲轴箱通风不良时,会使曲轴箱内气体压力和机油温度升高,容易造成机油渗漏、蒸发,甚至进入汽缸燃烧,使机油消耗过多。

③发动机排烟检查。发动机工作时,若排气管明显地冒蓝烟,则说明机油进入燃烧室参与了燃烧。当发动机高速运转或急加速时,排气管大量冒蓝烟,同时机油加注口也向外冒蓝烟,则说明活塞、活塞环与汽缸壁磨损过甚,或者活塞环的端隙、边隙、背隙过大,弹力不足,或者活圈环卡死、开口转到一起有对口现象,或者锥面环、扭曲环方向装反,而产生泵油作用,使得机油窜入燃烧室。当发动机大负荷运转时,排气管冒蓝烟而机油加注口不冒烟,则表明气门导管磨损过甚,气门杆油封损坏,而使机油被吸入燃烧室。

④空气压缩机检查。对于采用气压制动的汽车,当松开湿储气筒放水排污开关后,若发现伴有大量油污排出,则表明空气压缩机的活圈、活塞环与气缸壁磨损过甚,导致大量机油泵出到压缩空气中。

第十节 发动机异响诊断

发动机技术状况不良时会产生与正常运转时发出的噪声有所不同的异常声响。若能将其正确判别出来,也就能反映相关部件的技术状况。另外,某些不正常的响声往往是发动机发生破坏故障的前兆。深入研究发动机的各种异响,揭示异响与发动机技术状况的内在关系,开发适用于在汽车使用条件下诊断发动机异响的仪器,是汽车检测诊断技术的重要内容。

一、发动机异响的特性

发动机运转时的声音是一组复杂噪声。依照来源可分为机械噪声、燃烧噪声、空气动力噪声和电磁噪声。发动机工作时发出的各种噪声、异响在向外传播过程中,若遇到缸体、汽缸盖、气门室罩、油底壳的阻挡,不可避免地会转化为这些部件外表面的振动。由于各种噪声混杂在一起,由此引起的表面振动也是交织在一起的。

要分辨发动机工作声响是正常声响还是异常噪声,以及区分各类异响,确定发出异响的部位,需要对异响的特征进行研究。

1. 振动频率和振幅

振动物体发出的声音以波的形式向外传播,因此有波动频率和波动幅度两个要素,分别决定于声波振动的快慢和强度。这样,声波所导致的发动机外表面的振动也具有与声波的频率和振幅相对应的振动频率和振幅。

研究表明:发动机每种敲击响声即声源引起的振动并非单一振动,而是常常由一组频率不同的振动组成。但每种声响所引起的一组频率不同的振动之中也常含有一个或多个区别于其他声响的振动频率，称为信息频率或特征频率。信息频率取决于声源的物理特征。因此，对同类发动机而言，同一声源所导致的振动的信息频率是近似的。所以，可以根据信息频率判断发出异响的声源或异响部位。

当发动机相互运动配合副磨损后间隙增大时，配合副相互冲撞加剧，所产生声响的声强或声压增大，由之引起的发动机表面振动的振幅也增大。因此，振幅的大小可反映配合副的技术状况好坏。

2. 相位

发动机各缸按一定次序周期性工作，各缸燃烧后所产生的最高压力也以该次序产生。因此，尽管各缸同类部件发出异响的特征频率相同或类似，但出现的相位不同，各缸异响信号间也存在时间上的差异。同样，同一缸不同部位所产生的异响也存在相位上的差异，即出现于不同曲轴转角处。例如，气门响则是与进、排气时刻相对应。虽然许多部位发出的异响出现在作功行程，如活塞敲缸、活塞销响、连杆轴承响、曲轴轴承响，但由于作用力传递过程的时间差异，不同部位的异响也存在相位上的差异，即异响发生时刻所对应的曲轴转角不同。

二、影响发动机异响诊断的因素

1. 转速

发动机异响与转速有极大关系，如活塞敲缸、曲轴轴承响在比怠速稍高的转速下较明显；某型发动机在转速为 1000r/min 时，气门响、活塞销响较明显；而连杆轴承响在转速突变的情况下更突出。异响诊断应在异响最明显的转速下进行，并尽量在低转速下进行，以减轻不必要的噪声和损耗。

2. 温度

热膨胀系数较大的配合副所发出的异响与温度的关系很大。如活塞敲缸声在发动机冷起动时较为明显，而发动机工作温度升高后，敲缸声减弱或消失。所以，诊断活塞敲缸声时，应在冷车下进行。热膨胀系数小的配合副所发出的异响则与温度关系不大。发动机温度也是燃烧异响的影响因素之一。汽油发动机过热时往往产生点火敲击声（爆震或表面点火）；柴油发动机温度过低时，往往产生点火敲击声（工作粗暴）。

3. 负荷

许多异响与发动机的负荷有关，如曲轴轴承响、连杆轴承响、活塞敲缸响等均随负荷增大而增强。但有的异响与负荷间的关系不明显，如气门响、凸轮轴轴承响和正时齿轮响。诊断在用汽车发动机异响时，常在变速器挂空挡、发动机以规定转速运转的条件下进行。

4. 诊断部位

发动机发生异响的部位由发动机的结构确定，但异响的能量随离开声源的距离越远越弱，即声波的声强或声波在发动机外表面所引起的振动的振幅，随诊断点距声源的远近而变化。因此，为了准确测得异响信号或获得足够强的异响信号，异响诊断点应距声源越近越好。此外，测量点变化后所测得的振动信号的强弱变化，也有助于判断异响产生的部位。常见发动机异响的诊断点位置如图 3-168 所示。

5. 润滑条件

此外，由于润滑油膜具有吸声作用，因而异响部位的润滑条件对所发出异响的强弱有很大影响。不论何种机械异响，当润滑条件不良时，一般都表现得较为明显。

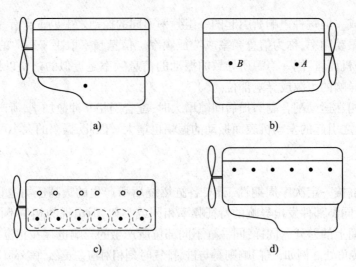

图 3-168 发动机异响测点位置

a) 曲轴主轴承响；b) 连杆轴承响；c) 活塞销响；d) 活塞敲缸响

东风 EQ6100 型发动机主要异响诊断的特征频率、转速、温度及诊断位置见表 3-29。

东风 EQ6100 发动机异响诊断方法　　　　　　　　　　　　　表 3-29

异响种类	特征频率（Hz）	转速（r/min）	温度	诊断位置	辅助判断
曲轴轴承响	400	650	热车	缸体右侧下部，缸体主油道对应各轴瓦处	直接测量
连杆轴承响	400 或 800	800	热车 冷车	缸体右侧排气管中心根底处	断火对比或轻度急轰加速踏板
活塞销响	1200	1200	热车	缸体左侧偏离固定螺栓处	断火对比
活塞敲缸响	1200	900	冷车	缸体左侧火花塞孔下部相应缸体处	冷热车对比
气门响	2800	1200	热车	气门盖顶部对应位置	直接测量

三、发动机异响诊断仪的基本原理

异响诊断常用仪器有两种类型：便携式异响诊断仪和带相位选择的示波器显示异响诊断仪。许多发动机综合性能分析仪具有发动机异响诊断的功能。

1. 便携式异响诊断仪

便携式异响诊断仪由传感器、前置放大器、双 T 型选频网络、功率放大器和显示仪表组成，如图 3-169 所示。

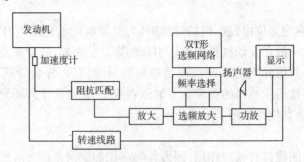

图 3-169 便携式异响诊断仪方案框图

异响诊断仪的传感器通常采用压电式加速度计,如图3-170所示。传感器的敏感元件由两片压电材料(如石英晶体或锆钛酸铅压电陶瓷)组成。压电材料片上置一铜制质量块,并用片簧对质量块预加负荷。整个组件装于金属壳内,壳体和中心引出端为二输出端。

压电材料受到外力作用时,不仅其几何尺寸发生变化,而且内部极化,表面上有电荷出现,形成电场;当外力去掉时,其又恢复到原来状态,这种现象称为压电效应。当加速度计受到振动时,质量块随之振动,同时会有一个因振动而产生的惯性力作用于压电材料片上,其惯性力 F(N) 的大小与振动加速度 α(m/s^2)与质量块的质量 m(kg)有关。即:

$$F = m \cdot \alpha$$

作用于压电材料片上的惯性力使其表面产生电荷,所积聚的电荷量与惯性力成正比。即:

$$q = D \cdot F$$

式中: q——电荷量,C;
　　　F——惯性力,N;
　　　D——压电常数,C/N。

因此:

$$q = D \cdot m \cdot \alpha$$

传感器结构一定时,D 和 m 均为常数,因此电荷量 q 与振动加速度 α 成正比。显然,对于振动加速度来说,其大小、方向是周期性变化的,因此电荷量 q 也是周期性变化的。这样,带电表面与壳体间就会出现周期性变化的电压,其变化频率取决于振动频率;振幅越大,振动加速度越大,压电材料表面产生的电荷量越大,输出电压越高。因此,输出电压信号的变化频率可表示振动频率,而电压高低反映振动幅度。若振动由异响引起,则电压值就可反映异响的强弱。

压电加速度计常制成两种类型:一是具有磁座,可将其吸附在发动机壳体上;二是制成手握式,通过与加速度计相连的探棒接触检测部位并传递振动。

为了诊断异响,必须把异响振动所产生的电压信号从各种不同噪声振动所产生的信号中分离出来。为此,压电加速度计输出的信号经屏蔽导线连接到有高输入阻抗的前置放大器输入端,再经差动放大器放大后输入双T型选频网络。该网络实质上是一组具有不同中心频率的选频放大器,而且中心频率可用琴键开关变换,对应于经试验研究确定的发动机各主要异响的特征频率。选频放大器的功能是放大电压信号中与中心频率相一致的部分,削弱或滤去与中心频率不一致的成分。经过选频放大,异响特征频率电压信号强度加强,再经功率放大输给扬声器或耳机,同时由电压表指示电压信号峰值,电压表又用作转速表。

2. 示波器显示异响诊断仪

图3-171是带相位选择的示波器显示异响诊断仪方案框图,其异响振动信号获取和处理的基本原理与上述类似。特点是:可以在一定时刻通过相位选择允许信号通过诊断装置,该时刻对应于故障机件出现异响振动的时刻,即把异响振动与曲轴转角联系起来;同时,异响振动波形可在示波器上显示出来。

由于某缸配合机件的敲击振动总在该缸点火后发生,在某一时刻结束。因此,对于汽油机而言,可用转速传感器从Ⅰ缸点火高压线上获得点火脉冲信号,用点火脉冲信号触发示波器的扫描装置。在开始点火的时刻,使经选频后的异响振动电压信号导通,且导通的相位和导通的时刻可以均匀调节。这样,相位选择装置使根据时间及相位上的差异分辨异响得以实现。通过选频的振动信号输送到示波器垂直偏转放大器的输入端,同时来自一缸高压线的点火脉冲信号触发相位选择器,以控制示波器的扫描装置,从而在示波器屏幕上显示出经过相、频选择的振动波形,可用于直接观察振动波形的振幅、相位和延续时间。

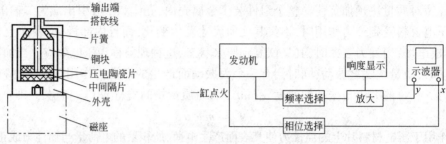

图 3-170　压电加速度计结构示意图　　图 3-171　相位选择示波器异响诊断原理框图

四、发动机异响诊断方法

1. 便携式异响诊断仪使用方法

①从发动机走热过程开始,即把压电加速度计放在发动机缸盖上部汽缸中心线位置(或用探棒顶在该位置),在怠速下用直放电路(不接通选频网络)诊断有无金属敲击异常声响。

②左右移动加速度计,观察仪表指示值有无明显增大的异常部位。

③在异常部位上,依次按下特征频率选择开关,观察在何种异响的特征频率下,仪表指示值显著增大。若诊断部位与中心频率对应的异响部位相对应,则可初步判断该异响由该特征频率所对应的部件引起。如果仪表读数较大,但诊断部位与中心频率所对应的异响部位不符,可上下移动加速度计,直至二者相符。

④在异响最为明显的转速、温度测试条件下,及在最有利的诊断位置上,仪表读数超过正常统计数据的位置即为异响振动声源。

2. 异响振动波形诊断方法

利用发动机综合性能分析仪诊断异振动波形时,诊断步骤如下。

①按仪器使用说明书的要求进行操作,安装转速传感器,使仪器进入异响诊断状态。

②根据所诊断异响的零部件,选择操作码,其实质是选取故障部件振动的中心频率。

③将振动传感器接触在所诊断零部件异响最明显的振动部位,如图 3-168 所示。如活塞敲缸响应接触在汽缸上部的两侧,主轴承响应接触在油底壳中上部位置,连杆轴承响应接触在发动机侧面靠近连杆轴承处,活塞销响应接触在缸盖正对活塞处,气门响应接触在进、排气门附近等。

④使发动机在响声最为明显的转速下运转,微抖加速踏板,观察示波器,若有明显的瞬间波形或波形幅度明显增大,说明存在相应的异响故障。诊断时可视需要配合以听诊、单缸断火、双缸同时断火等方法,以便准确诊断异响故障。

⑤若发动机确实有异响,但在所选择的操作码下诊断时,示波器显示的异响波形不明显,说明异响不是由所选操作码相对应的零部件产生。此时应重新选择操作码,并相应改变振动传感器的诊断部位,重新诊断异响波形。

⑥依次选择各有关零部件异响诊断操作码,按上述步骤诊断曲轴主轴承响、连杆轴承响、活塞销响和活塞敲缸响等异响故障。

五、发动机异响振动波形分析

因各种异响对应着不同的振动频率,同时振动中的振幅大小、变化过程存在差异,因此显示在示波器上的振动波形对应的凸轮轴转角和形状就会有所不同。

一般而言,在点火提前角正常的情况下,活塞销响的异响故障波形出现在整个波形的前部(或中部),活塞敲缸异响故障波形出现在整个波形的中部(或前部),连杆轴承响出现在中后部,曲轴轴承响出现在波形最后部。因各种异响对应着不同振动频率,同时振动中的振幅大小变化过程存在差异,因此显示在示波器上的振动波形所对应的凸轮轴转角和形状有所不同。图3-172为活塞销响、活塞敲缸、连杆轴承响和曲轴主轴承响的故障波形。

以上介绍了四种常见异响诊断方法,在对发动机各机构及底盘传动系各总成有关异响的频率、相位及波形进行深入研究的基础上,则发动机的其他异响,如气门响、凸轮轴轴承响、正时齿轮响、发电机响和点火敲击响(柴油机着火敲击响)等,以及底盘传动系各总成的异响,如主传动齿轮响、变速器齿轮异响等,均可以通过异响示波器进行诊断。

六、配气相位的动态检测

发动机进、排气门关闭时,气门与气门座碰撞,不可避免地发出机械声响,引起相应的机械振动。因此,异响检测的基本原理,亦可应用于发动机配气相位的动态检测。

1. 配气相位

发动机进、排气门开启和关闭的时刻,相对于活塞上、下止点时的曲轴转角称为配气相位。为使新鲜空气进气充足,废气排除干净,进、排气门都要相对于活塞到达上止点或下止点早开、迟闭,以充分利用气流的惯性,尽可能延长进、排气时间。东风EQ1090E型汽车发动机的配气相位如图3-173所示。其进气门在排气行程尚未结束,活塞到达上止点前20°打开;在压缩行程开始后56°曲轴转角关闭;排气门在作功行程下止点前38.5°打开,在排气行程上止点后20.5°关闭。

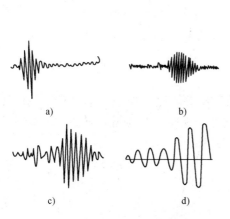

图3-172 常见发动机异响故障波形
a)活塞销响;b)活塞敲缸;c)连杆轴承响;d)曲轴主轴承响

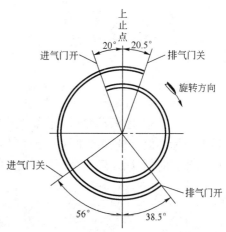

图3-173 东风EQ1090E发动机配气相位图

2. 配气相位动态检测的基本原理

进排气门关闭时,与气门座碰撞也会发出声响,使机体产生相应振动。若采用压电加速度计检测出进、排气门关闭时产生的落座波形,同时用缸压传感器检测出活塞到达上止点的时刻,即可在发动机运转的状态下,动态检测发动机的配气相位。

发动机各缸处于压缩行程上止点时,各缸的进、排气门均处在关闭状态,因此相应缸进、排气门关闭时所产生的振动波形不会出现在该缸的并列波形上。对于六缸发动机而言,当

1缸活塞到达压缩行程上止点(压缩压力最大)的前后,正好对应于5缸进气门和6缸排气门关闭,见图3-174。

因此,在按照点火顺序排列的并列波形上,1缸波形上的振动波反映5缸进气门和6缸排气门关闭相对于上止点的位置(凸轮轴转角)。

在六缸并列波上,各缸气门落座振动波形出现的位置见图3-175。以东风EQ1090E型汽车发动机为例,当1缸活塞处于压缩行程上止点时,1缸进气门已在此前124°(180°－56°)曲轴转角处关闭。对于六缸发动机,4缸活塞到达上止点比1缸活塞到达上止点提前120°曲轴转角。因此,1缸进气门关闭时正处于4缸压缩行程上止点前4°曲轴转角,表现在并列波形上,则1缸进气门落座振动波形处于4缸波形上止点前2°凸轮轴转角。同理,1缸排气门已于1缸活塞到达上止点前239.5°时关闭,此时处于6缸活塞到达上止点后20.5°曲轴转角。所以,1缸排气门落座振动波形出现于6缸波形上止点后10.25°凸轮轴转角。

确定了1缸进、排气门落座振动波形出现的位置后,按发动机各缸工作顺序,不难确定其余汽缸进、排气门落座振动波形出现的位置。

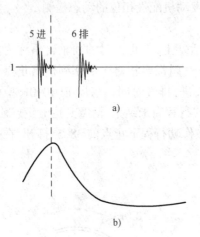

图3-174　1缸缸压波形和气门落座波形
a)气门落座振动波形;b)缸压波形

图3-175　各缸气门落座振动波形及位置

进、排气门落座振动波形的位置表示了进、排气门关闭时,相对于上止点的凸轮轴转角。把该值与标准值比较,可判断进、排气门关闭时刻是否正确。但利用此方法不能检测进、排气门的开启时刻,因此不能全面评价发动机的配气相位。

第四章 汽车底盘技术状况检测与故障诊断

汽车底盘由车架、转向系、传动系、制动系、行驶系等组成,底盘各系统、总成的技术状况决定着汽车行驶的操纵稳定性、安全性、传动效率和行驶阻力,还会影响汽车的动力性和燃油经济性。

汽车底盘的技术状况既可以通过道路试验进行检测与诊断,又可以采用台架试验进行检测与诊断。本章主要介绍汽车底盘各系统技术状况的台架检测与诊断技术。

第一节 汽车转向系统检测与诊断

转向系统技术状况对汽车的操纵稳定性和高速行驶的安全性有直接影响,同时对转向车轮的行驶阻力有很大影响。

一、汽车转向系统的构成

按转向能源不同,汽车转向系统分为机械转向系统和动力转向系统两大类。

机械转向系统由转向操纵机构、转向传动机构和转向器三部分组成,如图4-1所示。转向操纵机构由转向盘、转向传动轴等组成;转向传动机构由转向拉杆和球销等组成。

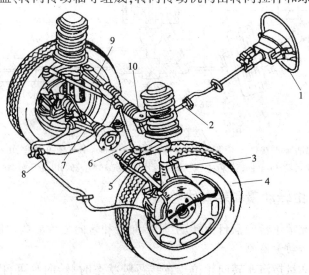

图4-1 机械转向系示意图

1-转向盘;2-安全转向柱;3-转向节;4-车轮;5-转向节臂;6-右横拉杆;7-下控制臂;8-横向稳定杆;9-转向减振器;10-转向器

普通液力式动力转向系统由动力转向器、储液罐、液压泵、进回油管及横拉杆等组成。常用动力转向器是由机械转向器、转向动力缸和控制阀构成的整体结构。普通液力式动力转向系统在汽车上的布置见图4-2。

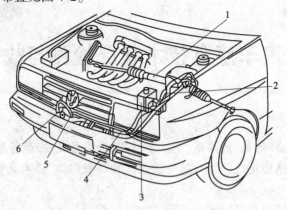

图4-2　普通动力转向系统在汽车上的布置
1-动力转向器总成；2-高压油管；3-储液罐；4-回油管；5-吸油管；6-液压泵

电子控制液力式动力转向系统由液压动力转向系统、电磁阀、车速传感器和电控单元（ECU）组成，如图4-3所示。其电控单元根据检测到的车速信号，控制电磁阀以调节系统压力，使转向助力放大倍率连续可调，从而满足高、低速时的转向助力要求。

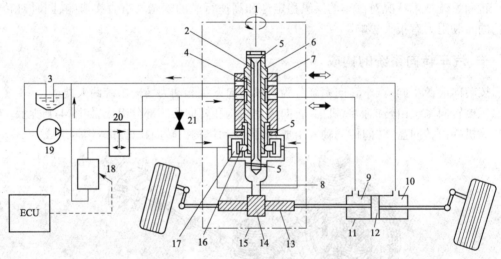

图4-3　电子控制液力式动力转向系统
1-转向盘；2-扭杆；3-储油器；4-接口；5-销钉；6-控制阀轴；7-回转阀；8-小齿轮轴；9-左室；10-右室；11-转向动力缸；12-活塞；13-齿条；14-小齿轮；15-转向齿轮箱；16-柱塞；17-液压反力室；18-电磁阀；19-液压泵；20-分流阀；21-小节流孔

二、转向盘自由转动量和转向力检测

转向盘技术状况常用转向盘自由转动量、转向角和转向力等参数评价。

1. 转向盘自由转动量检测

转向盘自由转动量指汽车转向轮位于直线行驶状态时，转向盘可自由转动的转角。转向盘自由转动量过大时，说明从转向盘至转向轮的运动传递链中的若干配合副因磨损过度而出现松旷现象。GB 7258—2012《机动车运行安全技术条件》的规定，转向盘的最大自由转动量限值见表4-1。

机动车转向盘的最大自由转动量限值　　　　　　表 4-1

车辆类型	最大设计车速大于等于 100km/h 的机动车	三轮汽车	其他汽车
转向盘最大自由转角	15°	35°	25°

转向盘自由转动量检测仪由刻度盘和指针两部分组成,如图 4-4 所示。刻度盘通过磁座吸附在仪表板或转向柱管上,指针固定于转向盘外缘,亦可相反。检测转向盘自由转动量时,汽车处于直线行驶位置,把转向盘转至空行程极端位置后,调整指针使之指向刻度盘零度。而后把转向盘转至另一侧极限位置,其自由转动量即为指针所指刻度。转向盘自由转动量也可用转向参数测量仪或转向测力仪检测。

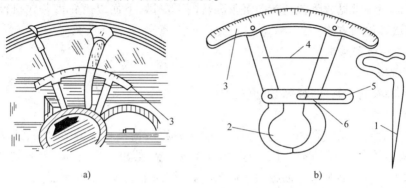

图 4-4　简易转向盘自由转动量检测仪
a) 检测仪的安装; b) 检测仪
1-指针; 2-夹臂; 3-刻度盘; 4-弹簧; 5-连接板; 6-固定螺钉

2. 转向盘转向力的检测

汽车的转向轻便性应适度,其评价指标是转向角和转向力,可在汽车动态或静态情况下,用转向参数测量仪或转向测力仪等仪器进行检测。

转向参数测量仪由操纵盘、主机箱、连接叉和定位杆四部分组成,如图 4-5 所示。操纵盘实际上是一个附加转向盘,用螺栓固定于三爪底板上,底盘与连接叉间装有力矩传感器,以测出转向时的操纵力矩;连接叉通过装在其上的长度可伸缩的活动卡爪与被测转向盘连接;主机箱固定在底盘中央,内装力矩传感器、接口板、微机板、转角编码器、打印机和电池等;从底板下伸出的定位杆,通过磁座附在驾驶室内仪表盘上,其内端与装在主机箱下部的光电装置连接。使用时,把转向测量仪对准被测转向盘中心,调整好三只伸缩爪的长度,使之与转向盘牢固连接后,转动操纵盘的转向力通过底板、力矩传感器、连接叉传递到被测转向盘上,使转向轮偏转实现汽车转向。此时,力矩传感器把转向力矩转变成电信号,定位杆内端所连接的光电装置将转向角的变化转换为电信号。传感信号输送至主机箱后,由装在其内的微机自动完成数据采集、转角编码、运算、分析、存储、显示并打印出所测结果。

转向盘转向力可采用路试检测和原地检测两种

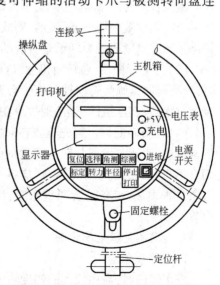

图 4-5　转向参数测量仪

方法测试。GB 7258—2012《机动车运行安全技术条件》规定：机动车在平坦、硬实、干燥和清洁的水泥或沥青道路上行驶，以10km/h的速度在5s之内沿螺旋线从直线行驶过渡到外圆直径为24m的车辆通道圆行驶，施加于转向盘外缘的最大切向力应小于等于245N。GB 18565—2001《营运车辆综合性能要求和检验方法》规定：汽车转向轮置于转角盘上，转动转向盘使转向轮达到原厂规定的最大转角，在全过程中用转向力测试仪测得的转动转向盘的最大操纵力，即转向盘转向力不得大于120N。

三、机械转向系统常见故障诊断

机械转向系统常见故障包括转向沉重和转向不灵敏，下面以齿轮齿条式机械转向系统为例说明其故障诊断方法。

1. 转向沉重故障诊断

1）故障现象

汽车转向时，转动转向盘感到沉重费力。

2）故障原因

转向器齿轮与齿条啮合间隙过小或齿轮、齿条损坏；齿条顶块调节过紧，或转向器齿条弯曲；转向器齿轮轴的轴承调整过紧或损坏；转向器壳体严重变形；转向器、转向轴、万向节、转向拉杆球头润滑不良及润滑油脏污或调节过紧；转向轴或转向柱管弯曲变形严重；转向节推力轴承润滑不良或损坏；主销内倾角和主销后倾角变大，车轮前束不符合要求；车架、前梁或前悬架变形而导致前轮定位失准；前轮胎气压不足，导致转向阻力过大。

3）故障诊断方法

（1）顶起汽车前部，使两前轮悬空，转动转向盘，若感到转向轻便，则故障部位可能在前轮、前桥或前悬架。因为顶起前桥后，车轮与路面不再接触而无转向阻力。此时应检查前轮胎气压是否过低，前轴或前悬架杆件是否变形损坏，必要时还须检查前轮定位中的主销后倾角、主销内倾角与前轮前束值。

（2）顶起汽车前部，若转向仍感沉重，则说明故障在转向器和转向传动机构。此时，将转向横拉杆从转向节臂上拆下，再进行转向盘转动检查。若将转向盘从一个极限位置转到另一个极限位置，感到轻便灵活，则故障在横拉杆至前轮的连接及支承部位，应检查各球头销是否装配过紧或推力轴承是否缺油损坏。

（3）拆下拉杆后，若转向仍然沉重，则故障位于转向器或转向器至转向盘的连接件。此时，转动转向盘倾听转向轴与柱管有无摩擦声，以确定转向柱管是否弯曲；检查万向节是否装配过紧，若其连接件正常，则故障在转向器。

（4）检查转向器。首先检查转向器是否缺油，若正常，则重新调整转向器。调整转向器齿条顶块，使转向齿条与转向齿轮的间隙适当，再转动转向盘，若轻便灵活，则说明转向器调整不当；若转向仍然沉重，则应拆下转向器进行检查。此时应重点察看转向器齿轮与齿条是否损坏，齿条是否严重弯曲，齿轮轴轴承是否过紧或损坏，转向器壳体是否严重变形等。

2. 转向不灵敏故障诊断

1）故障现象

汽车转向时，需用较大的幅度转动转向盘，才能控制汽车的行驶方向；直线行驶时，汽车行驶不稳定。

2) 故障原因

转向盘自由转动量过大导致汽车转向不灵敏,其具体原因如下:转向轴与转向盘配合松动;万向节、传动轴花键磨损松旷;转向器内齿轮与齿条的啮合间隙过大;转向机构各连接部件间隙过大,或连接松动;万向节主销与衬套磨损松旷;前轮毂轴承间隙过大。

3) 故障诊断方法

(1) 检查转向盘自由转动量。若转向盘自由转动的角度正常,则故障原因可能是前轮毂轴承间隙过大、主销与转向节衬套间隙过大。此时应进一步架起前桥,而后用手扳动前轮以检查前轮毂轴承间隙、万向节主销与衬套的配合间隙,以确定故障部位。若转向盘自由转动量过大,进行下一步检查。

(2) 检查转向操纵机构和转向器。转动转向盘,若转向盘、转向轴、万向节、传动轴的传动松旷,故障在转向操纵机构;否则,检查转向器。固定转向横拉杆,转动转向盘,若自由转动量过大,故障在转向器;否则,进行下一步检查。

(3) 检查转向传动机构。转动转向盘,观察各拉杆球头销的运动情况,以确定转向传动机构连接部件间隙过大或连接松动的具体故障。

四、液压助力转向系统检测与诊断

1. 液压助力转向系统技术状况检测

1) 储油罐液面检查

①将汽车停放在平坦的地面上。

②发动机怠速运转,转动转向盘至左右极限位置数次,使转向油液温度达到80℃左右。

③检查转向液是否起泡或乳化,转向液起泡或乳化说明已渗入空气,应进行排气操作。

④检查转向液油质,若其已经变质或已到达使用期限,则应更换。

⑤检查储油罐液位高度是否在规定的液位上、下限之间。若油液没有变质且没有渗入空气,仅油面高度低于液位下限,则可能有泄漏。此时,应检查并修理泄漏部位,按需添加推荐使用的油液,使液位升至上限附近。

2) 助力转向液压系统中气体检查

助力转向液压系统中渗入空气后,易引起转向系统内的液压波动,汽车转向操作不稳。

检查时,发动机怠速运转。首先,在转向盘位于居中时,查看转向储油罐液位;然后,在转向盘向左或向右转到极限位置时,查看转向储油罐液位有无变化。若系统内有空气,转向盘转动时,系统内油压升高,空气被压缩,则储油罐的液位将明显降低;若系统内无空气,由于液体不可压缩,则储油罐的液位变化很小。另外,如系统内有空气,当转向盘向左或向右转到极限位置时,泵内或转向器内有时会产生异常响声。当转向液压系统内有空气时,应将空气予以排出。

3) 转向油泵传动带紧度检查

转向油泵的驱动力来自发动机,通过传动带传递。转向油泵传动带的松紧度应适当,其检测方法如下。

(1) 传动带张紧力规检测法。

在转向油泵的传动带上安装传动带张紧力规,测量其张紧力。其张紧力应符合所测车型的规定,否则应予以调整。

(2)传动带静挠度检测法。

在转向油泵传动带的中部施加100N的力,测量其静挠度。其挠度值应符合所测车型的规定,否则应予以调整。

(3)传动带运转检测法。

油液升至正常温度后,左右转动转向盘。当转向盘转到极限位置时,转向油泵的输出油压最高,传送带的负荷最大。如果传动带打滑,则说明其紧度不够或油泵有故障。

4)转向泵输出压力检测

检测转向泵的输出油压,可判定转向泵或转向器是否有故障。检测时,首先应使储油罐液位正常,传动带的张紧力符合规定。其一般检测步骤如下。

(1)准备工作。

首先,将压力表连接在转向泵与转向控制阀的压力管道之间,完全开启压力表阀门;然后,起动发动机使其怠速运转,将转向盘在左、右转动极限位置之间连续转动3~4次,以提高转向液温度并排出系统内的空气。检测中应确保转向液温度升至80℃以上。

(2)转向泵输出压力检测。

发动机怠速运转,关闭压力表阀门,观察压力表读数,如图4-6a)所示,其压力应不低于标准值;否则,说明转向泵有故障。

(3)转速变化时转向泵输出压力差检测。

将压力表阀门全开如图4-6b)所示,分别检测发动机在规定的低转速(如1000r/min)和某一高转速(如3000r/min)时转向泵的输出压力,两者之差不应超过规定值;否则,说明动力转向泵的流量控制阀有故障。

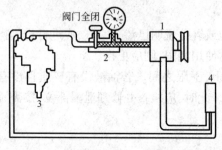 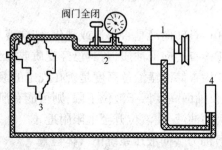

图4-6 转向泵输出压力和压力差检测
a)输出压力检测;b)压力差检测
1-转向泵;2-压力表;3-转向器;4-储油罐

(4)极限位置时转向泵输出压力检测。

发动机怠速运转且压力表阀门全开,如图4-6b)所示,在转向盘转至左、右极限位置时,测试转向泵的输出压力,并与规定值比较。若压力太低,则意味着转向器有内部泄漏故障。

2.液压助力转向系统常见故障诊断

液压助力转向系统的常见故障是转向沉重、车辆行驶发飘和转向噪声等。诊断的重点为转向助力机构。

1)转向沉重故障诊断

(1)故障原因。

一般由于转向助力功能失效、助力不足、机械传动机构损坏或调整不当所致,具体原因如下:储油罐油液高度低于规定要求;油管接头处密封不良,有泄漏;液压回路中渗入空气,油管变形、油路堵塞;转向油泵传动带张紧力不足,传动带打滑;转向油泵内部磨损、泄漏严重,输出压力降低;油泵内调压阀失效,使输出压力过低;转向控制阀、动力油缸内部泄漏,转向齿轮机构损坏或调整不当。

(2)故障诊断方法。

①检查汽车轮胎气压是否正常,按规定气压充气。

②检查液压转向系统各油管接头是否泄漏,检查油管有无损坏、变形或裂纹。一旦发现油管有缺陷,应予以更换;若油管接头泄漏,应予以拧紧,必要时更换、重接油管。

③检查储油罐内的油液质量和液面高度。若油液变质,则应重新按规定更换油液;若液面低于规定高度,则应找出油液液面过低的原因,重新加注使液面达到规定的液面高度。

④检查油路中是否渗入空气。若储油罐油液中有气泡时,应检查空气渗入系统内的原因。检查内容包括:油管接头是否松动、油管是否裂纹、密封件是否损坏、储液罐液面是否过低等情况并排除故障。然后,对液压系统进行排气操作,最后加注转向液至规定的液面高度。

⑤检查转向油泵传动带的张紧程度,若有打滑、损坏等问题,按规定调整皮带紧度或更换新传动带。

⑥就车复检。起动发动机,将转向盘在左、右极限位置间往返转动。若转向轻便,说明故障已经排除;若转向仍然沉重,则故障可能在动力转向泵、动力油缸或转向传动机构;若左、右转向助力不同,则故障可能在转向控制阀。

⑦检测转向油泵输出油压,确诊故障部位。发动机怠速运转时,将安装在油路中的压力表阀门全开,如图4-6b)所示,转动转向盘至左或右极限位置,测量转向油泵的输出油压。若油压低于规定压力,且在逐步关闭压力表阀门时,油压也不能提高,则说明转向油泵有故障;若油压虽低,但逐步关闭压力表阀门的过程中油压有所提高,且可达到规定值,则说明转向油泵良好,故障位于转向控制阀或动力油缸;若检测时油压正常,则故障部位在转向传动机构或转向器。

⑧检查转向传动机构和转向器。转动转向盘,检查与转向柱轴相连的元件转动是否灵活;检查万向节、各传动杆件球头连接部位是否过紧;检查转向节推力轴承是否损坏或润滑不良;检查齿轮齿条转向器,调整齿条顶块的压紧力,使齿条与齿轮的侧向间隙正常,保证齿条移动自如,对弯曲的齿条应予以更换。

2)行驶发飘故障诊断

(1)故障现象。

转向盘居中,汽车向前行驶时,行驶方向从一侧偏向另一侧的现象。

(2)故障原因。

转向控制阀扭力杆弹簧损坏或太软,控制阀不能及时复位;油液脏污使阀芯对于阀套的运动受到阻滞;转向控制阀阀芯偏离中间位置,或与阀套槽肩两边的缝隙大小不一致;转向传动机构连接处间隙过大,或连接件松动,或过度磨损;车轮定位不正确;轮胎压力或规格不正确。

(3)故障诊断方法。

①首先检查转向传动机构的连接件是否松动,间隙是否过大,排除转向传动机构的故障。

②检查轮胎规格,调节轮胎气压。
③检查油液是否脏污,如脏污则进行更换。
④检查转向控制阀。在不起动发动机的情况下转动转向盘,感觉判断转向控制阀是否开启或运动自如,如有问题,进行拆卸检查。
⑤排除以上原因后,若车辆仍发生行驶"发飘"现象,则应检查悬架元件是否损坏,车轮定位是否正确,车轮转动是否阻滞。

3) 转向噪声故障诊断

(1) 故障现象。

汽车转向时出现过大噪声。

(2) 故障原因。

转向传动机构松动;动力转向泵损坏或磨损严重;动力转向泵传动带轮松动或打滑;转向控制阀性能不良;油管接头松动或油管破裂,液压系统渗入空气;滤清器滤网堵塞,或是液压回路中沉积物过多。

(3) 故障诊断方法。

①若转向噪声呈"咔嗒"声,通常是转向柱轴接头松动、横拉杆松动或球形接头松动、转向器安装过松所致。应检查上述部位,发现故障时应进行紧固或更换损坏的部件。另外,转向泵皮带轮松动也会发出"咔嗒"声。

②若转向噪声呈"嘎嘎"声,且转向盘从一侧极限位置转到另一侧极限位置时,噪声更大,通常是助力转向泵传动带打滑所致。此时,可检查传动带松紧程度及磨损情况,视需要张紧或更换传动带。

③若转向噪声呈"咯咯"声,则可能是转向液中有气泡,油液流动时产生的气动噪声。此时,首先应检查液面高度,若液面过低,则应检查、排除泄漏故障,加注油液到正确位置。然后检查软管是否破损或卡箍是否松动。确定助力转向液压系统内有空气渗入后,应进行排除,以消除气动噪声。若转向泵发出"嘶嘶"声或尖叫声,而转向液压系统无漏气现象,且传动带张紧度正常,则油路可能堵塞或转向泵严重磨损及损坏,应进行修复或更换。

④当转向盘处于极限位置或原地慢慢转动转向盘时,若转向器发出严重的"嘶嘶"异响声,则可能为转向控制阀性能不良。应更换控制阀进行对比检查,以确定故障部位或原因。

五、电控液压助力转向系统检测与诊断

1. 电控液压助力转向系统技术状况检测

电子控制液压助力转向系通过控制系统的油压来控制转向助力。因此,可以用转向油压和转向盘转向力反映其电控组件的技术状况。以下用皇冠轿车电子控制助力转向系统为例说明其基本检测原理。

1) 转向盘转至极限位置时的油压检测

(1) 检测前的准备。

先将压力表连接在转向泵与转向控制阀之间的压力管道中(图4-7),使压力表阀门全开;起动发动机,使其怠速运转;将转向盘在左、右转动的极限位置连续转动3~4次,以提高转向油液温度并排出系统内的空气。使转向油液温度升至0℃以上,确保液面高度正常。

(2) 转向泵输出压力检测。

检测方法如前述。确定助力转向泵的输出油压正常时,再进行以下步骤的检测。

(3)转向盘转至极限位置时的油压检测。

将转向盘转至极限位置,拔下电磁阀插接器,见图4-7a);然后,起动发动机。使其转速稳定在1000 r/min,测量助力转向泵的输出油压,其最低压力应为7355 kP;否则,说明转向器内部有泄漏或电磁阀有故障。

按图4-7b)所示方法,把蓄电池电压加在电磁阀两接线端,再测量助力转向泵的输出油压,其最大油压应为3924kPa。压力过高时,说明电磁阀有故障。应注意的是:电磁阀线圈加蓄电池电压的时间不要超过30s,以防烧毁电磁阀线圈;重新测试时,则应在电磁阀线圈降温后进行。

按图4-7c)所示方法,插好电磁阀插接器,重新测量助力转向泵输出油压,其最低压力应为7355kPa。若压力过低,则说明电子控制助力转向系统有故障。

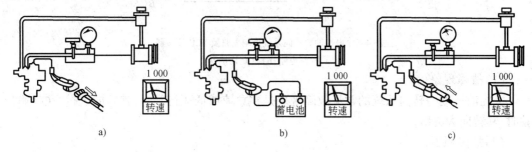

图4-7 电子控制助力转向系统的油压检测
a)拔下电磁阀插接器检测油压;b)电磁阀通电检测油压;c)装上电磁阀插接器检测油压

2)转向盘转向力检测

(1)使转向盘位于汽车直线行驶位置,且发动机怠速运转。

(2)在电磁阀线圈断电情况下,用测力计测量转向盘沿两个方向转动时的转向阻力,最大转向阻力不应大于39N。

(3)在电磁阀线圈通电情况下,再用测力计重测沿两个方向的转向阻力,其最大转向阻力约为118N或满足规定。

正常情况下,电磁阀线圈通电后,节流面积增大,转向助力减少,转向盘转向力增大。若通电后转向阻力没有增大,则说明电磁阀存在故障。

2. 电控液压助力转向系统故障诊断

1)电控液压助力转向系统的故障自诊断

电子控制系统出现故障时,其普通转向系统仍能正常工作,但是电子控制系统将停止对转向助力的控制。同时,电控单元将故障信息以代码的形式储存于存储器内备查。故障诊断时,通过专用解码器或人工方法读取故障码,以确定故障类型和故障部位。

不同的车型,其故障码的含义也各不相同。如表4-2为三菱轿车电子控制助力转向系统的故障码及含义。

三菱轿车电子控制助力转向系统故障码表　　　表4-2

故障码	故障可能部位	故障码	故障可能部位
11	主计算机电源不良	13	电磁阀工作不良
12	车速信号不良	14	主计算机故障

2)电控液压助力转向系统常见故障诊断

电控助力转向系统的机械及油路故障诊断,可参考普通助力转向系统的故障诊断方法进行。以下以皇冠轿车电子控制助力转向系统为例,对其电控部分的故障诊断方法进行说明。图4-8为电控部分控制电路和电控单元(ECU)插接器示意图。

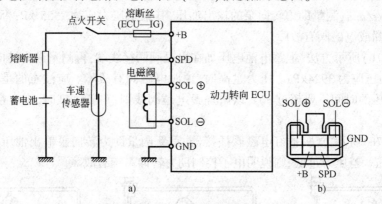

图4-8 电控助力转向系统控制电路及ECU插接器
a)控制电路;b)ECU插接器

(1)故障现象。

电控液压助力转向系统的常见故障现象是在急速或低速行驶时,其转向沉重;在高速行驶时,其转向太灵敏。

(2)故障原因。

机械及油路故障;ECU—IG熔断丝烧毁;ECU插接器接触不良;车速传感器线束有断路或短路故障;助力转向电磁阀线圈有断路或短路故障;助力转向ECU故障。

(3)故障诊断方法。

①检查转向系统的机械及油路故障。如轮胎气压、前轮定位、悬架与转向连接件之间的连接情况及助力转向泵的输出油压等。机械及油路正常或排除故障后仍不能消除故障现象,则应进行下一步检查。

②点火开关处于ON位置,检查ECU—IG熔断丝是否完好。若熔断丝烧毁,应更换后重新检查。若熔断丝再次烧毁,则表明此熔断丝与助力转向ECU的+B端子之间的电路有搭铁故障;若熔断丝完好,则进行下一步检查。

③拨下助力转向ECU插接器,按图4-9a)所示方法,检查助力转向ECU插接器的+B端子与车身搭铁处之间的电压是否为正常值(10~14V)。若无电压,则表明ECU—IG熔断丝与ECU的+B端子之间的线束有断路故障;若电压正常,则进行下一步检查。

④按图4-9b)所示方法,检查动力转向ECU插接器的GND端子与车身搭铁处之间的电阻是否为零。若电阻不为零,则表明ECU插接器的GND端子与车身搭铁处之间线束断路或接触不良;若电阻为零,则应进行下一步检查。

⑤顶起汽车一侧前轮并使之转动,用欧姆表测量ECU插接器的SPD端子和GND端子之间的电阻,按图4-9c)。车轮转动时,其正常的电阻值应在0~∞之间交替变化;否则,说明ECU的SPD端子与车速传感器之间的线束有断路或短路故障,或车速传感器有故障。若电阻值正常,则应进行下一步检查。

⑥按图4-9d)所示方法,检查助力转向ECU插接器的SOL(+)端子或SOL(-)端子与GND端子之间是否导通。若相通,则表明SOL(+)端子或SOL(-)端子与GND端子之间的线路发生短路,或电磁阀有故障;若不导通,则进行下一步检查。

⑦按图4-9e)所示方法,用欧姆表检查SOL(+)端子与SOL(-)端子之间的电阻,其正常

值应为 6~11Ω。若阻值不正常,则表明 SOL(+)端子与 SOL(-)端子之间的线路有断路,或电磁阀有故障;若阻值正常,则可能是助力转向 ECU 故障,必要时可对 ECU 进行替换检查。

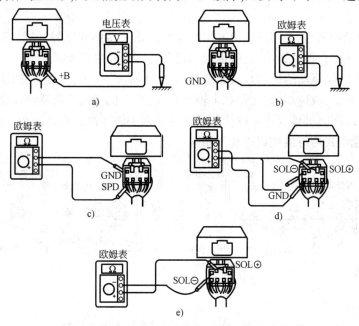

图 4-9 电子控制助力转向系统故障诊断

a)检查 +B 端子与车身搭铁处之间的电压;b)检查 GND 端子与车身搭铁处之间的电阻;c)检查 SPD 端子与车身搭铁处之间的电阻;d)检查 SOL(+)端子或 SOL(-)端子与 GND 端子之间的电阻;e)检查 SOL(+)端子与 SOL(-)端子之间的电阻

3)电子控制系统主要元件故障诊断

(1)电磁阀故障诊断。

电磁阀主要由线圈、针阀、固定孔和流动孔等组成。电磁阀开启程度依据车速传感器的信号,由助力转向 ECU 进行控制。车速越高,流过电磁阀电磁线圈的电流越强,开启程度就越大,旁路液压油的流量越大,从而液压转向助力减小,以适应转向要求。

电磁阀常见故障是电磁线圈短路或断路、针阀的位置不当,其诊断方法如下。

①检测电磁阀电磁线圈电阻。拆下线束插接器,用欧姆表测量两端子之间的电阻,其阻值应为 6.0~11.0Ω;否则,说明电磁阀有故障,应予以更换。

②检测电磁阀的工作状况。从转向器上拆下电磁阀,其 SOL(+)端子接蓄电池正极,SOL( )端子接蓄电池负极。此时,电磁阀的针阀应缩回 2mm;否则,电磁阀存在故障,应予以更换。

(2)电控单元(ECU)的故障诊断。

电控单元(ECU)是电子控制助力转向系统的核心部件,其损坏会导致系统功能完全丧失,其故障诊断的方法和步骤如下:

①顶起汽车并稳固的支承,拆下 ECU,起动发动机。

②在不拔下 ECU 插接器,且发动机处于急速运转的情况下,用电压表测量 ECU 的 SOL(-)端子和 GND 端子间的电压。然后,使发动机驱动车轮以 60km/h 的车速转动,再次测量该两端子间电压,其电压值应比第一次的测量值提高 0.07~0.22V。若所测电压值为零,则应更换 ECU 重试。

第二节　汽车传动系统检测与诊断

传动系统的基本功能是把发动机发出的动力按需要传给驱动轮,其技术状况对汽车的动力性、燃料经济性有很大影响,同时也影响汽车的行驶安全和操纵性。

发动机前置后轮驱动的传动系统布置如图4-10所示。机械传动系主要由离合器、变速器、万向传动装置、主减速器、差速器和半轴等组成,液力机械式传动系则综合运用了液力传动和机械传动,以液力机械变速器取代机械式传动系中的摩擦式离合器和手动变速器,其他组成部件及布置形式均与机械式传动系相同。

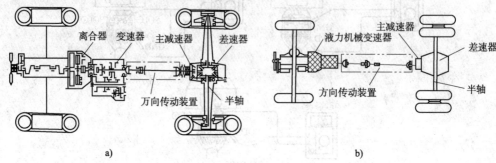

图4-10　发动机前置后轮驱动的传动系布置形式示意图
a)机械式传动系;b)液力机械式传动系

一、传动系统技术状况检测

汽车传动系统技术状况可以用传动效率和角间隙综合评价。

1. 功率损失和传动效率检测

汽车传动系统的功率损失可在具有反拖装置的底盘测功机上对其进行反拖试验而测得;根据所测得的驱动轮输出功率和传动系统功率损失,可换算出汽车传动系统的传动效率。

1)检测原理

发动机发出的功率 P_e 经传动系统传至驱动轮的过程中,若系损失的功率为 P_T,则传动系统的传动效率 η_T 为:

$$\eta_T = \frac{P_e - P_T}{P_e}$$

因此,只要在具有反拖装置的底盘测功机上测得 P_e 和 P_T,即可求出传动效率 η_T。若设底盘测功机传动系统消耗功率为 P_c,驱动轮滚动阻力消耗为 P_f,实测驱动轮输出功率为 P,反拖传动系统的功率为 P_r,显然有 $P_r = P + P_f + P_c$,可得传动效率为:

$$\eta_T = \frac{P + P_f + P_c}{P + P_r} \tag{4-1}$$

2)检测方法

(1)测取驱动轮输出功率。

将被测车辆驱动轮置于底盘测功机滚筒上,使汽车运转,在汽车和底盘测功机运转部件温度正常的情况下,重复三次测出以规定挡位在选定车速下的驱动轮输出功率 P。

(2)测取反拖传动系统的功率。

测出 P 后,发动机熄火,将变速器置于原挡位,踩下离合器,起动底盘测功机反拖装置,

以与检测 P 时相同的速度带动滚筒、驱动轮以及汽车传动系统运转,测出所消耗的功率值。重复测三次,取其平均值作为反拖功率 P_r。

(3)测取驱动轮滚动阻力和底盘测功机传动系统消耗的功率。

测取 P、P_r 后,使底盘测功机滚筒停转,拆下两侧驱动轮半轴,起动底盘测功机反拖装置,以与检测 P 时相同的速度带动滚筒和驱动轮转动,重复三次测出其反拖功率,该功率即为 $P_f + P_c$。对于轿车来说,由于驱动轮荷载与从动轮荷载相差不多,因此检测 $P_f + P_c$ 时,可在底盘测功机上用反拖从动轮的功率来代替 $P_f + P_c$,这样不需拆下驱动轮半轴,使检测方便、快捷。

(4)计算传动效率。

将 P、P_r 和 $P_f + P_c$ 三次测取的均值代入式(4-1),求出传动效率 η_T。

3)检测标准

传动系统传动效率的正常值见表 4-3。若被检汽车传动系统传动效率低于正常值,则说明其传动系统消耗功率过大,传动系统技术状况较差。

汽车传动系统传动效率　　　　　　　　　　表 4-3

汽车类型		传动效率(η_T)
轿车		0.90 ~ 0.92
载货汽车和客车	单级主减速器	0.90
	双级主减速器	0.84
4×4 越野汽车		0.85
6×4 越野汽车		0.80

传动系统损耗功率主要包括各运动件的摩擦损耗和搅油损失,因此,传动效率低的主要原因是传动系统有关部件调整不当、润滑不良所致。

通过道路试验或在底盘测功机上测试汽车的滑行距离,也可以间接反映汽车传动系的传动效率。

2. 传动系统角间隙检测

在汽车使用过程中,传动系统因传递动力,且配合表面或相啮合零件间有相对滑移而产生磨损,从而使间隙增大,如:变速器、主传动装置、差速器中的齿轮啮合间隙,传动轴、半轴的花键连接间隙,十字轴颈与滚针轴承间的间隙及滚针轴承与万向节间的间隙等。这些间隙都可使相关零件间产生相对角位移或角间隙,其角间隙之和构成传动系统的总角间隙。

研究表明,传动系统各总成和机件的磨损与其间隙存在密切关系,总角间隙随汽车行驶里程近似呈线性增长。所以,总角间隙可作为诊断参数评价传动系的技术状况。由于角间隙可分段检测,因此角间隙还可用于对传动系统有关总成或机件的技术状况的检测。通常,中型载货汽车传动系统角间隙及各分段的角间隙应不大于表 4-4 所列数据。

中型载货汽车传动系统角间隙诊断参考数据　　　　　表 4-4

部位	角间隙(°)	部位	角间隙(°)
离合器与变速器	≤5 ~ 15	驱动桥	≤55 ~ 65
万向传动装置	≤5 ~ 6	传动系	≤65 ~ 86

传动系角间隙检测所用仪器有指针式角间隙测量仪和数字式角间隙测量仪两种。

1)指针式角间隙检测仪基本原理和角间隙检测方法

(1)基本原理。

指针式角间隙检测仪由指针、指针式扭力扳手和刻度盘构成,见图4-11。使用时,指针固定在主传动器主动轴上,而刻度盘固定在主传动器壳体上,见图4-11a);指针式扭力扳手钳口可卡在传动轴万向节上,扳手上带有刻度盘和指针,以便指示出测力扳手所施加的力矩。测量角间隙时,指针式扭力扳手应从一个极限位置转至另一个极限位置,施加力矩不应小于30N·m,角间隙的数值即为指针在刻度盘上的指示值。

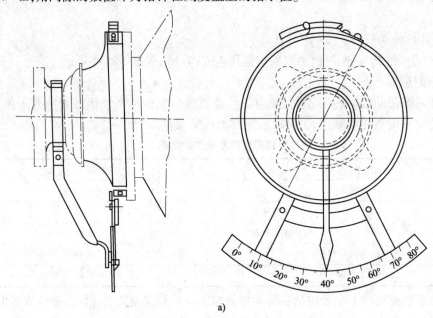

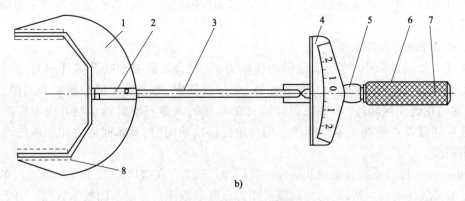

图4-11 指针式角间隙测量仪

a)指针与刻度盘的安装;b)指针式扭力扳手

1-卡嘴;2-指针座;3-指针;4-刻度盘;5-手柄;6-手柄套筒;7-定位销;8-可换钳口

(2)检测方法。

传动系角间隙的检测可分段进行。

①驱动桥角间隙检测。包括主传动器、差速器和半轴花键处的角间隙。测试时,车轮处于制动状态,变速器挂空挡,指针式扭力扳手卡在主传动器主动轴的万向节上,使其从一个极限位置转至另一个极限位置,从刻度盘上读取角间隙值。

②万向传动装置的角间隙检测。将指针式扭力扳手卡在变速器后端万向节主动叉处,左、右转至极限位置可测出万向传动装置和驱动桥角间隙的和,再减去驱动桥间隙后即可得万向传动装置角间隙。

③离合器和变速器各挡位的角间隙检测。放松制动,离合器处于接合状态,指针式扭力扳手仍作用于变速器后端万向节主动叉上,即可测得不同挡位下从离合器至变速器输出轴的角间隙。

以上三段角间隙之和即为传动系统总的角间隙。

2)数字式角间隙检测仪基本原理和角间隙检测方法

(1)基本原理。

数字式角间隙检测仪由用导线相连的倾角传感器和测量仪构成。

倾角传感器的作用是将传感器感受到的倾角变化转变为线圈电感量的变化,从而改变检测仪电路的振荡频率。因此,传感器实际上是一个倾角-频率转换器。传感器外壳是一个上部带有V形缺口,并配有带卡扣尼龙带的长方形壳体,可固定在传动轴上,因此可随传动轴摆动;传感器内部结构是一个中心插有弧形磁棒的线圈,如图4-12所示。弧形磁棒由摆杆和芯轴支承在外壳中夹板的两盘轴承上。在重力作用下,摆杆始终偏离垂线某一固定角度。弧形线圈则固定在外壳中的夹板上,当外壳随传动轴摆动时,线圈也随之摆动,因而线圈与磁棒的相互位置发生变化,从而改变了线圈电感值,电感的变化量则反映了传动轴的摆动量。

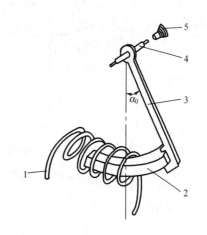

图4-12 倾角传感器结构示意图
1-弧形线圈;2-弧形磁棒;3-摆杆;4-芯轴;5-轴承

当线圈作为检测仪振荡电路中的一个元件时,传动轴的摆动引起线圈电感量的变化,因此改变了电路的振荡频率。可见该仪器的核心部分是一个倾角-频率转换器。

数字式角间隙检测仪实际上是一台专用的数字式频率计,采用与传感器特性相应的门时并可初始置数,通过标定可直接显示出倾角大小。测量仪采用数字集成电路,由传感器输出的振荡信号经计数门进入主计数器,在初始置数的基础上累计脉冲数。计数结束后,在锁存器接收脉冲作用下,将主计数器的结果送入寄存器,并由荧光数码管将结果显示出来。使用时,把角间隙两个极端位置的倾角相减,其差值即为角间隙值。

(2)检测方法。

利用数字式角间隙检测仪检测传动系统角间隙时,也必须逐段检测。

①万向传动装置角间隙检测。驻车制动器处于制动状态,传动轴转至驱动桥角间隙中间位置(驱动桥角间隙一般远大于其他部位的角间隙),把传感器固定于传动轴,左、右旋转传动轴至极端位置,测量仪便显示出在这两个位置时传感器的倾斜角度,两个角度之差即为万向传动装置的角间隙。

②离合器和变速器各挡位的角间隙检测。接合离合器,变速器挂入预选挡位,放松驻车制动器,传动轴位于驱动桥间隙中间位置,左、右转动传动轴至极限位置,测量仪显示出的这两位置传感器倾斜角之差减去已测得的万向传动装置角间隙,即为从离合器至变速器输

出轴的角间隙。

③驱动桥角间隙检测。放松驻车制动,变速器挂入空挡,行车制动处于制动状态时,左、右旋转传动轴至极限位置,测量仪上所显示两角度之差则为驱动桥角间隙与传动轴至驱动桥间万向节角间隙之和。

二、离合器常见故障及诊断

离合器由主动部分、从动部分、压紧装置、分离机构和操纵机构组成。主、从动部分和压紧机构是保证离合器处于接合状态并能传递动力的基本结构。而分离机构和操纵机构则主要是使离合器分离的装置。

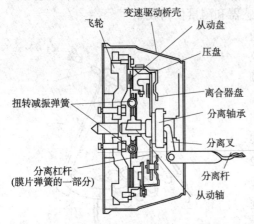

图4-13 摩擦式离合器总成主要部件

常用摩擦式离合器如图4-13所示。其主动部分主要包括飞轮、离合器盖和压盘;从动部分包括从动盘和从动轴;压紧装置由压紧弹簧组成;分离机构由分离杠杆、分离轴承、分离套筒以及分离叉等组成。

离合器技术状况随汽车行驶里程的增加而逐步变差,严重时会造成离合器打滑、分离不彻底、发响和抖动等故障。

1. 离合器打滑故障诊断

1)故障现象

离合器打滑指离合器在接合传力时,离合器从动盘摩擦片在压盘与飞轮之间滑动。

汽车低速挡起步时,离合器接合后,汽车仍不起步或起步很不灵敏;加速行驶时,车速不能随发动机转速提高而迅速提高;负载上坡行驶时动力明显不足。在拉紧驻车制动器的情况下,低挡起步时发动机不熄火;行驶中伴有离合器发热、产生异味等现象。

2)故障原因

离合器打滑的根本原因是压盘不能牢固地压在从动盘摩擦片上,或摩擦片与压盘及飞轮之间的摩擦系数减小,离合器摩擦力矩不足。

具体原因:离合器操纵系统调节不当,使离合器踏板没有自由行程;从动盘的摩擦片、压盘或飞轮严重磨损,使分离轴承压在分离杠杆上,导致离合器踏板没有自由行程;从动盘的摩擦片油污、烧焦、表面硬化、表面不平或铆钉头露出,使离合器摩擦副的摩擦系数减小;离合器的压力弹簧(包括膜片压力弹簧)退火、疲劳、弹力不足或断(开)裂;离合器盖与飞轮之间加有调整垫片或二者的固定螺钉松动;压盘、飞轮、从动盘变形,所能传递的转矩下降;分离轴承运动受阻而无法回位。

3)离合器滑转检测

采用离合器滑转测定仪可对离合器打滑及其程度进行检测,该仪器由透镜、闪光灯、高压电极、电容、电阻等构成,以汽车蓄电池作为电源,以发动机的点火脉冲作为闪光灯触发信号,如图4-14所示。

离合器滑转测定仪的基本工作原理是频闪原理,即:如果在精确的确定时刻,相对转动零件的转

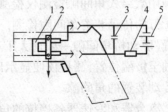

图4-14 离合器滑转测定仪
1-闪光灯;2-高压电源;3-电容;4-电阻;5-蓄电池

角照射一束短暂(约1/5000s)的频率与转动零件的旋转频率相同的光脉冲时,由于人们的视觉暂留现象,似乎觉得零件静止不动。检测离合器滑转时,可把驱动轮置于底盘测功机或车速表试验台滚筒上,或支起驱动桥;汽车变速器直接挂挡,起动发动机并使之稳定运转。此时,若离合器不打滑,发动机转速与传动轴转速相同。为增大离合器滑转的几率,在检测过程中,可用行车制动器或驻车制动器增大传动系统负荷和离合器所传递的转矩。离合器滑转测定仪由发动机火花塞或1缸点火高压线通过电磁感应给测定仪的高压电极输入信号脉冲,以控制闪光灯的闪光时刻。因此,闪光灯的闪光频率与发动机转速成正比。若把闪光灯发出的光脉冲投射到传动轴某一点,当传动轴与发动机转速相同时,光脉冲每次都照射该点的位置不变,使人感到传动轴并不旋转。离合器打滑时,传动轴转速比发动机转速慢,光脉冲每次照射点均位于上次照射点的前部,位置发生变化,使人感觉着传动轴慢慢向相反方向转动,转动的快慢即可反映离合器打滑的严重程度。

4)故障诊断方法

汽车静止时,分离离合器,起动发动机,拉紧驻车制动器,把变速器换入一挡,缓抬离合器踏板使离合器逐渐接合,同时踩下加速踏板。若发动机无负荷感,汽车不能起步,发动机又不熄火,说明离合器打滑;汽车在行驶中,急踩加速踏板,若发动机转速提高而车速不变,则表明离合器打滑。当离合器打滑时,可按下述方法进行具体诊断。

(1)检查离合器踏板自由行程。若无自由行程,则应检查离合器操纵系统是否调整不当,踏板复位弹簧是否疲劳或折断,踏板操纵杆系是否卡滞,分离轴承是否无法复位,分离杠杆内端是否调整过高。若自由行程正常,则进行下步检查。

(2)检查从动盘摩擦片。拆下离合器壳底板,挂空挡并踩下离合器踏板,转动从动盘摩擦片查看是否有烧损、硬化、铆钉外露或油污等现象。若有,则应更换从动盘摩擦片;若从动盘摩擦片完好,则进行下步检查。

(3)拆下离合器检查。检查压紧弹簧是否变形损坏或弹力不足,检查压盘、飞轮、从动盘是否变形,以确定故障部位。

2. 离合器起步发抖故障诊断

1)故障现象

汽车起步出现振抖,并伴有轻微冲撞,不能平顺起步,严重时甚至全车抖动。

2)故障原因

根本原因是从动盘摩擦片表面与压盘表面、飞轮接触表面不能同时进行接触,接触表面间压力分布不均。

具体原因:从动盘或压盘翘曲变形,飞轮工作端面的轴向圆跳动超标;从动盘上的缓冲片破裂、减振弹簧疲劳或折断;从动盘的摩擦片厚度不均、表面硬化、表面不平、铆钉头漏出、铆钉松动或切断;分离杠杆调整不当或变形,各分离杠杆内端的后端面不在同一平面;压紧弹簧弹力不均匀,个别弹簧折断或弹力减弱;发动机支架、飞轮、离合器壳或变速器固定螺钉松动;从动盘毂花键槽与变速器第一轴花键齿磨损过甚、间隙过大。

3)故障诊断方法

使发动机怠速运转,挂低速挡,缓慢放松离合器踏板并轻踏加速踏板,使汽车起步,若有振动感即为离合器发抖。当离合器发抖时,可按下述方法诊断故障的具体原因。

(1)检查分离杠杆内端的后端面是否在同一平面。如不在同一平面,则会使主、从动盘接触不平顺引起离合器振动,应按规定进行调整。

(2)检查发动机前后支架、变速器与飞轮壳、飞轮与离合器盖的紧固螺栓是否松动。如松动,则离合器接合时的冲击载荷会引起松动部件的振动,应按规定力矩拧紧。

(3)若上述情况良好,则应拆卸离合器,检查压盘及从动盘是否翘曲,摩擦片是否破裂、厚度不均、表面不平、铆钉松动,压紧弹簧或膜片弹簧是否断裂,减振弹簧是否失效,从动盘毂花键槽与变速器第一轴花键齿配合是否松旷等。

3. 离合器分离不彻底故障诊断

1)故障现象

发动机怠速运转,踩下离合器踏板挂挡时,挂挡困难且有齿轮撞击声;情况严重时,原地挂挡后发动机熄火;在行驶过程中,汽车换挡困难且有齿轮撞击声。

2)故障原因

离合器分离不彻底的根本原因是离合器踏板踏到底时压盘离开从动盘的移动量过小,或离合器主、从动件变形导致压盘与从动盘摩擦片有所接触不能分离。

具体原因:离合器踏板自由行程太大,使踏板工作行程变小;离合器分离杠杆调整不当,使分离杠杆内端高度太低或内端不在平行于飞轮的同一平面上;压盘受热变形,翘曲超限;从动盘翘曲变形、铆钉松动或摩擦片破裂;从动盘沿花键轴的轴向移动不灵活;液压传动离合器的液压传动系统漏油、油液不足或液压管道内有空气;双片离合器中间压盘调整不当,中间压盘个别支撑弹簧疲劳或折断,中间压板轴向移动不灵活。

3)故障诊断方法。

先将变速器处于空挡,使发动机运转,再踩下离合器踏板,进行挂1挡试验。若换挡困难并伴有齿轮撞击声,强行挂入挡位后汽车前冲,发动机熄火,则说明离合器分离不彻底。当离合器分离不彻底时,可按下述方法诊断故障的具体原因。

①检查离合器操纵机构是否卡滞,传动是否失效;工作是否正常。

②检查离合器踏板自由行程。若自由行程过大,则调整离合器踏板自由行程至正常值,然后起动发动机检验调整后的状况。此时若离合器工作正常,则说明其故障原因是离合器踏板自由行程过大。若自由行程正常,则进行下步检查。

③检查分离杠杆内端的后端面是否在同一平面。用手扳动分离拨叉,使分离轴承前端轻轻靠在分离杠杆内端。转动离合器一周,观察其接触情况。若只有部分分离杠杆内端与分离轴承接触,则离合器分离时,其压盘会失去与飞轮的平行状态,从而造成离合器分离不彻底。此时,需重新调整分离杠杆。若各分离杠杆内端的后端面在同一平面则进行下步检查。

④检查分离杠杆内端高度是否过低。若过低,则故障可能由此引起,其原因是分离杠杆内端高度调整不当或磨损过甚,应重新调整分离杠杆。

⑤对于双片式离合器,还应检查中间压盘的分离情况。若在离合器分离过程中,中间压盘及其从动盘无轴向活动量,说明故障在此,应重新调整。若调整后故障仍未排除,则可能是中间压盘支撑弹簧折断、过软或中间压盘本身轴向移动卡滞所造成。

⑥经上述检查和调整后,若离合器分离仍不彻底,则可能原因是:从动盘翘曲变形严重、从动盘铆钉松脱、摩擦片松动、从动盘摩擦片过厚、从动盘花键滑动卡滞。

⑦对于离合器液压操纵机构,若在排除空气和加满油液后,离合器能分离彻底,则故障原因是液压操纵机构内有空气或油液不足,导致踩离合器踏板无力,有效行程减小。

4. 离合器异响故障诊断

1）故障现象

离合器分离或接合时发出不正常响声。

2）故障原因

离合器产生异响的根本原因在于离合器部分零件严重磨损,及主、从动件传力部位松旷。

具体原因:分离轴承磨损严重、损坏或缺少润滑剂;分离轴承与分离杠杆内端间隙太小,运转中二者之间时有碰撞现象;分离轴承套筒与其导管之间油污、尘腻严重或分离轴承复位弹簧、离合器踏板复位弹簧脱落、疲劳、折断使分离轴承复位不佳,与分离杠杆内段有碰擦现象;分离杠杆与离合器盖的连接松旷或分离杠杆支撑弹簧疲劳、折断、脱落;双片式离合器中间压盘的传动销与销孔磨损松旷;从动盘毂花键槽与变速器第一轴花键齿磨损松旷;从动盘铆钉头外露、钢片断裂、减振弹簧折断或失效。

3）故障诊断方法。

（1）在变速器挂入空挡、发动机怠速运转时,控制离合器踏板,利用离合器分离与接合时发出的响声诊断异响部位。

①踏下离合器踏板少许,使分离杠杆与分离轴承接触。若听到有"沙沙"的响声,则为分离轴承响;若润滑分离轴承后仍然发响,则说明轴承磨损松旷。若连续踩下离合器踏板,并略提高发动机转速,如金属摩擦的响声增大,则说明分离轴承损坏。

②将离合器踏板踩到底时,若听到有"咔啦、咔啦"的响声,并且当反复改变发动机转速时,其响声更明显;而松开离合器踏板后,其响声消失;对于双片式离合器来说,其异响多为中间压盘销孔与传动销磨损松旷撞击所致;而对于单片式离合器,其异响多为离合器压盘与盖配合传力处松旷撞击所致。

（2）在汽车起步时,控制离合器踏板,根据离合器发出的响声诊断其故障部位。

①逐渐放松离合器踏板,在离合器将要接合时听到尖锐啸叫,随即踩下踏板,响声消失,放松踏板响声又出现,这是从动盘钢片破碎或铆钉头外露刮碰压盘或飞轮所致。

②松开离合器踏板,在离合器接合、汽车起步时,若发出金属撞击声,且重车起步时更为明显,则为从动盘毂花键槽与变速器输入轴花键齿配合松旷,或从动盘减振器弹簧折断。

三、手动变速器常见故障及诊断

手动变速器以齿轮机构实现转速、扭矩转换,其基本结构包括变速传动机构和操纵机构两部分,如图4-15所示。在现代汽车变速器中,为了避免换挡时发生接合齿的冲击,通常还装有同步器,即加装了一套同步装置的接合套换挡机构。

手动变速器常见故障有变速器脱挡、变速器乱挡、变速器换挡困难和异响等。

1. 变速器脱挡故障诊断

1）故障现象

汽车以某挡行驶时,变速杆自动跳到空挡位置,换挡啮合副自动脱离啮合状态。

2）故障原因

变速器脱挡的根本原因是换挡啮合副在传递动

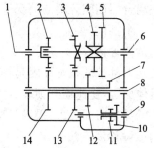

图4-15 三轴四挡变速器传动原理
1-输入轴;2、14-常啮合齿轮;3、4、5-滑动齿轮;
6-输出轴;7、10、11、12、13-传动齿轮;8-中间轴;
9-倒挡轴

力时,产生的轴向力大于自锁装置的锁止力与齿面摩擦力之和,导致啮合副脱离啮合位置。

具体原因:自锁装置的凹槽和钢球严重磨损或自锁弹簧疲劳、断裂;换挡拨叉及拨叉轴磨损或弯曲变形严重,换挡拨叉与拨叉槽配合间隙过大;换挡齿轮、齿圈或齿套,在啮合部位磨损严重;变速器轴与轴承磨损导致松旷,壳体变形,啮合齿轮的轴线不平行;滑动齿轮与轴的花键磨损严重,配合间隙过大;变速器轴向间隙过大。

3)故障诊断方法

当出现自动跳挡故障时,可按图 4-16 所示流程进行故障诊断,确定故障原因。

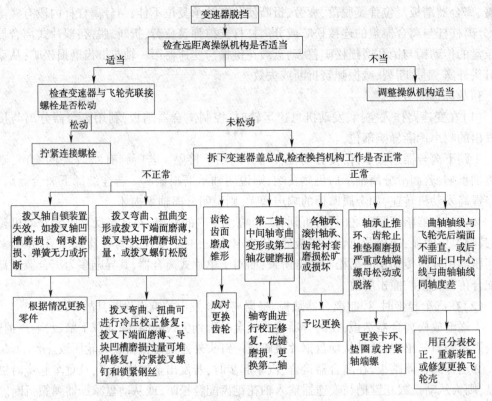

图 4-16　变速器脱挡故障诊断排除流程图

2. 变速器乱挡

1)故障现象

在离合器彻底分离的情况下,出现挂不上挡或要摘不下挡的情况;有时挂错挡位,或同时挂上 2 个挡位。

2)故障原因

变速器乱挡的根本原因是操纵杆与选挡装置的挡位不对应。

具体原因:变速器互锁装置失效;操纵杆下端长度不足、下端工作面磨损过甚或变速叉轴导块的导槽磨损过大;操纵杆球头定位销松旷、折断或球、球头座磨损过大。

3)故障诊断方法

出现变速器乱挡故障时,可参考图 4-17 所示流程进行故障诊断,确定故障原因。

3. 变速器换挡困难

1)故障现象

不能挂入所需变速器挡位,或换挡位时产生齿轮撞击声,而挂入后不易脱出。

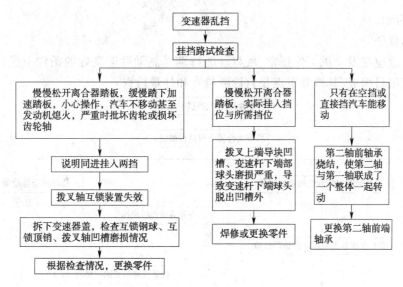

图 4-17 变速器乱挡故障检查流程

2) 故障原因

变速器换挡困难的根本原因是汽车换挡时待啮合齿的圆周速度不相等,或拨叉轴移动时的阻力过大。

具体原因:变速杆弯曲变形及操纵机构调整不当;拨叉弯曲、固定螺钉松脱、拨叉下端磨损严重,换挡叉头部、导块凹槽磨损过量;拨叉轴弯曲变形,拨叉轴与其导向孔配合过紧;变速器自锁装置失效;具有同步器的变速器,同步套和同步键配合不良导致工作不正常,弹簧弹力不足;严寒地区冬季,使用齿轮油牌号不正确,齿轮油凝固。

3) 故障诊断方法

变速器换挡困难故障时,可参考图 4-18 所示流程进行故障诊断,确定故障原因。

4. 变速器异响

1) 故障现象

变速器异响分为如下几种情况:空挡异响,即发动机怠速运转时,变速器处于空挡时有异响,而踏下离合器踏板后响声消失;直接挡无异响,其他挡均有响声;低速挡时有异响,高速挡时响声消失或减轻;汽车行驶中个别挡有异响;汽车在以任一挡行驶时,变速器均有异响。车速越高,响声越大。

2) 故障原因

变速器异响的根本原因是由于轴承磨损松旷和齿轮啮合失常或润滑不良所致。

具体原因:变速器常啮合齿轮啮合不良;变速器第一轴前轴承损坏,第二轴后轴承损坏;齿轮磨损过大或啮合不良;中间轴轴承、第二轴前轴承损坏;第二轴花键与齿轮配合花键磨损严重,配合松旷;第二轴中间轴或变速器壳体变形;变速器轴线不平行,齿轮啮合时产生异响。

3) 故障诊断方法

出现变速器异响故障时,可参考图 4-19 所示流程进行故障诊断,确定故障原因。

四、自动变速器技术状况检测

电子控制自动变速器由电子控制单元(ECU)、液力变矩器、行星齿轮变速系统、换挡执行机构及液压自动操纵系统组成,其构成及基本工作过程如图 4-20 所示。其液力机械部分如图4-21所示。

1. 基础检验

基础检验应在发动机工作正常、底盘性能特别是制动性能良好的条件下进行。基础检验由一系列项目组成,其检验重点是自诊断检查和外观检查。

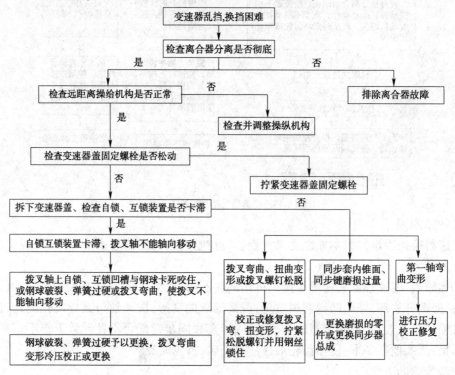

图4-18 换挡困难故障排除流程

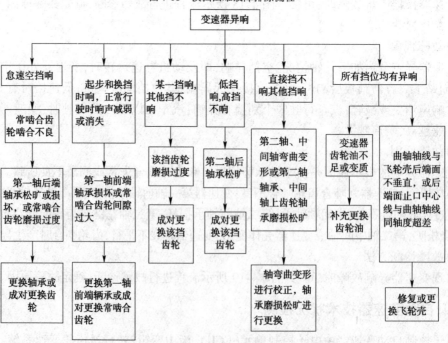

图4-19 变速器异响的故障诊断流程

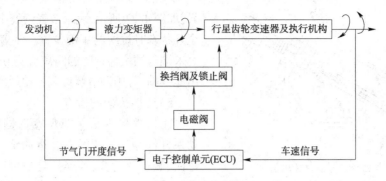

图 4-20 电子控制自动变速器的基本工作过程框图

1) 自诊断检查

自动变速器发生故障时,电控 ECU 会储存故障码。读取故障信息,可以直接确定故障原因,或经进一步检查、判断确定故障原因和部位。

故障的出现有两种形式,一种是偶发的间歇性故障(也称为软故障),其主要特征是时好时坏;另一种是持续性故障(也称为硬故障)。

2) 变速器油液位及品质检查

即检查变速器油的液面高度是否在规定范围内,同时检查变速器油的状况。

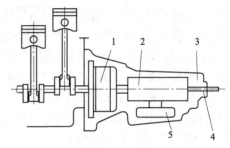

图 4-21 自动变速器
1-液力变矩器;2-行星齿轮变速器;3-壳体;4-输出轴;5-液压控制装置

液位检查时,将车停在水平路面上,拉紧驻车制动器。起动发动机,油温正常后(50~90℃)使之怠速运转。踩下制动踏板,分别将选挡手柄置于各挡位片刻,然后置于 P 或 N 挡中任一挡。拔出油尺检查,油位应在规定范围内。若油面过低,应向加油管中补充变速器油,直至液面高度符合标准。

自动变速器油的状态和工作温度是变速器工作状态的集中反映。应经常观察变速器油的颜色和气味的变化,判断变速器油的品质及能否继续使用。油温不正常的主要原因有液力变矩器故障,离合器、制动器打滑或分离不彻底,单向离合器打滑及油冷却器堵塞等。油温过高将使油液黏度下降、性能变坏、产生油膏沉淀物、堵塞油道、阻滞控制滑阀、降低润滑冷却效果、破坏密封件,最终导致故障。

3) 发动机怠速检验

发动机热机后,分别将变速杆置于 P 位或 N 位,关闭空调及其他所有用电设备,发动机的怠速转速应符合规定。通常,自动变速器汽车的发动机怠速转速为 750r/min。

如果怠速过低,换挡时容易引起车身振动或发动机熄火。

如果怠速过高,换挡时容易产生冲击和振动。

当怠速超出规范要求时,应查明原因,怠速过高或过低均应调整。

4) 节气门阀拉线的检验

节气门阀拉线连接节气门阀与节气门,通过节气门阀的位移量变化,将节气门开度信号转换为油压信号。检查方法有:

①目视检查法。主要观察拉线有无破损、弯折、连接是否良好等。

②手感试验法。松开加速踏板处于怠速位置,然后按动拉线,拉线不能过紧或过松。

③记号检查法。有些自动变速器的节气门阀拉线在节气门端某处有一铁挡块或油漆记

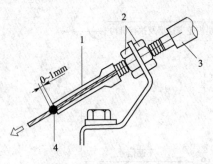

图 4-22 节气门阀拉锁检查
1—防尘罩套；2—调节与锁紧螺母；3—外拉索；4—挡块标记

号，如图 4-22 所示，表示节气门处于怠速状态或全开状态时拉线的正确位置。一般橡胶防尘罩套末端与挡块标记间的距离应为 0~1mm，若超出此范围，可用调节螺母调整拉锁的长度。

5）选挡机构的检查

①目视检查法。即观察选挡机构连接传动系杆件等是否变形或有运动干涉，拉线是否弯曲、破损及折叠，各连接处是否固定良好、有无脱落等。

②手柄试验法。将选挡手柄分别按正常操作方法挂入每个挡位，通过操作时的感觉来判断选挡机构工作是否正常。

③断开分段检查法。将选挡机构的某些连接部位断开，然后分段进行检查。一般可采用两点断开式，即将选挡机构的信号传递系统从两处断开，分为 3 段，逐段进行检查。一个断开点在变速器转轴上的摇柄与传动拉线（或拉杆）的连接处，将此处断开后用手扳动转轴上的摇柄，检查是否每个挡位都能进入，且进入后能否被内部锁止弹簧正确锁住，在该位置能否轻易被扳入其他位置。通过此检查可判断出故障发生在变速器内部还是在变速器外部。另一个断开点在选挡手柄杠杆末端与拉线（或拉杆）连接处，从此处断开后按正常操作，扳动手柄检查是否能正确完成选挡工作。

6）空挡起动开关的检查

空挡起动开关检查主要是确定其挡位识别信号是否正确，如挡位识别信号与实际挡位不符，要对其进行调整。首先应检查发动机是否仅在选挡手柄处于 N 或 P 位时方可起动；然后检查倒车灯是否仅在选挡手柄置于 R 位时才接通。若发现在选挡手柄置于除 N 和 P 位以外的其他位置时也能起动，则应进行调整。

7）超速挡控制开关检查

检查时，变速器油温应正常（70~80℃），发动机熄火，打开点火开关，按动超速挡（O/D）控制开关，查听变速器内的相应电磁阀有无发生动作时的声响。如有"咔嗒"声响，说明超速挡电控系统工作正常。

8）强制降挡开关检查

首先检查强制降挡开关的安装是否牢固，导线的连接是否良好。然后在加速踏板放松和踩到底两种情况下，用万用表检查开关的通断情况。正常情况下，开关的电阻值只有小阻值（3~10Ω）和大阻值（30Ω 以上）两种状态；电压值则因车型不同而异，但开关接通与断开时电压值应有明显的改变。

2. 道路试验

道路试验就是通过路试全面检查自动变速器性能。试验时，汽车在道路上行驶，可以重现故障，以检验各制动器、离合器是否打滑，观察换挡情况。道路试验前，应检查汽车外观及安全性，并检查机油和变速器油。然后，以中低速行驶 5~10 min，达到正常工作温度。如无特殊要求，超速挡开关置于"ON"位置，模式选择开关则置于普通模式或经济模式位置。道路试验内容包括：换挡点测试、换挡品质测试（发现打滑、冲击、振动、延迟等问题）、变矩器锁止与解锁测试等。

1）起步工况检验

踏住制动踏板，将选挡手柄置于前进挡任一挡（应对 D、2、L 挡逐一进行检查）或 R 挡，等2~3s松开驻车制动器与制动踏板,汽车应开始缓慢前行;再踩下加速踏板,汽车应随之提高车速,不应有阻滞和延迟的感觉。

2)加速驱动传动性能试验

正常起步后,踩下加速踏板,观察车速是否随发动机转速升高而增大。同时,观察高速时加速性能是否良好,急加速时是否有驱动打滑现象。

3)匀速行驶传动性能试验

选择交通和道路状况良好的路段,用巡航系统设定在某一车速,使汽车以稳定速度行驶。此时,检查汽车行驶状况、发动机转速表变化情况、乘坐及驾驶的感觉、变速器自动换挡情况和工作声响等。

4)大负荷高速行驶传动性能试验

在坡道行驶或汽车重载情况下,加速使发动机进入大负荷工况。检测发动机转速、声响、车速状况,判断变速器的传动机构有无打滑现象,以及汽车在坡道上能否用2挡稳定行驶。也可以在道路状况良好(如高速公路上)情况下,以100km/h以上的车速行驶,通过发动机的转速、声响变化,以及车速情况来判断变速器的传动系情况。

5)减速滑行性能试验

将车速增大到80km/h以上,或让变速器进入超速挡工作。然后,放松加速踏板自由滑行。先在N挡滑行,检查行驶系与传动系是否正常。然后,将选挡手柄置于正常前进挡位D或3,让汽车高速行驶。再放松加速踏板,观察自动换挡动作是否平顺、发动机转速是否有明显的变化,滑行是否良好,且当再加速前进时是否存在冲击与打滑现象。

6)自动换挡试验

自动换挡包括自动升挡、自动降挡及挡位保持三种状态。自动换挡试验有空负荷和带负荷两种方法。带负荷试验时,应选择适当路段,从零车速开始,按慢加速、正常加速和急加速三种状态加速行驶。加速过程中,观察发动机转速与车速、发动机负荷与车速的变化。若车速随发动机转速上升到某一数值时,发动机转速突然下降200~300r/min,而车速反而上升,表明发生了自动升挡过程。随着车速上升,自动变速器挡位自动升到最高挡位。将加速踏板放松到怠速状态,当车速降低到某一数值时,便会出现发动机转速突然上升,而车速反而下降的现象,此时即表明发生了自动降挡。

自动换挡过程中应注意有无换挡冲击或打滑、有无异常振动和噪声以及换挡点是否满足要求。

7)发动机制动性能试验

在汽车下坡时,将选挡手柄置于L位,观察汽车滑行情况。然后,在平路上将车速升高到60km/h左右,将选挡手柄置于2位,当车速为40km/h左右时再将选挡手柄置于L位,观察车速是否下降过多。或将换挡操纵手柄拨至前进低挡(S、L或2、1)位置,在汽车以2挡或1挡行驶时,突然松开加速踏板,检查是否有发动机制动作用。若松开加速踏板后车速即随之下降,则说明产生了发动机制动作用。否则,说明控制系统或前挡离合器有故障。

8)强制降挡功能检验

在交通情况较好的道路上,在节气门开度为一半以下时,使汽车在D位自动换入三挡以上的挡位工作。然后迅速将加速踏板踏到底,通过发动机转速变化情况检查自动变速器是否发生了强制降低一个挡的情况。

在强制降挡时,发动机转速会突然上升至4000r/min左右,并随着加速升挡,转速逐渐下降。若踩下加速踏板后没有出现强制降挡,则说明强制降挡功能失效;若强制降挡时,发动机转速升高反常,达 5000~6000r/min,并在升挡时出现换挡冲击,则说明换挡执行元件打滑,应拆修自动变速器。

9) 液力变矩器锁止功能检验

保持发动机冷却液和自动操纵式变速器油温正常,在平坦道路上使汽车加速到 60~80km/h 以上,自动变速器自动换入三挡或四挡后,迅速踏下加速踏板,察看发动机转速是否有明显升高现象。若锁止离合器已经锁止,则发动机转速没有明显升高。

液力变矩器锁止离合器锁止后,轻踩制动踏板,使制动开关接通但不使汽车制动,察看发动机转速是否下降为怠速转速。若下降为怠速转速,即表明锁止功能正常。

目前许多汽车自动变速器的自诊断系统已经相当完备,车辆运行之中如果连接故障分析仪,读取相关数据流可以确定当前挡位和变矩器锁止信息,这为顺利完成道路试验提供了很好的帮助。

3. 挡位试验

挡位试验即检查自动操纵式变速器各个挡位的工作情况是否良好。

1) 手动选挡试验与时滞试验

检验时,按正常驾驶时操纵选挡手柄的方法,移动选挡手柄到正确的挡位,应感到有明显的到位锁定感。

时滞试验检测从选挡发出执行动作命令后,到变速器内部执行机构的活塞动作这一过程所需时间。时滞试验应在汽车的驻车制动和行车制动正常的情况下进行。

试验时,将汽车停在平地上,在变速器油温正常后,拉好驻车制动;选挡手柄在 N 挡时起动发动机,踩住制动踏板,将选挡手柄推入 R 或 D 挡的瞬间按下秒表开始计时,直至感到有振动时按下秒表终止计时。然后将选挡手柄置于 N 位,放松制动踏板。反复进行几次,每次试验间隔时间 1min,取 3 次试验平均值作为测量结果。自动变速器时滞试验结果应符合规定,丰田 U540E 自动变速器 N→D 和 N→R 的标准时滞时间均少于 1s。

2) 手动换挡试验

手动换挡试验时,断开自动变速器的自动换挡功能,转变成手动换挡状态。以区分液压机械系统故障,还是电控系统故障。试验步骤如下。

① 脱开电控变速器所有换挡电磁阀线束插头,使之失去控制作用。

② 起动发动机,将换挡操纵手柄拨至不同位置,然后做道路试验或室内台架试验。

③ 观察发动机转速与车速的对应关系,以判断自动变速器所处的挡位。不同挡位时发动机转速和车速的关系可参考表 4-5。

④ 换挡操纵手柄位于不同位置时,若自动变速器所处挡位与规定挡位相同,则说明电控自动变速器的阀板及换挡执行元件工作正常。否则,说明阀板或换挡执行元件有故障。

不同挡位时发动机转速与车速的对应参考值　　　　表 4-5

挡位	发动机转速(r·min^{-1})	车速(km·h^{-1})
1 挡	2000	18~22
2 挡	2000	34~38
3 挡	2000	50~55
超速挡	2000	70~75

⑤ 试验结束后,接上所有换挡电磁阀的线束插头。

⑥清除 ECU 中的故障码，防止因脱开换挡电磁阀线束插头而产生的故障码储存在 ECU 中，影响自诊断系统的工作。

若变速器有故障，但每一挡的动作都正常，则说明故障出在电子控制系统；若某一挡动作异常，则说明故障是机械或液压系统故障，应进一步进行试验。

3）前进挡换挡试验

主要检查变速器内自动换挡功能是否正常。

①空负荷试验。即将汽车用举升机举起，使驱动轮离地（有防滑装置则断开其防滑装置的作用），挂上前进挡位，若是后驱动则松开驻车制动。使发动机转速和车速提高，并观察发动机转速与车速之间的变化关系。

②负荷试验。即让汽车在道路上行驶，观察发动机转速、负荷与车速之间的关系。

4. 失速试验

失速试验指车轮抱死且发动机运转的情况下，将加速踏板猛踩到底（选挡手柄处于 D 位或 R 位）以获取失速转速的专项试验。失速试验目的是通过测试选挡手柄置于 D 位或 R 位时的失速转速，诊断离合器、制动器的磨损情况和机械故障部位，检查自动变速器和发动机的整体性能。

1）失速试验步骤

①平地停放车辆，用三角木楔入四个车轮。

②拉紧驻车制动，同时将行车制动踏板也踩到底。

③将变速杆置于 D 位或 R 位。

④起动发动机使变速器油温达到 50~80℃。

⑤迅速将加速踏板踩到底，读取发动机最高转速值，该转速值即为失速转速。

2）试验结果分析

失速转速的测试值应符合规定，丰田 U540E 自动变速器失速转速标准值见表 4-6。

丰田 U540E 自动变速器失速转速标准值　　　　表 4-6

发动机类型	失速转速（r/min）
5A—FE	2350 ± 200
8A—FE	2250 ± 200

（1）失速转速过高的原因。

自动变速器油压过低；离合器或制动器打滑，单向离合器损坏；变矩器损坏（机械磨损所致的传动效率下降）。

由于失速试验时车速为零，因此自动变速器并不升挡。失速试验只能够检验与 1 挡或倒挡相关的执行元件是否打滑。

（2）失速转速过低的原因。

发动机动力不足；变矩器导轮上的单向离合器打滑；变矩器损坏所致运动阻力增大。

在失速工况下，发动机和变速器均处于满负荷工况，所以严禁时间过长（一般不超过 5s），如果要重复试验则要间隔数分钟。同时，试验时应倾听发动机及自动变速器的声响变化。

5. 液压试验

液压试验通过测量液压控制系统各回路的工作压力，检查液压控制系统各管路及元件是否漏油及各元件（如液力变矩器、蓄压器等）是否工作。

1) 液压试验方法

首先关闭发动机,将变速器挡位置于 P 位,拆下需要测试液压的接点堵头,再接上油压测试管接头,然后接上油压软管及油压表。起动发动机,使变速器处于液压被测状态,检查管接头及油管的连接是否可靠,有无漏油。待变速器的油温达到正常工作温度后,在各种工况下测试并记录液压标定数值,通过比较测量值与标准值的差异,判断系统的工作情况。测试项目如下:

(1) 主油路压力。

主油路压力包括怠速或发动机转速为 1000r/min 空负荷液压、行驶挡位发动机怠速与零车速液压、主油路行驶挡失速液压、主油路全负荷液压。不同自动变速器的主油路压力值不同,见表 4-7。

几种自动变速器的主油路压力值　　　　　　　　　　　表 4-7

变速器类型		挡位或测试条件	怠速时主油路压力(kPa)	全负荷时主油路压力(kPa)
福特 4EAT		OD、D、L 位	434~455	876~1041
		R 位	600~931	1655~2000
通用 4T65—E		D 位 2、3、4 挡	512~592	1153~1400
		D 位 1 挡	1005~1289	1005~1289
		P、N、R 位	542~696	1540~1869
丰田	A140E	D 位	360~420	750~900
		R 位	620~715	1370~1600
	A341E	D 位	380~440	1260~1400
		R 位	640~715	1720~2080
	A540E	D 位	360~420	900~1050
		R 位	620~790	1600~1900

(2) 发动机负荷信号液压测试。

一些自动变速器上设有发动机负荷信号液压测试点。测试时,先改变节气门开度,观察压力是否相应变化,判断节流阀的调压作用是否正常,然后根据不同车型进行检测,读取数据。

(3) 车速信号液压测试。

汽车行驶或在空负荷运转时,观察液压是否随速度变化而变化,判断调速阀是否作相应的动作。然后以该车型液压正常时的相应状态操作汽车,读取液压值。

(4) 液力变矩器液压测试。

在 D 挡位时,使发动机驱动车轮转动,在怠速状态、自动变速器从 1 挡到最高挡位的几种工作状态下,分别测取液压值,然后分别在 R、N、2、L 各挡位进行测试。

2) 液压试验结果分析

液压过低说明油泵状况不佳或油路有泄漏,会导致离合器和制动器打滑;如果液压过高,一般是压力调节阀故障所致,会导致换挡冲击。

如果 D 位和 R 位测得的液压均较高,应检查主调压阀、主液压调节电磁阀和相关电路。

如果 D 位和 R 位测得的液压均较低,应检查油泵、主调压阀、主液压调节电磁阀。

若只有变速杆处于 D 位(或 R 位)时测得的液压低,应重点检查相关执行元件油路有无泄漏,如活塞及油路上的油封是否损坏等。

五、自动变速器故障诊断

自动变速器电控系统是自动变速器故障较为频繁的系统,因此以下主要介绍该系统的故障诊断和自动变速器常见典型故障的诊断。

1. 自动变速器故障自诊断

电控自动变速器是在电控单元 ECU 控制下工作的,如果电控系统中的某些传感器(或执行器)及电路出现故障,会使变速器不能正常工作。为此,电控 ECU 设有专门的故障自诊断电路,监测自动变速器电子控制系统中所有传感器和执行器的工作情况,并将检测到的故障以故障码的形式储存在存储器内,同时点亮仪表板上的自动变速器故障警告灯。

使用诊断仪器如 V.A.G1551 故障阅读器进行自动变速器故障自诊断时,用诊断连线 V.A.G1551/3 连接好自诊断插口与 V.A.G1551 故障阅读器后,根据 V.A.G1551 故障阅读器的使用手册,按步骤操作,即可查阅并在屏幕上显示出故障存储器中的故障码。车型不同,其故障自诊断方法也不相同。

读取故障码后,应对照故障码表查看故障码的含义,对自动变速器故障进行分析。故障码表示了故障的性质和范围,这些内容一般由汽车制造厂提供,列入维修手册中。因而可根据故障码的提示迅速、准确地确定故障的性质和部位,结合该车电路和有关元件的检测方法,按相应步骤进行深入诊断,有针对性地检查有关部位、元件和线路,排除故障。

在读取故障码并排出故障后,应按使用说明书规定的相应步骤清除存储器内的故障码。

2. 自动变速器电控系统元件故障诊断

电控系统线束及各插接件断路、短路、搭铁和接触不良,以及各电控元件损坏或失效等,都会使自动变速器不能正常工作。以下主要介绍通用元件的故障检查方法。

1)电控系统 ECU 信号检测

进行自动变速器电控系统检查前要确认蓄电池电压正常、ECU 电源和接地线路正常。现代汽车均配备了专用于电控单元 ECU 信号检测的检测盒。进行 ECU 信号检测之前,首先关闭点火开关,将检测盒 V.A.G1598/18 跨接于自动变速器 ECU 与 ECU 插接器之间,然后打开点火开关就可以进行在线测量。如果测量值与额定值不符,应按电路图查明故障。

2)车速传感器故障诊断

车速传感器损坏或有故障时,可能使自动变速器只能以 1 挡行驶,不能升挡;或有时能升挡有时不能升挡,严重时出现频繁跳挡。

其损坏的形式及原因是:由于受外力碰撞及挤压、自然老化等,造成感应线圈短路、断路或接触不良;维修时受伤、异物撞击等使传感器轮齿缺损;由于固定螺栓松动或轮齿摆动等,使传感器磁极与轮齿齿顶间的间隙发生变化。

检查时首先目测有无受伤变形等,然后用万用表测量传感器线圈电阻是否正常。其电阻值因车型不同有所不同,一般在几百欧姆至几千欧姆之间。

3)换挡电磁阀故障诊断

换挡电磁阀有故障时,会引起不能升挡或降挡,使换挡点不正确或缺挡,或引起频繁换挡的故障等。

换挡电磁阀故障及其原因是:受外力碰撞及挤压、自然老化等,造成感应线圈短路、断路或接触不良;自动变速器油中杂质太多或线圈老化,使电磁阀阀芯卡滞;由于阀球磨损、复位弹簧损坏等使电磁阀漏气。

检查时测量线圈两端的电阻值,测得值应符合规定;在阀的进油口吹入压缩空气,比较在电磁阀两端加12V电压前后出油口气流的变化,以此检查阀芯是否卡滞、漏气,电磁阀不通电(关闭)时应不漏气,电磁阀通电(接通)时气流畅通。

4) 液压控制电磁阀故障诊断

液压控制电磁阀用于控制油路中的液压。在脉冲信号作用下,电磁阀反复开、关卸油孔,以控制油路压力。当其出现问题时,会引起油路的压力过高或过低。液压过高易引起换挡冲击,过低则易引起自动变速器打滑,频繁跳挡等故障。液压控制电磁阀损坏的原因有:电磁阀电路断路、短路或接触不良;电磁阀阀芯卡滞及密封不严等。

检查时要测量电磁阀线圈两端的电阻值,测得值应符合规定。在电磁阀线圈的两端接上可调电源,逐渐升高电压,电磁阀阀芯应向外移动,减小电压时,阀芯应向内移动,否则即表明电磁阀损坏。

5) 控制开关故障诊断

自动变速器的控制开关较多,有超速挡开关、模式开关、挡位开关、制动灯开关、强制降挡开关等。

超速挡开关故障会引起自动变速器无超速挡。

模式开关故障则不能实现自动变速器经济模式和动力模式的转变。

挡位开关的内部有多组触点,当其出现故障时能引起起动机不工作、倒车灯不亮,挡位指示不准等。有些自动变速器的挡位开关工作不良,还能引起不能升挡的故障。

制动灯开关故障会引起选挡手柄不能从P挡跳出等故障。

强制降挡开关不良会使自动变速器无强制降挡功能。

造成这些开关故障的原因:一是开关安装位置不当,引起开关信号不正确;二是长期使用后,内部触点接触不良。

故障检查时,一般用万用表测量两端子的通、断情况即可。挡位开关有多组触点,应分别测量。

6) 油温传感器故障诊断

油温传感器的故障形式一般是断路或短路,以及传感器的电阻、温度值与标准不符。当出现这些情况后会影响自动变速器的换挡品质,锁止离合器的工作,甚至有些变速器还会引起无超速挡故障。

故障诊断时,将温度传感器放入专用的容器内加热,测量不同温度下的电阻值,并与标准值对比。若发生异常,则需更换温度传感器。

3. 自动变速器常见故障诊断

自动变速器常见故障有:汽车不能行驶、自动变速器打滑、换挡冲击、异响等。

1) 汽车不能行驶故障诊断

(1) 故障现象。

无论换挡操纵手柄位于倒挡、前进挡或前进低挡,汽车都不能行驶;冷车起动后不能行驶,待自动变速器油温上升后方可行驶;冷车起动后,汽车能行驶一小段路程,但稍一热车就不能行驶。

(2) 故障原因。

变矩器机械故障,如涡轮磨损、松旷,致使油液内泄严重等(影响前行、倒行),自动变速器没有动力输入;换挡操纵手柄及手动滑阀摇臂之间的连杆或拉锁松脱,手动滑阀保持在空挡或停车位置;空挡起动开关损坏,ECU不能够正确识别挡位;主液压过低,具体原因包括油泵磨损、主液压调节回路故障、油泵损坏、油泵滤网堵塞等(影响前行、倒行);控制系统故障,包括电控和液控系统故障;执行元件损坏;行星变速机构机械性故障。

(3) 故障诊断方法。

检查自动变速器液面高度,判断有无漏油;检查手动阀联动机构;检查空挡起动开关;检查液压系统主油路液压,若液压过低,应检查油泵滤网有无堵塞,检查油泵磨损情况。故障诊断流程见图4-23。

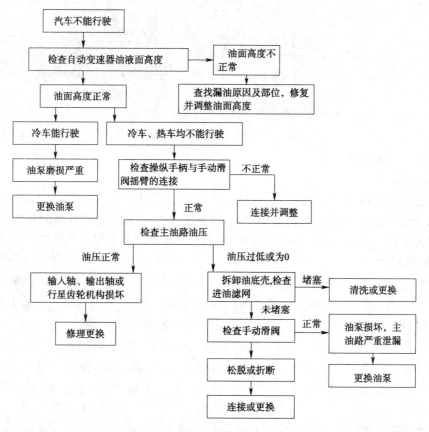

图4-23 汽车不能行驶故障诊断流程

2) 自动变速器打滑

(1) 故障现象。

自动变速器打滑指离合器或制动器打滑。主要特征是加速时发动机转速升高很快,但车速升高缓慢;当车辆上坡时,汽车行驶无力,但发动机转速很高。

(2) 故障原因。

自动变速器油面太低;自动变速器油面太高,运转中被行星齿轮机构剧烈搅动后产生大量气泡;离合器或制动器摩擦片、制动带磨损过甚或烧焦;油泵磨损过度、滤清器不畅或主油路泄漏,造成供液压力过低;单向离合器打滑;换挡油路泄漏,如离合器或制动器活塞密封圈损坏,单向阀关闭不严等。

(3) 故障诊断方法。

检查自动变速器油液位和品质,不足时适当添加,如发现油品变质应更换;检测主油路液压;解体检查执行元件、油泵及相关控制油路。

自动变速器打滑时,首先对其作基本检查,然后按图4-24所示流程进行故障诊断。

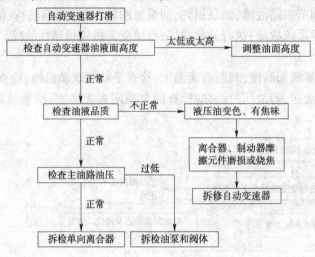

图4-24 自动变速器打滑故障诊断流程

3) 自动变速器换挡冲击

(1) 故障现象。

汽车起步时,由停车挡(P位)或空挡(N位)挂入前进挡(D位)或倒挡(R位)时,自动变速器的动作不良,产生很大冲击振动;汽车行驶过程中,自动变速器各挡的升挡、降挡过程中出现较大冲击。

(2) 故障原因。

发动机怠速过高;主油路液压偏高。具体原因:液压调节电磁阀及线路故障、液压调节阀故障等;节气门位置传感器故障或节气门拉锁调整不当;变速器与发动机的支承胶垫损坏、连接螺栓松动、传动系的间隙过大或松旷;储能器故障,如活塞瞬间卡死、背压过高等;换挡执行元件故障:如有关制动器、离合器的摩擦元件的工作间隙不正确,有关的单向离合器打滑或锁止不良而出现运动干涉,换挡前的离合器或制动器的分离时间过长或分离不彻底;自动操纵式变速器的换挡点不正确;电控部分故障,电控ECU故障及其他元件故障。

(3) 故障诊断方法。

导致换挡冲击的故障原因很多。若故障原因是调整不当则只需作调整即可排除;如控制电磁阀或换挡执行元件有故障,则须分解自动变速器予以排除;若电子控制系统故障,则需对电控系统进行检修。故障诊断流程见图4-25所示。

4) 自动变速器异响

(1) 故障现象。

汽车行驶过程中,自动变速器内始终有异响;在行驶中有异响,而停车挂空挡后异响消失。

(2) 故障原因。

自动变速器油面过低、过高;油泵磨损过度、间隙过大;液力变矩器的锁止离合器、导轮单向离合器等损坏;行星齿轮机构故障,润滑不良;换挡执行元件异响。

(3) 故障诊断方法。

检查油面高度、油液品质,必要时添加或更换变速器油;解体检查油泵、液力变矩器和行星齿轮机构。

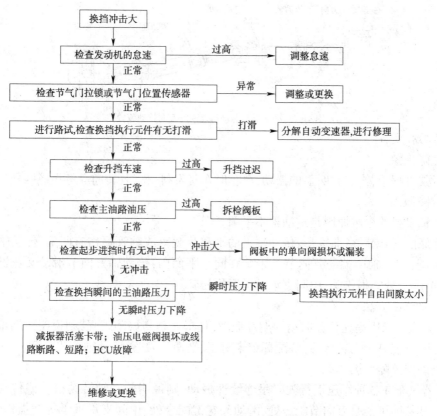

图 4-25 自动变速器换挡冲击大故障诊断流程

自动变速器异响发生在机械和液压两个系统上。异响源有:齿轮机构、轴承、油泵、液流噪声,摩擦片及压板的振动声、液力变矩器、主减速差速器以及共振的轰鸣声。诊断时,首先应确定异响声源,然后进行相关零部件故障排除。异响故障诊断流程如图 4-26 所示。

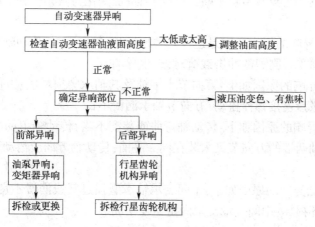

图 4-26 自动变速器异响诊断流程

六、万向传动装置常见故障诊断

万向传动装置一般由万向节和传动轴组成,对于传动距离较远的分段式传动轴,还需设置中间支承,如图 4-27 所示。汽车行驶时,传动轴在角度和长度变化的情况下传递扭矩,因此常出现异响、振动等故障。

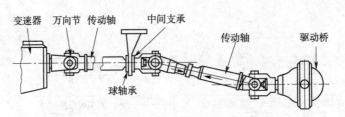

图 4-27 变速器与驱动桥之间的万向传动装置

1. 传动轴发抖

1)故障现象

在行驶过程中,汽车有明显的振动,严重时车身发抖,车门、转向盘等振感强烈。

2)故障原因

传动轴发抖的根本原因是传动轴不平衡。

具体原因:传动轴弯曲变形;传动轴上的平衡片脱落或轴管损伤有凹陷;传动轴未按标记安装装配;传动轴两端的万向节叉未装在同一平面内;传动轴万向节滑动叉花键配合松旷;万向节配合处磨损松旷;中间支承轴承磨损松旷。

3)故障诊断方法

(1)若汽车在中高速行驶时呈周期性振动,且车速越高振动越强,则说明传动轴动不平衡。其故障可能是传动轴弯曲、装配标记未对正、平衡片脱落、传动轴管凹陷等。停车后,可逐项检查确定故障原因。

(2)若汽车在各种车速下行驶时呈连续性振动,则说明传动轴转动松旷或传动轴运转不匀速。其故障可能是万向节配合处、滑动叉花键配合处、中间支承轴承等磨损松旷;滑动叉安装错位使传动轴两端的万向节叉不在同一平面。停车后,可逐项检查确定故障所在。

2. 万向传动装置异响

1)故障现象

汽车在行驶过程中,异常声响不断,且异响的特征变化与汽车行驶工况相关。

2)故障原因

万向传动装置异响的根本原因是连接处磨损松旷、装配不当、传动轴弯曲以及动平衡破坏,当传递大转矩和受到剧烈的冲击载荷时,产生异响。

(1)万向节处异响的原因如下:万向节十字轴及其轴承磨损松旷;万向节叉孔与其轴承套筒磨损松旷;凸缘盘连接螺栓松动;万向节轴承润滑不良。

(2)传动轴处异响的原因如下:传动轴弯曲或装配不当;传动轴上的平衡片脱落或轴管损伤有凹陷;传动轴两端的万向节叉未装在同一平面;传动轴万向节滑动叉花键配合处磨损松旷。

(3)中间支承处异响的原因如下:中间支承轴承磨损过甚或润滑不良;中间支承支架安装偏斜,使橡胶垫环损坏;中间支承支架固定螺栓松动。

3)故障诊断方法

当万向传动装置异响时,可根据汽车不同的运行工况及异响特征诊断异响故障的部位。

(1)汽车起步或车速突然变化时,发出较强的金属敲击声,而当车速稳定时,其响声较轻微,可能是个别凸缘盘连接螺栓松动,万向节滑动叉花键配合松旷,十字轴轴承磨损松旷所致。

(2)汽车行驶时,如传动轴发出刺耳的噪声,其频率随车速的增加而增大,一般是万向节轴承或中间轴承润滑不良或损坏所致。

（3）汽车中高速行驶时，如发出周期性异响，且车速越高响声越大，达到一定车速时车身振抖。此时脱挡滑行，则振抖更强烈，可能是传动轴弯曲、平衡片脱落、轴管损伤、装配不当，使传动轴动不平衡引起惯性力冲击所致。

（4）汽车在各种车速下行驶时，如发出连续性异响，且车速越高响声越大，可能是中间轴承支架垫环径向间隙过大、中间轴承松旷、中间支架固定螺栓松动、传动轴两端的万向节叉未装在同一平面，引起振动冲击所致。

七、驱动桥故障诊断

驱动桥由主减速器、差速器、半轴和桥壳组成，如图 4-28 所示。驱动桥可分为整体式和断开式两种，整体式驱动桥采用非独立悬架，断开式驱动桥采用独立悬架。驱动桥常见故障有异响、温度过高、漏油等。

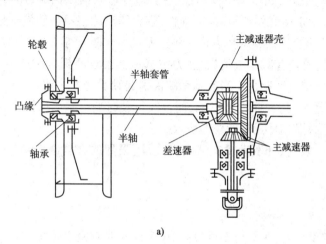

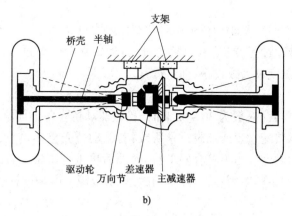

图 4-28　驱动桥结构示意图
a）整体式驱动桥；b）驱动桥结构示意图

1. 驱动桥异响

1）故障现象

汽车行驶时，驱动桥内出现较大噪声，尤其在车速急剧改变时响声明显，且车速越高，响声越大。

2) 故障原因

驱动桥产生异响的根本原因是驱动桥的传动部件磨损松旷、调整不当或润滑不良。

具体原因:由于齿轮或轴承的磨损,使配合间隙过大、松旷;主、从动齿轮啮合不良;主、从动齿轮间隙或轴承间隙调整不当;差速器行星齿轮、半轴齿轮与垫片磨损严重,轮齿折断,半轴齿轮花键槽与半轴花键齿磨损松旷;差速器壳连接螺栓松动;主减速器润滑油量不足或油质不符合要求。

3) 故障诊断方法

驱动桥有异响时,可结合汽车路试的行驶工况、驱动桥声响的特征及其变化情况诊断故障部位。

(1) 汽车行驶时,若在车速急剧变化的瞬间或车速不稳定时,驱动桥发出的金属撞击声较强烈,多为主减速器齿轮啮合间隙过大所致。

(2) 汽车挂挡行驶时,如驱动桥发出连续的混合噪声,而脱挡滑行时,响声减弱或消失,多为主减速器锥齿轮正面磨损严重、齿面损伤、啮合印痕调整不当使齿轮啮合不良所致。

(3) 汽车挂挡行驶时,如驱动桥发出一种杂乱的"哗啦、哗啦"噪声,且车速越高,响声越大,而汽车脱挡滑行时声音减小或消失,多为主减速器轴承磨损松旷所致。如汽车加速、滑行时都响,多为轴承预紧度调整不当或轴承缺油引起轴承烧蚀所致。

(4) 汽车转弯行驶时,如驱动桥发响,而直线行驶时响声减弱或消失,则是行星齿轮、半轴齿轮的齿面严重磨损、损伤,轮齿变形所致。

(5) 汽车挂挡行驶时,如驱动桥突然发出连续、强烈的金属碰击声,多为其齿轮的轮齿折断。

2. 驱动桥过热

1) 故障现象

汽车行驶一定里程后,驱动桥温度过高,用手触摸时有烫手感觉。

2) 故障原因

驱动桥过热的根本原因是驱动桥工作时的摩擦阻力过大。

具体原因:轴承装配过紧,或轴承预紧度过大;齿轮啮合间隙过小;驱动桥润滑油量过少,油质较差,润滑油黏度过大或过小;油封过紧。

3) 故障诊断方法

汽车行驶一定里程后(一般为 30~60 km),检查驱动桥壳各个部位,若轴承或油封处局部过热,则故障为轴承装配过紧或油封过紧所致;若驱动桥壳整体过热,则先检查润滑油的数量、质量及润滑油的黏度。当不符合要求时,换油后再进行试验。若故障消失,则说明驱动桥润滑不良是故障产生的原因;若故障未消除,说明故障原因是齿轮啮合间隙过小。

3. 驱动桥漏油

1) 故障现象

驱动桥加油口螺塞、放油口螺塞、油封处或各接合面处有明显的漏油痕迹。

2) 故障原因

驱动桥漏洞的原因:加油口或放油口螺塞松动;油封损坏或油封与轴径不同轴;油封轴径因磨损而出现槽沟;各接合平面的平面度误差过大或密封垫片损坏;两接合平面的紧固螺钉拧紧方法不符合要求或松动;通气孔堵塞;桥壳有铸造缺陷或裂纹。

第三节　汽车行驶系统的检测与诊断

汽车行驶系统主要由车轮和悬架系统构成,如图4-29所示。车轮定位参数不符合技术要求、车轮不平衡、悬架系统技术状况变差等都会引起汽车行驶系统技术状况变差,不仅影响汽车的操纵稳定性和行驶平顺性,而且直接影响汽车的行驶安全性。

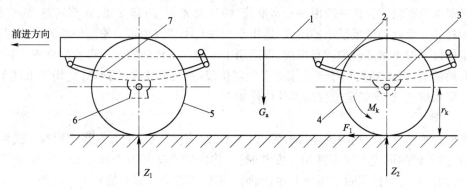

图4-29　轮式汽车行驶系统的组成
1-车架;2-后悬架;3-驱动桥;4-后轮;5-前轮;6-从动桥;7-前悬架

一、转向轮定位参数检测

1. 转向轮定位参数及其作用

保持正确的转向轮定位,对于保证汽车行驶稳定性和操纵轻便性是非常重要的。主销后倾角或内倾角过大时,汽车转向沉重;过小时,则转向轮不能自动回正,汽车直线行驶时易发生自动偏摆现象而使驾驶人员难以掌控,同时会造成轮胎的不规则磨损。转向轮外倾角和转向轮前束值的过大或过小,均会引起转向轮轮胎的不正常磨损,并影响正常驾驶。转向轮外倾角过大或过小,将造成轮胎外胎肩或内胎肩磨损加剧;前束过大时,外侧磨损严重;过小时,则内侧磨损严重。表4-8为部分车型的前轮定位参数值。

部分车型的前轮定位参数值　　　　表4-8

车　型	车轮外倾角	主销内倾角	主销后倾角	前束(mm)
东风 EQ1090E	1°	6°	2°30′	1~5
解放 CA1091	1°	8°	1°30′	2~6
跃进 NJ1061	1°	8°	2°30′	1.5~3
黄河 JN162	1°	5°	2°	0~4
上海桑塔纳	−30′±20′	14.2°	30′	−1~−3
奥迪 100	−30′±30′	14.2°	1.16°	0.5~1
夏利 TJ7100	0°20′±1°	12°±30′	2°55′±1°	1
一汽富康	0°	10°40′	1°30′	0~2
CA6440	0.5°	9°	1°	0~2

汽车转向轮定位参数的检测方法包括静态检测法和动态检测法。静态检测法是在汽车处于停车状态下,根据转向轮旋转平面与各定位角之间存在的直接或间接的几何关系,使用测量

仪器对车轮定位参数进行测量的方法。动态检测法是在汽车以一定车速行驶的状态下,用专用检测设备测量与车轮定位相关的侧向力或由此引起的车轮侧滑量(见本书第二章)。

2. 转向轮定位仪的构成

车轮定位参数静态检测常用的检测设备包括:气泡水准式、光学式、激光式、电子式和微机式车轮定位仪等。

静态检测时,常用转向轮定位仪有便携式光束水准车轮定位仪、便携式水准车轮定位仪等。

光束水准车轮定位仪一般由一套水准仪、两套聚光器、两套支架、两套转盘、两套杆尺、两套标杆和一个制动踏板抵压器组成,适用于大、中、小型汽车转向轮定位参数的检测;水准车轮定位仪一般由水准仪和转盘组成,仅适用于小型汽车转向轮定位参数的检测。其中,水准仪有插销式(图4-30),用于光束水准车轮定位仪;永久磁铁式(图4-31),用于水准车轮定位仪。除水准仪外,车轮定位仪的其他构件如下。

1) 支架

支架为水准仪与轮辋间的连接装置,如图4-32。支架总成配有内张式和外收式两种固定脚,可按轮辋的形式不同而选用。安装时,先将固定支架的两个固定脚卡在轮辋适当部位,再移动活动支架使其固定脚也卡在轮辋上,而后用活动支架的偏心卡紧机构将三个固定脚卡紧在轮辋上,使三个固定脚的定位端面贴紧在轮辋边缘上。松开调整支座弹性固定板的固定螺栓,使调整支座沿导轨滑动,并通过特制芯棒调整支座孔中心与车轮轴线重合后,拧紧固定螺栓。测量时,插销式水准仪的插销插入调整支座中心孔。磁铁式水准仪带有永久磁铁和定位针,可以对准转向节枢轴的中心孔,直接吸附在轮辋端面,无需使用支架。

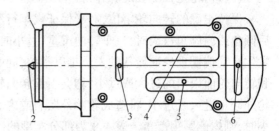

图4-31 永久磁铁式水准仪

1-永久磁铁;2-定位针;3-水平校正水泡管;4-后倾角测量水泡管;5-外倾角测量水泡管;6-内倾角测量水泡管

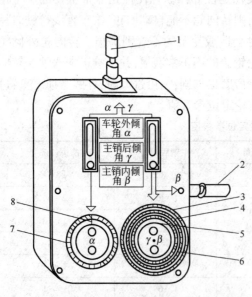

图4-30 插销式水准仪

1-测 α、γ 插销;2-测 β 插销;3-测 γ 刻度盘;4-测左轮 β 刻度盘;5-测 γ、β 表盘指针;6-测右轮 β 刻度盘;7-测 α 刻度盘;8-测 α 表盘指针

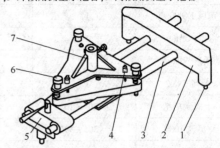

图4-32 支架

1-支架固定角;2-固定支架;3-导轨;4-定位螺栓、螺母;5-活动支架;6-调节螺栓;7-调整支座

2) 转盘

转盘又由固定盘、活动盘、扇形刻度尺、游标指示针、锁止销和位于两盘之间的滚珠构

成,如图4-33所示。汽车转向轮可在转盘上灵活偏转,且刻度尺可指示出其转向角大小。水准仪与转盘配合,可测量转向轮外倾角、主销内倾角和主销后倾角。

3) 其他构件

聚光器上的定位销插入支架总成的支座孔中,可把聚光器固定于支架上,在标杆配合下可检测转向车轮的前束值。在转向轮定位的检测过程中,有时需踩下制动踏板,使车轮处于制动状态。踏板抵压器可将制动踏板压下,而另一端顶靠在驾驶座椅或其他支承物上。

气泡水准仪由于具有结构简单、价格低、移动方便等优点,曾在国内得到广泛使用,但也存在测试费时费力等缺点。

光学式车轮定位仪利用光学投影原理,将车轮纵向旋转平面与各定位角之间的关系投影到带有指示刻度的投影屏上,从而测定车轮定位参数值。

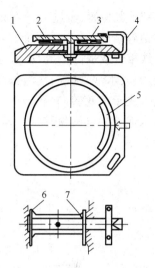

图4-33 转盘
1-永久磁铁;2-上转盘;3-钢球;4-指针;
5-刻度尺;6-横向导轨;7-纵向导轨

激光式车轮定位仪采用的激光投影系统,即使是在强烈的阳光下也能清楚的从投影屏上读出测量数据。

电子式车轮定位仪则由投影屏刻度显示变为显示屏数字显示。

微机式车轮定位仪是目前广泛使用的最先进的车轮定位仪,且一般为四轮定位仪,可同时检测前轮、后轮的定位参数。

3. 转向轮定位参数的检测原理和方法

对于检测转向轮外倾角、主销后倾角和主销内倾角而言,光束水准车轮定位仪和水准车轮定位仪的检测原理相同,只是水准仪安装在转向轮上的方式不同。光束水准车轮定位仪能以聚光器配合标杆精确测试前束值。

1) 车轮外倾角检测

转向轮外倾角可直接测量,其检测原理如图4-34。当外倾角为α的转向轮处于直线行驶位置时,由于水准仪上的测外倾角气泡管通过支架垂直于转向轮旋转平面安装,因此亦与该旋转平面垂直。此时,气泡管与水平面的夹角与外倾角相等,气泡管中的水泡偏移向车轮一侧。把气泡管调回水平位置,气泡位移量或角度调节量即反映了外倾角α的大小。

测量时,将水准仪上的测α、γ插销插入支架座孔,并使水准仪在垂直于该插销的方向上近似水平,然后拧紧锁紧螺钉把水准仪固定于支架上。此时水准仪气泡将偏离中间位置。调节"α"调节盘,直到水准仪气泡处于中间位置,其"α"调节盘上红线所示角度值即为该转向轮的外倾角。

2) 主销后倾角检测

主销后倾角γ不能直接被测量,而是利用转向轮绕主销转动一定角度时的几何关系间接测量。通常先把转向轮向外转20°,回正后再向内转20°,由于主销后倾角的影响,转向节枢轴轴线与水平面的夹角发生变化,该变化值即可间接反映主销后倾角的大小。

如图4-35所示,在三维坐标系$OXYZ$中,OA为主销中心线,位于OYZ平面内,OA与OZ构成的夹角γ为主销后倾角;OC为转向节枢轴,转向轮处于直线行驶状态时,OC与OX轴重合。假定转向轮外倾角α和主销内倾角β均为零,则OC与OA垂直。此时若转向轮偏离直线行驶位置，转过某一角度 φ 时，OC 移至 OC'，OC 扫过的平面 OCC' 与水平面的夹角等于主销后倾角 γ。由于水准仪垂直于转向轮旋转平面安装，其上的水泡管始终与转向节枢轴轴线重合或平行。当 OC 移至 OC' 时，水泡管由 MN 移至 $M'N'$，OC 与水平面间形成的夹角为 ω，水泡管中的气泡偏离水平时的位置而向 M' 移动，位移量取决于夹角的大小。ω 角取决于前轮转向角 φ 和主销后倾角 γ，当 φ 取定值时（通常取 $20°$），ω 与 γ 一一对应，而水泡管中气泡位移量与角 ω 一一对应。因而，通过对气泡位移量的标定即可反映 γ 角的大小。

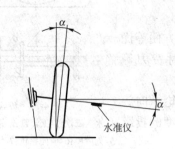

图 4-34 外倾角检测原理

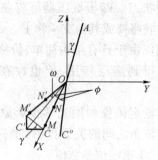

图 4-35 主销后倾角检测原理

实际转向轮具有主销内倾角 β 和转向轮外倾角 α。为消除 β 对主销后倾角 γ 测试结果的影响，测量时先将转向轮向外旋转 φ 角，把水泡管调至水平位置，然后向相反方向回转 2φ 的角度。因为当转向节枢轴 OC 从直线行驶时的位置分别向外和向内转动相同角度时，主销内倾角 β 对主销后倾角 γ 测量结果的影响相等，方向相反，因而互相抵消。同时，转动 2φ 角度时，气泡位移量也增大 1 倍，因而可使仪器的测试灵敏度和精度提高。转向轮外倾角对主销后倾角测试结果的影响不大，因而可忽略不计。

主销后倾角 γ 的测量步骤如下。

① 把汽车转向轮置于转盘上，使车轮处于直线行驶方向，并使转向轮主销轴线的延长线通过转盘中心，拉紧驻车制动器操纵杆，取下转盘销。

② 把测"$\alpha、\gamma$"插销插入支架座孔，使车轮外转 $20°$，松开锁紧螺钉，使水准仪在垂直于"$\alpha、\gamma$"插销的方向上处于水平状态后拧紧。

③ 转动"$\alpha、\beta$"调节盘，使其指示红线与蓝、红、黄刻度盘零线重合。

④ 调整气泡管调节旋钮，使其中的气泡处于中间位置。

⑤ 使转向轮向内旋转 $40°$，调节"$\alpha、\beta$"调节盘，使水准气泡回到中间位置，指示红线所指蓝盘上读数即为主销后销角 γ 的测量结果。

3) 主销内倾角检测

如图 4-36 所示，主销内倾角 β 是通过测量转向轮绕主销转动过程中转动平面的角位移间接检测的。为此，应首先使车轮处于制动状态而不能绕转向节枢轴自由转动。此时，若使转向轮在转盘上偏转一定角度 φ，转向节和转向轮旋转平面会绕转向节枢轴轴线偏转一定角度。该角度的大小除取决于转向轮偏转角度 φ 外，还与主销内倾角 β 大小有关。因此，在限定

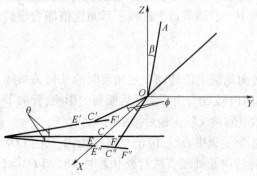

图 4-36 主销内倾角测量原理

φ角大小前提下,测出转向轮旋转平面偏转角的大小,即可反映主销内倾角β的大小。

在OXYZ坐标系中,主销OA在OYZ平面内,OA与OZ的夹角β为主销内倾角。直线行驶位置时,转向节枢轴OC与主销OA的夹角为90°±β。转向轮在制动状态向右(或向左)偏转φ角时,OC移至OC'(或OC")。由于主销内倾角β的影响,C点的轨迹CC'(或CC")为圆弧,OCC'(或OCC")为圆锥面。因此,若在OC前端放置一平行于水平线且垂直于转向节枢轴OC的气泡管EF,则在转向轮偏转过程中,气泡管EF将绕转向节枢轴轴线转动。OC移至OC'后,EF移至E'F',EF与E'F'间形成的夹角为θ,角θ取决于转向轮转角φ和主销内倾角β。若使φ角为一定值,则θ角和β角成一一对应关系。由于θ角的影响而导致了气泡管EF中气泡的位移,因此通过对气泡位移量的标定即可反映β角的大小。

检测主销内倾角β时,一般先把转向轮左转φ角(通常为20°),使转向节枢轴OC转至OC",调节气泡管与水平平面平行;再把转向轮右转2φ角,转向节枢轴转至OC',气泡管EF则转过了2θ角,气泡位移量增大1倍。这不但可使检测灵敏度和读数精度提高,而且可消除主销后倾角γ对主销内倾角β检测结果的影响。

主销内倾角β的测量步骤如下。

①把转向轮置于转盘上,取下转盘销。

②用制动踏板抵压器压下制动踏板。

③把水准仪的β销插入支架座孔中并紧固。

④使转向轮向外旋转20°,松开锁紧螺钉并使水准仪在垂直于β插销的方向上处于水平状态,拧紧锁紧螺钉;然后,调节"α、β"调节盘使指示红线与蓝、红、黄刻度盘上的零线重合。

⑤使转向轮向内旋转40°后,调节"γ、β"调节盘使气泡回到中间位置。"γ、β"盘上指示红线在红刻度盘的指示数值为右转向轮主销内倾角β的测量值、黄刻度盘为左转向轮主销内倾角β的测量值。

4)前束检测

聚光器配合标杆可检测转向轮前束的大小。检测步骤如下。

①把汽车转向轮置于转盘上,取下转盘锁止销,拉紧驻车制动手柄。

②在转向轮上安装支架,把聚光器固定于支架上。

③确定被测车辆处于直线行驶位置。将聚光器光束水平投向后轮轴线,与后轴垂直且相对于汽车纵轴线对称放置的三脚架标尺上。调节焦距,在标尺上显现出带缺口的圆形图像(图4-37),若缺口两侧所指数值相等,则汽车处于直线行驶状态,否则应转动转向盘调整,如图4-38a)所示。

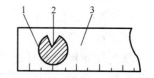

图4-37 光束在标尺上的投影
1-光束;2-指针;3-标尺

④平衡顶起转向桥,使两转向轮离开转盘而能自由转动。

⑤将两套标杆平行于转向轮轴线放置于两侧,每一标杆距转向轮轴中心的距离为转向轮上规定前束测量点处半径的7倍。

汽车转向轮前束测量点的高度,一般等于转向轮轴线的离地高度;而前束测量点在转向轮上的径向位置依车型而定,各汽车制造厂的规定不完全一致。有的测量点在胎面中心处,有的测量点在胎侧突出处,而有的测量点在轮辋边缘处。各车型的前束规定值亦是指汽车转向轮在规定测量点处测量时所应达到的值。因此,检测前束时应查阅汽车使用说明书,确定其前束检测的规定位置。

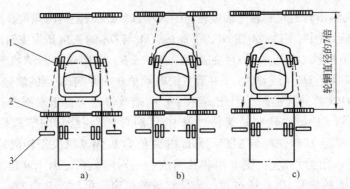

图 4-38 前束测量
a) 确定直线行驶位置；b)、c) 前束测量
1-聚光器；2-标杆；3-标尺

⑥将一侧聚光器光束投向前标杆，并移动标杆使之指向一个整数。转动转向轮使光束投向后标杆，亦使之指向同一个整数。然后，使另一侧聚光器光束分别投向前、后标杆，并记录所指数字，后标杆数字与前标杆数字之差即为该车前束值。

前后标杆以7mm间隔为一个尺寸刻度，每个刻度代表1mm。两标杆间距为转向轮前束测点处直径 d 的7倍，且与转向轮中心的距离相等，所以前束值被放大7倍显示在标杆上，从而提高了测试精度。

4. 检测车辆和场地要求

转向轮定位参数检测时，被检车辆和场地应满足以下要求：

(1) 被检车辆要求。
①车辆荷载和轮胎气压符合规定。
②转向轮轮胎为新胎或磨损均匀的半新胎。
③转向轮轮毂轴承、转向节与主销不应松旷，否则应先修理调整后再检测。
④制动器制动可靠。

(2) 测量场地要求。
①表面平整。
②为使车辆检测时处于水平位置，可将转盘放入预留坑中，左、右两转盘应调整到与被测汽车转向轮的轮距相同；转盘放在地面上时，可在后轮下垫60mm厚的木板，以保证前、后车轮在同一水平面上。

二、汽车四轮定位参数检测

1. 汽车四轮定位及检测项目

现代汽车广泛采用四轮独立悬架，除转向轮定位外，还具有后轮定位，如后轮外倾角和后轮前束等参数，称为四轮定位。四轮定位的作用是使汽车前、后轮定位参数在以悬架机构有关部件的相互位置在一个统一基准(线或面)上的合理匹配，以获得良好的行驶平顺性和操纵稳定性，降低燃料消耗和减轻轮胎磨损。

汽车行驶中出现下列情况时，需进行四轮定位参数的检测和调整：
①直线行驶困难。
②前轮摇摆不定，行驶方向漂移。
③轮胎出现不正常磨损。

④对汽车悬架系统、转向系统有关部件进行维修或更换,或汽车经碰撞事故维修后。

四轮定位的检测项目包括:转向轮前束值/角及前张角、转向轮外倾角、主销后倾角、主销内倾角、后轮前束值/角及前张角、后轮外倾角、轮距、轴距、转向20°时的前张角、推力角和左右轴距差等,如图4-39所示。其中,转向轮定位参数除可在转向轮定位仪上检测外,还可以在四轮定位仪上检测。四轮定位仪不仅可检测转向轮的定位参数,还可检测后轮定位参数。

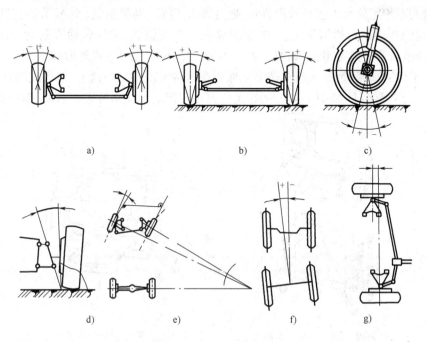

图 4-39　四轮定位的检测项目

a)车轮前束角和前张角;b)车轮外倾角;c)主销后倾角;d)主销内倾角;e)转向20°时的前张角;f)推力角;g)左右轴距差

不同车型的四轮定位参数值不同,表4-9为桑塔纳2000CSi轿车的四轮定位参数值。现代微机四轮定位仪,不仅采用了先进的测量系统和科学的检测方法,而且储存了大量常见车型的四轮定位参数数据。在检测过程中,可随时把实测数据与标准数据进行比较,并通过屏幕用图形和数字显示出需要调整的部位、调整方法以及在调整过程中数值的变化。

桑塔纳2000GSI轿车车轮定位参数　　　　　　　　表4-9

车轮	参数	位置	参数标准
前轮	前束	左	-10′±5′
		右	-10′±5′
	外倾角	左	-30′±20′
		右	-30′±20′
	后倾角	左	-1°30′±30′
		右	-1°30′±30′
后轮	前束	左	-12′±7′
		右	-12′±7′
	外倾角	左	-1°40′±20′
		右	-1°40′±20′

2. 汽车四轮定位仪及检测原理

1) 汽车四轮定位仪的构成

根据数据采集与传输技术不同,目前常用的四轮定位仪有拉锁式、光学式、电脑拉锁式和电脑激光式等多种,其基本检测原理相同,但使用方法存在差异。检测时,应严格按相应的四轮定位仪的使用说明书进行操作。以下简单介绍电脑式四轮定位仪。

电脑式四轮定位仪由主机和附件组成,主机由机箱、电脑主机(含显示器、打印机)、四个机头(定位传感器)、通信系统、充电系统和供电系统组成;附件包括方向盘固定器、制动固定器、转角盘及夹具等组成,如图4-40为电脑式四轮定位仪主机外形图。

为便于检测和调整,被检汽车需可靠停放在地沟上或举升平台上,地沟或举升平台应处于水平状态,见图4-41和图4-42。四轮定位仪则位于地沟或举升平台前端,面向被检车辆。

图4-40 四轮定位仪外形图

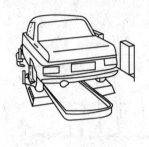

图4-41 被检车辆水平停放在地沟上

2) 汽车四轮定位仪的检测原理

四轮定位仪通过拉线或光线照射及反射的方式形成一个理论上封闭的矩形,且被测车辆置于该矩形中,如图4-43。通过安装在四个车轮上的光学镜面或传感器,不仅可检测前后轮的前束值,还可检测同一车轴上左右车轮的同轴度及推力角等。下面以光敏晶体管式传感器为例,介绍四轮定位的检测原理。

图4-42 被检车辆水平停放在举升平台上

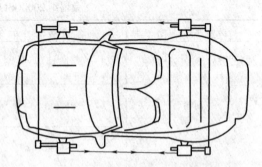

图4-43 8束光线形成的封闭矩形

(1) 前束和左右轮轴距差检测原理。

检测时,应将车体摆正,被检车辆转向盘居中,车辆处于直线行驶状态。安装在四个车轮上的传感器均有接收光线和发射光线的功能,发射光线与接收光线形成如图4-43所示的矩形。传感器的受光平面上等距离地排列着光敏晶体管,前束和左右车轮轴距差的存在会使不同位置的光敏晶体管受到光线照射。

当不同位置上的光敏晶体管受到光线照射时,所发出的电信号即可代表前束值/角或左右轮的轴距差值。在左侧车轮传感器上接收的光束位置相对于原零点的偏差值,表示右侧车轮的前束值/角;同理,在右侧传感器上接收到的光束位置相对于原来零点的偏差值,则表示左侧车轮的前束值/角。转向轮和后轮前束的检测原理相同,所不同的是转向轮前束的检测利用装在左右转向轮上的两个传感器,而后轮前束的检测则是利用装在左右后轮上的传感器。车轮前束值/角的检测原理见图4-44。

(2)推力角检测原理。

汽车后轴中心线与纵向对称线的夹角即称为推力角。车辆长期使用或发生交通事故后,由于后轴发生变形,致使后轴中心线(即推力线)发生偏斜,形成推力角。因此,推力角并非设计参数,而是一种故障状态参数。推力角过大,会导致轮胎的异常磨损,汽车易偏离其直线行驶方向,严重时将发生后轴侧滑、甩尾等危险状况。

推力角的检测如图4-45。如果被检车辆不存在推力角时,前后轴同侧车轮上的传感器发射或接收的光束应重合,当两条光束出现夹角而不重合时,即说明推力角存在。因此,可以用安装在汽车前轮上的传感器接收到的后轮传感器所发射的光束,根据其相对于零点位置的偏差值检测出汽车推力角的大小。

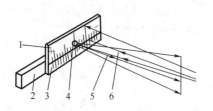

图4-44 车轮前束值/角检测原理图
1-刻度板;2-投射器支臂;3-光敏传感器;4-激光器;5-投射激光束;6-接收激光束

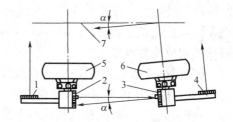

图4-45 推力角检测原理
1、2、3、4-光线接收器;5-转向轮;6-后轮;7-汽车纵轴线;α-推力角

(3)车轮外倾检测。

一般四轮定位仪传感器内置角度测量仪,把传感器装在车轮上,在车辆处于直线行驶位置时直接测得。

(4)主销后倾角和主销内倾角检测原理。

主销后倾角和主销内倾角需要通过几何关系间接测量。若主销后倾角不为零时,则在车轮向外转20°和车轮向内转20°两个位置时,车轮平面会发生倾角变化。该倾角变化可由传感器内的角度测量仪测出。同理,若主销内倾角不为零,则在车轮向外转20°和车轮向内转20°两个位置时,垂直于车轮旋转平面的平面将发生倾角变化,该倾角变化也可由传感器内的角度测量仪测出。

(5)转向20°时前张角检测原理。

转向20°时前张角是否合适反映的是汽车转向梯形是否变形。

检测时,使被检车辆转向轮停在转盘中心,转动转向盘使右转向轮向右转20°后,读取左转向轮下转盘上的刻度值φ_1,$(20°-\varphi_1)$即为向右转20°时的前张角;使左转向轮沿直线行驶方向向左转20°后,读取右转向轮下转盘上的刻度值φ_2,$(20°-\varphi_2)$即为向左转向时20°的前张角。

汽车使用说明书上一般均会给出前张角的合格范围。将测量值与规定值进行比较,若检测结果超出规定值或左右转向前张角不一致,则需要进行校正、调整或更换修理。

3. 汽车四轮定位检测方法

1)对被检车辆的基本要求

①前后轮胎气压及胎面磨损基本一致。
②前后悬架系统的零部件完好、不松旷。
③转向系统调整适当、不松旷。
④前后减振器性能良好、不漏油。
⑤汽车前后高度与标准值的差不大于5mm。
⑥制动系统正常。

2)汽车四轮定位检测前准备

①把汽车开上举升平台,升高举升机,把汽车举升0.5m(第一次举升)。
②升高汽车车身部位,至车轮能够自由转动(第二次举升)。
③检查各轮胎磨损情况,根据需要拆下各车轮。
④检查轮胎气压,不符合标准时应充气或放气。
⑤作车轮的动平衡后,把车轮装好。
⑥检查车身高度。检查车身四个角的高度和减振器的技术状况,如车身不平应先调平;同时检查转向系统和悬架是否松旷,如松旷则应先紧固或更换零件。

3)四轮定位检测步骤

(1)将传感器支架安装在轮辋上,再按标识指示把传感器(定位校正头)安装到相应车轮的支架上,并按使用说明书的规定调整。

(2)开机进入测试程序,输入被检汽车的车型和生产年份等信息。

(3)轮辋变形补偿。转向盘位于直行位置,使每个车轮旋转一周,即可把轮辋变形误差输入电脑。

(4)降下第二次举升量,使车轮落到平台上,把汽车前部和后部向下压动4~5次,使其作压力弹跳。

(5)用制动锁压下制动踏板,使汽车处于制动状态。

(6)把转向盘左转至电脑发出"OK"声,输入左转角度;然后把转向盘右转至电脑发出"OK"声,输入右转角度。

(7)把转向盘回正,电脑屏幕上显示出后轮的前束及外倾角数值。

(8)调正转向盘,并用转向盘锁锁住转向盘使之不能转动。

(9)把安装在四个车轮上的定位校正头的水平仪调到水平线上,此时电脑屏幕上显示出转向轮的主销后倾角、主销内倾角、转向轮外倾角和前束的数值。

(10)调整主销后倾角、车轮外倾角及前束,调整方法可按电脑屏幕提示进行。若调整后仍不能解决问题,则应更换有关部件。

(11)进行第二次压力弹跳,将转向轮左右转动,把车身反复压下后,观察屏幕上的数值有无变化,若数值变化应再次调整。

(12)若第二次检查未发现问题,则应将调整时松开的部位紧固。

(13)拆下定位校正头和支架,进行路试,检查四轮定位检测调整效果。

4. 四轮定位仪使用注意事项

(1) 四轮定位仪的安装要遵循制造厂使用说明书的各项要求，必须使用与原机相匹配的附件等。

(2) 对于光学式四轮定位仪中的投影仪（或投光器）应细心维护，并经常进行调整；传感器是电脑式四轮定位仪的重要元件，使用前要进行校正，以保证测试精度。

(3) 传感器应正确地安装在传感器支架上，在不使用时应妥善保管，避免受到损坏；电测类传感器应在接线完毕后再接通电源，以避免带电接线引起电磁振荡而损坏。

(4) 移动四轮定位仪时，应避免使其受到振动；否则，可能使传感器及电脑受到损坏。

(5) 四轮定位仪应每半年标定一次。标定时应使用购买时所带专用标定器具，并按规定程序进行标定。

(6) 在检测四轮定位前，须进行车轮传感器偏摆补偿；否则，会引起大的测量误差。

三、车轮平衡检测

车轮的不平衡会在车辆行驶过程中引起车轮跳动和摆振。汽车车轮的技术状况应满足 GB 7258—2012《机动车运行安全技术条件》的规定。

1. 车轮不平衡及影响因素

车轮的不平衡分为动不平衡和静不平衡。

1) 静不平衡

静不平衡的车轮重心与车轮旋转中心不重合。由于静不平衡质量的存在，车轮在旋转中产生离心力。假定不平衡质量 m(kg)集中于距车轮旋转中心距离为 r(m)的圆周上某点，则车轮转动时所产生的离心力 F(N)的大小为：

$$F = m\omega^2 r$$

式中：ω——车轮旋转角速度，$\omega = 2\pi n/60$，rad/s；

　　　n——车轮转速，r/min。

转速 n 越高，不平衡质量 m 越大，且距旋转中心的距离 r 越远，由静不平衡所产生的离心力 F 也越大。离心力 F 可分解为垂直分力 F_Y 和水平分力 F_X。车轮旋转过程中，垂直分力 F_Y 和水平分力 F_X 会引起车轮的跳动和转向轮摆振，见图4-46。若要实现静平衡，则需在不平衡质量 m 作用半径的相反位置上，配置相同质量 m'_1。

2) 动不平衡

静平衡的车轮，如果车轮的质量分布相对于车轮纵向中心平面不对称，则旋转时会产生方向不断变化的力偶，车轮处于动不平衡状态，如图4-47a)所示。车轮旋转过程中，该力偶方向反复变化使转向轮绕主销摆振。如图4-40b)，若要使车轮达到动平衡，则需在 m_1、m_2 同一作用半径的相反方向配置相同质量 m'_1、m'_2。

动平衡的车轮肯定是静平衡的，但静平衡的车轮却不能保证是动平衡的，因此对车轮主要应进行动平衡检测。GB 7258—2012《机动车运行安全技术条件》对车轮总成的横向摆动量和径向跳动量的要求是：总质量不大于3500kg的汽车不应大于5mm；摩托车及轻便摩托车不应大于3mm；其他机动车不应大于8mm。最高设计车速大于100km/h的机动车，其车轮的动平衡要求应符合有关技术条件的规定。

3) 车轮不平衡的影响因素

① 轮毂、制动鼓（盘）加工时轴心定位不准、加工误差大、非加工面铸造误差大、热处理

变形、使用中变形或磨损不均。

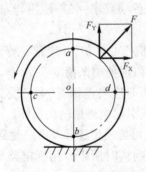

图 4-46 车轮静不平衡示意图

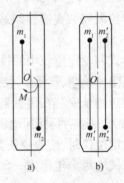

图 4-47 车轮平衡示意图
a) 动不平衡 (车轮静平衡); b) 车轮动平衡

②轮胎螺母质量不等、轮辋质量分布不均或径向圆跳动、端面圆跳动太大。

③轮胎质量分布不均、尺寸或形状误差太大、变形或磨损不均、使用翻新胎或垫、补胎。

④并装双胎的充气嘴未相隔180°安装，单胎的充气嘴未与不平衡点标记相隔180°安装。

⑤轮毂、制动鼓（盘）、轮胎螺栓、轮辋、内胎、衬带、轮胎等拆卸后重新组装成车轮时，累计的不平衡质量或形位偏差太大，破坏了原来的平衡。

⑥车轮定位不当不仅影响汽车的操纵性和行驶稳定性，而且会造成轮胎偏磨，因而引起车轮不平衡。

⑦车轮碰撞造成变形引起的车轮质心位移。

⑧高速行驶过程中，制动抱死产生的轮胎纵向和横向滑移所引起的轮胎局部不均匀磨损。

2. 车轮平衡机的类型

1) 按功能分类

按功能不同分为车轮静平衡机和车轮动平衡机。

2) 按测量方式分类

按测量方式不同分为离车式车轮平衡机和就车式车轮平衡机。离车式车轮平衡机需要从车上拆下被测车轮，安装到平衡机的转轴上进行测量；就车式车轮平衡机则可在不拆卸车轮的状况下进行检测。

3) 按平衡机转轴的支撑方式分类

按平衡机转轴的支撑方式不同分为软式车轮平衡机和硬式车轮平衡机。软式车轮平衡机的转轴由弹性元件支撑，当装在转轴上的车轮不平衡时，转轴和车轮在转动过程中发生振动，通过对振动的强弱和相位的测量来检测车轮的不平衡量；硬式车轮平衡机的转轴则由刚性元件支撑，通过测量车轮不平衡点在车轮旋转时产生的离心力来检测车轮的不平衡量。

3. 车轮平衡机的结构

1) 离车式车轮平衡机

在离车式车轮平衡机中，目前应用最多的是硬式两面测定车轮动平衡机，如图4-48所示。该平衡机主要由驱动机构、转轴与支撑、机箱、制动装置和防护罩构成。驱动机构由电动机、传动装置构成，驱动转轴旋转使安装在其上的车轮达到所要求的平衡转速；车轮在转轴上的安装位置见图4-49，转轴由两盘滚动轴承支撑。两盘轴承内分别组装有检测动反力的传感器，传感器产生的电信号输送至控制装置，转轴外端通过锥体和快速拆装螺母固定被测车轮;显示与控制装置将传感器传来的电信号通过电脑运算、分析、判断后,显示出不平衡量及相位;车轮防护罩用于阻挡车轮旋转时车轮上的平衡块或花纹中的夹杂物飞出;制动装置可使车轮停转。

2) 就车式车轮平衡机

就车式车轮平衡机由驱动装置、测量装置、指示与控制装置、制动装置等构成,并装在手推小车上,如图4-50所示。驱动装置由电动机和由其驱动的转轮构成,检测时转轮贴紧被测车轮的胎面,当电动机驱动转轮旋转时,同时带动被测车轮旋转;测量装置由传感磁头、可调支杆和底座构成。测试时,传感磁头可吸附在独立悬架下臂或非独立悬架的转向节处,通过可调支杆可将不平衡车轮旋转时产生的振动传给底座,装在底座中的传感元件将振动转化成电信号;指示与控制装置由频闪灯和不平衡量指示表或数字显示屏构成,在接收到传感元件发出的电信号后,不平衡量指示表根据其强弱显示出不平衡量大小,频闪灯用于测出不平衡点的位置。其结构原理如图4-51所示。

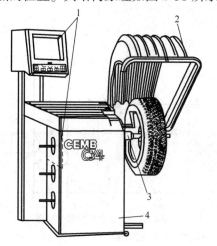
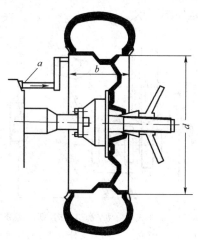

图4-48 离车式车轮动平衡机
1-显示与控制装置;2-防护罩;3-转轴;4-机箱

图4-49 车轮在平衡机上的安装

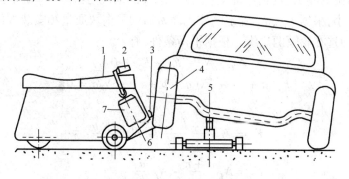

图4-50 就车式车轮平衡机检测示意图
1-仪表板;2-手柄;3-光电传感器;4-被测车轮;5-传感器支架;6-摩擦转轮;7-驱动电动机

4. 车轮不平衡检测原理

1) 静不平衡检测原理

静不平衡可在离车式或就车式车轮平衡机上检测。被测车轮装在离车式车轮平衡机的转轴上时,若车轮存在静不平衡,则在自由转动状态下,车轮将停止于不平衡点处最低的位置;在相反方向进行配重平衡后,当车轮可在转动结束停止于任一位置时,车轮则处于静平衡状态。利用这一基本原理即可测得静不平衡的质量和相位。

利用就车式车轮平衡机检测车轮静不平衡的原理如图 4-51。检测过程中,车轮被支离地面,其重力通过传感器、可调支杆传递到底座。如果被测车轮存在静不平衡,则高速旋转时产生离心力所引起的上、下振动,通过转向节或悬架作用于检测装置的传感磁头、可调支杆和底座内的传感器。传感器把感受到的脉冲压力信号转变为脉冲电信号控制频闪仪的闪光时刻,闪光照射到车轮上的位置反映不平衡点的相位;电信号强弱输入指示与控制装置后,则显示出不平衡量。

2) 动不平衡检测原理

(1) 离车式车轮平衡机动不平衡检测原理。

动不平衡的车轮安装在离车式硬支撑平衡机的转轴上高速旋转时,所产生的离心力在支撑装置上产生动反力,测出支撑装置所受的动反力即可测得不平衡量。如图 4-52 所示,图中:m_1、m_2 为车轮不平衡点质量,车轮旋转时所产生的离心力为 F_1、F_2,结构尺寸 a、b、c、d 如图所示。

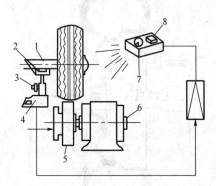

图 4-51 就车式车轮动平衡机结构原理示意图
1-转向节;2-传感磁头;3-可调支杆;4-底座;5-转轮;
6-电动机;7-频闪灯;8-不平衡量指示表

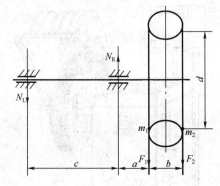

图 4-52 车轮平衡仪测量原理
a-轮辋边缘至右支撑的距离;b-轮辋宽度;c-左、右支撑间距离;d-轮辋直径

硬支承平衡机的测试、校正原理是:根据支承处的动反力 N_L、N_R 确定两校正面上离心力 F_1 和 F_2 的大小,根据 F_1、F_2 确定两校正面所需的平衡块质量和安装方位。其测量点在轴承处,而校正面选在轮辋两边缘。根据平衡条件,有:

$$N_R - N_L - F_1 - F_2 = 0$$
$$F_1(a+c) + F_2(a+b+c) - N_R c = 0$$

可解得:

$$F_1 = N_L \frac{a+b+c}{b} - N_R \frac{a+b}{b}$$

$$F_2 = N_L \frac{a+c}{b} - N_R \frac{a}{b}$$

由此可见,离心力 F_1、F_2 仅取决于动反力 N_L、N_R 及结构尺寸 a、b、c。对于某车轮平衡机和所测车轮而言,结构尺寸可视为常数,可事先输入控制装置,动反力 N_L、N_R 可用位移、速度或加速度传感器测出,根据此确定 F_1、F_2 并确定平衡块质量和安装方位。

(2) 就车式车轮平衡机动不平衡检测原理。

在就车式车轮平衡机上检测车轮动不平衡时,可将传感磁头固定在制动底板上。当动不平衡的车轮高速旋转时,不平衡质量所产生的离心力使车轮左、右摆振,在制动底板上产生横

向振动。横向振动通过传感磁头、可调支杆传给底座内的传感器并把振动转化成电信号,电信号控制频闪灯闪光,以指示车轮不平衡点位置,并由指示装置显示出车轮的不平衡量。

5. 车轮不平衡检测方法

1) 离车式车轮平衡机的检测方法

(1) 准备工作。

① 拆除轮辋上的旧平衡块。

② 清除胎面泥土和嵌在花纹中的泥土、碎石。

③ 轮胎气压达到规定值。

④ 检查车轮平衡仪,并预热 5min 左右。

⑤ 提起车轮定位尺,以便使被测车轮定位。

⑥ 根据轮辋中心孔大小选择锥体,并把车轮装在转轴上,用快速螺母紧固。

(2) 检测步骤。

① 测量轮辋宽度 b、轮辋直径 d 和轮辋边缘至机箱距离 a,并输入到指示与控制装置。

② 按下车轮定位尺并放下车轮防护罩。

③ 按起动按钮,转轴带动车轮旋转,开始测试。

④ 显示出测量结果后,按停止按钮或踩制动踏板使车轮停转,并从指示装置上读取车轮内、外侧不平衡量和不平衡位置。

⑤ 根据检测结果,分别在轮辋内、外两侧安装平衡块。

⑥ 检查平衡结果,直至车轮不平衡量 <5g,指示装置显示"00"或"OK"时,车轮处于平衡状态。

⑦ 测试结束,切断电源,从转轴上取下车轮总成。

2) 就车式车轮平衡机的检测方法

(1) 准备工作。

① 用千斤顶支起车桥。

② 取掉车轮轮辋上的旧平衡块,清除胎面泥土和花纹中夹嵌的泥土、碎石。

③ 检查轮胎气压,使其达到规定值。

④ 检查车轮转动是否轻便,车轮轴承是否松旷。

⑤ 在轮胎任意位置上用粉笔或胶带作标记,也可用气门嘴作标记。

(2) 转向轮静平衡检测步骤。

① 安装传感器支架:用三角垫木塞紧另一侧车轮和后桥车轮,将转向桥落座于传感器支架上,调节好可调支杆高度并锁紧,使被测车轮升离地面。

② 使车轮平衡机转轮贴紧轮胎面,起动电动机带动车轮高速旋转,注意车轮旋转方向应与汽车前进时车轮旋转方向一致。

③ 用频闪灯照射车轮,确定标记在车轮轮胎上的位置,在指示装置显示出不平衡量数值后,利用平衡机上的制动装置使其停止转动。

④ 轻转车轮,使标记位于频闪灯下的观察位置,轮辋最上部即为平衡块的安装位置。

⑤ 根据指示装置所显示的不平衡量,在轮辋上加装平衡块。

⑥ 重复上述步骤复查测试,直至满足平衡要求。

(3) 转向轮动平衡检测步骤。

① 转向轮外转 45°,将传感磁头吸附在制动底板边缘平整之处。

②测量方法与转向轮静平衡的测量方法相同,但车轮平衡时,应在观察位置轮辋两侧各安装一块平衡块,并使其相隔180°,平衡后也需复查直至满足平衡要求。

(4)驱动轮平衡检测步骤。

主要测试步骤与转向轮静、动平衡测试步骤相同,不同之处如下:

①用千斤顶支起后桥后,不必用三角垫木塞紧被测车轮另一侧的车轮。

②用发动机通过传动系统带动后轮以 50~70km/h 的速度稳定运转,而不再用平衡机转轮带动车轮旋转。

③传感磁头支撑在后桥尽可能靠近后轮的地方。

④测试结束后,用车轮制动器而不是用平衡机上的制动装置使车轮停止旋转。

四、悬架装置检测

悬架装置主要由弹性元件、导向装置和减振器三部分构成。按结构特点,悬架分为非独立悬架和独立悬架,如图 4-53 所示;按阻尼和刚度是否随行驶条件而变化,汽车悬架系统通常分为传统被动式、半主动式和主动式三类。

悬架装置最易发生故障的部件是减振器。减振器工作不正常时,汽车行驶中跳跃严重,轮胎的接地能力下降,转向盘发飘,弯道行驶时车身晃动加剧,制动时易发生跑偏或侧滑,轮胎磨损异常,乘坐舒适性变差,有关机件磨损速度加快。

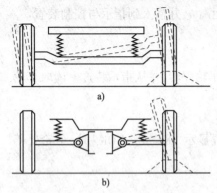

图 4-53 非独立悬架和独立悬架示意图
a)非独立悬架;b)独立悬架

1. 汽车悬架装置性能检测指标

悬架装置工作性能的检测指标是车轮接地性指数。车轮接地性指数是指汽车在行驶中,车轮与路面间最小法向作用力与其法向静荷载的比值,是车轮与路面间的最小相对动载的标志,用 A% 表示,其数值在 0~100% 范围内变化。车轮接地性指数表明了悬架装置在汽车行驶中确保车轮与路面相接触的最小能力。

2. 汽车悬架装置检测台

根据激振方式不同,悬架装置检测试验台可分为跌落式和共振式两种类型。由于共振式悬架装置检测试验台性能稳定、数据可靠,因此应用广泛,如图 4-54 所示。

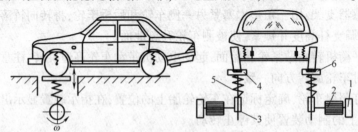

图 4-54 共振式悬架检测试验台
1-储能飞轮;2-电动机;3-凸轮;4-台面;5-激振弹簧;6-测量装置

1)跌落式悬架装置检测试验台

测试过程中,先通过举升装置将汽车升起一定高度,然后突然松开支撑机构或撤去垫块,车辆落下产生自由振动。用测量装置测量车体振幅或者用压力传感器测量车轮对台面的冲击压力,对振幅或压力分析处理后,评价汽车悬架装置的工作性能。

2)共振式悬架装置检测试验台

通过电动机、偏心轮、储能飞轮和弹簧组成的激振器,迫使试验台台面及被检汽车的悬架装置产生振动。通过检测激振后振动衰减过程中力或位移的振动曲线,求出频率和衰减特性。根据测试参数的不同,分为测力式和测位移式。测力式悬架装置检测试验台测试振动衰减过程中的力,测位移式悬架装置检测试验台测试振动衰减过程中的位移量。共振式悬架装置检测试验台一般由机械部分和微机控制部分组成。

(1)机械部分。

共振式悬架装置检测试验台的机械部分由左右两套相同的振动系统构成,如图4-54所示。其单轮振动系统如图4-55所示,每套振动系统由上摆臂、中摆臂、下摆臂、支撑台面、激振弹簧、驱动电机、储能飞轮和传感器等构成。传感器一端固定在箱体上,另一端固定在台面上。上摆臂、中摆臂和下摆臂通过三个摆臂轴和六个轴承安装在箱体上。上摆臂和中摆臂与支撑台面连接,并构成平行四边形的四连杆机构,以保证上下运动时能平行移动,使台面受载时始终保持水平。中摆臂和下摆臂端部之间装有弹簧。驱动电机的一端装有储能飞轮,另一端装有凸缘,凸缘上有偏心轴。连接杆一端通过轴承和偏心轮连接,另一端与下摆臂端部连接。

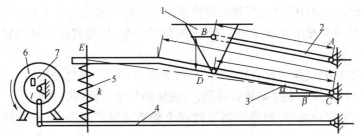

图4-55 共振式悬架装置检测试验台单轮振动装置
1-支撑台面;2-上摆臂;3-中摆臂;4-下摆臂;5-激振弹簧;6-驱动电机;7-偏心惯性结构

检测时,将汽车驶上支承平台,启动测试程序,驱动电机带动偏心机构使整个汽车-台面系统振动。激振数秒钟达到角频率为ω_0的稳定强迫振动后,断开驱动电机电源。然后,由储能飞轮以起始频率为ω_0的角频率进行扫频激振,同时启动采样测试装置。由于车轮的固有频率处于ω_0与0之间,因此储能飞轮的扫频激振总能使汽车-台面系统产生共振。采样测试装置记录数据和振动波形,然后进行分析、处理和评价。

(2)控制部分。

共振式悬架装置检测试验台的控制部分主要由微机、传感器、A/D转换器、电磁继电器及控制软件等组成,如图4-56所示。悬架装置检测试验台微机控制部分与机械部分由控制软件联系,不仅实现对悬架装置检测试验台测试过程的控制,同时也对悬架装置检测试验台所采集的数据进行分析和处理,并显示和打印检测结果。

3.汽车悬架性能检测标准

GB 7258—2012《机动车运行安全技术条件》规定:对于最大设计车速大于或等于100km/h、轴载质量小于或等于1500kg的乘用车,用悬架检测试验台按规定的方法检测悬架特性时,受检车辆的车轮在受外界激励振动下测得的吸收率(车轮接地性指数)应不小40%,同轴左右轮吸收率之差不得大于15%。

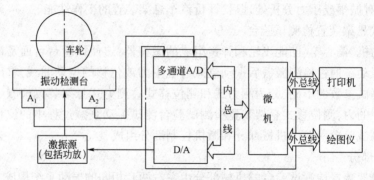

图 4-56　共振式悬架装置检测试验台控制系统

欧洲减振器制造协会推荐的参考标准为：在检测台面振幅为 6mm 时，车轮接地状态和接地性指数如表 4-10 所示。

车轮接地性参考标准　　　　　　　　　　表 4-10

车轮接地性指数(%)	60~100	45~60	30~45	20~30	1~20	0
车轮接地状态	优	良	一般	差	很差	车轮与地面脱离

4．汽车悬架性能检测方法

根据 GB 18565—2001《营运车辆综合性能要求和检验方法》，对于最大设计车速大于或等于 100km/h、轴载质量小于或等于 1500kg 的载客汽车，使用共振式悬架装置检测台检测悬架性能的方法如下。

①汽车轮胎规格、气压应符合规定值，车辆空载，不乘人（含驾驶员）。

②将汽车每轴车轮驶上悬架装置检测台，使轮胎位于台面的中央位置。

③启动悬架装置检测台，使激振器迫使汽车悬架装置产生振动，并达到起始激振频率（高于共振频率）。

④达到起始激振频率后，将激振电源关断，使激动频率逐渐降低，并将通过共振频率记录衰减振动曲线，纵坐标为动态轮荷，横坐标为时间。测量共振频率时的动态轮荷。

⑤计算并显示动态轮荷与静态轮荷的百分比及其同轴左右轮百分比的差值。

5．电子控制悬架系统检测与诊断

1）电子控制悬架系统的故障自诊断

电子控制悬架系统一般都设有故障自诊断系统，以监测系统的工作情况及诊断系统所出现的故障。当系统处于故障状态时，微机根据故障信息把故障以代码形式存入存储器，并通过仪表板上的"悬架系统故障指示灯"，提示驾驶员。读出存储器中的故障码，可快速准确地诊断出故障类型、部位及故障原因。

读取故障码时，首先要进入故障自诊断状态，诊断并排除故障后应清除故障码。不同种类的汽车，其进入故障自诊断状态和清除故障码的方法也不相同，因此应按汽车使用说明书的要求进行操作。以下以雷克萨斯 LS400 型汽车为例，介绍其电控悬架系统故障的自诊断。

(1) 故障码的读取。

①将点火开关转至 ON 位置；

②用跨接线短接 TDCL 插座或检查连接器中的 T_c 端子和 E_1 端子，如图 4-57 所示。

③将高度控制 ON/OFF 开关置于 ON 位置；

④根据仪表板上高度控制"NORM"指示灯的闪烁情况读取故障码。

⑤故障码读取完毕后,脱开 T_c 端子和 E_1 端子之间的跨接线。

(2) 故障分析。

对照故障码表可以对电子控制悬架系统故障的性质和范围进行分析。故障码表一般由汽车制造厂提供,列入维修手册中。雷克萨斯 LS400 型汽车电控悬架系统的故障码见表 4-11。

(3) 故障码的清除。

关闭点火开关,拆下 1 号接线盒中的 ECU—B 熔丝 10s 以上。

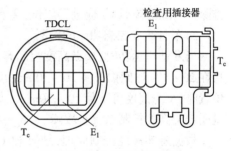

图 4-57 TDCL 和检查用插接器

LEXUS LS400 电子控制悬架系统故障码表   表 4-11

故障码	故障部位	故障原因	故障可能性
11	右前高度控制传感器电路	车身高度控制传感器电路断路或短路	ECU 与高度控制传感器之间的配线或接线器故障;高度控制传感器故障;ECU 故障
12	左前高度控制传感器电路		
13	右后高度控制传感器电路		
14	左后高度控制传感器电路		
21	前悬架控制执行器电路	悬架控制执行器电路断路或短路	ECU 与悬架控制执行器之间的配线或接线器故障;悬架控制执行器故障;ECU 故障
22	后悬架控制执行器电路		
31	1 号高度控制阀电路	高度控制阀电路断路或短路	ECU 与高度控制阀之间的配线或接线器故障;高度控制阀故障;ECU 故障
33	2 号高度控制阀电路(右悬架)		
34	2 号高度控制阀电路(左悬架)		
35	排气阀电路	排气阀电路断路或短路	ECU 与排气阀之间的配线或接线器故障;排气阀故障;ECU 故障
41	1 号高度控制继电器电路	1 号高度控制继电器电路断路或短路	ECU 与 1 号高度控制继电器之间的配线或接线器故障;1 号高度控制继电器故障;ECU 故障
42	压缩机电动机电路	压缩机电动机电路短路;压缩机电动机被锁住	ECU 与压缩机电动机之间的配线或接线器故障;压缩机电动机故障;ECU 故障
51	至 1 号高度控制继电器(控制压缩机电动机用)的持续电流	1 号高度控制继电器供电持续时间超过 8.5min	压缩机电动机;压缩机;空气管;1 号、2 号高度控制阀;排气阀;高度控制传感器;高度控制传感器连杆;溢流阀;ECU
52	至排气阀的持续电流	向排气阀供电持续时间超过 6min	高度控制阀;排气阀;空气管;高度控制传感器;高度控制传感器连杆;ECU
61	悬架控制信号	ECU 故障	ECU 故障
71	高度控制 ON/OFF 开关电路	高度控制 ON/OFF 开关位于 OFF 位置或高度控制 ON/OFF 开关电路故障	ECU 与高度控制 ON/OFF 开关之间的配线或接线器故障;ECU 故障
72	悬架控制执行器电源电路	悬架控制执行器电源电路断路或 AIR SUS 熔丝烧断	悬架 AIR SUS 熔丝故障;ECU 与发动机主继电器之间的配线或接线器故障;ECU 故障

对于自诊断确定的故障,还应进行深入检测,以便查出故障的确切原因。检测时,应使用推荐的检测工具按汽车制造商维修手册提供的方法和步骤进行。对系统进行检查、故障

排除并清除故障码后,应进行路试,再次观察指示灯状态判定故障是否排除。

2)车身高度控制功能的检测

当发动机运转时,操纵高度控制开关由"NORM"位置转换到"HIGH"位置时,车身高度将在20～40s时间内升高10～30mm;反之,当高度控制开关由"HIGH"位置转换到"NORM"位置时,车身高度可下降10～30mm。如果操纵高度控制开关时,车身高度没有任何变化,说明悬架高度控制系统有故障。

根据悬架高度控制原理,悬架ECU根据车身高度传感器及高度开关输入的信号,检测出车身实际高度与目标高度是否一致,若车身实际高度低于目标高度,则悬架ECU将使悬架汽缸充气,悬架变长,将车身升高;若实际高度高于目标高度,则悬架ECU将使高度控制阀的排气阀打开,放出悬架汽缸里的压缩空气,使悬架变短,车身下降。因此,引起悬架高度控制功能故障的可能原因如下:

①1号高度控制继电器电路故障;
②空气压缩机驱动电机电路故障;
③高度控制传感器、高度控制阀电路故障;
④排气阀电路故障;
⑤高度控制电源电路故障及发电机输入电路故障等。

五、汽车行驶系统常见故障诊断

汽车行驶系统的常见故障有汽车行驶跑偏、乘坐舒适性不良、前轮摆振和前轮胎磨损不正常以及电子控制悬架系统高度控制失常等。

1. 汽车行驶跑偏

1)故障现象

汽车行驶时,不能保持直线方向,而自动偏向一边。

2)故障原因

两前轮轮胎气压不等、轮胎直径不等;前轮左右轮毂轴承松紧程度不一致;前后桥两侧的车轮有单边制动或单边拖滞现象;两前轮外倾角、主销后倾角、主销内倾角、前束角不等;前梁、后桥轴管及车架变形;左右悬架弹簧挠度不等或弹力不一;左右轴距相差过大,推力角过大;转向节弯曲变形。

3)故障诊断方法

(1)检查两前轮状况。先检查磨损程度是否一致,再检查两侧轮胎气压是否相等。若左右轮直径相等,则进行下步诊断。

(2)待汽车行驶后停车检查,检查跑偏一侧的制动鼓(或盘)和轮毂轴承处,若温度过高,则说明故障由该轮制动拖滞或车轮轴承过紧引起。若温度正常,则进行下步诊断。

(3)检测轴距差和推力角。若轴距不等,推力角过大,则故障原因可能是前后桥或车架在水平平面内有弯曲变形、悬架杆件及转向节变形或装配质量太差。若轴距相等,推力角正常,则进行下步诊断。

(4)测量车身两侧对称参考点的高度值。若高度值不同,则故障原因可能是两侧悬架弹簧的弹性不一致或一侧悬架杆件变形,或承载式车身变形。若高度值相同,则进行下步诊断。

(5)检查车轮定位。通常汽车向前轮外倾角较大、前束角较小的一侧跑偏,可通过检测转向轮定位参数进行确诊。

2. 乘坐舒适性不良

1) 故障现象

在凸凹不平路面行驶时,车身振动不能迅速衰减,或高速行车时振动严重。

2) 故障原因

减振器不良或损坏;悬架系统弹性元件损坏;轮胎气压不正常;车轮动不平衡现象严重;轮胎磨损过甚或磨损不均;传动轴动不平衡。

3) 故障诊断方法

(1) 检查轮胎,轮胎磨损及充气情况。若轮胎磨损不均,会因动不平衡引起振动;磨损严重且气压过高或过低,则轮胎缓冲和减振功能降低。

(2) 检查车轮。用百分表对轮辋进行径向圆跳动和轴向圆跳动量检查,检查轮辋变形情况。若变形严重,则因车轮动不平衡影响汽车乘坐舒适性。

(3) 检查减振器。若减振器存在弯曲或严重的凹陷或刺孔,说明减振器损坏。

就车检查减振器的工作效能。对于小型汽车,用手把车辆压下后迅速地松手,若车辆反弹次数超过两次,则说明减振器工作效能差;对于大型车辆,使其运行一段时间停车后,检查减振器筒体温度,如果感到筒体发热、烫手,说明减振器工作正常。若感觉筒体或温度变化不大,则说明减振器失效或缺油。减振器缺油时,往往导致减振器产生异常响声,失去减振功能。

(4) 检查悬架弹簧。目检弹簧是否有折断或损伤缺陷,对于弹簧的弹力可用仪器检查。

(5) 检查悬架杆件连接处橡胶衬套是否老化或损坏,其连接部位间隙是否过大。

(6) 检查传动轴是否弯曲变形、平衡块有无脱落,传动轴管是否凹陷,必要时进行动平衡检测。

3. 前轮摆振

1) 故障现象

在某一车速范围内行驶时,汽车两前轮各自围绕主销轴线摆振(俗称前轮摆头),转向盘发抖、行驶不稳定。

2) 故障原因

车轮变形,前轮的径向圆跳动和轴向圆跳动量过大;前轮动不平衡量严重超标;前轮外倾角、前束值不符合标准或不匹配;主销后倾角、主销内倾角超标;前轮轮毂轴承松旷;转向节球销及纵、横拉杆球销等连接处松旷;转向器主、从动部分啮合间隙过大;前梁或车架有弯、扭变形;前悬架杆件及转向节变形。

3) 故障诊断方法

(1) 检查转向传动机构各连接部位是否松旷。检查时,先左右转动转向盘,检查转向盘的自由转动量是否过大。若过大,则应检查各球头销等连接部位是否松旷,以确诊故障部位并排除故障。

(2) 检查轮毂轴承、转向节球销间隙是否过大。检查时,先支起汽车前部,然后在车轮的侧面用手上下左右摇动车轮。若有松旷感,则说明间隙过大,故障可能由此引起。

(3) 检查前轮胎。目检前轮是否是翻新胎及花纹磨耗状况,磨耗不均的轮胎及翻新质量差的轮胎因动不平衡量会过大,易引起前轮摆头。

(4) 检查前轮辋是否变形。检查时,将汽车前部支起,转动车轮,用百分表测量轮辋的径向圆跳动量和轴向圆跳动量。变形量超标的车轮易发生摆头现象。

(5) 检查前车轮是否平衡。检查方法:支起汽车前部,用就车式车轮平衡机进行就车检测。若前轮动不平衡量过大,则应对前轮进行配重平衡或予以更换。

(6)检查前轮定位是否合格。前轮定位中:前束值过小或过大,易造成前轮摆头并使轮胎磨损异常;前轮外倾角过小或过大,均不能与前束良好匹配,易导致前轮摆头并使轮胎磨损异常;主销后倾、内倾角过大,则稳定力矩大,前轮回正过猛导致摆头,反之则稳定力矩小,前轮不稳定易摆头。导致前轮定位参数超标的原因可能是悬架杆件变形、转向节变形、车身或车架某些部件变形等。检测前轮定位,当定位参数超标时,应查找原因,予以修复或调整,使其正常。

4. 前轮胎磨损不正常

1)故障现象

前轮胎磨损速度过快,胎面磨损异常。

2)故障原因

前轮胎气压过高或过低;前轮定位不正确,尤其是车轮外倾和前束不正确;前轮径向圆跳动和轴向圆跳动量过大以及车轮动不平衡;前轮毂轴承松旷;转向节球销及纵横拉杆球销等连接处松旷;前轮胎长期未换位;前轴弯、扭变形或悬架杆件变形。

3)故障诊断方法

(1)若胎冠中部快速磨损,则为轮胎气压过高所致。轮胎气压过高将增加单位接地面积的负荷,加速胎冠中部的磨耗。

(2)若胎冠两肩磨损过快,则为轮胎气压不足所致。轮胎气压不足会导致胎冠两肩着地,引起两肩磨损加快。

(3)若轮胎外侧或内侧磨损过快,则说明该前轮的外倾角不正常。若胎冠外侧偏磨损,说明前轮外倾角过大;若胎冠内侧偏磨损,说明前轮外倾角过小。此时应使用车轮定位仪重点检查前轮外倾角的大小。

(4)若胎冠出现羽片状磨损,则说明前轮前束不正常。若左右轮胎冠上羽片的尖部指向汽车纵向中心线,则说明前束过大;若羽片的尖部背离汽车纵向中心线,则说明前轮存在负前束。此时应重点检查前轮的前束值。

(5)若轮胎胎面局部出现磨光的斑点,则说明前轮不平衡。当前轮不平衡时,前轮的振动会引起轮胎的定向磨损,最终导致斑点磨损。此时应用车轮平衡机检测前轮的不平衡情况。

(6)若轮胎胎冠上一侧产生扇形磨损,则由轮胎长期处于某一位置行驶未换位或悬架位置不当所致。

(7)若一侧轮胎磨损较小且正常而另一侧轮胎磨损异常严重,则说明磨损异常车轮的悬架系统及转向节部件不正常,支承件变形,造成单个车轮定位失常及车轮负荷过大,导致车轮磨损异常。此时应重点检查磨损异常轮胎的悬架、车轮定位、轮毂轴承间隙、车轮的平衡及轮辋的变形情况,以找出单个车轮严重磨损的原因。若单个轮胎胎冠一侧的磨损过大,则说明该车轮外倾角不符合标准。若车轮外倾角过大,则轮胎胎冠外侧早期磨损,若车轮存在负外倾,则胎冠内侧磨损过大。

(8)检查转向球销、轮毂轴承是否松旷。支起车桥,面对轮胎侧面,用手沿汽车横向反复推、拉轮胎顶部,并用撬杠上下撬动前轮。若这些部位松旷严重,则会改变车轮前束和外倾角的大小,从而使胎磨损异常。

(9)检查前轮是否变形。支起车桥,转动车轮,用测量仪检查轮辋与轮胎的径向圆跳动和轴向圆跳动量。

(10)检查前轴、悬架杆件是否变形。这些部位的变形会引起前轮定位参数发生变化,导致前轮磨损异常。

5.电子控制悬架系统高度控制失常

1）1号高度控制继电器电路的故障诊断（故障码41）

（1）故障原因。

1号高度控制继电器与悬架ECU之间的线路断路或插接器松动；1号高度控制继电器损坏；悬架控制ECU损坏。

（2）故障诊断方法。

① 检查悬架控制单元的RCMP与-RC端子间的电阻，正常电阻值为50~100Ω。如果电阻值正常，应更换悬架控制单元。如果电阻值不正常，进行下一步检查。

② 检查1号高度控制继电器，拆下1号高度控制继电器，在继电器3、4端加上蓄电池电压，测端子1、2是否导通。若断路，应更换继电器；若导通，则应拆下悬架ECU连接器，检查RCMP、-RC端子与1号高度控制继电器插座3、4端子间的配线是否断路或搭铁。测量继电器3与4端子之间的电阻，正常电阻值为50~100Ω。如果电阻值不正常，需更换高度控制继电器。

2）空压机驱动电机电路的故障诊断（故障码42）

拆下1号高度控制继电器，检测插座1端对搭铁的电压（应为蓄电池电压）。若无电压，则应检查FLAIRSUS熔丝等；若有电压，则用导线连接1端子和2端子，观察空压机是否运转；若不运转，可拆下空压机驱动电机连接器，在空压机1、2端子间加上蓄电池电压；若空压机运转，则说明继电器与空压机电机间配线有故障，否则说明空压机有故障；若空压机工作正常，但仍显示故障码42，则应检查悬架ECU连接器RM+、RM-端子与空压机电机3、4端子间的配线是否断路或搭铁。

3）右前高度控制传感器电路的故障诊断（故障码11）

将点火开关旋至"ON"，拆下右前高度控制传感器连接器，测1端子对车身的电压（应为蓄电池电压）。若有电压，则拆下悬架ECU连接器，分别测SHCLK、SHLORD、SHFR、SHG端子与高度控制传感器连接器2、3、4、6端子间的配线是否断路或搭铁；若配线良好则更换高度控制传感器；若无电压则拆下2号高度控制继电器，测连接器4端子对车身电压（应为蓄电池电压）。若无电压，则检查ECU—B熔断器；若有电压，则用导线连接传感器连接器的4、2端子，测右前高度控制传感器连接器1端子对车身电压（应为蓄电池电压）。若无电压，则检查右前高度控制继电器连接器1端子与2号高度控制继电器连接器2端子间的导线是否断路或搭铁；若有电压，则拆下2号高度控制继电器，检查其是否工作良好，否则应更换。

4）1号高度控制阀电路的故障诊断（故障码31）

拆下1号高度控制阀，分别测量高度控制阀1、2与3端子之间的电阻，其值应为9~15Ω。若不正常，应更换高度控制阀；若阻值正常，则拆下悬架ECU连接器，测SLFR、SLFL端子与1号高度控制阀连接器1、2端子的配线是否断路或搭铁。

5）排气阀电路的故障诊断（故障码35）

拆下排气阀连接器，测排气阀1、2端子间的电阻，其值应为9~12Ω。若阻值不符合要求，应更换排气阀；否则应拆下悬架ECU连接器，测SLEX、-RC与排气阀连接器1、2端子的配线是否断路或搭铁。

6）高度控制电源电路的故障诊断

高度控制电源电路的作用是当点火开关置于"ON"时为悬架ECU供电。

（1）拆下悬架 ECU 连接器、点火开关置"ON"，测 IG 端子对车身电压，应为蓄电池电压。若无电压，则检查 ECU—IG 熔丝等。

（2）连接 IG 与 MRLY 端子，测量 IGB 端子对车身电压，应为蓄电池电压。若无电压，则检查 2 号高度控制继电器。

（3）测量继电器插座 4 端子对车身电压，应为蓄电池电压。若电压正常，则检测继电器插座 2、3 端子与悬架 ECU 连接器 IGB、MRLY 端子间的配线是否断路或搭铁。

第四节　汽车制动系统检测与诊断

科学诊断并及时排除制动系统故障，对于保障汽车安全运行具有重要意义。

本书第二章第五节介绍了汽车制动性能的检测参数、检测设备和检测标准，本节重点介绍汽车制动系常见故障诊断方法和主要元件的检测诊断方法。

一、气压制动系统检测与诊断

气压制动系统的制动能量源是压缩空气。

气压制动系统通常由空气压缩机、储气筒、调压阀、制动控制阀、制动气室以及其他辅助装置及管路等组成，如图 4-58 所示。气压制动系的车轮制动器一般采用鼓式制动器。

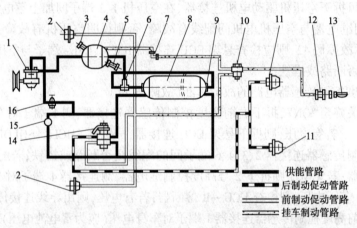

图 4-58　解放 CA1091 型汽车的双回路气压制动系统示意图
1-空气压缩机；2-前制动气室；3-放气阀；4-湿储气筒；5-安全阀；6-三通管；7-管接头；8-储气筒；9-单向阀；10-挂车制动阀；11-后制动气室；12-分离开关；13-连接头；14-串列双腔活塞式制动阀；15-气压表；16-气压调节器

1．气压制动系统常见故障部位

1）空气压缩机常见故障

空气压缩机是产生气源的装置。常见故障原因有：汽缸盖变形；出气室积炭过多，出气管接头积炭堵塞；出气阀与阀座密封不良或阀片弹簧过软；空气滤清器滤网堵塞，或壳与盖接触且压紧过甚；皮带轮槽磨损过度使传动皮带打滑；活塞及活塞环与缸壁磨损过度等。

2）制动阀常见故障

制动阀有多种形式。故障形式主要有：阀门有积存物粘附或关闭不严；各种弹簧的弹力不符合技术条件要求，或弹簧损坏；运动部件发卡；膜片损坏、变形；制动阀壳体上有裂纹或壳体变形等。

3) 制动气室及调整臂常见故障

常见故障有:膜片破裂;推杆外露过长;制动软管老化发胀或破裂;弹簧严重变形、定位钢球及弹簧失效;制动气室的壳体和盖有裂纹,或顶杆孔磨损过度等。

4) 制动器常见故障

常见故障原因是:制动蹄翘曲,制动蹄复位弹簧过软或过硬;制动蹄摩擦片与制动鼓接触的面积太小或趋于中间部位,或表面油污、硬化、铆钉外露、质量不佳,偏心调整不当;制动鼓磨损失圆或鼓壁过薄;制动蹄销调整螺钉调整不当等。

此外,制动管路接头不严密或管道破裂、扭曲、凹瘪、堵塞或制动器软管老化通气不畅等也是气压制动系统主要故障原因。

2. 气压制动系统常见故障诊断

1) 制动效能不足

(1) 故障现象。

踩下制动踏板后,制动减速度小或反应迟缓;紧急制动时各轮均无拖印,制动距离明显增长。

(2) 故障原因。

压缩空气压力不足;制动踏板自由行程过大;双管路制动系统的某一制动管路断裂而不产生制动作用;制动阀故障,如调整螺钉调整不当,排气阀复位弹簧过硬或调整垫片太厚,进、排气阀与摇杆接触端磨损过甚,摇杆弯曲、膜片破裂,平衡弹簧弹力不符合技术要求等;车轮制动器故障,如制动鼓与制动蹄片间隙不当,制动鼓与制动蹄片接触面积太小,制动蹄片质量不佳或有油污,制动蹄片铆钉松动,制动鼓变形、产生沟槽磨损或失圆,制动凸轮轴和轴套、制动蹄和偏心销轴等连接件锈死或磨损松旷,制动蹄衬片过薄,制动凸轮转角过大,制动管路破裂漏气、制动软管老化发胀通气不畅,制动气室皮碗破裂等。

(3) 故障诊断方法。

气压制动效能不足,大多数与压缩空气压力有关。因此,首先通过气压表检查压缩空气压力及气压表的工作状况。

①气压过低,应查明故障位置在空气压缩机还是管路。

发动机长时间运转后,气压不上升;熄火后,气压也不下降,则大多为空气压缩机故障。如传动带打滑、泵气不足、调压阀调节压力过低及储气罐安全阀放气压力过低等。

发动机长时间运转后,气压上升缓慢;熄火后,气压不断下降,则说明系统存在漏气处。如:储气罐安全阀漏气;空气压缩机与储气筒间管路漏气;制动踏板行程过小,导致进气阀不能关闭而漏气;进气阀密封不严等。

②若气压表指示值符合要求,将制动踏板踩到底后,观察气压表气压的下降情况。

若气压下降过小(低于50kPa),说明制动阀不良。如:进气阀开度过小或平衡弹簧过软等。

若气压不断下降,说明有漏气处。如:排气阀关闭不严;制动气室漏气;制动管路及软管或接头漏气等。可踩下制动踏板,检查漏气部位。

③若踏下制动踏板后,气压下降值正常,但制动效能仍不足,则应检查制动气室推杆伸张情况。

制动气室推杆外伸过短,说明制动管道堵塞或者凸轮轴锈蚀卡滞。

若制动气室推杆外伸过长,可能是制动器间隙过大,应进行调整。

若制动气室推杆外伸正常,故障原因可能在制动器。应顶起车轮检查制动器的间隙并进行必要的调整。调整后,制动效能仍不良,则应拆检制动器。

制动效能不足故障诊断流程如图 4-59 所示。

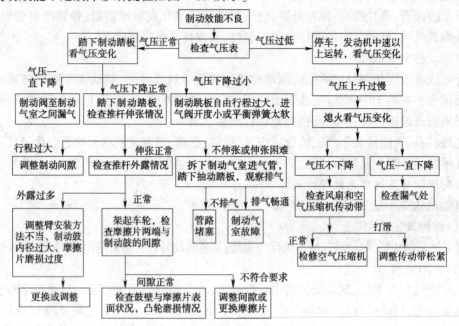

图 4-59 气压制动效能不足的故障诊断流程

2) 制动失效

(1) 故障现象。

行驶中使用制动时,汽车不能减速或停车;使用一次或几次制动后,制动突然不起作用。

(2) 故障原因。

空气压缩机损坏,空气压缩机传动带断裂或传动带严重打滑,空气压缩机至储气罐或储气罐至制动控制阀间的管路或接头漏气;制动踏板至制动控制阀间的拉臂脱落,制动踏板自由行程过大;制动控制阀推杆卡死;制动器内进水且没有及时将水分排除干净,导致制动失灵。

(3) 故障诊断方法。

①首先检查气压表有无指示及储气罐内有无压缩空气。

若气压表指示为零且储气罐内无压缩空气,则应拆下空气压缩机的出气管,起动发动机,检查空气压缩机的压气情况。若空气压缩机不压气,则应检查传动带是否断裂、打滑;检查进气阀密封是否良好、弹簧是否折断、松压阀是否失效。

若空气压缩机良好,则应检查空气压缩机至储气罐、储气罐至制动控制阀之间的管路是否漏气。

②若气压表指示正常,储气罐内有压缩空气,则应检查制动控制装置。

踩下制动踏板试验。若气压表读数不下降或下降很小,则应检查制动踏板与制动阀拉臂是否脱落、制动踏板自由行程是否过大、制动阀推杆是否卡死。

③若涉水后突然制动失效,则故障是由制动器进水而没有及时地排除干净所导致。

3) 制动跑偏

(1) 故障现象。

制动时,汽车运动方向发生偏斜;紧急制动时,方向急转或车辆甩尾。

(2) 故障原因。

基本原因是两侧车轮的制动力或制动时间不一致。具体原因为:左右车轮摩擦片与制动鼓间隙不均;个别车轮的摩擦片上有油、硬化或铆钉头露出;左右车轮摩擦片材料不一致,或接触不良;某个车轮制动凸轮轴被卡住,或调整不当使凸轮转角相差太大,复位弹簧变软、损坏等;某个车轮制动气室膜片硬度不同,推杆外露不等,或伸张速度不等;某制动软管通气不畅;两前轮轮胎气压不一致,两前轮钢板弹簧弹力相差太多,或车架及前轴变形严重等;前轮负前束,前轮定位不当;感载比例阀故障。

(3)故障诊断方法。

①首先通过路试进行紧急制动试验。若两侧车轮拖印基本一致,而在不踩制动时也出现跑偏的现象,则应检查左右车轮的轮胎气压、花纹和磨损程度是否一致;检查前悬架弹簧是否有折断或弹力不等现象;检查前后桥的轴距是否一致;检查车架是否变形。

②若在汽车制动时,忽而向左跑偏,忽而向右跑偏,则应测量前束。若前束不符合规定,应进行调整。同时检查转向横直拉杆球头销是否松旷,若松旷,则应进行调整或更换。

③若制动时各车轮拖印不一致,汽车向一侧跑偏,说明另一侧车轮制动力不足或制动过晚,应检查该车轮制动气室的工作状况。若制动气室有漏气声,说明膜片破裂、气管或接头漏气;若推杆弯曲或发卡,应进行修理。

④若制动气室工作状况良好,应检查制动器。制动间隙过大,应进行调整;若制动蹄摩擦片上有油污,应进行清洗。

⑤经上述检查正常,但仍制动跑偏,则应拆卸检修车轮制动器。

检查制动蹄摩擦片状况,若摩擦片磨损过甚、硬化或铆钉外露,应进行更换。

检查制动蹄复位弹簧的状况,若有折断或弹力减弱,应进行更换。

测量制动鼓的圆度和圆柱度,若已超差,应镗削。

检查制动臂和制动蹄转动是否灵活,若有发卡现象,应进行润滑。

⑥若在制动时,车辆出现甩尾现象,应检查感载比例阀是否有故障。

4)制动拖滞

(1)故障现象。

抬起制动踏板后,不能立即解除制动;汽车行驶中,制动鼓发热,滑行距离短。

(2)故障原因。

制动踏板自由行程过小或制动鼓与摩擦片的间隙过小;制动阀排气阀调整垫片过薄,或复位弹簧过软、折断和橡胶阀座老化发胀;制动踏板至制动阀拉臂之间的传动系零件卡滞,或制动器凸轮轴、制动蹄支撑销锈滞;制动复位弹簧过软或折断;制动蹄摩擦片碎裂等;制动蹄与支撑销锈蚀或复位弹簧过软、折断;制动间隙调整不当,放松制动踏板后,制动蹄摩擦片与制动鼓仍局部摩擦;其他方面原因,如轮毂轴承松动、半轴套管松动等。

(3)故障诊断方法。

若所有车轮制动拖滞,多是制动阀的故障,或制动踏板自由行程不足。制动阀的故障一般是阀门粘滞、弹簧折断等。若某一车轮拖滞,多为制动器故障。

二、液压制动系统检测与诊断

液压制动系统是利用制动液作为传力介质的制动系统。

常用的液压制动系统有:真空增压式液压制动系统、真空助力式液压制动系统、空气增压式液力制动系统等。

真空增压液压制动系统主要由车轮制动器、制动主缸、辅助缸、加力气室、真空筒等组成,如图4-60所示。真空助力式液压制动系统主要由车轮制动器、制动主缸、真空助力器等组成,如图4-61所示。气压增压式制动系统如图4-62所示,空气压缩机产生的压缩空气输入储气筒,储气筒与气压增压器相连。气体增压器的控制阀由制动主缸控制,调节储气筒向气压增压器输出压缩空气,起制动助力作用。气压增压器之后的液压促动管路中分别装设有一个单腔安全缸,可以实现局部双管路。

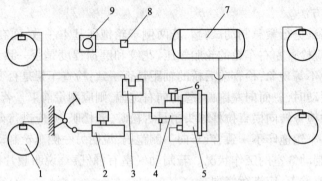

图4-60 真空增压液压制动系统示意图

1-车轮制动器;2-制动主缸;3-双活塞安全缸;4-辅助缸;5-加力气室;6-控制阀;7-真空筒;8-单向阀;9-发动机进气管

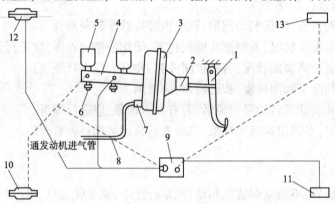

图4-61 奥迪100型轿车的双管路真空助力式液压制动传动装置

1-制动踏板机构;2-控制阀;3-真空伺服气室;4-制动主缸;5-储液罐;6-制动信号灯液压开关;7-真空单向阀;8-真空供能管路;9-感载比例阀;10-左前轮缸;11-左后轮缸;12-右前轮缸;13-右后轮缸

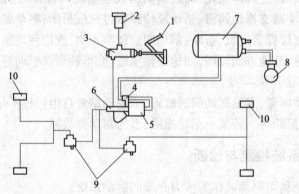

图4-62 气压增压式液压制动系统示意图

1-制动踏板;2-储液罐;3-制动主缸;4-控制阀;5-气压伺服气室;6-辅助缸;7-储气筒;8-空气压缩机;9-单腔安全缸;10-制动轮缸

1. 液压制动系统主要部件检测

1) 制动踏板自由行程的调整

停车时,踩制动踏板 2~3 次,消除制动助力器内的残余真空度。然后,踩下制动踏板,直到有明显阻力(推动助力器气阀)为止,此时踏板行程即为自由行程。

制动踏板自由行程应在 5~15mm 范围内。自由行程过大,说明制动助力器推杆与制动主缸活塞间隙过大;反之,则说明间隙过小或行车制动灯开关调整不当。

2) 制动储液罐液面检查与调整

液面过低时,储液罐中的液面传感器会及时报警。加注制动液需注意;旋开储液罐旋盖前,先要进行清理,以免尘土进入储液罐;储液罐的加注量不得超过最高加注液面;拧好旋盖。

3) 真空助力器的检查

(1) 真空助力器的一般检查。

①停机状态下,踩下制动踏板并保持位置不变。发动机起动后,如踏板高度无变化,则真空助力器不起作用。如真空助力器良好,发动机起动后,踏板应进一步往下沉。

②发动机运转时,踩下制动踏板并保持位置不变。发动机停机后,30s 内踏板高度如有变化,则真空助力器可能漏气。

(2) 真空助力器的深入检查。

把真空表通过真空软管与发动机真空接头连接。

未制动时检查密封性。起动发动机,真空表读数达到约 65kPa 时,发动机熄火。等待约 30s,观察真空表读数的下降情况,如果下降值超过 3kPa,则说明密封性不良。

制动时检查密封性。起动发动机,以 200N 的力踩下制动踏板,当真空表读数达到约 65kPa 时,发动机熄火,等待约 30s。观察真空表读数的下降情况,如下降值超过 3kPa,则说明密封性不良。

(3) 真空助力器性能检测。

①无助力作用的情况。发动机停机,待真空表读数为零时,以 100N 的力踩下制动踏板,制动管路压力表读数应在 0.2MPa 以上,当踩制动踏板的力为 300N 时,压力表读数应在 2MPa 以上。

②有助力作用的情况。起动发动机,当真空表读数达到 65kPa 时,以 100N 和 300N 的力分别踩下制动踏板,压力表读数的标准值分别为 2.8~4.3MPa 和 9.83~11.33MPa。

4) 真空增压器的检查

首先检查真空增压器的外部,调好制动间隙,排尽液压管路中的空气,并检查各部管道是否漏油、漏气和损坏。而后进行下列检查。

①起动发动机,直到进气管有足够的真空度后,踩下制动踏板,测出并记下踏板至驾驶室底板之间的距离。发动机熄火,将制动踏板踩下和松开数次,直到气压缸内的真空度为"0"时,再用同样方法踩下制动踏板,测出上述距离。若两次测得的距离没有差别,说明真空增压器工作不良。

②在发动机工作但不踩制动踏板时,若真空增压器空气滤清器侧的进气口有吸力,表明增压器控制阀的空气阀漏气;若不踩制动踏板时无吸力,但踩制动踏板时有吸力,说明增压器控制阀的作用良好。

③起动发动机,踩下制动踏板,拔出真空增压器后面的橡皮塞,用手捂住加油口,如果感

到有吸力,说明可能是控制阀的真空阀漏气、控制阀膜片破裂或加力气室膜片破裂。

5) 制动主缸的检查

①主缸缸体与活塞检查。检查缸体与活塞有无磨损、刮伤、锈蚀等,存在上述缺陷应予以更换;缸体与活塞的配合间隙超过极限值时也应更换。泵的补偿孔和回油孔若有堵塞,可用压缩空气疏通。

②活塞复位弹簧检查。弹簧过软、变形、折断应更换。

③橡胶件及其他检查。活塞皮碗、皮圈、进出油阀等橡胶件的配合面磨损、开裂、膨胀等,应予以更换。其他零件若有损坏、变形时同时更换。

6) 盘式制动器的检查

将盘式制动器拆卸分解后,进行制动盘、摩擦块及制动钳的检查。

制动盘不应有裂纹或凹凸不平现象。

用游标卡尺或千分尺直接测量制动盘上 4 个点或更多点的厚度,厚度变化大于 0.01mm 的制动盘,制动时会导致制动踏板抖动和前端振动。

用百分表检查制动盘端面圆跳动,其轴向跳动量应不大于 0.06mm。

摩擦块的厚度小于规定极限值须更换新摩擦块。

检查活塞和缸筒间隙,若间隙大于规定值时,或缸筒壁有较深划痕,应更换制动钳总成。

7) 鼓式制动器的检查

(1) 制动鼓的检查。

测量制动鼓内径的磨损量和圆度差。若圆度误差超过规定值时,应在车床或制动鼓镗削机上进行镗削;更换新摩擦片时应检查制动鼓的内径;当磨损量超过规定值时应更换新件。

(2) 摩擦片检查。

检查制动蹄摩擦片有无伤痕、磨损、开裂或过热而烧焦变质,有上述缺陷时应予修理或更换;检查磨损是否超限、有无制动液或油污污损,如有应更换新件;测量铆钉头沉入摩擦片表面的深度,若小于规定值,则应更换。修理或更换摩擦片后应检查摩擦片与制动鼓的贴合面面积,此值应大于 70%,且应两端接触较重,中间较轻。

(3) 制动轮缸检查。

检查橡胶皮碗是否完好,轮缸有无泄漏。皮碗有工作刃口磨损、开裂等损伤时应予以更换;若缸壁拉伤、锈蚀、磨损,放气螺钉密封锥面损伤、螺孔、螺纹滑丝时应更换;缸体内径磨损超过极限值应更换;活塞拉伤、锈蚀以及磨损过量,与缸体配合间隙超过极限值时应更换;活塞弹簧弹力不足或折断时应更换。

2. 液压制动系统常见故障诊断

1) 制动失效

(1) 故障原因。

制动踏板至制动主缸的连接松脱;制动储液室制动液量不足;制动管路断裂漏油;制动主缸或制动轮缸皮碗破裂。

(2) 故障诊断方法。

首先检查制动储液罐内的制动液储量是否符合规定要求,再检查制动主缸推杆连接销是否可靠;检查管路、接头等处有无漏油;上述检查均正常时,应拆制动主缸,若完好应拆检制动分泵。

2）制动不灵

（1）故障现象。

制动时,要连续踩几次制动踏板,才起制动作用。

（2）故障原因。

踏板自由行程过大;制动蹄片与制动鼓间隙过大;制动主缸皮碗、出油阀损坏。

（3）故障诊断方法。

检查制动踏板自由行程是否符合要求;检查主缸皮碗是否损坏,若主缸的皮碗损坏,则踩制动踏板时每次出油较少,压力也低,会使制动不灵;检查主缸出油阀,出油阀损坏会使管路内的剩余压力过低,管路内制动液回流主缸过多,主缸动作一次排出的制动液不起作用,须多次制动才能起作用。

3）制动效能不足

（1）故障原因。

①制动踏板自由行程太大;制动管路进入空气或制动液汽化产生气阻;制动液变质或管路内壁积垢太厚。

②制动主缸故障。储液室内制动液不足;皮碗老化、发胀或破损;活塞与缸壁磨损过甚而配合松旷等。

③真空增压器或助力器故障。主要包括:各真空管接头连接不紧密或管子破裂、凹瘪或扭曲不畅通;单向阀密封不严;控制阀活塞和皮碗密封不良或膜片破裂;控制阀中的空气阀或真空阀与其座表面损坏、不洁而使密封不良;加力气室膜片破裂;辅助缸活塞、皮碗磨损过甚;单向球阀不密封。

对装用气压增压式液压制动系统的汽车,则可能是气压增压器发生故障。主要包括:控制阀的故障,开启间隙过小,活塞皮圈破损或活塞磨损,大气阀密封不良或膜片破裂,进油孔堵塞;气压伺服气室故障,活塞密封不良或运动卡滞,复位弹簧扭曲变形,控制管通气不畅,推杆弯曲;辅助缸故障,液压活塞损伤而卡滞,球阀不能开启或出油孔堵塞,辅助缸进油道堵塞。

④制动器故障。如:制动蹄摩擦片与制动鼓间隙过大,摩擦片油污、水湿、硬化或铆钉外露,制动鼓磨损过度,出现沟槽、失圆等;制动分泵皮碗老化发胀、活塞与缸壁配合松旷、活塞复位弹簧过软或折断等。

（2）故障诊断方法。

踩下制动踏板做制动试验,根据踩制动踏板时的感觉,检查相应的部位。

①踩下制动踏板时,无反力或感觉阻力很小,则应检查储液室中制动液液面高度。

②连续几次踩制动踏板时,踏板高度仍过低,且有制动主缸与活塞碰击响声,则应检查活塞复位弹簧是否过软,皮碗是否破裂。如连续踩几次制动踏板时,踏板高度低且阻力很小,则应检查制动主缸的进油孔或储液室的通气孔是否堵塞。踩下制动踏板时,踏板高度过低,连续几次踩下制动踏板时,踏板高度稍有增高,并有弹性感,则应检查系统内是否存有气体。

③踩下制动踏板时,踏板高度较低;连续几次踩下制动踏板时,踏板高度随之增高且制动效能好转,则应检查制动踏板的自由行程及制动器的间隙。

④维持制动踏板高度时,若踏板缓慢或迅速下降,则应检查制动管路是否破裂、管接头是否密封不良;检查制动主缸、制动轮缸皮碗或皮圈密封是否良好。

⑤安装真空增压器或助力器的车辆,踩下制动踏板时,若阻力太大而且制动不灵,则应检查真空增压器或助力器的工作情况;检查制动系统油管是否有老化、凹瘪,制动液黏度是否太大。而当踩制动踏板感到有弹力,但制动力不足,则应检查真空增压器的辅助缸活塞磨损是否过度,辅助缸活塞、皮碗是否密封不良,辅助缸单向球阀是否密封不良。

⑥对装用气压增压式液压制动系统的汽车,可以根据以下现象进行诊断。

制动时发硬,抬起制动踏板时排气声微弱或无排气声,表明控制阀压缩空气阀(进气阀)开度不足或气压缸控制管路堵塞。

抬起制动踏板时排气声强,压缩空气阀(进气阀)开度正常,气压活塞亦可正常推进。若制动时踏板高、硬,则可能是由于辅助缸液压活塞出油孔不畅通和球阀不能开启,使制动液不能顺利进入液压室所致。

制动时感到踏板高、硬,制动起作用迟缓,抬起制动踏板后排气声强,但制动解除缓慢,各车轮制动鼓发热。表明气压活塞进退困难。若排气声缓慢,各车轮均有拖滞现象,表明控制阀活塞和补偿活塞进退困难。应分别检查气压活塞密封装置是否发胀、推杆是否弯曲、缸筒润滑是否良好,控制阀活塞皮碗是否发胀、补偿活塞是否变形卡滞及其密封装置是否发胀等。若制动效能良好,仅各车轮均有制动拖滞,则应检查气压活塞复位弹簧和控制阀活塞或补偿活塞复位弹簧是否过软,以及以上各活塞密封装置是否发胀回位不及时。

发动机怠速时踩下制动踏板感到高、硬,但制动无效,而当缓慢制动时尚可生效。此时应检查气压活塞复位弹簧是否扭曲变形液压活塞是否损伤和卡滞。

踩下制动踏板即有排气声,说明控制阀大气阀密封不良(补偿活塞总管与进气阀接触不良)或膜片破裂损坏。若良好,则应检查气压伺服气室活塞密封装置是否漏气。

⑦路试车辆时,观察各车轮的制动情况。若个别车轮制动不良,则应检查该车轮的制动软管是否老化;摩擦片与制动鼓间的间隙是否不当;摩擦片是否有硬化、油污、铆钉外露现象;制动鼓内壁是否磨损成沟槽;摩擦片与制动鼓的接触面积是否过小,制动轮缸是否磨损过度或皮碗损坏。

4)制动跑偏

(1)故障原因。

左右车轮制动轮缸的技术状况不同;单边制动管路凹瘪、阻塞或漏油;单边制动管路或制动轮缸内有气阻。此外,轮胎、车轮轴承、前轮定位、悬架系统、车架、车桥、车轮制动器等部件发生故障,也会导致制动跑偏。

(2)故障诊断与排除。

除检查与气压制动系统汽车制动跑偏的相同故障原因外,还应进行如下检查。

①首先对该车轮制动器进行放气,若无制动液喷出,则说明该轮制动管路堵塞,应进行更换。若放出的制动液中有空气,则说明该轮制动管路中混入空气,应进行排放。

②检查制动轮缸或制动钳活塞,若有漏油或发卡现象,应进行更换。

5)制动拖滞

(1)故障原因。

除了与装用气压制动系统汽车制动拖滞故障的共同原因外,还可能有以下原因:制动总泵复位弹簧折断或失效;制动主缸回油孔被污物堵塞,密封圈发胀或发粘与泵体卡死;通往制动轮缸的油管凹瘪或堵塞;盘式制动器的制动盘摆差过大;鼓式制动器的制动鼓严重失圆。

(2) 故障诊断方法。

① 个别车轮制动器拖滞。首先旋松该车轮制动轮缸的放气螺钉,若制动液急速喷出,随即车轮能旋转自如,说明该车轮制动管路堵塞,制动轮缸未能回油,应更换制动管路。若旋松放气螺钉后车轮仍转不动,则应拆下车轮,解体检查制动器。

对于盘式制动器:检查制动盘的轴向跳动量。若误差过大,应磨削或更换拆检制动轮缸。若轮缸活塞发卡或密封圈损坏,应进行更换。

对于鼓式制动器:检查制动蹄摩擦片状况,若摩擦片破裂或铆钉松动,应更换摩擦片。检查制动器间隙自调装置,若有损坏,应进行更换。检查制动鼓状况,若制动鼓圆度误差过大,应磨削或更换;检查制动蹄复位弹簧,若折断或弹力减弱,应更换。检查制动轮缸,若轮缸活塞发卡或密封圈损坏,应进行更换。

② 所有车轮制动器拖滞。首先检查制动踏板自由行程是否符合要求,若自由行程过小,应进行调整。检查制动踏板复位情况,将制动踏板踩到底并迅速抬起,若踏板复位缓慢,说明制动踏板复位弹簧失效或踏板轴发卡,应进行更换或修复。

检查制动主缸的工作情况。打开制动液储液室盖,踩制动踏板并观察制动主缸的回油情况。若不回油,说明制动主缸回油孔堵塞,;若回油缓慢,说明制动液过脏或变质,应进行更换。

三、防抱死制动系统故障诊断

防抱死制动系统(ABS)在传统制动系统的基础上增设轮速传感器、电子控制系统(ECU)、执行机构(制动压力调节器)构成,如图4-63所示。轮速传感器是ABS控制系统的感知元件,常用类型有电磁式和霍尔式轮速传感器。电子控制系统(ECU)ABS的控制中枢,其功能是:监测、接收各个车轮的转速传感器传输的脉冲信号,并进行比较、分析和判断处理,计算车轮转速、减速度及制动滑移率;与存储于存储元件的最佳滑移率进行逻辑比较分析;依据比较结果,对执行机构发出指令,调节制动压力。同时,对系统的主要部件和电子器件进行监控。制动压力调节器串接在制动主缸与轮缸之间,是ABS系统的执行机构,其作用是根据ECU的指令,接通或断开通向制动轮缸的油路,实现车轮制动力的自动调节。

诊断ABS系统故障时,应按一般检查、警告灯诊断和故障自诊断的方法和步骤进行。

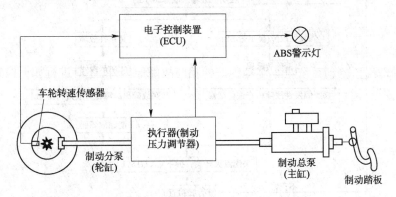

图4-63 防抱死制动系统(ABS)的基本组成

1. 一般检查

当ABS系统的故障指示灯亮,应对防抱死制动系统进行一般性检查。检查内容是:制动液面是否在规定范围内;继电器、熔断丝是否完好,插接是否牢固;电子控制装置的插头、插座的连接情况,搭铁是否良好;蓄电池容量和电压是否符合规定,连接是否牢靠;控制单元、车轮轮速传感器、电磁阀体、制动液面指示灯开关导线插头、插座和导线的连接是否良好;车轮轮速传感器的传感头与齿圈顶间的间隙是否符合规定,传感器头有无脏污;驻车制动是否完全释放;轮胎规格、花纹高度、气压是否符合要求,轮毂轴承及其间隙是否正常;常规制动系统工作是否正常。

2. 警告灯诊断

利用仪表板上的制动警告灯的闪亮规律,可以粗略判断 ABS 的故障部位。

正常情况下,发动机起动的瞬间,黄色警告灯和红色制动警告灯一般都应亮启(驻车制动在释放位置);正常运转后,两个警告灯应先后熄灭。汽车行驶过程中,两个警告灯都不应点亮。若是上述情况,一般可以说明 ABS 处于正常状态,否则说明 ABS 有故障或液压系统不正常。

在点火开关接通(ON)时,黄色警告灯闪亮(约 4s 左右),如果制动液不足,红色警告灯也亮启;若储能器压力低于规定值、驻车制动未释放,红色警告灯也会点亮;而当储能器压力、制动液面符合规定且驻车制动完全释放时,红色警告灯应熄灭。不同车型所装备的 ABS 系统有所不同,其警告灯的闪亮规律也有差异。

3. 故障自诊断

车型不同时,自诊断系统的功能不尽相同,诊断方法也有所不同。使用 V. A. G1551 或 V. A. G1552 型故障诊断仪对桑塔纳 2000GSi 轿车的 ABS 系统进行故障诊断的程序见图 4-64。

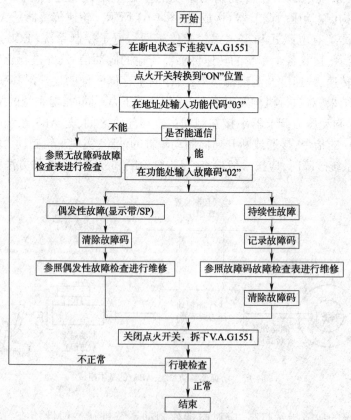

图 4-64 使用故障诊断仪进行 ABS 故障诊断程序

1)故障码的读取

利用故障诊断仪可以从 ABS 的 ECU 存储器中读取故障码,同时还有翻译故障码、指导诊断步骤和提供基本判断参数等功能。

①在断电的情况下,将故障诊断仪 V.A.G1551 或 V.A.G1552 与 ABS 的诊断插座连接。

②将点火开关转至"ON"位置。

③在地址处输入功能代码"03",按"Q"键确认

④在功能选择处输入功能代码"02",按"Q"键确认,将显示故障的数量。之后按"→"键将依次显示每一故障的故障码和内容。

读取 ABS 故障码或检修 ABS 系统后,应清除存储器内的故障码。方法是:在点火开关处于"ON"位置时,在功能选择处输入功能代码"05",按"Q"键确认,即可消除故障码。

2)对照故障码表对 ABS 故障进行分析

故障码所表示的故障性质和范围由制造厂提供,列入维修手册中。表 4-12 列出了桑塔纳 2000GSI 轿车 ABS 故障码的内容。

桑塔纳 2000GSI 轿车 ABS 系统故障码表　　　　表 4-12

V.A.G 1552 显示屏显示	可能的故障原因	故障排除方法
未发现故障	如果在维修完毕后,用 V.A.G 1552 查询故障后未发现故障,自诊断结束。如果显示屏显示"未发现故障",但 ABS 不能正常工作,则应按以下步骤操作: ①以大于 20km/h 的车速,进行紧急制动试车 ②重新用 V.A.G 1552 查询故障,仍无故障显示 ③在无自诊断的情况下,全面进行电气检查	
00668 汽车 30 号线终端电压信号超差	电压供应线路、连接插头、熔丝故障	检查 ECU 供电线路、熔丝和连接插头
01276 ABS 液压泵(V64)信号超差	电动机与 ECU 连接线路对正极或对地短路、断路;液压泵电动机故障	检查线路、进行执行元件诊断
65535 电控单元	ECU 故障	更换 ECU
01044 ECU 编码不正确	ECU 的 25 针插头端子 6 和 22 之间断路或短路	检查线路、线束的插头
01130 ABS 工作信号超差	与外界干涉信号源发生电气干涉	①检查所有线路连接对正极或对地是否短路 ②清除故障码 ③在车速大于 20km/h 时,进行紧急制动试车 ④再次查询故障码
00283 左前轮速传感器(G47)	轮速传感器导线、传感器线圈、传感器的线路短路或断路;连接插头松动;传感器头和齿圈的间隙超差	①检查轮速传感器与 ECU 之间的线路和连接插头 ②检查传感器头和齿圈的安装间隙 ③读取数据流
00285 右前轮速传感器(G45)	轮速传感器导线、传感器线圈、传感器的线路短路或断路;连接插头松动;传感器头和齿圈的间隙超差	①检查轮速传感器与 ECU 之间的线路和连接插头 ②检查传感器头和齿圈的安装间隙 ③读取数据流

续上表

V. A. G 1552 显示屏显示	可能的故障原因	故障排除方法
00287 右后轮速传感器(G44)	轮速传感器导线、传感器线圈、传感器的线路短路或断路;连接插头松动;传感器头和齿圈的间隙超差	①检查轮速传感器与ECU之间的线路和连接插头 ②检查传感器头和齿圈的安装间隙 ③读取数据流
00290 左后轮速传感器(G46)	轮速传感器导线、传感器线圈、传感器的线路短路或断路;连接插头松动;传感器头和齿圈的间隙超差	①检查轮速传感器与ECU之间的线路和连接插头 ②检查传感器头和齿圈的安装间隙 ③读取数据流

故障码能够显示故障的性质和范围,因而可根据故障码的提示迅速、准确地确定故障的性质和部位,有针对性地检查有关部位、元件和线路,排除故障。

利用故障诊断仪读取 ABS 系统的故障码后,应对照维修手册查看故障码的含义,结合该车电路和有关元件的检测方法,按相应步骤进行深入诊断并排除故障。

第五节 电子控制驱动防滑转系统的检测与诊断

驱动防滑转系统(Anti-Slip Regulation)是指汽车在驱动过程中防止驱动车轮发生滑转的控制系统,简称 ASR。驱动防滑转系统也称为驱动力控制系统(其英文缩写为 TRC)。本节以雷克萨斯 LS400 轿车驱动防滑转系统为例说明其检测诊断方法。

一、TRC 故障检测诊断的一般步骤

TRC 故障现象多样,故障原因复杂,故障诊断的难度较大。因此,对于 TRC 故障的诊断,需要分析 TRC 电路图,采用合理的步骤,利用 TRC 自诊断、专用检测仪器诊断及人工诊断综合进行诊断。TRC 故障检测诊断及排除的一般步骤如下。

(1)对 TRC 进行初步检查。

(2)确认故障情况和故障症状。

(3)利用专用检测仪器或人工法读取 TRC 系统自诊断的故障情况,初步确定故障部位。

(4)根据读解的故障信息,利用必要工具如检测盒、万用表等对故障部位进行深入的快速检查,确诊故障的部位和故障原因。

(5)排除故障。

(6)TRC 故障排除后,进行故障信息的删除步骤;否则,尽管 TRC 故障排除,且系统恢复正常,但 TRC ECU 存储器仍然记忆着原故障情况。

(7)检查 TRC 故障指示灯是否仍然持续点亮。如果指示灯仍然持续点亮,则说明 TRC 系统中仍有故障存在,或故障已经排除,而故障信息未被删除,应继续排除故障或重新删除故障信息。

(8)当 TRC 故障指示灯不再点亮后,进行路试,确认 TRC 系统恢复正常。

二、TRC 故障的自诊断

在电子控制驱动防滑转系统中,均设有故障自诊断功能。出现故障时,自诊断系统对故

障进行记忆,并点亮仪表板上的 TRC 故障指示灯。可通过连接跨接线的方法,使系统进入故障自诊断模式。

1. TRC 故障码的读取

(1)接通点火开关。

(2)用跨接线连接 TDCL 或检查用插接器的端子 T_C 和 E_1,如图 4-57 所示。

(3)按 TRC 故障指示灯的闪烁规律读取故障码。故障码的闪烁规律如图 4-65 所示,若有两个或更多故障出现,则数字最小的故障码首先显示。TRC 故障码的含义见表 4-13。

(4)故障码读取完毕后,在端子 T_C 和 E_1 上取下跨接线,关闭点火开关。

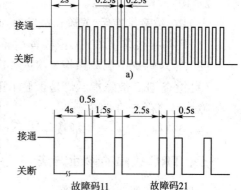

图 4-65 故障码及正常码闪烁显示实例
a)正常码;b)故障码

TRC 系统故障码表　　　　　　　　　表 4-13

故障码	TRC 故障指示灯	故 障 诊 断
11	闪烁	TRC 制动主继电器电路断路
12	闪烁	TRC 制动主继电器电路短路
13	闪烁	TRC 节气门继电器电路断路
14	闪烁	TRC 节气门继电器电路短路
15	闪烁	长时间向 TRC 制动泵电动机供电(制动液渗漏)
16	闪烁	压力开关电路断路(LHD)、压力传感器电路短路(RHD)
17	闪烁	压力开关(传感器)保持关断状态
19	闪烁	TRC 泵电动机 ON(开)和 OFF(关)操作比预定次数多(蓄压器制动液泄漏)
21	闪烁	主制动缸关断电磁阀电路断路或短路
22	闪烁	蓄压器关断电磁阀电路断路或短路
23	闪烁	储液罐关断电磁阀电路断路或短路
24	闪烁	辅助节气门执行器电路断路或短路
25	闪烁	步进电动机运行时达不到 ECU 指示的位置
26	闪烁	ECU 控制辅助节气门至全开位置,但辅助节气门不转动
27	闪烁	当停止向步进电动机供电时,辅助节气门未达到它的全开位置
44	闪烁	TRC 控制时,NE 信号未送至 ECU
45	闪烁	当急速开关接通时,主节气门位置传感器信号为 1.5V 或更高
46	闪烁	当急速开关断开时,主节气门传感器信号为 4.3V 或更高,或为 0.2V 或更低
47	闪烁	当急速开关接通时,辅助节气门位置传感器信号为 1.45V 或更高
48	闪烁	当急速开关关断时,辅助节气门位置传感器信号为 4.3V 或更高,或为 0.2V 或更低
49	闪烁	发动机信息交换电路断路或短路
50	闪烁	发动机控制系统出现故障
51	闪烁	制动液位警告灯开关电路故障
52	闪烁	TRC 泵电动机继电器电路断路
53	闪烁	TRC 泵电动机继电器电路短路
54	闪烁	TRC 泵电动机锁死

2. TRC 故障码的清除

当 TRC 故障排除后,或确认故障时,均应清除故障码。

(1)用跨接线连接 TDCL 或检查用插接器的端子 T_c 和 E_1。

(2)在 3s 内踩下制动踏板 8 次或 8 次以上,储存在 ECU 中的故障码即被清除。

(3)检查 TRC 故障指示灯是否显示正常码,若仍然显示故障码,则表明该故障码所代表的故障是目前存在的故障。

(4)在 TDCL 或检查用插接器端子上拆下跨接线。

三、TRC 故障的诊断方法

1)根据故障码表诊断故障

当读取故障码后,先根据车型在维修手册中查出故障码所代表的故障现象和故障部位,然后根据各故障码对应故障的诊断工艺流程、检查方法,对电路及其电控元件进行检查,诊断排除故障。诊断排除故障时,要严格按照维修手册中的规定方法和步骤进行。

2)根据故障征兆表诊断故障

当读取故障码时,显示正常码,而 TRC 仍然工作不正常,则说明故障超出 TRC 自诊断的范围,此时应先根据维修手册中提供的故障征兆表进行初步诊断,然后则根据其故障诊断流程进行故障的确诊并排除故障。雷克萨斯 LS400TRC 车型的故障征兆表见表4-14。

TRC 故障征兆表　　　　表 4-14

序号	故障征兆	故障诊断
1	TRC 工作不正常	1. 检查故障码,再次确认输出的是正常码 2. 检查 IG 电源电路 3. 检查液压系统是否漏电 4. 检查车速传感器电路 5. 检查空挡起动开关电路 6. 如以上检查均正常,而问题仍然存在,则应更换 ABS/TRC ECU
2	TRC 指示灯故障	1. 检查 TRC 指示灯电路 2. 检查 ABS/TRC ECU
3	TRC OFF 指示灯故障	1. 检查 TRC OFF 指示灯电路 2. 检查 ABS/TRC ECU
4	不能进行故障码检查	1. 检查 TRC 指示灯电路 2. 检查诊断电路 3. 检查 ABS/TRC ECU
5	即使在 N 位或 P 位, TRC 泵电动机仍在工作	1. 检查空挡起动开关电路 2. 检查 ABS/TRC ECU

3)根据 TRC 指示灯诊断故障

在实际应用中,可根据 TRC 故障指示灯及 TRC 关断指示灯的点亮情况进行故障的诊断与排除。雷克萨斯 LS400 TRC 的指示灯故障诊断表见表 4-15。

TRC 指示灯故障诊断表　　　　　　　　　　表 4-15

序号	故障现象	可能原因	
		故障部位	故障类型
1	点火开关置于 ON 位置后，TRC 故障指示灯点亮不到 3s	TRC 故障指示灯或电路	断路或短路
2	TRC 关断指示灯一直亮着	TRC 关断开关或电路	断路或短路
3	点火开关置于 ON 位置后，TRC 关断指示灯点亮不到 3s	TRC 关断指示灯或电路	断路或短路

4) 根据 TRC ECU 端子及电路参数诊断故障

TRC ECU 端子及电路都有规定的测量条件及相应端子参数标准。当 TRC 出现故障时，其测量参数将会发生变化。此时，可通过检测工具测量其端子及相应的电路参数，与维修手册中的标准值比较进行故障诊断。诊断故障时，一般可通过插接器检查 TRC 电控系统中各有关电路的电压、电阻或导通情况，然后根据资料提供的故障诊断表诊断其故障部位。

第五章 车身及附件的检测与诊断

第一节 车身的检测与诊断

汽车车身是轿车和客车的主体结构部分,在碰撞、刮擦和倾覆等交通事故或意外事故中,车身是受损最严重的部分。车架或整体式车身、车身覆盖件及其他构件发生变形后,将使其形状和位置关系不能符合制造厂的技术规范。不仅影响美观,还会影响到车身与其他总成的安装关系,使车辆不能正常行驶。对车身进行检测和诊断是汽车车身校正和修复的前提。

一、车身损伤形式

根据车身损伤的原因和性质来说,车身的损伤形式包括直接损伤、波及损伤、诱发性损伤和惯性损伤。

1. 直接损伤

直接损伤是车辆与其他物体直接接触而导致的损伤。直接损伤的特征是,在车身的着力点处形成的擦伤、撞痕、撕裂状伤痕。

2. 波及损伤

波及损伤是指碰撞冲击力作用于车身上并分解后,其分力在通过车身构件过程中所形成的损伤。根据力的可传性,碰撞形成的冲击力在分解、传播、转移的过程中,可以很容易地通过强度、刚度高的构件,但当传到强度、刚度相对较弱的构件时,就会造成车身构件不同程度的损伤。波及损伤的特征是:在相对薄弱的构件上形成以弯曲、扭曲、剪切、折叠等形态的损坏。

3. 诱发性损伤

诱发性损伤是指部分车身构件发生了损坏或变形后,同时引起相邻或与其有装配关系的构件的变形及损坏。与波及损伤不同,受诱发性损伤的构件并不承受冲击荷载或承受冲击荷载很少,主要受到关联件的挤压和拉伸而导致损坏。诱发性损坏的特征为弯曲、折断、扭曲。

4. 惯性损伤

惯性损伤是指车辆发生碰撞后,在强大的惯性力作用下而导致的损伤。惯性损伤的特征是撞伤、拉断或撕裂、局部弯曲变形等。损伤的形态有:车辆总成与车身的结合部或刚度的薄弱环节,易发生局部弯曲变形、拉断或撕裂等损伤。

二、车身损伤的检测诊断方法

为了准确诊断车身故障,必须有合理的检测基准和正确的诊断方法。

1. 车身损伤的检测基准

检测基准就是车身的尺寸参照基准,一般是基准面、中心线和参照点。

1) 基准面

基准面是一个假想的与汽车底面平行且与底面有一定距离的平面,用作车身垂直轮廓测量的参照基准,车身参照点的高度尺寸都是以它为基准获得。

2) 中心线

中心线是车身横向尺寸的参照基准,指将汽车分成左右相等两半的中心平面在俯视图上的投影。中心线位置通常写在整车俯视图的尺寸表中,在有些汽车上能看到中心标记,即车顶和车底板上做的一系列标记点。

3) 参照点

参照点是车身的标准位置参数,指车身维修时用来测量、检验车身是否恢复至原来尺寸的一些特殊点,用作车身维修的检测基准。参照点通常是车身上便于测量的特殊点,如孔、特殊螺栓、螺母、板件边缘或车身上的其他部位。为便于车身的检测和维修,现代轿车车身尺寸图中都注明了参照点及其标准位置参数。

某轿车车身检测参照点及标准尺寸参数如图 5-1 所示,图中第一行数字 1~12 为检测参照点序号;第二行字母 H~F 为检测触头的型号;第三行符号为检测触头的形状;第四行数字为检测参照点的相对高度尺寸,即专用检测触头在规定条件下所显示的标准高度尺寸。

2. 车身检测和诊断的基本方法

1) 直观检查与仪器测量

(1) 直观检查。

直观检查也称目检。对于任何车身损伤故障首先进行的都是目检。车身的局部变形或损伤,一般通过直观检查即目检可以进行诊断。目检是检测诊断任何车身损伤故障的首要方法;而且,对于没有车身测量系统的修理厂,目检是主要方法。

(2) 仪器测量。

仪器测量即利用车身测量系统或仪器检测车身尺寸或变形。对于现代轿车车身的检测,必须依赖车身测量系统对车身进行测量,获得车身相关部件位置关系的实际数据,作为车身检测诊断和修复的可靠依据。若不采用仪器测量车身位置偏差的,车身本身的定位作用就会出现偏差,而装配在车身上的总成(如转向机构、悬架系统等)将会改变其理想位置,就不能保证汽车的操纵稳定性。

2) 参数法和对比法

根据检测基准的不同,车身故障诊断的基本方法可分为参数法和对比法。

(1) 参数法。

参数法指把实际测得的变形车身参照点的数据与同参照点的标准参数比较,从而诊断车身变形故障的一种方法。这种方法以车身图样或技术文件中的规定来体现基准目标,通过对车身的定位尺寸进行测量,可以准确地诊断车身的变形范围及其损伤程度,是一种较为可靠的方法。

（2）对比法。

对比法是指把实际测得的变形车身参数，与同类车型车身的定位参数对比，从而诊断车身变形故障的一种方法。该方法以同类车型车身同部位的实测参数值作为检测标准值，其诊断的精确程度取决于目标车身以及测量点的选取。

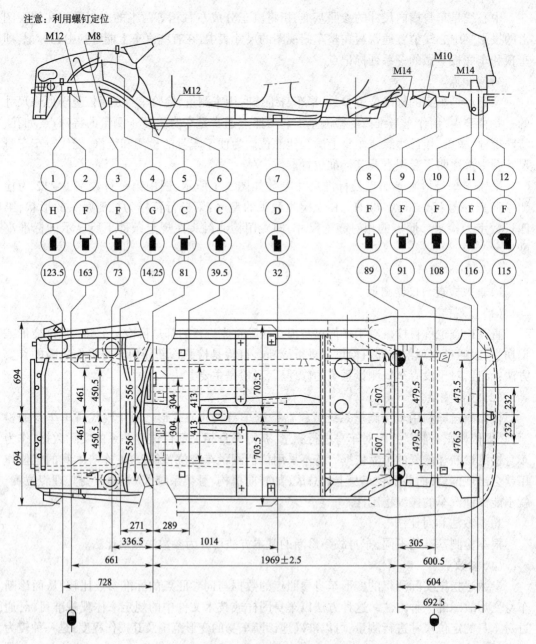

图 5-1　某轿车车身检测参照点布置及尺寸参数

为提高诊断的精确程度,所选择的目标车身应完全符合技术文件规定的状况,车身应无损伤,且要求与被测车辆同一厂家、同一车型、同一年份。有条件时,还可通过增选车辆数目来提高目标基准的精确性。

若没有可供选择的车身作为对比条件,可利用车身构件的对称性原则进行诊断,如当车身只有一侧损坏时,可测量另一侧的尺寸作为标准值,与受损一侧对比,确定损伤情况。对于测量点的选取,应以基础零件和主要总成在车身上的正确装配位置为依据,尽量利用车身壳体已有的无损伤参照点。

三、车身测量系统

车身测量系统安装有多种测量器具,能够用先进测量技术和测量方法同时测量多个检测点的三维坐标值,可用于对车身变形进行检测。常用车身测量系统主要有机械式测量系统、激光测量系统和计算机辅助测量系统三类。

1. 机械式测量系统

机械式测量系统主要包括桥式测量架和台式测量系统两种。

1) 桥式测量架

桥式测量架用于对车身壳体表面的变形进行检测,主要由测量桥、导轨、移动式测量柱、测量杆和测量针等组成,其结构如图5-2所示。测量过程中,可根据需要随时调整测量架与车身的相对位置,使得测量针接触车身表面,从导轨、测量柱及测量针上读出所测数据。该测量系统可以对车身的各参照点进行快速检测。

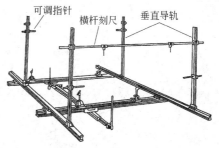

图5-2 桥式测量架

2) 台式测量系统

台式测量系统由测量纵桥、滑动横臂、垂直套管、检测触头和测量架等组成,用于检测车身壳体表面的变形,如图5-3所示。测量纵桥放置在矫正机的工作台上,从车头通到车尾,能体现车身检测的基准面和中心线。滑动横臂安装在纵桥上,可在前、后、左、右四个方向上移动,前后移动时可测量纵向尺寸,左右移动时可测量横向尺寸。垂直套管安装在滑动横臂上,检测触头安装在垂直套管的上部,上下移动时可测量被测点的高度尺寸,如图5-4所示。测量架安装在纵桥上,用于对车身上部参照点进行检测。

2. 激光测量系统

激光测量系统是指利用激光对车身参照点进行测量的系统,如图5-5所示。该系统包含光学机构和机械构件两大部分,主要由激光发生器、光束分解器、激光导向器、标板或刻尺组成。其中,激光发生器用于提供安全、低强度激光束;光束分解器能使光束按某个角度精确投射;激光导向器能使光束90°角反射。标板或标尺是参照点位置的体现,是激光束照射的目标。

检测时,激光发生器发出一束激光,通过光束分解器使光束照射到标板或标尺上。如果光束正好照射到标板或标尺的规定位置,则说明参照点的位置正确,否则说明车身变形。激光测量系统即可用于车身下部测量,还可用于车身上部(如支柱、车窗等)的测量。

与机械式测量系统相比,激光测量系统不是以机械连接形式来实现测量的。所以,在整个车身校正过程中,激光测量系统能连续工作,能不断给出直观、准确的读数,使得修理者能随时了解各参照点的位置偏差。

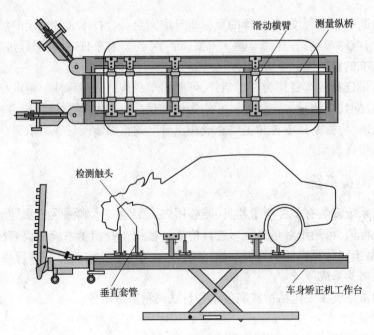

图 5-3 车身校正机上的台式测量系统

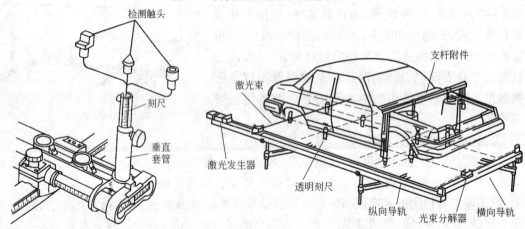

图 5-4 垂直套管及检测触头的安装示意图　　图 5-5 车身激光测量系统

3. 计算机辅助测量系统

车身矫正机上采用的计算机辅助测量系统主要由传感器、主机及显示器组成。传感器就是检测触头，用来反映检测点的空间位置；主机用来接受并处理传感器送入的信号；显示器则用来显示测量结果。

计算机辅助测量系统可利用测量得到的数据迅速算出各种尺寸偏差，可实现测量过程电子化和结果显示数字化。该系统采用了自动跟踪车身检查点校正移动的测量系统。因此，能在车身校正过程中，边矫正边测量，同时在电脑屏上显示测量检查的瞬时位置，以便于工作人员矫正。此外，计算机辅助测量系统效率高、自动化程度也高。

四、车身损伤的检测与诊断

1. 车身损伤的检测诊断步骤

车身损坏绝大部分由碰撞引起，其主要表现形式是车身变形，检测诊断的基本步骤如下：

①通过直观检测的方法初步确定车身损伤部位、大小。

②进行碰撞力分析,确定碰撞力的大小、方向和接触面积。

③进行变形倾向性分析,初步检查车身部件可能发生的损伤以及与之有关的部件的损伤(如悬架、发动机等),包括无任何损伤痕迹的隐形损伤。必要时通过间接方法进行检查,例如,支柱损伤可以通过检查车门的配合状况来确定。

④测量车身各参照点的位置尺寸,并与各参照点位置的标准尺寸进行比较,以诊断车身变形情况。

⑤用适当的工具或检测装置检查整个车身的损伤情况,对车身的所有故障做出诊断。

⑥对车身变形故障作出诊断。

2. 车身损伤的直观检测

车身损伤的直观检测指通过眼看、手感等手段来确定车身的损伤。大多数情况下,碰撞部位能够显示出结构变形或断裂的迹象。直观检查时,一般先要对汽车进行总体估测,通过直观检查确定车身损伤部位,找出损伤构件。然后,从碰撞的位置估计汽车损伤尺寸的大小及方向,判断碰撞如何扩散及其造成的损伤。最后,查看车身各个部位,设法确定出损伤位置以及所有损伤与碰撞的因果关系。其方法可以沿着碰撞力扩散传递的路径,按顺序逐步检查,直至找到车身薄弱部位,确认变形损伤情况。直观检查车身损伤时,主要查看以下部位。

①检查损伤时,先从整体上查看车身是否有扭曲、弯曲及歪曲等变形。

②查看车身构件油漆层、内涂层及保护层的裂纹和剥落情况,因为这些外在表现是碰撞力传递和构件变形的象征,应认真检查。

③重点检查固定件、周围部件、钢板及钢板间的连接点。当汽车受到碰撞时,这些部件的惯性会转化成巨大的作用力,使其向冲击力的相反方向移动而发生猛烈的冲击,从而使相关部件发生损伤。各钢板间的连接点错位,能说明其相连钢板变形或连接处损坏。

④查看车身构件截面突变处、构件的棱角和边缘处。因为这些位置易产生应力集中现象,当传递冲击力时,其构件容易断裂或产生裂缝,变形损伤较明显。

⑤检查车身侧边构件的损伤程度。通过检查车身侧边构件的损伤程度,很容易判别构件凹面上的损伤,因为它会以严重的凹痕形式出现。

⑥检查车身各部的配合及间隙,从而找出变形件。当目测值与标准值相差较大时,则说明相关构件变形严重。如果车身一侧未受损伤,则可通过比较汽车左右侧各对称的相应部件的间隙是否相同,来找出变形构件。通常,通过车身可拆卸部位的装配间隙、与车身基体的高低差及平行度的检查,能发现车身构件是否变形。

3. 车身变形和损伤的仪器诊断

通过车身测量系统或仪器检测车身变形和损伤,可以诊断车身的位置偏差,并确定偏移方向,为车身的矫正和修复提供方便。采用车身测量系统检测诊断车身损伤的步骤如下。

①将损伤车身通过夹具固定在车身矫正仪上。

②在车身矫正仪上安装测量系统,并选择合适的检测点。

③用机械测量系统或电子测量系统精确测量各检测点的参数。

④将各检测点的检测结果对照各自的标准参数,诊断车身是否变形。

⑤当变形超标时,对车身进行矫正。对于激光、计算机测量系统,通过检测可以控制拉伸过程,做到边检测边矫正,直至符合要求。

第二节 安全气囊系统的检测与诊断

安全气囊也称辅助乘员保护系统(SRS:Supplemental Restraint System),是一种被动安全装置。当汽车遭到碰撞而急剧减速时,缓冲气囊能很快膨胀,约束车内乘员不致撞到车厢内部。因此,在汽车运行时,应时刻保证气囊处于无故障的正常状态,使其工作可靠、有效。

一、安全气囊系统的组成

安全气囊系统由碰撞传感器、电子控制单元(ECU)、充气组件、SRS 指示灯等组成。丰田雷克萨斯 LS400 轿车电子控制安全气囊系统的电路如图 5-6 所示。

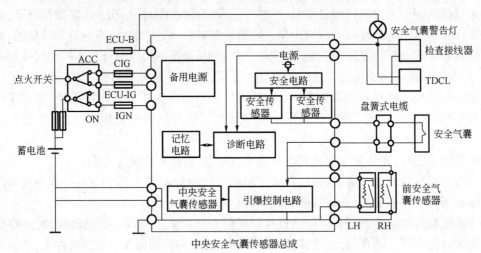

图 5-6 丰田雷克萨斯 LS400 轿车气囊电路图

1. 碰撞传感器

汽车发生碰撞时,碰撞传感器检测汽车碰撞的强度信号,并将信号输入至电子控制单元(ECU)。碰撞传感器包括:两个前传感器、一个中央传感器和一个安全气囊控制器。前传感器安装在汽车前部两边翼子板的内侧,为机电式碰撞传感器;中央传感器采用电子式碰撞传感器;通常,中央电子式碰撞传感器与安全气囊控制器一同安装在汽车中间位置,并将其称为中央安全气囊传感器。

2. 电子控制单元(ECU)

电子控制单元(ECU)接收碰撞传感器的输入信号,并判断是否应引爆元件使气囊充气。该单元主要由 SRS 逻辑模块、信号处理电路、备用电源电路、保护电路和稳压电路等组成。

3. 充气组件

充气组件主要由气体发生器、点火器、气囊、饰盖和底板等组成,驾驶员一侧的充气组件位于驾驶员座位的转向盘中,乘员一侧的充气组件位于乘员前面的仪表上。

4. SRS 指示灯

SRS 指示灯位于仪表板上,用于初步诊断气囊系统工作是否正常。

二、安全气囊故障诊断

安全气囊系统(SRS)的故障诊断方法因车型不同而有不同。下面以丰田雷克萨斯

LS400 轿车电子控制气囊系统为例,说明其故障诊断方法。气囊系统故障诊断和修复步骤一般包括气囊的初步诊断、气囊系统的故障自诊断、故障检测及排除和故障码清除。

1. 安全气囊系统的初步诊断

安全气囊系统是否能正常工作,可利用 SRS 指示灯进行初步诊断。其诊断方法如下。

①若点火开关转至 ON 位置后,SRS 指示灯点亮,并在 6s 后自动熄灭,则说明气囊系统正常。

②若点火开关转至 ON 位置后,SRS 指示灯一直不亮,则说明 SRS 指示灯系统电路有故障。

③若点火开关转至 ON 位置后,SRS 指示灯点亮且熄灭后一直不亮,则说明 SRS 指示灯系统有故障。

④若点火开关转至 ON 位置后,SRS 指示灯一直点亮或闪烁,则说明气囊系统存在故障。

⑤若点火开关转至 OFF 位置后,SRS 指示灯仍然亮起,则说明 SRS 指示灯系统有故障。

⑥若发动机起动后汽车正常行驶时,SRS 指示灯仍亮起,则说明气囊系统存在故障。

2. 安全气囊系统的故障码诊断

在安全气囊电路中,设计有检测机构。因此,安全气囊本身具有故障自诊断功能。当发生故障时,自诊断电路能诊断出故障原因,将故障编成代码存入 SRS 电子控制单元(ECU)中,并控制仪表板上的 SRS 指示灯闪亮,提示驾驶员 SRS 出现故障。故障码自诊断是通过一定的方法读取故障码,根据其故障码表的内容诊断 SRS 故障,以便尽快找到故障部位,保证修复工作高效、顺利进行。故障码自诊断过程如下。

1) 进入故障码自诊断状态。

检查 SRS 指示灯,若据此初步诊断气囊系统正常,则可以读取故障码;若 SRS 指示灯一直不亮,说明 SRS 指示灯线路有故障。则必须检修后才能读取故障码或利用诊断仪读取故障码。

2) 读取故障码

故障码的读取有专用诊断仪法和人工读取法两种方法。推荐使用专用诊断仪读取故障码,当无诊断仪器时,可选择人工读取故障码。

(1) 诊断仪读取故障码的方法。

①将点火开关置于 OFF 位置。

②接通诊断仪电源。

③将诊断仪接到熔断盒中的诊断插口上。

④接通点火开关。

⑤用诊断仪检查自诊断代码。

⑥断开点火开关排除故障。

⑦拆下诊断仪。

(2) 人工读取故障码。

①点火开关转至 ON 或 ACC 位置,并等待 20s 或更长一段时间。

②用跨接线短接 TDCL 插座的 T_c 端子和 E_1 端子,如图 5-7a)所示。

③读取故障码。当 SRS 有故障时,SRS 指示灯用闪烁的方式显示 SRS 的故障码。故障码为两位数,通过查看指示灯的闪烁方式能读出故障码。

(3) 指示灯闪烁规律。

① SRS 指示灯闪烁频率为 2 次/秒,高电压时灯亮,低电压时灯灭,且每次灯亮和灯灭延续时间均为 0.25s,则说明气囊功能正常,如图 5-7b) 所示。

② SRS 指示灯先显示十位数字,后显示个位数字,十位数字与个位数字之间间隔 1.5s。

③ 同一数字灯亮与灯灭时间均为 0.5s。

④ 若有多个故障码,则故障码之间间隔 2.5s,并按由小到大的顺序显示故障码。

⑤ 故障码全部输出后,间隔 4s 会重复显示。

故障码 11 和 31 的闪烁规律如图 5-7c) 所示。

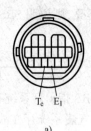 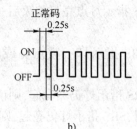 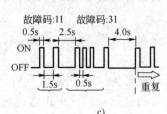

a)　　　　　　　　　b)　　　　　　　　c)

图 5-7　SRS 故障码的读取
a) TDCL 诊断插座；b) 正常代码；c) 故障码 11 和 31

3) 故障诊断

读取故障码后,可以根据表 5-1 中的故障代码诊断安全气囊系统的故障。

丰田雷克萨斯 LS400 轿车 SRS 故障码表　　　　　　表 5-1

故障码	故 障 诊 断	故障可能部位
正常代码	SRS 正常	—
	SRS 电源电压过低	蓄电池；SRS ECU
11	SRS 点火器线路搭铁；前气囊传感器线路搭铁	前气囊传感器；SRS 气囊组件；盘簧式电缆；SRS ECU；配线
12	SRS 点火器引线与电源线短路；前气囊传感器引线与电源线短路；前气囊传感器引线断路；盘簧式电缆与电源线短路	SRS 气囊组件；传感器线路；SRS ECU；盘簧式电缆；配线
13	SRS 点火器线路短路	SRS 点火器；SRS ECU；盘簧式电缆；配线
14	SRS 点火器线路断路	SRS 点火器；SRS ECU；盘簧式电缆；配线
15	前气囊传感器线路断路	前气囊传感器；SRS ECU；配线
22	SRS 指示灯线路断路	SRS 指示灯；SRS ECU；配线
31	SRS ECU 故障	SRS ECU
41	SRS ECU 曾记忆过故障码	SRS ECU

3. 故障检测及排除

对于利用 SRS 故障码通过自诊断确定的故障,仍需进行详细的检测,以便查出故障的确切原因并排除故障。详细检测时,应使用推荐的检测工具,按汽车制造商维修手册提供的方法进行。

4. 故障码清除

只有 SRS ECU 存储器中的故障码全部清除之后,SRS 指示灯才能恢复到正常的显示状态。因此，在排除 SRS 故障后，应清除故障码。

当故障码 11 至 31 所对应的故障被排除，且故障码被清除之后，SRS 电子控制单元（ECU）将故障码 41 存入存储器中，当点火开关转至 ON 位置后，SRS 指示灯会一直点亮，直到故障码 41 被清除之后，SRS 才会正常显示。因此，气囊故障码的清除分两步进行，首先清除故障码 11～31，接着再清除故障码 41。其方法如下。

(1) 清除故障码 11～31。

①将点火开关转至 OFF 位置。

②拆下蓄电池负极电缆或拔下 ECU—B 熔断器 10s 以上，则故障码 11～31 清除完毕。

③将点火开关置于 LOCK(锁止)位置，接上蓄电池负极电缆或插上 ECU—B 熔断器。

(2) 清除故障码 41。

①将点火开关转至 OFF 位置，取两根跨接线，将其分别与 TDCL 诊断插座的 T_c、AB 端子连接。

②将点火开关置于 ON 或 ACC 位置，并等待 6s 以上的时间。

③由 T_c 端子开始，使 T_c 和 AB 端子分别交替搭铁两次，如图 5-8 所示。每次搭铁要在 0.5～1.5s 完成。

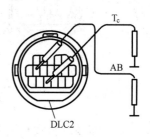

图 5-8　清除故障码 41

④最后保持 T_c 端子搭铁，几秒种后故障码即被清除，SRS 指示灯以连续的形式闪烁正常码。若不闪烁正常码，则需要重复上述的清码步骤，直到闪烁正常码为止。

应说明的是，安全气囊是灵敏装置，检查时的不慎或误操作都有可能引爆气囊，从而造成不必要的损失。因此，检修前应仔细阅读维修的注意事项，应严格按照规定的操作程序和方法进行。

第三节　汽车空调系统检测与诊断

一、汽车空调系统组成及工作原理

汽车空调系统包括制冷系统、取暖系统、通风系统、空气净化装置和控制系统等。

1. 制冷系统

制冷系统由压缩机、冷凝器、膨胀阀、储液干燥器、蒸发器等组成，如图 5-9 所示。压缩机吸入蒸发器中的低压、中温制冷剂气体，并将其压缩成高压、高温的气体后送入冷凝器；高压、高温的气态制冷剂在冷凝器中与车外空气进行热交换，转变成高压液态制冷剂；从冷凝器流出的高压液态制冷剂经储液干燥器除湿、过滤后输入膨胀阀，经膨胀阀节流减压后，其压力和温度降低，并送入蒸发器；低压、低温的液态制冷剂在蒸发器中与车内空气进行热交换，变成低压、中温气态制冷剂；在蒸发器中经吸热蒸发后的制冷剂又被压缩机吸收。如此循环，将车内空气中的热量经制冷剂的传递散发到车外空气中，从而降低了车内的温度和湿度。

2. 取暖系统

取暖系统用于对车内空气或车外进入车内的新鲜空气进行加热、除湿及风窗除霜，如图 5-10 所示。

汽车的采暖装置有多种类型，按热源形式的不同可分为水暖式、气暖式、燃烧式和混合式等。

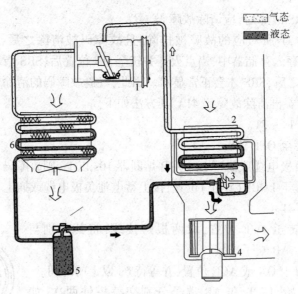

图 5-9 汽车空调制冷系统的组成
1-压缩机;2-蒸发器;3-膨胀阀;4-风机;5-储液干燥器;6-冷凝器

① 水暖式采暖利用发动机冷却液采暖,其热容量小,适用于中小型汽车,通常由加热器、鼓风机、热水阀、通风道等组成。

② 燃烧式采暖指通过燃烧装置燃烧煤油或柴油加热空气进行采暖,主要由燃油泵、燃油雾化器、燃烧室、电热塞、风扇、鼓风机、电动机等组成。

③ 混合采暖是指装备了水暖和燃烧混合采暖装置。在发动机未工作或发动机刚起动,其冷却液还未达到正常工作温度时,启动燃烧预热器独立采暖,当发动机温度正常时,则可利用发动机冷却液独立采暖,或用混合方式采暖。

3. 通风系统

通风系统用于将车外的新鲜空气引进车内,提高车内空气的含氧量,降低 CO_2、灰尘、烟气等有害气体浓度,达到通风、换气目的。车型不同时,其空调通风系统的结构形式也不相同,但其基本组成相同,主要由鼓风机风扇、进出口风门、空气混合门及通风管路等组成,如图 5-10 所示。空调通风通道中鼓风机风扇的转速控制通风的风量,各个风门用于控制进气方式、温度和逆风方式。鼓风机风扇及各风门的操控有手动控制和自动控制两类。

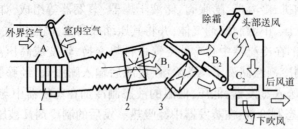

图 5-10 汽车空调取暖和通风系统的基本组成
1-风扇;2-蒸发器;3-加热器;A-进风口风门;B-冷暖空气混合风门;C-出风口风门

4. 空气净化装置

空气净化装置用于除去车内空气中的尘埃、异味。现代汽车常采用的是静电式和过滤式空气净化装置。静电式为静电除尘,可广泛应用于各种车型;而过滤式的空气净化装置体积较大,一般只适用于豪华大客车。

5. 控制系统

控制系统用于将制冷、采暖、通风和空气净化有机地组合,形成冷暖适宜的气流,并自动对车内环境进行全季节、全方位、多功能的最佳控制。以微处理器为核心的全自动空调系统主要由传感器、电子控制器和执行器构成,如图 5-11 所示。

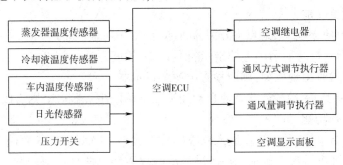

图 5-11　汽车空调电子控制系统

电子控制器将各温度传感器输入的电信号与操作控制板设定的信号进行比较,经过计算机处理后做出判断,然后输出相应的调节和控制信号。通过相应的执行机构,对压缩机的开与停、送风温度、送风模式及风量、热水阀开度等进行调整,以实现对车内空气环境进行全季节、全方位、多功能的最佳调节和控制。

二、汽车空调系统的检测

空调系统的检测方法包括直观检测和自诊断检测。直观检测指通过眼看、手摸、耳听等手段,简便的诊断故障所在。自诊断检测指利用全自动空调系统的自诊断功能来检测故障。

1. 汽车空调系统的直观检测

直观检测就是通过查看外在症状,初步确定汽车空调系统的故障。其步骤为:

①检查制冷系统部件是否有渗漏。

②查看冷凝器、蒸发器等器件表面是否有刮伤变形。

③检查干燥罐的温度和制冷剂的情况。一般通过观察干燥罐的两个检视窗进行检查。

④检查空调系统高压端管路及部件,根据温度判断相关部件的故障。检查顺序为:压缩机出口→冷凝器→干燥罐→膨胀阀进口处。温度变化应该是从热到暖。如果中间某处很热,则说明其散热不良;如果某些部件发凉,说明空调制冷系统可能有故障。

⑤检查空调系统低压端管路及部件。检查顺序为:干燥罐出口→蒸发器→压缩机进口处,温度变化应该是冷到凉。如果不凉或某处出现了霜冻,都说明制冷系统有异常。

⑥检查压缩机进、出口端温度差。接通空调开关,使制冷压缩机工作 10~20min 后,检查压缩机进、出口端,正常情况下,压缩机的两端应有明显的温度差,否则可能完全无制冷剂或制冷剂严重不足。

⑦查看导线插接器连接是否良好,空调系统线路各插接器应无松动和发热。

⑧检查空调压缩机有无异响,以判断空调系统制冷不良的故障是出自压缩机故障还是压缩机的控制系统电路。

2. 汽车空调系统的自诊断检测

空调电子控制系统通常有故障自诊断功能,系统出现故障时,会及时采取相应的保护措施,并储存相应的故障码。利用系统的自诊断功能,可以快速检测出故障。下面介绍雷克萨斯 LS400 轿车空调系统的故障检修方法。

雷克萨斯 LS400 的空调系统故障码有两种,一种是传感器的故障码,另一种是功能执行器的故障码。诊断时,左显示屏显示的是传感器的故障码,右显示屏则显示功能执行器的故障码。故障码是用数字码形式,由电控单元存储和输出显示。

1) 指示灯检查功能

指示灯检查的步骤为:接通点火开关,同时按下 AUTO(全自动)和 REC(循环空气)开关。

正常状态:指示灯及显示屏上的指示符号以 1s 的间隔连续闪烁 4 次,同时蜂鸣器鸣叫 40ms。若指示灯检查出现故障,则应检查电源和显示器。

指示灯检查结束后,故障码检查便自动开始。如要取消检查状态,则需按下"OFF"开关。

2) 故障码检查功能

指示灯检查结束后,系统自动进入故障码检查状态。空调微机内存储的故障码由仪表板上的温度显示屏进行数字显示。显示屏显示的故障码有两种:一种是曾经存在但已经排除的故障(历史故障);另一种是目前仍然存在的故障(现存故障)。对历史故障只显示其故障码,而对于现存故障,在显示故障码的同时蜂鸣器鸣叫。如果同时存在多个故障,则按从小到大的顺序依次显示故障码。如果要缓慢显示故障码,则按"TEMP"开关,将其改成步进运转。每按一次"TEMP"开关,则改变一步显示。雷克萨斯 LS400 空调系统的故障码如表 5-2 所列。

雷克萨斯 LS400 空调系统的故障码　　　　　表 5-2

故障码	故障内容	故障部位
00	正常	
11	车内温度传感器电路断路或短路	①车内温度传感器 ②在车内温度传感器和空调控制器之间的配线或连接器上 ③空调控制器
12	车外环境温度传感器损坏断路或短路	①环境温度传感器 ②在环境温度传感器和空调控制器之间的配线或连接器上 ③空调控制器
13	蒸发器温度传感器电路断路或短路	①蒸发器温度传感器 ②在蒸发器温度传感器和空调控制器之间的配线或连接器上 ③空调控制器
14	冷却液温度传感器电路断路或短路	①冷却液温度传感器 ②在冷却液温度传感器和空调控制器之间的配线或连接器上 ③空调控制器
21	日光传感器电路断路或短路	①日光传感器 ②在日光传感器和空调控制器之间的配线或连接器上 ③空调控制器
22	压缩机锁止传感器电路断路或短路	①压缩机 ②压缩机驱动皮带 ③压缩机锁止传感器 ④在压缩机锁止传感器和空调控制器之间的配线或连接器上 ⑤空调控制器

续上表

故障码	故障内容	故障部位
31	空气混合风门传感器电路断路或短路	①空气混合风门位置传感器 ②空气混合伺服电动机和空调控制器之间的配线和连接器上 ③空调控制器
33	空气混合风门传感器电路断路 空气混合伺服电动机电路断路或短路 空气混合伺服电动机锁止	
32	进气风门位置传感器电路断路或短路	①进气风门位置传感器 ②在进气伺服电动机和空调控制器之间的配线或连接器上 ③空调控制器
34	进气风门位置传感器电路断路 进气伺服电动机电路断路或短路 进气伺服电动机锁止	

3. 故障码清除

故障排除后,必须清除存储的故障码。清除故障码的方法是:按下"OFF"键可退出诊断状态,将熔断器盒中的 DOME 熔断器拔出 10s 以上,然后再插回去,即可清除故障码。此外,也可通过拆除蓄电池的方法消除故障码,但要注意其他存储系统(如时钟、防盗、音响系统等)的信息也被清除,因此,待电源恢复后应重新设置。

4. 执行器功能检查

进入执行器检查步骤为:故障码功能,再按下"REC"开关,此时空调微机依次使各电动机离合器工作。检查时根据表 5-3 所示,对照显示屏显示的检查代码及相应执行器的工作状态,即可检查执行器工作是否正常。

执行器工作对照表 表 5-3

序号	检查代码	执行器工作状况				
		鼓风机转速	进风方式	送风方式	空气混合	磁吸状况
1	20	停止	新鲜导入	脸(最冷)	冷(全闭)	断开
2	21	低速	新鲜导入	脸(最冷)	冷(全闭)	断开
3	22	中速	混合方式	脸(最冷)	冷(全闭)	吸合
4	23	中速	内气循环	吹脸	冷(全闭)	吸合
5	24	中速	新鲜导入	吹脚双向	冷热(半开)	吸合
6	25	中速	新鲜导入	吹脚双向	冷热(半开)	吸合
7	26	中速	新鲜导入	吹脚	冷热(半开)	吸合
8	27	中速	新鲜导入	吹脚	热(全开)	吸合
9	28	中速	新鲜导入	吹脚/除霜	热(全开)	吸合
10	29	高速	新鲜导入	除霜	热(全开)	吸合

第四节 汽车电子组合仪表的检测与诊断

一、汽车电子组合仪表概述

汽车电子组合仪表是将各个电子仪表有机组合在一起集中显示有关汽车行驶信息的仪

表总成,通常由电子式车速表、里程表、百公里油耗表、发动机转速表、冷却液温度表、燃油表、油压表、气压表、时钟、警告及指示信号装置等组成。电子组合仪表不仅能精确显示机油压力、冷却液温度、车速、燃油储量、瞬时油耗量、平均油耗、平均车速、续驶里程、行驶时间等定量信息,还能显示定性信息,如警告与指示信号。此外,电子组合仪表与无线电传输设备接合,可与车外进行信息交流,使仪表系统具有通信和导航等功能。

汽车电子组合仪表主要由各传感器、微处理机、电子仪表板显示装置等组成,如图5-12所示。汽车运行中,各传感器采集有关的信息,并将采集到的信息传输给微处理器,微处理器对这些信号进行逐个处理,信号源的选择依靠多路信号转换开关,经过处理后的信息及时传送给相应的显示装置。微处理机是汽车电子组合仪表系统的核心,它负责分析并处理传感器采集的数字信号。目前,电子仪表的显示装置主要有发光二极管显示装置(LED)、荧光屏显示器(VFD)及液晶显示器(LCD)等。

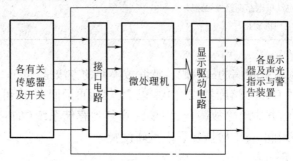

图 5-12　汽车电子组合仪表系统示意图

二、电子组合仪表电路和主要元器件的故障诊断

对电子组合仪表进行检测和诊断时,首先将传感器电路断开或拆下,用检测设备逐个进行检查。电子组合仪表的故障较多出现在传感器、针状连接器和导线、个别仪表及显示器上。

1. 传感器的检测

对各种电阻式传感器的检查,通常是通过测量其电阻值来判断它的好坏。即:把所测得的电阻值与规定的标准电阻值进行比较,以判断传感器是否有故障。

①如果所测的电阻值小于规定值时,说明传感器内部短路。

②如果电阻值很大,说明传感器内部断路或接触不良。

传感器出现故障后一般应更换。

2. 连接器的检测

汽车电子组合仪表需要用很多连接器把电线束连接到仪表板上去,这些连接器一般都采用不同颜色,以便辨别其属于哪一部分的连接。为保证其连接牢靠,连接器上设有闭锁装置。连接器装置要齐全、完好,插头、插座应接触可靠、无锈蚀。对连接器的检测可采用眼看或手摸的方法进行。

①进行检测时,要注意防止连接器的闭锁装置、针状插头以及插座等受到损伤或破坏。特别将测试设备与其导线连接时,最好使用备用的连接器插头,以防连接器针状插头磨损、松动等而造成接触不良。

②如果仪表电路工作时温度过高,则说明该连接器接触不良,应查明原因并予以排除。

3. 仪表的故障检查

仪表发生故障时,首先应检查各导线的连接情况,包括各连接器的接触情况,线束是否破损、搭铁、短路或断路等;然后,再用检测设备分别对该仪表及其传感器进行测试,以判明故障并修复故障,故障无法修复时应更换新件。

4. 显示屏的故障检测

若电子仪表板上的显示屏部分笔画、线段出现故障,应将仪表板上的显示器调整到静态显示状态,仔细观察是否还有别的故障,并使用检测设备对此故障有关的电路或装置进行检查。如果仅有一、二个笔画或线段不亮或不显示,说明逻辑电路板通过多路传输的脉冲信号正确,故障可能是显示装置的部分线段工作不正常。此时应进一步检查,属于接触不良故障应加以紧固,确保其电路畅通;若是电子器件本身有问题,应更换显示器件或显示电路板。

三、电子组合仪表的故障自诊断

检测仪器——V. A. G1551 故障诊断仪

V. A. G1551 故障诊断仪是检测电子组合仪表所采用的仪器,其主要功能是与轿车上的自诊断系统联用,调出存储的故障码。用 V. A. G1551 故障诊断仪诊断帕萨特 B5 轿车电子组合仪表的常见故障和排除方法如表 5-4 所示。

帕萨特 B5 轿车电子组合仪表常见故障及排除 表 5-4

故障码	故障含义	故障原因	故障影响	排除方法
01039	冷却液温度传感器 G2 搭铁后短路,目前不可试验	G2 和组合仪表之间的线路断路或短路;冷却液温度传感器 G2 有故障;冷却液温度在0℃以下	指示最小的冷却液温度	对照电路图检查;更换冷却液温度传感器 G2;使车辆运行 15min,并重新读取故障码
01086	车速表传感器 G22 信号过大	车速表传感器 G22 有故障	车速指示不正确	更换车速表传感器 G22
00771	燃油表传感器 G 断路或短路,搭铁后短路	G 与组合仪表之间线路断路或短路;传感器 G 有故障	汽油存量指示0,用于汽油存量的报警灯发光	对照电路图检查;更换传感器 G
00779	车外环境温度传感器 G17 断路或搭铁,搭铁后短路	电路断路或短路;传感器 G17 有故障	车外温度指示器无指示值	对照电路图检查;更换传感器 G17
65535	控制单元故障	—	组合仪表发生故障	更换(修理)组合仪表

电子组合仪表与一般的仪表板不同,其特点是由微机控制,本身及专配的逻辑印刷电路板都是易损件,对维修技术要求较高。维修检查时,应遵照汽车使用维修手册的有关规定,严格按照操作规程进行。

第五节 客车防雨密封性检测

客车防雨密封性指客车处于静止状态,在规定的人工淋雨试验条件下,关闭所有门、窗和孔口盖,防止雨水进入车辆的能力。良好的防雨密封性,可保证客货运输安全可靠及乘车舒适性。

一、试验设备

淋雨装置为循环过滤系统,主要由水泵、压力自动调节阀、水压表、主管路、分管路、支管路、流量计、节流阀、喷嘴、喷嘴架、喷嘴架驱动调节机构及蓄水池构成,如图5-13所示。喷淋面由喷嘴及喷嘴架构成,一共有五个,分别位于前、后、左、右及顶部位置。各喷嘴与支管路是连接的,在通向前喷淋面及通向其他喷淋面的分管路起始端,设置有流量计和节流阀。

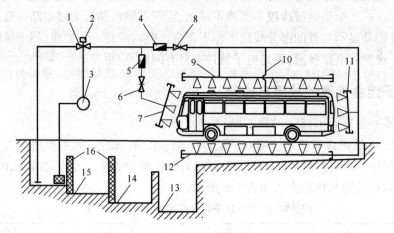

图5-13 淋雨装置示意图

1—压力自动调节阀;2—水压表;3—水泵;4、5—流量计;6—节流阀;7—前部淋雨管路;8—节流阀;9—顶部淋雨管路;10—侧面淋雨管路;11—后部淋雨管路;12—底部淋雨管路;13~15—沉淀池;16—滤网

二、试验条件

1. 喷嘴布置及数量

①在各喷淋面支管路上均匀安装淋雨喷嘴,喷嘴横向及纵向间距为0.4m,喷嘴数量应保证对应车体外表面各受检部位处于淋雨区域内。

②顶部及底部喷嘴的轴线与水平面垂直,前后及后部喷嘴的轴线与车体向对称面平行,侧面喷嘴的轴线与垂直于车体纵向对称面的铅垂面平行。

③侧向喷嘴垂直朝向对应车体。

④底部喷嘴位于地面以下0.3m,其余喷嘴与车体外表面距离为(0.7±0.2)m。

⑤所有喷嘴的尺寸及内部结构应相同,喷嘴出水应呈60°圆锥体形状。

⑥车体前部、侧面、后部及顶部的各受检部位均应处于受雨状态。带行李舱的客车,其车体底部行李舱的对应部位也应处于受雨状态。

2. 降雨强度及调节方法

(1)降雨强度。

车体前部平均降雨强度要求在11~13mm/min之间。车体侧面、后部、顶部及顶部平均降雨强度应在7~9mm/min之间。

(2)降雨强度的调节。

将分管路节流阀置于某一开度,启动淋雨设备,将主管路压力调节至规定值,分别调节分管路节流阀开度,使分管路流量计示值分别达到规定平均降雨强度的规定值。

对应流量计算公式为:

$$Q = 6FN/625$$

式中：Q——对应流量，m^3/h；

F——平均降雨强度，mm/min；

N——流量计所对应的喷嘴总数，个。

三、客车防雨密封性检测步骤

(1) 将试验车辆停放在淋雨场地内制定位置。

(2) 试验人员进入车厢，关闭所有门、窗及孔口盖。

(3) 启动淋雨设备，待淋雨状态稳定后试验开始，试验时间为15min。

(4) 试验开始后5min，试验人员开始观察并记录车厢内各部位的渗漏情况。对渗漏状态无法确定的，可用适当大小的矩形薄板，将薄板一边紧贴渗漏部位，薄板与铅垂面呈45°向下，将渗漏的雨水引流，以雨水离开薄板的状态判别渗漏情况。

(5) 对于带行李舱的客车，在试验结束后，试验人员擦净行李舱门接缝处的积水，打开行李舱门，观察并记录行李舱门部的渗漏情况，行李舱底板如有水迹，每处均按慢滴处理。

(6) 车辆渗漏情况记入表5-5，表中术语的含义如下。

①渗：水从缝隙中缓慢出现，并沿着内护面向周围漫延。

②慢滴：水从缝隙中出现，以小于等于每分钟30滴的速度离开或沿着车身内护面断续落下。

③滴：水从缝隙中出现，以大于每分钟30滴且小于或等于每分钟60滴的速度离开或沿着车身内护面断续落下。

④快滴：水从缝隙中出现，以大于每分钟60滴的速度离开或沿着车身内护面断续落下。

⑤流：水从缝隙中出现，离开或沿着车身内护面连续不断地向下流淌。

客车防雨密封性检查记录表　　　　　　　表5-5

检查部位	渗漏处数及扣分值										小计	
	渗（每处扣1分）		慢滴（每处扣2分）		滴（每处扣4分）		快滴（每处扣6分）		流（每处扣10分）			
	处数	扣分	处数	扣分	处数	扣分	处数	扣分	处数	扣分	处数	扣分
风窗												
侧窗												
驾驶员侧门												
乘客侧门												
后窗												
后门												
顶盖（顶窗）												
行李舱												
其他部位												
合计												

(7) 计算试验结果。

试验数据处理采用扣分法，初始分值为100分，每出现一处渗扣1分，每出现一处慢滴扣2分，每出现一处滴扣4分，每出现一处快滴扣6分，每出现一处流扣10分，初始分值减去全部扣分值,如出现负数则按零分计,实得分值即为试验结果。

四、客车防雨密封性限值

根据 QC/T 476—2007《客车防雨密封性限值及试验方法》,各类客车防雨密封性限值见表5-6。

客车防雨密封性限值　　　　　　　　　　　　　　　表5-6

客车类型	限值(分)	客车类型	限值(分)
小型客车	≥94	城市客车	≥88
旅游客车	≥94	其他客车	≥86
长途客车	≥92		

五、客车防雨密封性检测的注意事项

①系统管路压力应在140~160kPa范围内。

②水泵的扬程及流量应满足系统使用要求。

③各喷淋面应含盖淋雨试验所涉及的外型尺寸最大的车型以及各种车型的各受检部位。

④对带行李舱的客车进行防雨密封性检测时,还应设置底部喷淋面。

⑤应定期清理喷嘴及管路并检查降雨强度是否符合要求。

⑥车体前部、侧面、后部及顶部的各受检部位均应处于受雨状态。带行李舱的客车,其车体底部行李舱的对应部位也应处于受雨状态。

参考文献

[1] 陈焕江.汽车检测与诊断技术[M].北京:人民交通出版社,2009.
[2] 张建俊.汽车诊断与检测技术.3版.北京:人民交通出版社,2010.
[3] 赵英勋.汽车检测与故障诊断.北京:机械工业出版社,2013.
[4] 赵英勋.汽车检测与诊断技术[M].3版.北京:机械工业出版社,2012.
[5] 王盛良.汽车发动机电控技术与检修[M].2版.北京:机械工业出版社,2013.
[6] 熊强,侯志军.汽车电气设备[M].北京:国防工业出版社,2012.
[7] 麻友良.汽车电气系统结构与故障诊断精解[M].北京:机械工业出版社,2012.
[8] 陈焕江.汽车检测与诊断(上)[M].3版.北京:机械工业出版社,2012.
[9] 陈焕江.汽车检测与诊断(下)[M].3版.北京:机械工业出版社,2014.
[10] 陈帮陆,龚文资.汽车发动机电控系统检修[M].北京:国防工业出版社,2012.
[11] 赵国富,管恩进.自动变速器结构原理与维修[M].北京:机械工业出版社,2012.
[12] 麻友良.汽车电器与电子控制系统[M].2版.北京:机械工业出版社,2007.
[13] 张学利,刘富佳.汽车燃油经济性检测.北京:人民交通出版社,2010.
[14] 张雪莉.机动车排气污染物检测技术.北京:清华大学出版社,2010.
[15] 周建鹏.现代汽车性能检测技术[M].上海:上海科学技术出版社,2007.
[16] 刘仲国.现代汽车检测与故障诊断[M].北京:人民交通出版社,2006.
[17] 沈锦.汽车底盘构造与检修[M].北京:机械工业出版社,2007.
[18] 胡光辉.汽车自动变速器原理与检修[M].北京:机械工业出版社,2006.
[19] 胡光辉.汽车检测与诊断技术[M].北京:电子工业出版社,2005.
[20] 张子波.汽车发动机构造与维修[M].北京:高等教育出版社,2006.
[21] 董继明.汽车检测与诊断技术[M].北京:机械工业出版社,2006.
[22] 邹小明.汽车检测与诊断技术[M].北京:机械工业出版社,2004.